69,-
23
72

AMSTERDAMER BEITRÄGE ZUR NEUEREN GERMANISTIK

herausgegeben von

Gerd Labroisse

AMSTERDAMER BEITRÄGE ZUR
NEUEREN GERMANISTIK
BAND 20-1985/86

DER MODERNE

DEUTSCHE SCHELMENROMAN

INTERPRETATIONEN

herausgegeben von

GERHART HOFFMEISTER

Amsterdam 1985/86

Die 1972 gegründete Reihe erscheint seit 1977 in der Form von Thema-Bänden mit jeweils verantwortlichem Herausgeber. Mit Band 8 — 1979 wurde übergegangen zu einer Publikationsfolge von zwei Bänden pro Jahr.
Die Themen der nächsten Bände sind auf der hinteren Innenseite des Einbandes angegeben.
Anfragen über Manuskripte sowie Themen-Vorschläge sind zu richten an den Herausgeber der Reihe: Prof. Dr. Gerd Labroisse, Vrije Universiteit, Subfac. Duitse taal- en letterkunde, Postbus 7161, 1007 MC Amsterdam / Netherlands.

CIP-GEGEVENS KONINKLIJKE BIBLIOTHEEK, DEN HAAG

Moderne

Der moderne deutsche Schelmenroman : Interpretationen / hrsg. von Gerhart Hoffmeister. — Amsterdam : Rodopi. — (Amsterdamer Beiträge zur neueren Germanistik ; Bd. 20)
ISBN: 90-6203-977-4
SISO duit 855.7 UDC 830"19"
Trefw.: schelmenromans ; Duitse letterkunde ; geschiedenis ; 20e eeuw.

INHALT

Gerhart Hoffmeister

EINLEITUNG

Günther Grass bemerkte einmal anläßlich der *Blechtrommel*: "Ganz gewiß helfen Kästchenvorstellungen wie 'der neue Schelmenroman' überhaupt nicht weiter."[1] Und doch kann der Roman unseres Jahrhunderts die Nachwirkung älterer epischer Traditionen auch in diesem Fall nicht leugnen. Über die Vorgeschichte zum modernen Schelmenroman informiert der im gleichen Verlag erschienene Sammelband *Der deutsche Schelmenroman im europäischen Kontext. Rezeption, Interpretation, Bibliographie* (*Chloe*, Beihefte zum *Daphnis*). Wie jener soll der Nachfolgeband keine Gesamtdarstellung des Pikaroromans im deutschsprachigen Raum liefern, sondern Einzelwerke an der Tradition messen und sie gegebenenfalls von ihr abrücken. Denn gerade die Normdurchbrechung bestätigt sowohl die Vitalität des Formtyps Schelmenroman als auch seine Aktualität, ist doch nach Viktor Žmegač das einzig durchgängige Merkmal des heutigen Romans seine "proteushafte Wandlungsfähigkeit."[2] Der amorphen Form müßte die ursprüngliche Gestaltlosigkeit des proteushaften Schelms aufs genaueste entsprechen, falls der moderne noch genügend Verwandtschaft mit dem traditionellen Schelm aufweist.

Bei allem Proteuscharakter des Pikaroromans bemüht sich die Einleitung darum, auf einige Konstanten in der Geschichte dieser Prosaform hinzuweisen, ohne die Ergebnisse der hier versammelten Einzelanalysen im Voraus schematisch festlegen zu wollen. Es geht uns vielmehr darum, die Zusammenstellung dieser Essays zu rechtfertigen, indem wir das Besondere des modernen Schelmenromans von der relativ einheitlichen Gattungsvorstellungen seiner "klassischen" Vorfahren abzuheben versuchen. Dabei sind wir uns der Tatsache bewußt, daß die novela picaresca der spanischen Literaturgeschichte keineswegs mit dem deutschen Schelmenroman gleichzusetzen ist; dazu sind die Entstehungs-

---

1. Zitiert nach Heinz L. Arnold, "Gespräch mit Günter Grass", *Text und Kritik*, 1-1a (1971), 6.
2. Žmegač, "Zum Problem der Romantheorie", in: *Deutsche Romane des 20. Jahrhunderts*, hrsg. von Paul M. Lützeler (Königstein, 1983), S. 15f.

2

bedingungen und Autorintentionen vor allem in sozialkritischer Hinsicht zu unterschiedlich.[3] Diese Unterscheidung läßt sich sprachlich offenbar nur noch in der Abgrenzung von pícaro bzw. pícara und deutsch Pikaro, Pikara fixieren, da sich im deutschsprachigen Gebiet die Gleichsetzung von Pikaro und Schelm eingebürgert hat - und zwar zum Nachteil klarer literarischer Verhältnisse. Wie Manfred Kremer es formuliert: "Sie [die Gleichsetzung] löst nämlich leicht den Trugschluß aus, daß der Protagonist eines Romans zum Schelm erklärt wird, wenn er sich eulenspiegelhaft verhält" (S. 145). In der Tat hat die heutige Bedeutung von Schelm als Schalksnarr und Spaßvogel, als lustiger Schabernack treibender und Schelmenstücke liefernder Bursche wenig mit dem pícaro gemein, der eher wie der ahd. skelmo ehrlos am Rande der Gesellschaft existierte und sich mit allen, auch kriminellen Mitteln durchs Leben schlagen mußte, um nicht zu verhungern. Nur wenn der Begriff "Schelmenroman" im Deutschen grundsätzlich durch den Begriff "Pikaroroman" ersetzt würde, wäre es auf die Dauer möglich, ärgerliche Mißverständnisse auszuschließen.

In diesem Sammelband geht es jedenfalls um das pikarische Erbe und Element im Schelmenroman, d.h. um den Schelm oder besser Pikaro als Außenseiter, der am Rande der Gesellschaft die Rolle eines Parasiten führt, sich gegenüber der etablierten Klasse zu behaupten versucht oder gar um soziale Anerkennung kämpft. Der Held als "Spielball der Verhältnisse",[4] das verbindet den deutschen Pikaro mit seinem spanischen Urahn. Hinzu kommen formale Aspekte, u.a. die fiktive Autobiographie, die eine doppelte Perspektive ermöglicht, indem nämlich neben den erlebenden Helden der retrospektiv berichtende und kommentierende Erzähler tritt; dadurch gewinnt der pikarische Autor, über die Unterhaltung des Lesers hinaus, die Möglichkeit der moralischen Bewertung des Schelms hinzu, die satirische Beleuchtung der Gesellschaft und eine pessimistische Weltsicht, die gewöhnlich in gründlicher Desillusionierung endet.

Die Analogien zum traditionellen Formtyp liegen somit auf der Hand, sollen aber noch genauer untersucht werden, weil die moderne Forschung versucht hat, den sogen. "neopikaresken" Roman fast völlig von seinen pikarischen Ursprüngen zu lösen. Erst danach werden wir im Hinblick auf die hier vorgelegten Interpretationen die durchaus nicht bestreitbare Akzentverlagerung in den Blick rücken, die den modernen Pikaroroman im Vergleich zu seinen klassischen Mustern auszeichnet.

3. Siehe die grundlegende Einleitung des Verfassers zum ersten Sammelband *Der deutsche Schelmenroman im europäischen Kontext*, *Chloe*, *Daphnis*-Beiheft (Amsterdam, 1986).
4. Zu dieser Definition des Pikarischen vgl. Jürgen Jacobs, *Der deutsche Schelmenroman*. Artemis-Einführungen (München/Zürich, 1983), S. 35ff.

Die Gründe für die Renaissance dieser Prosaform in einer Epoche, zu deren Beginn bereits der Roman und sein Held totgesagt wurden, sind sicher vielschichtig. Zu den gesicherten Forschungsergebnissen galt bisher: der Pikaroroman ist wesentlich ein Roman der Krise, das Genre eines sozialen Umschichtungsprozesses und darum von Anbeginn ein Instrument der Gesellschaftskritik. Geschlossene und dadurch im Gründe schon überholte Gesellschaftssysteme werden aus der Perspektive des sozial unterlegenen Menschen satirisch beleuchtet und in ihren hohlen Moralfassaden bloßgestellt.

Dieser Fall trat ein, als die feudale altchristliche Gesellschaftsschicht Spaniens zur Geldwirtschaft und zum Absolutismus überging und den jüdischen converso verstieß. Während der deutsche Schelmenroman ein asketisches Weltbild entwirft, worin der Mensch aus der Gesellschaftsproblematik zu Gott flieht, stellt der englische und der auslaufende holländische bzw. deutsche Schelmenroman des frühen 18. Jahrhunderts wiederum eine gesellschaftliche Umbruchzeit dar, in der der bürgerliche Kaufmannsstand die Laster der christlichen Lebensauffassung in die Tugenden des kapitalistischen Systems verwandelte. Nachdem die Struktur des pikarischen Romans vom Bildungsromans übernommen, jedoch der Held aus der Gesellschaft auf die Kultivierung seiner Persönlichkeit verwiesen worden war (*Wilhelm Meister*), lebte der Schelmenroman im 20. Jahrhundert wieder auf, als sich erneut Gesellschaftsstrukturen wie die k.u.k. Monarchie und das wilhelminische bzw. nazistische Imperium herausgebildet hatten und die Intellektuellen in kritische Distanz zwangen.

Wie der alte Pikaro muß sich sein moderner Nachfahr mit einer Gesellschaft herumschlagen, von deren Dekadenz er überzeugt ist. Er ist auf sie angewiesen, da er sich von ihr ernähren muß, und zugleich haßt er ihre materialistische Einstellung. Er versucht, ihr wie Diogenes den Rücken zu kehren, um ein freies Leben führen zu können. "Der Wille zum Überleben" und die "Freude an der Vielfalt" (Van der Will, *Pikaro heute*, 1967) zählen zu seinen hervorragenden Merkmalen. Gegenüber der verwalteten Welt mit ihrem Konformismus und ihrer Rubrizierungstendenz behauptet er seine derb-drastische Art in Lebensweise und Erzählstil. Seine Bindungslosigkeit in Liebesdingen, sein Berufs- und Ortswechsel entsprechen dem Freiheitsdrang des kosmopolitischen Helden. Proteusartig schlüpft er häufig in eine andere Haut, aus "Freude am theatralischen Spiel" (Van der Will), aber auch aus dem barocken und wiederum modernen Bewußtsein: "Alle Menschen sind Schauspieler in dem Sinne, daß sie Masken tragen und Betrüger sind" (Camus).

Gegenüber gegenteiligen Behauptungen lassen sich im Übergang vom alten zum neopikaresken Roman weitere Analogien feststellen, denn daß Oskar Matzerath (Grass, *Die Blechtrommel*, 1959) oder Felix Krull (Th.

4

Mann, 1954) keine kriminellen Züge haben, läßt sich wohl bestreiten. Daß nur der moderne Pikaro die "ursprüngliche menschliche Freiheit" vertritt (Will) und sich alleine gegen Klassenherrschaft und Gleichschaltung wehrt, ist längst bezweifelt worden (vgl. Frutos Gómez, *El antihéroe*, 1950). Es heißt weiter, der Wille zum Überleben führe gelegentlich zum opportunistischen Mitmachen (vgl. Hašek, *Die Abenteuer des braven Soldaten Schwejk*, dt. 1926; Zuckmayer, *Der Hauptmann von Köpenick*, 1931), aber Lazarillos und Moll Flanders Ende liegen auf derselben Linie. Auch die weiteren von Will aufgestellten Kennzeichen wie "Zurückschrecken vor dem ideologischen Engagement", weil der Held kein Märtyrer werden wolle; utopische "Hoffnung auf das Paradies" auf Erden, was den Helden zu einer "Gestalt mit religiöser Zielsetzung" mache, die oft sozialistisch gefärbt sei; die paradoxe Verquickung von Schuld und Unschuld etc. sind nicht auf den modernen Pikaro beschränkt, denn an die Stelle der Institution der Kirche im spanischen Vorbild, rücken moderne Ideologien, an die Stelle der Kritik aus dem Geiste des Erasmus die moderne Gesellschaftsanalyse.[5]Hätte sich also grundsätzlich kaum etwas gewandelt? Auf den ersten Blick mag manches dafür sprechen, daß sich nur die Vorzeichen geändert haben. Das epische Verfahren (u.a. doppelte Perspektive; eingelegte Episoden etc.) und die Grundbedingungen menschlicher Existenz im Konflikt mit den sozialen bzw. politischen Verhältnissen haben offenbar die Zeiten überdauert. Jedoch wäre es, besonders angesichts einer zweihundertjährigen Pause in der deutschen Schelmentradition im 18. und 19. Jahrhundert, kurzsichtig, ihr Wiederaufleben auf die einfache Übernahme einer alten Form zu reduzieren. Denn eine unverkennbare Umschichtung oder Akzentverlagerung hat stattgefunden, die sowohl das Welt- als auch das Menschenbild betrifft. Wichtig ist nämlich die Erkenntnis, daß es sich gegenüber der am Ende ihres Lebens reuigen und bußfertigen barocken Schelmen heute um Protagonisten handelt, die von der religiösen Weltsicht des 17. Jahrhunderts befreit zu Repräsentanten einer säkularisierten Epoche geworden sind, in der "die Frage nach einer transzendenten Instanz nicht, auch nicht implizit gestellt wird, sie bleibt völlig außerhalb des Romankonzepts" (Kremer, S. 151). Mit Günther Grass könnte man meinen, "Die Heiligen sind Pragmatiker geworden",[6] die jede Vorstellung eines den Menschen manipulierenden Überbaus verwerfen, ob er in der Form eines Glaubens bzw. Heilplans oder von Ideologien auftritt.

5. Eigenzitat des Verfassers aus seinem Buch *Spanien und Deutschland, Geschichte und Dokumentation der literarischen Beziehungen.* Grundlagen der Romanistik, 9 (Berlin, 1976), S. 175f.
6. Zitiert ebd., S. 177.

Insofern verliert der "Apparat", d.h. die Gesellschaft mit ihren Hierarchien zugunsten des Protagonisten an Bedeutung, der seine Rolle, seinen Standpunkt im Romangeschehen im Vergleich zum traditionellen Typ gewandelt hat. Zwar wollen wir diesen Sachverhalt nicht so schematisch fixieren wie Bruno Schleussner, der den neopikaresken Roman dem pikaresken gegenüberstellt, wobei der Hauptgegenstand des Romans: "die angegriffene Gesellschaft" zu dem von der Gesellschaft bedrängten Pikaro wechselt,[7] aber wir können andererseits auch nicht den Zuwachs an Bedeutung verkennen, den der "neue Pikaro" erlangt hat. Denn der pícaro oder Landtstörtzer hatte in seinen Anfängen die Funktion, den Betrug der Welt an sich selbst zu exemplifizieren und die Gesellschaft aus der Froschperspektive zu entlarven. Als Person hatte er kaum Eigenwert, weil er noch keine einheitliche, in sich geschlossene Individualität besaß. Was ihn als Held antrieb, das war die Sorge um das Überleben; was ihm als Erzähler oblag, das war die Gesellschaftssatire.

Mit der Renaissance des Pikaroromans läßt sich nun unter gewissen Ausnahmen eine Funktionsänderung hinsichtlich des Protagonisten beobachten, die sich auf zweierlei Weise beschreiben läßt: einmal durch die Aufwertung des unbehausten Vagabunden dunkler Herkunft, der sich mit kriminellen Mitteln durchs Leben schlägt,[8] zum positiven Helden als Opfer der ihn bedrohenden Gesellschaft; zum anderen durch den Wechsel von der Identitätslosigkeit zur Suche nach seiner Identität. Jene "Aufwertung" hat vor allem die anglistische Forschung, z.B. R.W.B. Lewis in *The Picaresque Saint* (London, 1960) und Bruno Schleussner in *Der neopikareske Roman* (Bonn, 1969), nachgewiesen, an die sich Wilfried van der Will offenbar angelehnt hat, als er Pikaros als "weltliche Heilige" definierte, Figuren, die "als standhafte Heilige, als Kinder einer zweiten Unschuld, als verirrte Söhne eines allem Antagonismus fernen Paradieses" zu gelten hätten.[9] Soweit wollen wir nicht gehen, denn dadurch würde etwas verallgemeinert, was sogar auf Heinrich Bölls utopische Schelme nur unter gewissen Vorbehalten zutrifft (siehe Erhard Friedrichsmeyers Beitrag!).

Die besagte Akzentverlagerung vom Pikaro als Spiegel einer betrügerischen Welt zum Pikaro als Repräsentant des Menschlichen schlechthin hängt sicher mit seinem Funktionswandel zusammen: der Existenzkampf ist "der Suche nach der Identität und ihrer Bewahrung" (F. van Ingen, hier S. 175) gewichen. Ursprünglich war der *pícaro* als

---

7. Bruno Schleussner, *Der neopikareske Roman* (Bonn 1969), S. 169-70, dazu siehe besonders Manfred Kremers Essay.

8. Siehe Alexander A. Parker, *Literature and the Delinquent: the Picaresque Novel in Spain and Europe, 1599-1753* (Edinburgh, 1967).

9. Van der Will, *Pikaro heute. Metamorphosen des Schelms bei Thomas Mann, Döblin, Brecht, Grass* (Stuttgart, 1967), S. 10.

Proteus angelegt, das beweisen sowohl Lazarillo und Simplex als auch Moll Flanders.[10] Das heißt, er war undefinierbar in seinem Wesen, weil er vielgestaltig und vieldeutig seine Rollen spielte. Er kannte sich selber nicht, wußte nicht, woher er kam und wohin er ging. Er arbeitete nicht und war gerade aufgrund seiner mangelnden Identität eine jenseits von Gut und Böse angesiedelte Gestalt. Obwohl diese Art von "Kostümkopf" bis zu Thomas Manns Felix Krull nachwirkte, rückte der "neue Pikaro" weitgehend in den Mittelpunkt des Autoreninteresses, und zwar in seiner zum Problem gewordenen Identität, die durch die Umwelt gefährdet ist. Individuation bringt Vereinzelung mit sich, setzt den Protagonisten dem Druck der gesellschaftlichen Mächte aus und findet ihren formalen Ausdruck in der modernen Erzählstruktur mit ihrem Wechsel zwischen auktorialen und personalen Erzählhaltungen, in dem Ineinanderspiel von Ich- und Er-Erzählung (z.B. bei Grass und Thelen). Kaleidoskophafte Strukturen, wechselnde Perspektiven und Aufzählungsstil spiegeln unsere paradoxe, chaotische und von Zersetzungserscheinungen befallene Welt adäquat wider.

Der Schelmenroman bildet keine neue Gattung, nur eine Sonderform des Romans. Seit der Antike haben "Gattungen" als Hilfsbegriffe der Poetik und Literaturwissenschaft gedient, um Koordinaten durch die Vielfalt der literarischen Erscheinungen zu legen. Wie schwierig es ist, eine einheitliche Vorstellung vom Schelmenroman zu gewinnen, zeigen die verschiedenartigsten Versuche der jüngsten Forschung. Eine alle Aspekte, vor allem die historischen Unterschiede und nationalen Sonderwege berücksichtigende Bestimmung ist bisher nicht gelungen, sieht man einmal von der bereits weitgehend destillierten Auffassung ab, wonach der Pikaro als Außenseiter und Spielball der Verhältnisse einzuschätzen sei, der sich gegen die etablierte Gesellschaft mit allen Mitteln durchsetzen muß. Das Thema der Macht und ihrer Überwindung, der Vereinzelung des Individuums in der Gesellschaft sowie formale Aspekte kommen hinzu. Eine genauere Definition des Schelmenromans und seines Protagonisten wäre vielleicht auch nicht wünschenswert, weil dann zu viele Einzelwerke aus der Diskussion ausgeschlossen werden könnten und außerdem eine Übertragung der "Genrekriterien des pikarischen Romans" etwa auf das moderne Drama, wie sie Hans Wagener für das Werk Gerhart Hauptmanns (*Der Biberpelz*, 1893) bis zu Franz Werfel (*Jacobowsky und der Oberst*, 1945) vorgenommen hat, kaum möglich wäre.

Der Begriff Pikaro- bzw. Schelmenroman ist von Inhalt und Form her allerdings so weit eingegrenzt, daß klare Normdurchbrechungen ziemlich

10. Siehe besonders Stuart Miller, *The Picaresque Novel* (Cleveland, 1967), Part II, chapter 4: "Protean Form".

leicht als Varianten einer relativ einheitlichen Vorstellung zu erkennen sind. Hier eröffnet sich für die zukünftige Forschung ein weites Feld, da eine ganze Reihe moderner Romane, besonders aus der DDR, auf ihren pikarischen Einschlag zu überprüfen wären. (Das Aufleben des pikarischen Erbes in der DDR-Literatur überrascht insofern nicht, als moderne Gesellschaftssysteme, die sich auf "einen mächtigen Gerichtsapparat" stützen, den Schelm geradezu herausfordern - wie man seit Hašeks *Soldaten Schwejk* weiß.)

Die hier vorgelegten Arbeiten zeigen verschiedene Wege auf, wie man das Phänomen des pikaresken Erzählens für die Analyse moderner Literatur - und zwar nicht nur des Romans, sondern auch des Dramas und der Erzählung (siehe E. Friedrichsmeyers Beitrag) - fruchtbar machen kann. Dabei hat sich ein ganzes Spektrum von pikaresken Lösungen oder Varianten der traditionellen Figur und Form ergeben; z.B. verwandelt sich der Pikaro bei Gerhard Zwerens in Casanova, den Apostel der Lust, der durch den "Hegemonieanspruch des Priapischen" sowohl die barocke Weltsicht als auch den deutschen Bildungsroman mitsamt seiner pikarisch-offenen Struktur parodiert (F. van Ingen, hier S. 197). Bölls Schelme unterscheiden sich deutlich von den kompromißbereiten Vorfahren, weil sie in ihrer absoluten Menschlichkeit utopische Gestalten werden, die den "kommenden Christ" ankündigen. In der negativen Utopie der Welt- und Selbstzerstörung, also mit dem Verlust der eigenen Identität, endet hingegen Bernward Vespers *Die Reise*, deren Erzähler zunächst ruhelos zwischen antibürgerlicher Subkultur und politischem Untergrund vagiert, um sich schließlich aus Verzweiflung umzubringen. "Vesper wird damit zum Ausgestoßenen in der pikaresken Runde gesellschaftlicher Außenseiter" (Alfred Lubich, hier S. 236). Interessant ist die Gegenüberstellung von Döblins *Berlin Alexanderplatz* mit Grass' *Die Blechtrommel*, weil sich hier exemplarisch die zwei extremen Möglichkeiten des modernen Pikaroromans abzeichnen, nämlich einerseits die Darstellung der pikaresken Existenz als Selbstverlust und Leiden an einer Krankheit, die nach Heilung verlangt (siehe Ursula Mahlendorfs Beitrag), andererseits Grass' Schilderung des pikarischen Lebens als Ideal, von dem sich sein Held nicht trennen mag, weil er sich dagegen auflehnt, Teil der etablierten bürgerlichen Welt zu werden (siehe Larry Rickels Essay).

Sollten hier wohl die Ergebnisse dieses Sammelwerkes noch genauer zusammengetragen und herauskristallisiert werden? Wir glauben es nicht, da sich eine derartige Anthologie neuer Interpretationen vor allem dadurch rechtfertigt, daß sie dem Leser Anregungen zur eigenen Auseinandersetzung mit den Romanen selbst liefert. Anregend dürften diese Aufsätze jedoch auch für die Forschung sein, da die Mitarbeiter auf verschiedensten Wegen (z.B. auf psychoanalytische, auf komparatistische oder genreorientierte Weise) zu interessanten Einzelresultaten gekommen sind. Vor allem die Aufbrechung bzw. Überwindung einer normativen Gattungsvorstellung vom "Pikaroroman" sollte in der zukünftigen literaturwissenschaftlichen Diskussion ein Echo finden; denn als fruchtbar für die Interpretation hat sich gerade die Analyse pikarischer Motive und Figuren im Drama (siehe Hans Wageners Beitrag), in der Erzählung (Erhard Friedrichsmeyer) und im aus der Opposition zum klassischen Roman geschriebenen romantischen Werk erwiesen (Helmut Koopmann): "Pikarisches Erzählen ist im Prinzip [...] überall dort möglich, wo ein Roman gegen den Bildungsroman Goethes angeschrieben worden ist" (Koopmann, S. 37).

Gerade Helmut Koopmanns Beitrag leistet darüber hinaus noch ein Weiteres: er befreit die Forschung aufgrund seiner kritischen Bedenken aus festgefahrenen Gleisen und Klischeevorstellungen, die seit Jahren unbesehen weitergereicht worden sind, indem er nämlich grundsätzlich in Frage stellt, daß der Pikaroroman ein Roman der "Krise eines Epochenwandels" sei (Hermsdorf, siehe Bibliographie); daß es im 19. Jahrhundert keine satirisch angreifbare bürgerliche Gesellschaft gegeben (siehe van der Will); daß der Bildungsroman aus Affinität zum Schelmenroman dessen Erbschaft angetreten hätte etc.

Auch insofern muß diese Einleitung einen offenen Schluß haben. Das entspricht der Forschungslage. Hinzu kommt noch ein weiteres Argument: der neue Pikaroroman bietet ja nicht nur Gesellschaftskritik, sein Held ist nicht nur auf der Suche nach seinem verlorenen Ich, sondern er präsentiert sich vielfach gerade als Spiel mit der überlieferten Form und Spiel mit der Ahnenreihe der Schelmentradition, also der "Kostümköpfigkeit" des Genres. "Der Schelmenroman entzieht sich im Grunde genommen jeglicher Konformität" (Koopmann, S. 26). Bezeichnend für die bedingslose Offenheit der Gattung dürfte letztlich Beckers *Jakob der Lügner* sein (siehe Nancy Lukens Beitrag), ein Werk, worin das apokalyptische Geschehen des Holocaust, unter entsprechender Umfunktionierung von tradierter Struktur und Figur, aus der Perspektive von unten in den Mittelpunkt des Interesses rückt.

Jürgen Jacobs

BILDUNGSROMAN UND PIKAROROMAN

VERSUCH EINER ABGRENZUNG

I

Bei Literaturhistorikern und Kritikern sind die Begriffe "Bildungsroman" und "Pikaroroman" gang und gäbe. Auch wenn natürlich einzelne Kriterien der Gattungsdefinitionen strittig sind - wie das in einer notorisch unexakten Wissenschaft nicht anders sein kann - , so verwendet man doch die beiden Begriffe in dem Bewußtsein, deutlich unterscheidbare Typen des Romans mit jeweils eigenen Traditionen vor sich zu haben.

Bei näherem Hinsehen zeigt sich jedoch, daß die Schwierigkeiten einer Abgrenzung größer sind, als der landläufige Sprachgebrauch vermuten läßt. Goethes *Wilhelm Meister*, der als Prototyp des Bildungsroman gilt, wurde bereits von Schiller neben den *Gil Blas* gestellt, neben ein Buch also, das in mancher Hinsicht ganz offen an die älteren spanischen Schelmenromane anknüpft.[1] Auch die Literaturwissenschaft rückt die beiden Romantypen bisweilen sehr eng zusammen. Wolfgang Kayser zum Beispiel bestimmte den Pikaroroman wegen seiner Tendenz, in einer Episodenfolge ein panoramatisches Bild der Welt auszubreiten, als eine Ausprägung des "Raumromans", und er stand nicht an, den Goetheschen *Wilhelm Meister* dieser Kategorie zuzurechnen.[2] Für Claudio Guillén ist der Bildungsroman überhaupt nur ein Unterfall des pikaresken Genres:

> Although, of course, the *Bildungsroman* has a peculiar significance within German culture, it is utterly false to pretend, as some critics have, that only German picaresque novels are, in the broader sense of the term too, *Bildungsromane*.[3]

---

1. Vgl. die Bemerkung Goethes gegenüber dem Kanzler von Müller am 29. V. 1814.
2. Kayser, W., *Das sprachliche Kunstwerk*, 12. Aufl. (Bern/München, 1967), S. 363f. Vgl. ferner: Kayser, W., *Entstehung und Krise des modernen Romans*, 3. Aufl., (Stuttgart, 1961), [zuerst in *DVJ* 28 (1954)], S. 24.
3. Guillèn, C., "Toward a Definition of the Picaresque". In: *Literature as System* (Princeton, 1971), S. 80 f.

Er begründet diese Auffassung mit der These, daß auch der Pikaro sich entwickle und lerne. Schon in *Lazarillo* erkennt er

an early figuration of the freedom and the quest that are the burden of modern novellistic heroes. There is no doubt but that *Lazarillo* inaugurated with singular skill [...] the presentation of the hopes and failures of the men who, orphanlike but inquiring, far removed in practice from any abstract canon, test their knowledge as they grow older and confront or work out the compromises that will determine their lives.[4]

Auch David H. Miles will im Helden der Goetheschen *Lehrjahre* einen Pikaro erkennen, wobei ihm Wilhelm Meisters vermeintliche Entwicklungslosigkeit und sein Mangel an Reflexionsbedürfnis zu den entscheidenden Bestimmungskriterien werden.[5] Wenn Miles allerdings selbst anmerkt, er verwende den Begriff *picaro* "in a slightly idiosyncratic sense",[6] so deutet er damit an, daß seine Terminologie (mit der er die Wandlungen des Bildungshelden von Goethe über Gottfried Keller bis zum 20. Jahrhundert erfassen will) für eine Abgrenzung von Pikaro- und Bildungsroman nicht hilfreich sein kann.

Die Schwierigkeiten einer deutlichen begrifflichen Unterscheidung der beiden Romantypen ergeben sich aus der Sache: Beide schildern die Lebensgeschichte einer zentralen Figur und richten ihr Hauptinteresse auf das Verhältnis ihrer Helden zur sozialen Umwelt. Weil der Pikaro ebenso wie der Protagonist einer Bildungsgeschichte durch bestimmte Weltausschnitte hindurchgeführt wird, zeigen beide Erzählungstypen in der Tat eine deutliche Tendenz zu dem von Wolfgang Kayser beschriebenen Typus des "Raumromans". Allerdings stehen solchen sehr allgemeinen Affinitäten denn doch deutliche Unterschiede gegenüber, die eine Sonderung von Pikaro- und Bildungsroman als begründet und sinnvoll erscheinen lassen.

Differenzen zeigen sich zunächst in der Anlage der zentralen Figuren. Der Pikaro ist ein Außenseiter, der mit Wendigkeit und ohne große moralische Skrupel um sein Überleben und um soziale Anerkennung kämpft. Es sind die Not und die Aussperrung aus der etablierten sozialen Ordnung, die ihn zum Schelm machen. Die pikaresken Romane selbst lassen an diesem Zusammenhang keinen Zweifel: "Pobreza y picardía salieron de una misma cantera", heißt es zu Beginn der *Pícara Justina*.[7]

---

4. Guillén, C., "Genre and Countergenre: The Discovery of the Picaresque." In: *Literature as System* (Princeton, 1971), S. 141.

5. Miles, D.H., "The Picaro's Journey to the Confessional: The Changing Image of the Hero in the German Bildungsroman." In: *PMLA*, 89 (1974), 980 f.

6. Miles, D.H., a.a.O., S. 991, N. 4.

7. López de Úbeda, *La pícara Justina*. In: *La novela picaresca española*, hrsg. von A. Valbuena Prat (Madrid, 1956), S. 713. Deutsche Übersetzung: Armut und Schelmerei kommen aus demselben Steinbruch.

Und Guzmán berichtet, daß er sich zur Laufbahn des Bettlers, Falschspielers und Diebs entschließt, als er sich mittellos und abgerissen in Madrid wiederfindet: "Viéndome perdido, comencé a tratar el oficio de la florida picardía."[8] Umstritten ist unter den Historikern und Interpreten des pikaresken Romans, ob dessen Held sich im Gang der Erzählung entwickelt und ob er aus seinen Erfahrungen lernt.[9] Man wird bei der Beantwortung dieser Frage genau unterscheiden müssen. Unbestreitbar ändert der Pikaro seine ursprünglich naive Haltung, wenn ihm die Schlechtigkeit der Welt aufgeht und ihm bewußt wird, daß er im frommen Glauben an die Tugend nicht überleben kann. Eine Reihe pikaresker Helden wie Guzmán oder Simplicius erleben später eine zweite Wendung, die sie von der Schelmenlaufbahn wieder abbringt und zu deren moralisch-religiös begründeter Verurteilung führt.[10] Zwischen diesen beiden Zäsuren ihrer Existenz, das heißt also während ihres mit Zähigkeit und moralischer Unbedenklichkeit durchgefochtenen Kampfes ums Überleben, ändern die Pikaros ihre Haltung nicht. Wenn sie lernen, dann nur wie *Lazarillo*:

> Como la necesidad sea tan gran maestra, viéndome con tanto siempre, noche y día estaba pensando la manera que ternía en sustentar el vivir. Y pienso, para hallar estos negros remedios, que me era luz la hambre, pues dicen que el ingenio con ella se avisa y al contrario con la hartura.[11]

Simplicissimus gewinnt zwar aus dem abenteuerlichen Auf und Ab seines Soldatenlebens die Lehre, "daß nichts beständigers in der Welt ist / als

---

8. Alemán, Mateo, *Guzmán de Alfarache*. In: *La novela picaresca española* (wie N. 7), S. 300. Deutsche Übersetzung in: *Spanische Schelmenromane*, hrsg. von H. Baader (München, 1964) Bd. I, 216: Als ich sah, daß ich verloren war, ergriff ich das Handwerk der blühenden Schelmerei.

9. Vgl. einerseits C. Guillén, *Toward a Definition of the Picaresque* (wie N. 3), S. 80, 82: "The hero of the mainstream picaresque novel *does* grow, learn, and change." Und: "The pícaro as an 'ongoing' philosopher, as a constant discoverer and rediscoverer, experimenter and doubter where every value or norm is concerned, never ceases to learn." - Andererseits meint Robert Alter in seinem Buch *Rogue's Progress. Studies in the Picaresque Novel* (Cambridge/Mass., 1964) S. 31, 69: "The picaroon is, of necessity, a fixed undeveloping character." Und: "It is part of the picaresque convention that experience should never substantially alter the given character of the hero".

10. Vgl. dazu meinen Beitrag *Das Erwachen des Schelms* im ersten Band dieser Sammlung von Arbeiten zum pikaresken Roman (*Chloe*).

11. Lazarillo de Tormes. In: *La novela picaresca española* (wie N. 7), S. 94. Deutsche Übersetzung in: *Spanische Schelmenromane* (wie N. 8) Bd. I, 31: Aber die Not ist eine große Lehrmeisterin, und da die meine nicht aufhören wollte, sann ich Tag und Nacht darauf, wie ich mein Leben fristen könnte; und gewiß hat der Hunger mich erleuchtet, damit ich all die dunklen Auswege fand, denn es heißt ja, er schärfe den Geist, während Völlerei ihn abstumpfe.

die Unbeständigkeit selbsten."[12] Aber er ist zunächst nicht in der Lage, aus dieser Erkenntnis die moralisch-religiöse Konsequenz zu ziehen. Bei der Niederschrift seiner Lebensgeschichte betont er immer wieder die Verstocktheit, mit der er bei seinem pikaresken Glücksrittertum bleibt: "Ich lebt eben dahin wie ein Blinder / in aller Sicherheit / und wurde länger je hoffärtiger." Oder: "Aber ich Narr hörete nicht / was vielleicht damals verständige Leute von mir hielten / oder meine Mißgönner von mir sagten."[13]

Der Pikaro lernt also nach seiner Initiation in die schlechte Welt nur die Tricks der Selbstbehauptung. Einen Prozeß moralischer Erziehung und persönlicher Reifung durchläuft er nicht. Der Held einer Bildungsgeschichte dagegen nimmt eine andere Bahn: Zwar verfällt er Irrtümern und begeht Fehltritte, aber seine grundsätzliche Verpflichtung auf die Normen der Moral steht nie in Zweifel. Ein pikaresker Lebensstil, der sich auf eine gewitzte Kleinkriminalität gründet, stünde den Bildungshelden wie Agathon, Heinrich Drendorf oder dem Grünen Heinrich schlecht an. Immerhin bleiben ihnen in aller Regel Phasen der Desorientierung und des Zweifels nicht erspart. Aber sie finden von ihren Abwegen zurück und integrieren ihre Lebensirrtümer in einen Prozeß des Lernens und Reifens, an dessen Ende der Zuruf stehen kann: "Heil dir, junger Mann! deine Lehrjahre sind vorüber; die Natur hat dich losgesprochen."[14]

Das dominierende Erzählinteresse dieser Romane richtet sich darauf, die phasenweise fortschreitende Bildungsgeschichte ihrer Helden in ihrem inneren und äußeren Zusammenhang darzustellen. Wielands *Agathon* will - wie der Erzähler selbst in einer programmatischen Bemerkung klarstellt - am Beispiel seines Helden vorführen,

> wie ein solcher Mann - so gebohren - so erzogen - mit einer solchen besonderen Bestimmung derselben - nach einer solchen Fähigkeiten und Dispositionen - mit einer solchen Reihe von Erfahrungen, Entwiklungen und Veränderungen - in solchen Glüks-Umständen - an einem solchen Ort und in einer solchen Zeit - in einer solchen Gesellschaft - unter einem solchen Himmels-Strich - bey solchen Nahrungs-Mitteln (denn auch diese haben einen stärkern Einfluß auf Weisheit und Tugend, als sich manche Moralisten einbilden) - bey einer solchen Diät - kurz unter solchen gegebenen Bedingungen [...] ein so weiser und tugendhafter Mann habe seyn können.[15]

12. Grimmelshausen, *Der Abentheurliche Simplicissimus*. Hrsg. von R. Tarot (Tübingen, 1967), S. 224.

13. Grimmelshausen a.a.O., S. 236, 239 u.ö.

14. Goethe, *Wilhelm Meisters Lehrjahre* Hamburger Ausgabe (6. Aufl. 1965), Bd. VII, 497.

15. Wieland, Ch.M., *Geschichte des Agathon*. Unveränderter Abdruck der Editio princeps. Bearbeitet von K. Schäfer (Berlin, 1961), S. 380.

13

Die Ausrichtung auf ein harmonisches Ende, in dem der Protagonist der
Geschichte einen fruchtbaren Kompromiß zwischen seinen Aspirationen
und der vorgefundenen Ordnung erreicht, bestimmt die Form des
Bildungsromans: Die einzelnen Abschnitte des erzählten Vorgangs sind
Stufen eines Werdens, Phasen einer zielgerichteten Entwicklung.[16] Von
dieser teleologischen Orientierung der Bildungsgeschichte unterscheidet
sich deutlich die episodische Struktur des Pikaroromans. Der Schelm
gerät in immer neue und doch ähnliche Situationen, in denen er sich
gegen die feindliche Welt zur Wehr setzt und sich als Außenseiter soziale
Anerkennung und die Möglichkeit des Überlebens erkämpft. Einen
individuellen Entwicklungsgang, der durch die produktive Wechselwir-
kung von Ich und Welt vorangetrieben würde, durchläuft weder Guzmán
noch Simplicius oder Felix Krull.

Dem entspricht es, daß die beiden Typen des Romans auch höchst
unterschiedliche Bilder der Gesellschaft entwerfen. Die Welt, durch die
sich der Pikaro bewegt, ist korrupt und zwingt dem einzelnen ihre
Schlechtigkeit auf. Das Gute hat in ihr - wie Guzmán erkennen muß -
keine Stelle:

> No hallarás hombre con hombre; todos vivimos en asechanza los unos de los otros,
> como el gato para el ratón o la araña para la culebra, que hallándola descuidada se
> deja colgar de un hilo y asiéndola de la cerviz la aprieta fuertemente, no
> apartándose della hasta que con su ponzoña la mata.[17]

In einer solchen Welt herrschen notwendig die Bosheit und die Gaunerei:
"Y no hay estado más dilatado que el de los pícaros, porque todos dan en
serlo y se precian dello."[18] Die gleiche desillusionierte Erkenntnis führt

---

16. Wenn einzelne Interpreten bestritten haben, daß Agathon oder Wilhelm
Meister im Fortgang ihrer Geschichte eine Entwicklung durchmachen, dann beruhen
solche Fehldeutungen in der Regel darauf, daß man sich mit einer vorgefertigten
Vorstellung von menschlicher Entwicklung oder Bildung den Romanen näherte und
sich auf deren jeweils unterschiedliche Konzepte nicht einließ.
Vgl. zu Wielands *Agathon* etwa W. Paulsen, *Christoph Martin Wieland*
(Bern/München 1975), S. 157, 160 (kritisch dazu J. Jacobs in *ZfdtPh*, 96 [1977], 287
ff.) und Gerd Hemmerich, *Ch. M. Wielands "Geschichte des Agathon"* (Nürnberg,
1979), S. 11. - Entsprechende Thesen zu den Goetheschen *Lehrjahren* bei D.H. Miles
(wie N. 5), S. 983 f. oder K. Schlechta, *Goethes Wilhelm Meister* Frankfurt, 1953).
17. Alemán, Mateo, *Guzmán de Alfarache*. In: *La novela picaresca española* (wie N.
7), S. 308. Deutsche Übersetzung in: *Spanische Schelmenromane* (wie N. 8), Bd. I, 235:
Du findest keinen Mensch unter Menschen; wir alle stellen im Leben dem anderen
nach wie die Katze der Maus oder wie die Spinne der Schlange; sobald sie entdeckt,
daß diese unvorsichtig ist, läßt sie sich an einem Faden herab, ergreift sie im Nacken,
drückt sie heftig und läßt nicht von ihr ab, bis ihr Griff sie tötet.
18. Alemán, Mateo, *Guzmán* a.a.O., S. 321. Deutsche Übersetzung in: *Spanische
Schelmenromane* (wie N. 8), Bd. I, 264: Es gibt keinen verbreiterten Stand als den
Stand der Schelme, denn alle werden es und rühmen sich dessen.

Quevedos Buscón zu dem Entschluß "de ser bellaco con los bellacos, y más, si pudiese, que todos."[19]
Ganz anders erscheint die Welt im Bildungsroman. Zwar ist sie nicht frei von Täuschungen, gefährlichen Verlockungen und Bosheit. Aber sie erlaubt doch, daß der Protagonist der Geschichte zu sich selbst findet und die Aussicht auf eine anerkannte Position in der Gesellschaft und auf ein Leben in produktiver Tätigkeit gewinnt. Allerdings bleibt es eine Ausnahme, daß die Welt sich dem Bildungshelden so wohlgeordnet, förderlich und komplikationslos präsentiert wie Heinrich Drendorf in Stifters *Nachsommer*. In jedem Fall aber spielt die Bildungsgeschichte - entsprechend ihrer optimistischen Orientierung auf einen harmonischen Schluß - vor der Folie eines Weltzusammenhangs, der dem einzelnen zum Medium der Selbsterprobung und Selbstverwirklichung werden kann. Der Kontrast zur pessimistischen Weltdarstellung der pikaresken Romane kann kaum schärfer gedacht werden.

III

Aus dem oben erwähnten Affinitäten zwischen Pikaro- und Bildungsroman ergibt sich, daß im Hinblick auf einzelne Texte Rubrizierungsprobleme auftreten können. Einer der umstrittensten Fälle dürfte Lesages *Gil Blas* sein. Weil der Held dieses Buches am Ende ein idyllisches Familienglück auf einem Landgut erreicht und ihm die Durchtriebenheit der älteren Pikaros zu fehlen scheint, haben manche Interpreten den *Gil Blas* nicht mehr als Schelmenroman anerkennen wollen, ja manche sahen in ihm ein "antipikareskes Werk" oder eine Art Bildungsroman.[20]
In der Tat zeigen sich bei Lesage deutliche Differenzen zu den wichtigeren spanischen Mustern. Weder Lazarillo noch Guzmán oder gar Pablos erreichen aufgrund moralischer Besinnung ein weltliches Glück wie Gil Blas. Immerhin läßt sich der Herzog von Lerma durch einen verharmlosenden und beschönigenden Lebensbericht nicht darüber täuschen, daß Gil in die Nähe der Schelme gehört: "Monsieur de

---

19. Francisco de Quevedo, *Historia de la vida de Buscón*. In: *La novela picaresca española* (wie N. 7), S. 1106. Deutsche Übersetzung in: *Spanische Schelmenromane* (wie N. 8), Bd. II, 45: ...mit den Schurken ein Schurke zu sein und wenn möglich, ein größerer noch als alle zusammen.
20. Vgl. z.B. R. Alter, *Rogue's Progress* (wie N. 9), S. 32. Harry Sieber, *The Picaresque* (London, 1977), S. 49. Andreas Stoll, "Wege zu einer Soziologie des pikaresken Romans". In: H. Baader und E. Loos (Hrsg.), *Spanische Literatur im Goldenen Zeitalter. Festschrift für Fritz Schalk zum 70. Geburtstag* (Frankfurt, 1973), S. 503 f.

Santillane, me dit-il en souriant à la fin de mon récit, à ce que je vois, vous avez été tant soit peu picaro." Diese Bemerkung läßt Gil Blas vor Scham erröten, womit sich zeigt, daß er seine Tugend keineswegs ganz verloren hat. Der Herzog beurteilt deshalb die pikareske Laufbahn des jungen Mannes mit Milde: "Je m'étonne que le mauvais exemple ne t'ait pas entièrement perdu. Combien y a-t-il d'honnêtes gens qui deviendraient de grands fripons, si la fortune les mettait aux mêmes épreuves!"[21] Auch wenn Gil Blas immer wieder den Versuchungen und Anfechtungen erliegt, läßt er sich seine moralische Integrität nie ganz austreiben. Am Ende wendet er sich entschlossen von der turbulenten Welt seiner Abenteuer ab und läßt mit goldenen Lettern über die Tür seines komfortablen und sicheren Hauses schreiben: "Inveni portum. Spes et Fortuna valete! / Sat me lusistis; ludite nunc alios."[22]

Bei allen unverkennbaren Unterschieden zu den älteren Beispielen pikaresken Erzählens bestehen indessen auch deutliche, vom Autor bewußt gezogene Parallelen: Das Buch spielt in spanischem Dekor und lebt so sehr aus den Motiven des pikaresken Genres, daß es von Voltaire und vielen Späteren für ein Plagiat gehalten wurde.[23] Auch neuere Beurteiler noch sehen in ihm "eine Summe spanischer Erzählliteratur."[24]

Umstritten ist nun unter den Literaturhistorikern, ob es angesichts solch ambivalenter Befunde sinnvoll ist, den *Gil Blas* noch zur pikaresken Romantradition zu rechnen. Richtet man bei der Definition des Gattungsbegriffs den Blick streng auf die frühesten spanischen Exemplare, dann wird man Lesages Buch nicht mehr als Schelmenroman ansprechen wollen. Stellt man jedoch in Rechnung, daß bereits Espinels *Marcos de Obregón* zu einer harmonisierenden Auflösung der pikaresken Grundkonstellation neigt, und erkennt man, daß sich die Tendenz des *Gil Blas* in den französischen Bearbeitungen spanischer Pikaroromane seit *L'Avanturier Buscon* (1633) vorbereitet,[25] dann wird man es wohl doch als sinnvoll betrachten, Lesages Buch in einen entwicklungsgeschichtlichen Zusammenhang mit dem frühen spanischen Schelmenroman zu bringen. Daß sich die Behandlung der Motive, die Bewertung der Helden, das Bild der Welt verändern, daß sich ferner die Darstellungsabsichten

---

21. Lesage, Alain René, *Histoire de Gil Blas de Santillane.* In: Etiemble (Hrsg.), *Romanciers du XVIIIe Siècle*, Bd. I (Paris, 1960), S. 933.
22. Lesage, *Gil Blas* a.a.O., S. 1023.
23. Vgl. Voltaire, *Siècle de Louis XIV. Oeuvres.* (Kehl, 1784), Bd. XX, 170.
24. So J.v. Stackelberg, *Von Rabelais bis Voltaire. Zur Geschichte des französischen Romans* (München, 1970), S. 243.
25. Vgl. dazu D. Reichhardt, *Von Quevedos 'Buscón' zum deutschen 'Avanturier',* (Bonn, 1970), S. 47 ff., 72. Zur Frage der Urheberschaft vgl. A. Stoll, *Scarron als Übersetzer Quevedos. Studien zur Rezeption des pikaresken Romans "El Buscón" in Frankreich* (Frankfurt, 1970).

verschieben, das ist bei der Übernahme des pikaresken Modells in andere
Epochen und in andere Nationalliteraturen selbstverständlich, ja solcher
Funktionswandel ist geradezu Bedingung für das Überleben literarischer
Formen und Motivkomplexe. Richard Bjornson hat diese
Modifikationen des pikaresken Erzählmusters im Gang der historischen
Entwicklung am deutlichsten betont:

> Translated into all the major European languages, these Spanish novels helped
> shape traditions of prose fiction in Germany, France, and England, but as they
> were assimilated into social and literary contexts quite different from those of
> Golden Age Spain, they themselves underwent curious modifications [...]. It is
> quite possible that Lesage and Grimmelshausen conceived of their works as
> belonging to a tradition which included previous works of picaresque fiction. *Gil
> Blas* and *Simplicius Simplicissimus* do share basic elements of the picaresque myth
> and its allied conventions with *Lazarillo* and *Guzmán*, but because the frames of
> reference are different, the significance of these elements changes drastically.[26]

Im Blick auf solche Überlegungen sollte es keine Schwierigkeiten
machen, Lesages *Gil Blas* als eine Fortsetzung der pikaresken
Romantradition anzuerkennen. Allerdings ist unbestreitbar, daß sich in
manchen Veränderungen des überlieferten Schemas (wie etwa in der
Einführung eines ganz innerweltlich definierten Glücks als Ziel der
Romanhandlung) Anklänge an den späteren Bildungsroman spürbar
machen. Diese Elemente entfalten jedoch noch nicht genügend prägende
Kraft, um einen neuen Romantyp entstehen zu lassen.

IV

Ein auffälliger Befund im Verhältnis von Pikaro- und Bildungsroman
ist, daß die beiden Gattungen sich in ihrer historischen Entfaltung -
jedenfalls im Rahmen der deutschen Literaturgeschichte - wechselseitig
zu verdrängen scheinen. Das Zurücktreten pikaresker Romane im 18.
und 19. Jahrhundert fällt zusammen mit der Blüte des Bildungsromans.
Im 20. Jahrhundert indessen entstehen wieder Erzählwerke pikaresken
Charakters, während gleichzeitig die Tradition des Bildungsromans in
eine kritische Phase eintritt.

Daß im 18. Jahrhundert die pikareske Gattung an Boden verliert,
erklärt sich aus den Vorbehalten bürgerlicher Autoren und Leser gegen
die Figur des Schelms: Dessen parasitäre und kriminelle Lebensform
stand in schroffem Gegensatz zu den Ordnungsvorstellungen des sich
etablierenden Bürgertums, das hier keine Möglichkeit der Identifikation
mehr fand. Eben dies meint Robert Alters Bemerkung: "For a writer and

---

26. Bjornson, R., *The Picaresque Hero in European Fiction* (Madison, Wisc. 1977), S.
9 f.

a reading public that hold sacred some strict ideal of social conformity and propriety, the picaresque novel is no longer a real possibility."[27] Statt des listig und skrupellos gegen eine mitleidlose Gesellschaft kämpfenden Außenseiters bevorzugte man nun als zentrale Romanfigur den in die Gesellschaft hineinfindenden, zu einer exemplarischen Versöhnung von Ich und Welt hinstrebenden Bildungshelden. Dieser Wandel macht sich bereits in jener allmählichen "Verbürgerlichung des Pikaro" bemerkbar, die Arnold Hirsch an den Romanen des späteren 17. Jahrhunderts beobachtet hat: Sie lösen die Lebensproblematik des pikaresk umgetriebenen Romanhelden nicht mehr - wie im Falle Guzmáns oder Simplicius' - durch eine religiös motivierte Abkehr von der Welt, sondern "durch den Eintritt in die bürgerliche Gesellschaft, durch die Anerkennung der dort herrschenden Tugenden."[28] Diese Entwicklung beginnt schon mit der französischen Version des *Buscón* von 1633 (die 1671 ins Deutsche übertragen wurde) und mit dem *English Rogue* von George Head und Richard Kirkman (1665 bis 1671, deutsch als *Simplicianischer Jan Perus* 1672).[29]

In der deutschen Literatur der folgenden beiden Jahrhunderte fristet der Pikaroroman nur ein marginales Dasein. Er zählt nicht mehr zu den lebenden Gattungen, und nur in Autobiographien aus der Unterschicht wie in Johann Christian Sachses *Deutschem Gil Blas* (1822) halten sich Spuren pikaresken Erzählens. Zum paradigmatischen Helden der deutschen Romangeschichte wird für diese Epoche das problematische Individuum, das nach einem von Krisen und Irrtümern bestimmten Bildungsgang zum Einklang mit sich selber und der Welt findet.

Schon im 19. Jahrhundert zerfällt der Optimismus, der das letztlich harmonische Weltbild dieser Bildungsgeschichten getragen hatte. Die Lösungen werden vorbehaltvoller und brüchiger, die Gattung des Bildungsromans zunehmend problematischer. In gleichem Maß treten in zahlreichen Romanen wieder pikareske Momente hervor[30]: die Protagonisten stehen als Außenseiter einer feindlichen, korrupten Welt gegenüber, sie greifen im Kampf um Selbstbehauptung zu kriminellen Mitteln, und das Erzählen tendiert dazu, in episodischer Bauform ein satirisches Bild der Welt zu entwerfen. Daß aus der Auflösung jener

27. Alter, R., *Rogue's Progress* (wie N. 9), S. 114; vgl. ferner Bjornson, R., *The Picaresque Hero* (wie N. 26), S. 154.

28. Hirsch, A., *Bürgertum und Barock im deutschen Roman*, dritte Aufl. (Köln/Wien, 1979), S. 18.

29. Vgl. Bjornson, R., *The Picaresque Hero* (wie N. 26), S. 148 f., 161 ff.; ferner H.G. Rötzer, "Die Metamorphosen des Pikaro. Einige Anmerkungen zur Wirkungsgeschichte des *Buscón*." In: *Daphnis*, 10 (1981), 257 ff.; H.G. Rötzer: "*The English Rogue* in Deutschland". In: *Argenis*, 2 (1978), 229 ff.

30. Vgl. W. Schumann, "Wiederkehr der Schelme." In: *PMLA*, 81 (1966), 467 ff.

bürgerlichen Weltanschauung, die dem Bildungsroman seine ideelle Substanz gegeben hatte, die Tendenz zu einer Erneuerung des pikaresken Erzählens hervorging, hat Thomas Mann in seinen Kommentaren zum *Felix Krull* deutlich ausgesprochen. In den *Betrachtungen eines Unpolitischen* schreibt er:

Man hat teil an der intellektualistischen Zersetzung des Deutschtums, wenn man vor dem Krieg auf dem Punkte stand, den deutschen Bildungs- und Entwicklungsroman, die große deutsche Autobiographie als Memoiren eines Hochstaplers zu parodieren.[31]

Literarische Gattungsbegriffe wie die des Bildungs- und Pikaroromans sind, so prekär auch alle Definitionsversuche ausfallen mögen, für den Literaturhistoriker unverzichtbar. Sie ermöglichen einmal eine Ordnung des historischen Materials durch die Hervorhebung bestimmter Traditionszusammenhänge, und sie dienen zweitens bei der Betrachtung einzelner Werke als eine Art Leitfaden oder heuristisches Werkzeug der Interpretation. Ihre Funktion können sie nur erfüllen, wenn sie eine gewisse Offenheit bewahren und dadurch zur Erfassung einer Vielzahl einzelner Werke geeignet bleiben. Im Hinblick auf die Definition des Pikaroromans schreibt Bjornson:

What is needed is not an inductively established list of picaresque elements, but a dynamic model sufficiently flexible to encompass the unique individual works and their historical contexts while clearly identifying the shared elements which justify their inclusion in the same category.[32]

Diesen Prämissen unterstellen sich die folgenden Vorschläge zu einer Gattungsbestimmung, die der Leser an dieser Stelle als Resümee der angestellten Überlegungen wohl erwarten darf. Der Pikaroroman könnte beschrieben werden als ein in Spanien wärend der zweiten Hälfte des 16. Jahrhunderts entstandener Romantypus, der meist in autobiographischer Erzählform die Lebensgeschichte eines bindungslosen, vagabundierenden Außenseiters schildert, der sich in einer locker gefügten Folge von Episoden mit Gewitztheit und moralisch nicht unbedenklichen Mitteln gegen eine feindliche und korrupte Welt behauptet, wobei von dieser Welt ein satirisch gezeichnetes Panorama entworfen wird.

Der Bildungsroman dagegen wäre zu bestimmen als eine im letzten Drittel des 18. Jahrhunderts entstandene und vor allem in Deutschland florierende Form, die mit psychologisch-moralischem Interesse den Werdegang einer zentralen Figur erzählt, der über Irrtümer und Krisen und durch die produktive Verarbeitung von Welterfahrung zur Selbstfindung und zur tätigen Integration in die Gesellschaft führt.

31. Th. Mann, *Werke* (Frankfurt, 1960), Bd. XII, 101.
32. R. Bjornson, *The Picaresque Hero* (wie N. 26), S. 5.

Helmut Koopmann

PIKARO IN DER ROMANTIK?

EINE SPURENSUCHE

Wer immer sich mit der Geschichte des pikarischen Romans beschäftigt, stößt über kurz oder lang, sofern er diese Geschichte über das 17. Jahrhundert hinaus verfolgen will, auf ein auffälliges Phänomen. Der Schelmenroman, dessen außerordentliche literarische Produktivkraft noch im 18. Jahrhundert in England und Frankreich so deutlich zu beobachten ist,[1] dessen Spuren aber auch noch bis in die erste Hälfte des deutschen 18. Jahrhunderts verfolgt werden können,[2] scheint im beginnenden 19. Jahrhundert, insbesondere in der Romantik, nicht mehr zu existieren. In einer Zeit, in der die Beschäftigung mit der spanischen Literatur auf einen neuen Höhepunkt kommt,[3] in der spanische Literatur übersetzt wird, in der Zeit auch einer erneuten Begeisterung für Grimmelshausens *Simplicissimus*, im Umkreis einer ganzen literarischen Generation, in der die Taten des Eulenspiegel ebenso wie die Münchhausens geschätzt und neu beschrieben werden, ist der Schelmenroman abgestorben, liefert keine Schreibmöglichkeiten mehr, reizt nicht zur Anverwandlung. "In Deutschland scheint es [...] seit der Aufklärung keine neuen Exemplare der Gattung mehr zu geben,"[4] so lautet das Resümee in einer neueren

1. Zu den immer wieder genannten Beispielen gehört die *Histoire de Gil Blas de Santillane* von Alain-René Lesage (1715 - 1735), *The Fortunes and Misfortunes of the Famous Moll Flanders* von Daniel Defoe (1722), ebenfalls von Defoe *The History and Remarkable Life of the Truely Honourable Colonel Jacque* (1722). Der Schelmenroman lebt auch weiter in *The Adventures of Roderick Random* von Tobias George Smollett (1749), außerdem in *The Adventures of Ferdinand Count Fathom* (1753).
2. Dazu gehören in gewissem Sinne noch Johann Gottfried Schnabels *Der im Irrgarten der Liebe herumtaumelnde Kavalier* (1738) und die *Geschichte einiger Veränderungen des menschlichen Lebens* von Karl Friedrich Troeltsch von 1753.
3. Ausführliche Belege bei Werner Brüggemann: *Cervantes und die Figur des Don Quijote in Kunstanschauung und Dichtung der deutschen Romantik* (Münster, 1958). Einige Hinweise auch bei Erika Voerster: *Märchen und Novellen im klassisch-romantischen Roman* (Bonn, 1966), S. 26ff; zu den spanisch-deutschen Wechselbeziehungen in der Romantik siehe auch Gerhart Hoffmeister, *Spanien und Deutschland*, Grundlagen der Romanistik, 9 (Berlin, 1976), S. 123 ff.
4. So Jürgen Jacobs: *Der deutsche Schelmenroman*. (München, 1983), S. 85; in den Anmerkungen ist die wichtigste Literatur zum Schelmenroman genannt.

Darstellung zum Schelmenroman. Auch anderswo wird das "Fehlen picarischer Romane in Deutschland zwischen 1700 und 1900" konstatiert,[5] und diesen Feststellungen entspricht eine deutliche Leerstelle im Bereich der Forschung: Untersuchungen zum Schelmenroman oder seinen Varianten in der Literatur der Romantik sind spärlich, allenfalls auf Einzelbeispiele hin ausgerichtet, dazu oft von kritischer Resonanz begleitet. Ein auffälliger Widerspruch - existiert er aber tatsächlich, und wenn das der Fall sein sollte: was sind die Gründe? Warum versiegt hier plötzlich eine literarische Tradition, und das zu einer Zeit, in der man sich lebhaft mit ihrem Herkunftsland beschäftigt? Oder sollte ein allzu starres Festhalten an einem nachträglich zurechtkonstruierten "Idealtypus" des pikarischen Romans hier hinderlich gewesen sein in der Erkenntnis pikarischen Erzählens und pikarischer Erzählelemente? Diese Frage wird nur noch dringlicher dadurch, daß man andererseits bemüht war, pikareske Elemente selbst dort zu erkennen, wo sie auf den ersten Blick hin nicht in Erscheinung traten: etwa in der Autobiographie des 18. und 19. Jahrhunderts.[6]

Wenn auch nicht zu bezweifeln ist, daß man als Autobiograph sein Leben als gelegentlich kuriose Ereignisfolge von überraschenden Wendungen verstehen kann und zu jener Zeit auch so verstand, so muß doch zumindest auf den ersten Blick hin fraglich bleiben, ob diese Wechselfälle des Zufalls, an deren Existenz natürlich nicht gezweifelt werden soll, etwas zu tun haben mit dem Schelmenroman, wo derartiges zunächst einmal nur literarische Wirklichkeit ist. Wie kann das pikarische Erzählen einerseits so abrupt enden und andererseits dennoch, wenn auch unter anderen literarischen Formen verkleidet, offenbar ungebrochen weiterleben? Aber wie dem auch sei: die Nichtexistenz und das fehlende Weiterwirken der pikaresken Erzähltradition im ausgehenden 18. und insbesondere im frühen 19. Jahrhundert, also in der Literatur der Romantik vor allem, scheint ausgemachte Tatsache zu sein. Was aber sind die Gründe, die man angesichts eines doch relativ heftigen Interesses für alle spanischen Erzähltraditionen und angesichts auch einer weitverbreiteten Kenntnis dieser Erzähltraditionen ins Feld führen kann, um das offenbare Fehlen des Schelmenromans oder sogar des pikaresken Erzählens in der Zeit der Romantik zu erklären? Denn offensichtlich ist es ja nicht damit getan, daß aus Unkenntnis oder Desinteresse nicht mehr in der Manier des Pikaroromans geschrieben wurde - so wenig man von einem bedeutsamen Bruch oder gar dem Ende einer Erzähltradition

---

5. So Gerhart Hoffmeister: "Zur Problematik der pikarischen Romanform", in: *Der deutsche Schelmenroman im europäischen Kontext. Rezeption, Interpretation, Bibliographie*, hrsg. von Gerhart Hoffmeister, *Chloe*.
6. Vgl. Jacobs, a.a.O., S. 91 u. 96.

sprechen kann, da diese dann ja später - und darüber sind sich die Kenner wieder außerordentlich einig - erneut auflebt, im 20. Jahrhundert eine teilweise glänzende Wiederauferstehung feiert[7] und offenbar literarisch immer noch produktiv werden kann, wofür selbst zeitgenössische Romane sprechen. Was mag also dazu geführt haben, daß es im Bereich der Romantik keinen Schelmenroman gibt, obwohl er vorher und nachher so intensiv geschrieben worden ist und das Interesse daran doch relativ groß war?

Man hat im wesentlichen zwei Gründe genannt, die bewirkt haben sollen, daß es einen romantischen Schelmenroman nicht gegeben hat. So hat W. van der Will als Argument ins Feld geführt, daß ein soziologischer Sachverhalt das Fehlen des pikarischen Romans im frühen 19. Jahrhundert ungemein begünstigt, wenn nicht gar ausschließlich begründet habe: die politische Zersplitterung Deutschlands habe die pikareske Satire auf die Gesellschaft, ihre schelmische Decouvrierung gar nicht erst zugelassen, eine bürgerliche homogene Klasse, die Ziel pikaresker Zeitanklagen hätte gewesen sein können, habe es nicht gegeben, das neuerliche Aufkommen pikaresken Erzählens sei hinwiederum verständlich aus der Möglichkeit, nach der Reichsgründung von 1871 erneut einer geschlossenen Gesellschaft satirisch und pikaresk die Stirn bieten zu können.[8]

Doch eine solche Argumentation will nicht überzeugen. Denn was hat die Reichsgründung mit der bürgerlichen Gesellschaft zu tun, da ja doch unbestreitbar ist, daß diese auch in der Zeit der politischen Zersplitterung Deutschlands existierte, zumal sich die perennierenden Züge dieser bürgerlichen Gesellschaft ja längst herausgebildet hatten? Im frühen 19. Jahrhundert hatte sich andererseits diese bürgerliche Gesellschaft ungeachtet aller ihrer Krankheitssymptome und inneren Auflösungserscheinungen nach außen hin immer weiter stabilisiert, zumal das Restaurationszeitalter dem Fortbestand der bürgerlichen Gesellschaft trotz der zunehmenden Kritik an deren Normen von außen her und der weiter hochgehaltenen bürgerlichen Ideologie einen nur allzu fruchtbaren Boden bot. Wer wie van der Will argumentiert, identifiziert die bürgerliche Gesellschaft mit dem Staat — eine fahrlässige, ja fragwürdige Gleichsetzung, der zufolge es eine bürgerliche Gesellschaft im 18. Jahrhundert erst recht nicht hätte geben dürfen, obwohl wir ja nur zu genau wissen, daß eben im 18. Jahrhundert sich diese bürgerliche Gesellschaft etabliert. Die Erklärung, daß also das Fehlen eines

---

7. Vgl. etwa Klaus Hermsdorf: Figuren und Strukturen des Komischen (Berlin-Ost, 1968) und die zahlreiche Literatur zum Schelmenroman Thomas Manns.
    8. W. van der Will: *Pikaro heute. Metamorphosen des Schelms bei Thomas Mann, Döblin, Brecht, Grass* (Stuttgart, 1967), S. 16. Dazu auch Gerhart Hoffmeister: Zur Problematik der pikarischen Romanform, a.a.O.

homogenen Staatsgebildes schuld daran sei, daß es gar nicht erst zum pikaresken Erzählen gekommen sei, läuft nicht nur auf eine Verwechslung von Staat und Gesellschaft hinaus, sondern ist in der unreflektierten Koppelung literarischer und politischer Phänomene ebenso fatal wie die Vorstellung, daß es im 19. Jahrhundert offenbar keine, im 18. Jahrhundert aber sehr wohl eine homogene bürgerliche Klasse gegeben habe: auch das eine literaturhistorische Fiktion, da gerade die bürgerliche Gesellschaft alles andere als homogen war, von ihren ersten Anfängen an.

Ein zweiter Einwand ist ernster zu nehmen, wenngleich auch er nicht unkritisch zu betrachten ist. Er gründet sich auf die These, daß im ausgehenden 18. Jahrhundert der Bildungsroman an die Stelle des Schelmenromans getreten sei. Dieses liege nahe, so lautet die gängige Argumentation,[9] weil eine Reihe von formalen Übereinstimmungen zwischen dem Schelmen und dem Helden des Bildungsromans sichtbar werden: beidemale stehe eine Figur im Mittelpunkt, beidemale entwickele sich die zentrale Thematik aus dem Spannungsverhältnis zwischen Held und Umwelt, schließlich enthielten beide Romantypen Elemente des sogenannten "Raum-Romans": die Welt erscheine im Pikaroroman in ihrer Konfrontation mit dem Helden, im Bildungsroman sei sie entscheidend für die Entwicklung des Helden. Diese These mag auf den ersten Blick bestechend aussehen, überzeugend ist aber auch sie nicht, und zwar vor allem deswegen nicht, weil hier formale Gemeinsamkeiten genannt werden, die jedoch eine nähere Affinität zwischen Bildungsroman und pikarischem Roman nicht erkennen lassen, sondern vielmehr umgekehrt insofern das Spezifische beider Romanformen verwischen, als derartige formale Ähnlichkeiten auch zwischen anderen Romantypen feststellbar sind. Der empfindsame Roman des 18. Jahrhunderts ist ebenso in der Regel um einer zentralen Figur willen geschrieben wie der Frauenroman im 19. Jahrhundert, der satirische Roman des 18. Jahrhunderts ist im Prinzip häufig nicht anders strukturiert als der romantische Roman: Helden stehen immer wieder im Mittelpunkt, so wie, um eine absurde Parallele herzustellen, auch Homers *Odyssee* eine Mittelpunktsfigur hat. Daß der Romanheld oder der epische Held in einem Spannungsverhältnis zur Umwelt lebt, ist nicht weniger selbstverständlich, da sich ja nur so eine Gestalt konturiert und aus der puren Harmonie mit der Umwelt kaum eine erzählerische Spannung erwachsen könnte. Die formalistische Kategorie des "Raum-Romans" schließlich ist eine literaturwissenschaftliche Erfindung von zweifelhafter

---

9. Zu dieser These bekennt sich unter anderem Jacobs, a.a.O. S. 89f.

Qualität,[10] da es im Wesen der Erzählung liegt, daß in irgendeiner Form ein "Raum" geschaffen wird. Und hier werden, davon abgesehen, ja die Räume auf beinahe konträre Weise genutzt: im Pikaroroman aus dem Widerspruch des Helden zu seiner Umwelt, im Bildungsroman als steigernde Umgebung. Beließe man es bei diesen formalen Kriterien, was die Gemeinsamkeiten zwischen Bildungsroman und Schelmenroman angeht, so wäre ohne größere Schwierigkeiten Kellers *Martin Salander* dem einen oder dem anderen Romantyp zuzuordnen, da sich hier eben das wiederfindet, was die Gemeinsamkeiten zwischen Bildungsroman und Schelmenroman angeblich herstellen soll. Um die Absurdität noch zu steigern: ist *Effi Briest* ein Bildungsroman oder ein Schelmenroman? Die genannten Kriterien treffen zweifellos auch auf dieses Werk Fontanes zu, und wenn natürlich die Beweisführung nicht davon auszugehen hat, daß alle Romane, auf die die genannten Elemente Anwendung finden können, entweder Bildungs- oder Schelmenromane sein müssen, so reicht doch andererseits die Argumentation nicht aus, um die spezifischen Besonderheiten des einen wie des anderen Romantyps zu klären und darüber hinaus die Gemeinsamkeiten herauszupräparieren.

Ein viertes Argument, das freilich nicht auf Gemeinsamkeiten, sondern auf differenzierende Spezifika zwischen Bildungs- und Schelmenroman vor diesem gemeinsamen Hintergrund aufmerksam machen soll, ist ebenfalls nicht überzeugend: der Schelmenroman sei episodisch strukturiert, der Bildungsroman teleologisch.[11] Auch das ist nur auf den ersten Blick eine einleuchtende Unterscheidung. Denn schon bei genauerem Zusehen müssen Zweifel aufkommen: das Musterbild des Bildungsromans, Goethes *Wilhelm Meisters Lehrjahre*, enthält derartig viel Episodisches, daß die Unterscheidung zwischen einem folgerichtigen und einem exkursorischen Erzählen hier unsinnig wird. Sind die "Bekenntnisse einer schönen Seele", sind die Theatereskapaden, sind die verschiedenen Abenteuer aus Wilhelms Jugendzeit episodisch oder teleologisch zu verstehen? Offenbar sind beide Antworten möglich, ohne daß der Roman dadurch in eine schiefe Sicht geriete. Sind auf der anderen Seite die Episoden des *Simplicissimus*, mögen sie nun in Soest oder in Paris spielen, episodisch? Gewiß - aber am Ende des Romans stellt sich heraus, daß diese Episoden ihre Bedeutung nur durch das letztlich auch teleologisch orientierte Erzählprinzip Grimmelshausens bekommen. Natürlich ist weder der Schelmenroman noch der Bildungsroman aus dem Geiste des Kriminalromans oder der

---

10. Die These von der Existenz des Raumromans zum ersten Mal ausführlicher bei Wolfgang Kayser: *Das sprachliche Kunstwerk. Eine Einführung in die Literaturwissenschaft.* (Bern, 1948), S. 360 - 365.

11. Jacobs, a.a.O. S. 90.

Detektivgeschichte geschrieben. Aber sie sind, was ihre vermeintlichen Unterschiede angeht, beides zugleich: exkursorisch und zielgerichtet, und so läßt sich hier genauso wenig eine Differenz herstellen, wie mit Hilfe der anderen Argumente eine Gemeinsamkeit sichtbar wird.

Das Unzureichende derartiger Argumentationen macht darauf aufmerksam, daß vor allem Verallgemeinerungen, wie sie sich von der vorhandenen oder auch nicht vorhandenen Wirkungsgeschichte des Schelmenromans her nahelegen mögen, gefährlich, ja irreführend sind. Nicht weniger bedenklich sind großräumige Erklärungen. Man hat noch andere Antworten auf die Frage nach Gründen für das so offenkundige Fehlen des Schelmenromans im ausgehenden 18. und frühen 19. Jahrhundert genannt. Sie gehören am Ende jedoch ebenfalls in den weiteren Argumentationszusammenhang der These, daß der Bildungsroman an die Stelle des Schelmenromans getreten sei. Sie erklären die Veränderungen von einem Leserinteresse her, das sich gewandelt habe; in der Tat scheint das Verschwinden des Pikaroromans sich insofern gut verdeutlichen zu lassen, als der bürgerliche Leser und auch der bürgerliche Autor im Helden des Schelmenromans offenbar keine Identifikationsmöglichkeit mehr sahen, ja daß der Bürger sogar mit einigem Mißtrauen diese Figur des Pikaro habe betrachten müssen. Natürlich muß im Zeitalter bürgerlich-geregelter Wirschaftsverhältnisse die Figur eines Tagediebs und sozialen Außenseiters Verdacht erwecken, muß seine Existenz sogar als Attacke auf die bürgerliche Ethik erscheinen. Bürgerliche Harmoniebegriffe und Ordnungsideen also hätten, so lautet diese wirkungsgeschichtliche These, das Aufkommen des Pikaro und den Spaß an seiner Daseinsform ebenfalls von vornherein verboten.[12]

Doch auch eine solche Argumentation lebt von Voraussetzungen, die nicht gegeben sind. Zum einen wird die Bürgerlichkeit des 18. Jahrhunderts hier reduziert auf ethische und ökonomische Normen, die die wirkliche Wirklichkeit nicht allein geprägt haben: Bürgerlichkeit ist ein vielschichtiges, teilweise sogar widerspruchsvolles Phänomen; in der zweiten Hälfte des 18. Jahrhunderts beginnt schon ihre Problematisierung, in deren Verlauf gerade das in Frage gestellt wird, was die Vertreter einer solchen Überleitungsthese für gesichert ansehen. Vor allem aber ist die These fragwürdig, daß Literatur immer nur konform mit herrschenden Lebensgrundsätzen gehen müsse. Selbst wenn es eine unbezweifelte und durchgängige ethische und wirtschaftliche Ordnung innerhalb des Bürgertums gegeben haben sollte, leuchtet nicht ein, daß die Literatur sich dazu konform entwickelt habe oder zu entwickeln habe. Denn die Gegenvorstellung ist ebenso möglich: daß die Literatur gerade angesichts einer solchen Ordnung einen Freiraum gesucht habe, der ihr

12. Jacobs, a.a.O. S. 88f.

ein Entkommen aus den bürgerlichen Ordnungsvorstellungen ermöglicht habe. Daß der Schelm außerhalb der bürgerlichen Welt steht, macht nicht unglaubwürdig, daß er dennoch in der Literatur des bürgerlichen Zeitalters erscheint. Auch Don Quijote stand außerhalb der ritterlichen Normen seiner Zeit, und der Roman wäre, wie wir wissen, wohl niemals zur Berühmtheit gelangt, hätte er sich den gängigen Prinzipien seiner Zeit, den Vorstellungen des Ritterromans gefügt. So ist die Annahme, daß der Schelmenroman innerhalb der bürgerlichen Welt nicht erscheinen könne, weil diese seinem Helden zuwider sei und der Held wiederum nicht in sie hineinpasse, kurzschlüssig. Zu allen Zeiten hat es literarische Ausbrüche aus den Zwängen der kontemporären Welt gegeben, Veränderungen von seiten der Literatur im Normensystem, und es ist nicht einzusehen, warum nicht auch der Pikaro ein literarisches Heimatrecht und eine Existenzmöglichkeit in einer Zeit gehabt haben sollte, die ihn realiter nicht geduldet zu haben schien. "Für einen Schriftsteller und ein Publikum, die ein bestimmtes Ideal sozialer Konformität und Schicklichkeit hochhalten, ist der pikareske Roman keine reale Möglichkeit mehr",[13] lautet eine neuere Begründung - aber immer hat es neben diesen konformen Schriftstellern Opponenten gegeben, für die das Gegenteil der genormten Welt die alleinige literarische Lebensmöglichkeit bot.[14]

Literarische Formen entwickeln ihre Geschichte normalerweise nicht aus sich selbst, sondern leben in einem Funktionszusammenhang, der über manche Phasen dieser Geschichte allein erschöpfenden Aufschluß geben kann. Die innovatorische Kraft von Paradigmenwechseln ist zu ausführlich diskutiert, als daß sie noch erörtert zu werden braucht; auch die Geschichte literarischer Genres lebt davon, und es sind die Oppositionen und Nonkonformitäten im literarischen Gefüge einer Zeit, die produktiv zu sein pflegen. Von der Vorgeschichte des Pikaroromans her gesehen liegt es nahe, das oppositionelle Element nicht gering einzuschätzen. Eigentlich ist der Schelm immer personifizierte Wirklich-

---

13. Robert Alter: *Rogue's Progress. Studies in the Picaresque Novel* (Cambridge, Mass., 1964): vgl. auch Jacobs, S. 89.

14. Eine dritte Begründung nennt Hermsdorf: es seien die "Krisen eines Epochenwandels", die wirkliche Schelme provozierten "und diese die literarischen Schelme" (a.a.O. S. 14). Aber das will noch weniger einleuchten als die Argumentationsweise von van der Will und Jacobs; denn Hermsdorf zufolge müßte es in der Zeit der Französischen Revolution ja von Schelmen nur so wimmeln. Aber Hermsdorf muß selbst feststellen, daß es nicht zufällig sei, "daß in Deutschland, der Nebenloge des Welttheaters im 18. Jahrhundert, die literarische Ausbildung einer großen Schelmenfigur mißlingt" (S. 11). Was für die europäischen Schelmenfiguren des 16. und 17. Jahrhundert stimmen mag, läßt sich nicht übertragen - so wie auch das Auftauchen des Schelms in der Nachkriegsliteratur durchaus nicht vom Zeitenwandel und Werteumbruch her gedeutet werden muß.

keitskritik, gesehen mit den Augen eines Opponenten, und von daher
betrachtet entzieht sich der Schelmenroman im Grunde genommen
jeglicher Konformität.

Nun gibt es gewiß nicht idealtypische Entwicklungslinien im Bereich des
Romans, aber angesichts seiner Vorgeschichte liegt es nahe, die These,
daß der Bildungsroman dem Schelmenroman nachfolge oder der
Schelmenroman in den Bildungsroman übergeleitet werde, mit
Mißtrauen zu betrachten. Da auch der formale Vergleich zwischen
Bildungsroman und Schelmenroman auf tönernen formalistischen Füßen
steht, liegt von vornherein der Verdacht nahe, daß der Schelmenroman
nicht deswegen untergegangen sei, weil der Bildungsroman an seine Stelle
getreten ist, sondern daß er vielmehr umgekehrt keinen Lebensraum
gehabt habe, weil es den Bildungsroman gab, oder drastischer noch: daß
der Bildungsroman ihm nicht nachgefolgt sei, sondern daß dieser
vielmehr die ernsthafteste Gegenposition einnahm, die denkbar war. Und
so kam es nicht zum Erlöschen des Pikaroromans, weil der
Bildungsroman an seine Stelle trat, sondern deswegen, weil der
Bildungsroman ihm keinen Raum mehr ließ. Die Nachfolger- oder
Stellvertreterthese ist fragwürdig, weil an sich viel mehr das Gegenteil
einleuchtet: daß hier eine Opposition aufkommen mußte, die angesichts
der so dominanten Rolle des Bildungsromans allerdings dann zum
nahezu völligen Aussterben des Schelmenromans führen konnte. Und
von daher gesehen ist es auch einleuchtend, daß der Schelmenroman
nicht etwa dann wieder hochkam, als das Deutsche Reich gegründet war,
sondern vielmehr zu dem Zeitpunkt, als der Bildungsroman seine
produktive Kraft eingebüßt hatte.

Schelmenromane sind im 20. Jahrhundert immer zugleich als
Antibildungsromane geschrieben worden, im Schelmenroman wurde der
Bildungsroman parodiert - mag man nun an Günter Grass' *Blechtrommel*
oder an Thomas Manns *Felix Krull* denken. Der Schelmenroman konnte
sich nicht dem Bildungsroman unterordnen, weil hier grundsätzlich
andere Voraussetzungen gegeben waren. Der Schelmenroman hätte
vielmehr zum wirksamen Opponenten des Bildungsromans werden
können - wenn dieser ihn nicht an den Rand des literarischen Abgrundes
gedrängt hätte. Nicht Nachfolge also, sondern Opposition, nicht
Übereinstimmung, sondern Heterogenität: unter diesem Aspekt scheint
der Rückzug des pikarischen Romans viel glaubhafter zu sein, scheint
seine Resurrektion im 20. Jahrhundert überzeugender; unter diesen
Voraussetzungen lassen sich freilich auch noch Ansätze zum pikarischen
Erzählen dort aufspüren, wo es den Pikaroroman als ganzen nicht mehr
gibt. Um diese erkennen zu können, ist ein kurzer Blick auf sein
Gegenstück, den Bildungsroman, nötig.

Über die Macht des Bildungsromans gibt es keinen Zweifel, wenngleich

Zweifel daran geäußert worden sind, wie dieser Bildungsbegriff zu
verstehen sei, bis hin zur Ansicht, daß es einen kohärenten
Bildungsbegriff in diesem Roman nicht gebe,[15] sondern Bildung immer
nur als Bildungsprozeß erfahren werde. Angesichts der unbezweifelbaren
Dominanz dieses Bildungsromans lassen sich einige genotypische Züge
relativ leicht gewinnen. Herausragendes Kriterium ist die Ausnahmerolle
des Romanhelden, seine unzweifelhafte Begünstigung durch Herkunft
und wirtschaftliche Stellung, sein Vermögen zu Steigerungen und seine
im ganzen gutwillige Natur, sein unaufhaltsames Bemühen um
Weiterentwicklung und Aufstieg, seine Fähigkeit, immer neue Wissens-
und Bildungshorizonte zu erkunden, soziale Bereiche verschiedener
Qualität zu durchstoßen, um zur höchsten Stufe der Bildung zu gelangen
- wie immer sie auch definiert werden mag. Alles ist auf dieses
herausragende Individuum konzentriert, aus der Überzeugung heraus,
daß dieser Einzelne es wert sei, beschrieben zu werden. Im klassischen
Bildungsroman war dieses Ich noch kein problematisches Ich wie später
bei den Bildungsromanen des 20. Jahrhunderts, alles konzentrierte sich
vielmehr auf die Darstellung einer siegreichen Individualität, die sich
hochentwickelt bis zur äußersten Steigerung ihrer Lebensmöglichkeiten.
Dieses vielleicht wichtigste Kennzeichen des Bildungsromans wird
ergänzt durch andere: der Bildungsroman ist in seinem aufklärerischen
Kern auch ein philosophischer Roman, will Einsichten vermitteln und
Lehren verkünden, will Erkenntnisse fördern, um derentwillen alles
eigentlich nur berichtet wird. Kein Bildungsroman begnügt sich mit dem
Erzählen von Tatsächlichkeiten - eine Botschaft ist mitzuteilen, sie findet
sich hinter dem Roman, und diese Botschaft steht in Übereinstimmung
mit der Welt, die der Held des Bildungsromans durchwandert hat. Sie ist
gewissermaßen konstruktiv, enthält sich jeder satirischen Weltbetrachtung, um am Ende so etwas wie eine Lebenslehre zu geben, die nicht nur
die Existenz des Individuums, sondern die Welt schlechthin erklären soll.
    Weitere Merkmale kommen hinzu, sind aber eher akzidentieller Art.
Es liegt im Charakter der Steigerung, daß der Bildungsroman, was seine
Strukturlinie betrifft, mit seinem Schluß gewiß nicht wieder an den
Anfang zurückführt, sondern in einem höheren Bereich endet. Auffällig
ist, daß der Held des Bildungsroman in der Regel nicht allein die Welt zur
Steigerung seiner selbst durchwandert, sondern seinen Kontrahenten hat,
daß also die zu erreichende Einsicht opponiert wird durch eine im Roman
allerdings verurteilte andere Ansicht, wobei jedermann einsichtig ist, daß
diese keinen Selbstwert hat, sondern nur der Profilierung der eigentlich
zu vermittelnden Weltsicht dient.

15. Vgl. neuerdings die Übersicht von Rolf Selbmann: *Der deutsche Bildungsroman*
(Stuttgart, 1984), bes. S. 34 ff.

In *Wilhelm Meisters Lehrjahre* steht dem letztlich philosophischen Bildungsgang Wilhelms die Ethik des bürgerlichen Kaufmanns gegenüber, die freilich von vornherein als so beschaffen geschildert wird, daß an ihrem bloß funktionalen Wert innerhalb des Romans selbst niemals ernsthafte Zweifel auftauchen können. So gibt es zwei Helden im Bildungsroman, den wahren und den falschen, aber sie dienen nicht der wechselseitigen Relativierung, sondern wiederum der Steigerung des einen, auf Kosten des anderen. Dabei ist nicht zu verkennen, daß diese Steigerung im sozialen Sinne freilich nicht zum Solipsismus ausartet, sondern ins Gemeinschaftliche geht, so wie Wilhelm denn auch nicht als Einsiedler endet, sondern vielmehr, die zum Schreckbild gewordene Warnung vor einer Existenz wie der der schönen Seele vor Augen, in einen Sozialverband gerät, den man bürgerlich nennen könnte, hätte er nicht auf so deutliche Weise mit dem Adel zu tun. Das zeigt, daß letztlich ein überständisches, weltliches Lebensprinzip überhaupt vorgestellt werden soll, und es ist Aufgabe des Romans, den Nachweis seiner Bedeutsamkeit erzählerisch zu führen.

Aus alledem wird schon deutlich, daß Form und Struktur des Bildungsromans auf keinen Fall mit der des pikarischen Romans zusammengebracht werden können. Mögen beide Romanformen auch von einer Mittelpunktsfigur handeln, so ist das "Spannungsverhältnis zwischen Held und Umwelt"[16] doch jeweils entschieden anderer Art, oder vielmehr: im Bildungsroman gibt es dieses Spannungsverhältnis allenfalls als gelegentlich auftauchendes Mittel zur dennoch endgültigen Integration des Helden in die Welt; der Schelmenroman lebt vom Gegenteil dieser Tendenz. Die Doppelung des Helden, oder vielmehr: seine Profilierung durch ein Gegenbild, durch einen Antihelden im freilich nicht modernen Sinne des Wortes ist auf den Bildungsroman beschränkt, das philosophische Substrat gleichermaßen. Vor allem aber zeigt sich, daß der Bildungsroman in Übereinstimmung mit der Welt geschrieben ist, der pikarische Roman jedoch aus einem Mißverhältnis zur Welt, und während der Held des Bildungsromans auf dieser Basis zu Einsichten fähig ist, die er vorher nicht hatte und die den Bildungsroman am Ende auch gleichzeitig zum Erziehungsroman machen, so bleibt der pikarische Held unbelehrt - was nicht heißen soll, daß er als tumber Tor dahinlebt: doch seine Einstellung zur Welt, einmal gefaßt, ändert sich nicht, und während der Bildungsroman voller dynamischer Elemente steckt, ergibt sich beim Pikaroroman ein eigentümlich statisches Weltverhältnis, das am Ende immer noch so beschaffen ist, wie es am Anfang schon war.

Löst man sich von der Vorstellung, daß der Pikaroroman also in einem einverträglichen und produktiven Sinne insofern mit dem Bildungsroman

---

16. Jacobs, a.a.O. S. 90.

zu tun habe, als der Bildungsroman seine Erbschaft antrete, so gewinnt man einen Blick für die Möglichkeiten pikaresken Erzählens auch unter der strengen Vorherrschaft des Bildungsromans und insbesondere der Goetheschen *Wilhelm Meisters Lehrjahre*. Aber auch schon vor den *Lehrjahren* gibt es einige pikarische Ansätze, auf die Wuthenow und nach ihm Jürgen Jacobs aufmerksam gemacht haben: Wuthenow aus seinen Untersuchungen über die Autobiographie heraus,[17] Jacobs aus seiner Kenntnis des Schelmenromans, und beide betonen pikarisches Erzählen im Bereich der absonderlichen Autobiographie, so wie sie etwa in *Leben und Ereignisse des Peter Prosch, eines Tyrolers von Ried im Zillerthal, oder Das wunderbare Schicksal* aus dem Jahre 1789 vorliegt. Außenseiter ist er wie der Held des pikarischen Romans, und seine phantastische Lebensbahn führt ihn vor die Kaiserin Maria Theresia, so, wie es eben der Laufbahn eines Schelms nur zu angemessen ist. Ähnlich hat man pikarische Elemente in der "Lebensgeschichte" Ulrich Bräkers aus dem Jahre 1789 lokalisieren wollen.

Daß der Schelmenroman nicht völlig untergegangen ist, zeigt auch *Der deutsche Gil Blas* von 1821 bis 1824 - kein Geringerer als Goethe hat dieses Buch in *Über Kunst und Altertum* angekündigt. Goethe hat sich offenbar intensiver damit beschäftigt, aber erstaunlicherweise ist bei ihm nicht vom Schelm oder vom Pikaro die Rede, sondern nur vom Abenteurer, und als Abenteuerroman, Abenteurerbiographie hat Goethe den Bericht über Leben, Wanderungen und Schicksale Johann Christoph Sachses denn auch gelesen. Für ihn war der Roman offenbar Naturpoesie, und die literarischen Verwandtschaften, die Goethe aufzeigt, sind ähnlicher Art. Im Grunde ist es für ihn Gesellen- und Handwerksburschenliteratur, Merkwürdigkeiten aus der Welt der niederen Leute enthaltend, aber nicht genug damit: hinter allem wird auch für Goethe doch so etwas wie "eine moralische Weltordnung" sichtbar,[18] "welche Mittel und Wege kennt, einen im Grunde guten, fähigen, rührigen, ja unruhigen Menschen auf diesen Erdenräumen zu beschäftigen, zu prüfen, zu ernähren, zu erhalten, ihn zuletzt durch Ausbildung zu beschwichtigen und mit einer geringen Ruhestelle zu entschädigen." Und er setzte hinzu: "In diesem Sinne kann man solche Bücher wahrhaft erbaulich nennen." Als Pikaroroman hat Goethe den deutschen *Gil Blas* sicherlich nicht gelesen, sondern eben als literarisches Naturprodukt eines Menschen aus niederen Verhältnissen, also nicht einmal als "sittliche Kunsterscheinung", sondern als direkte Darstellung eines Erdenlebens - und das rief das Hauptinteresse Goethes

---

17. Ralph Reiner Wuthenow: *Das erinnerte Ich. Europäische Autobiographie und Selbstdarstellung im 18. Jahrhundert* (München, 1974).
18. *Goethes sämtliche Werke*. Jubiläumsausgabe. Bd. 37 (Stuttgart-Berlin, o. J), S. 202.

hervor. Alles das spricht im Grunde genommen auch nur wieder dafür, daß der Schelmenroman aus den literarischen Betrachtungen der Klassik auf eigentümliche Weise ausgespart war. Man würde freilich auch hier der Wirklichkeit nicht gerecht werden, sähe man eine willentliche Verurteilung des Schelmenromans aus bürgerlichen Weltordnungsvorstellungen heraus. Es gab ihn nicht, weil es den Bildungsroman gab.

Andererseits bleibt unbezweifelbar, daß es den pikarischen Roman im Bereich der Romantik ebenfalls nicht gibt. Aber auch hier würde man falsch urteilen, sähe man darin den bewußten Protest der bürgerlichen Welt gegen das unbürgerliche Dasein eines Schelms aus niederen Ständen. Der pikarische Roman ist nicht zuletzt deswegen verdrängt worden, weil er als ein niedriges Produkt einer niedrigen Geisteshaltung in den theoretischen Schriften vor allen Dingen Schillers quasi zum literarischen Tode verurteilt worden war. Kein Geringerer als Schiller hat in keiner geringeren Schrift als *Über naive und sentimentalische Dichtung* den Roman als literarische Gattung verworfen. Sein Wort vom Romanschreiber als dem "Halbbruder des Dichters" ist zum geflügelten Wort geworden, verschönt aber noch die Verhältnisse: das Verdikt über den Roman war an sich grundsätzlicher Natur.

Was immer vom Roman in dieser wichtigsten literaturtheoretischen Schrift Schillers gesagt wird, es ist negativ, abfällig, voller Kritik. Für Schiller ist mit der Tatsache, daß der Romanschreiber ein prosaischer Erzähler ist, das Urteil schon gesprochen. Seine Frage: "Was der Dichter sich erlauben darf, hieß es, sollte dem prosaischen Erzähler nicht nachgesehen werden dürfen?"[19] ist rein rhetorischer Natur, und seine harte Entgegnung lautet: "Die Antwort ist in der Frage schon enthalten: was dem Dichter verstattet ist, kann für den, der es nicht ist, nichts beweisen." Das ist eine noch schärfere Haltung dem Romanschreiber gegenüber als dort, wo er noch immerhin zum Halbbruder des Dichters avanciert, und hier ist die wahre Meinung Schillers zu finden. Vor allem der komische Roman bekommt etwas ab, weil er "dem gemeinen Leben so nah" liege, also sich jeglicher Idealisierung von vornherein entziehe. Ritterromane und Ritterepopeen sind zugelassen - aber nur, wenn sie von wahrhaft naiven Dichtern stammen. In einer sentimentalischen Zeit ist naive Dichtung nicht möglich - oder vielmehr nur einem, Goethe nämlich; alles andere kann Schiller bloß als Karikatur empfinden. Wenn es also den Roman derart trifft, so trifft es den komischen Roman nur um so stärker, und eben hier liegt der Schlüssel zum Verständnis jener Leere, die sich in der deutschen Romanliteratur, was den Schelmenroman angeht, nach 1800 auftut. Die lange literarische Tradition des Pikaroromans, die Möglichkeiten zur Stilisierung, das eigentümlich

19. *Schillers Werke*. Nationalausgabe. Bd. 20 (Weimar, 1962), S. 462.

Sentimentalische gerade darin hat Schiller nicht sehen wollen oder sehen
können. Um so vernichtender war sein Urteil über diesen Roman und
seine dem niederen Leben entnommene Wirklichkeit.

Auch das macht verständlich, warum der Bildungsroman als im
Grunde einzig tolerierte Romanform sich so stark durchsetzen konnte -
so wie einleuchtet, daß ein pikarisches Erzählen von daher gesehen unter
keinen Umständen im Bildungsroman sich fortsetzt. Die Grenzen
zwischen beiden Romanformen sind klar gezogen, und wie immer man
auch die Wirkung der Schillerschen Schriften beurteilen mag: dem
Schelmenroman war der Zugang zur Poesie durch Schillers Diktum
sicherlich verwehrt, und er konnte sich auch nicht darauf berufen, daß er
ja im Bildungsroman weiterlebe.

Auch das legt es nahe, das Pikarische, wenn überhaupt, in der
Opposition zum Bildungsroman zu suchen, sofern man ihm überhaupt
nachspüren will. Befreit man sich von der Vorstellung, daß der
Bildungsroman die Fortsetzung des pikarischen Romans sei, und schließt
man sich der gegenteiligen Meinung an, daß, wenn überhaupt, im
pikarischen Roman eine Opposition gegen den Bildungsroman
erwachsen sei, lassen sich jedoch immerhin einige Spuren des pikarischen
Erzählens auch in der Zeit der Romantik ausmachen. Pikarische Romane
großen Formats, allseits anerkannt, gibt es in der Tat nicht, aber Reste des
pikarischen Erzählens haben sich dennoch erhalten, und in ihnen lebt
gewissermaßen die pikarische Erzähltradition weiter. Einige Beispiele
sollen das erläutern. Mehrfach ist schon darauf aufmerksam gemacht
worden, daß etwa eine Erzählung wie Eichendorffs *Taugenichts* deutliche
Züge pikarischen Erzählens enthalte,[20] und wenn diese Erkenntnis auch
immer wieder bestritten worden ist,[21] so ist sie doch nicht völlig aus der
Welt zu räumen. Gewiß ist es mißlich, einen Idealtypus des
Pikaroromans zu rekonstruieren, und vieles spricht dafür, die Geschichte
des Schelmenromans tatsächlich auf die spanische Welt zu beschränken.
Das mag strenggenommen richtig sein, wird aber der literarischen
Wirklichkeit insofern nicht gerecht, als sich Erzählelemente des
pikarischen Erzählens unzweifelhaft auch jenseits dieser Zeit finden, und
einzelne Momente des pikarischen Erzählens, was Struktur und
Erscheinungsbild seines Helden angeht, sind nun einmal unzweifelhaft
auch dort vorhanden, wo der pikarische Roman als solcher verscheucht
worden zu sein scheint. Der *Taugenichts* ist in vielem sogar ein Musterfall
einer pikarischen Existenz. Er kommt aus niederen Verhältnissen, aber

---

20. Dazu zuletzt Vf., "Um was geht es eigentlich in Eichendorffs Taugenichts? Zur
Identifikation eines literarischen Textes", in: *Wissenschaft zwischen Forschung und
Ausbildung.* Hrsg. v. Josef Becker und Rolf Bergmann (München, 1975), S. 179-191.
21. So von Jacobs, S. 85f.

die hindern ihn nicht: er steigt auf, bis in die höchsten Höhen seiner sozialen Welt, also zu Grafen und Gräfinnen, und er zieht herum, von Wien durch Italien nach Rom und dann wieder zurück nach Österreich und in die Donaulandschaft, und wenn sich diese Stationen seines Lebens auch topographisch genau nachweisen lassen, so ist es doch keine realistische Reise - man denke nur an die Schilderung Roms, die jeder vernünftigen Ortsbeschreibung widerspricht. Mannigfache Abenteuer märchenhafter Art begegnen ihm auf dieser Reise, und nicht er ist es, der den Lauf der Dinge bestimmt, da er, wie der Pikaro auch, herumgeworfen wird von den Verhältnissen (oder seinem Glück); die Welt erscheint durchaus nicht immer freundlich, sondern auch im feindlichen Gegenüber. Sicherlich ist diese Welt nicht der Entwicklung des Helden dienlich — da ist nichts zu entwickeln, weil alles schon da ist, wie eben beim Pikaro auch. Eine abenteuerliche Lebensgeschichte, die uns da erzählt wird, einschließlich des humoristisch verbrämten Kampfes ums Überleben, einschließlich auch der erotischen Abenteuer, die der Taugenichts mit seinem großen spanischen Vorbild teilt. Er ist alles andere als ein Seßhafter, hält sich, wie der Pikaro auch, für den Mittelpunkt aller Welt; selbstgefällig ist er bis zur Eitelkeit, vor allem aber immer wieder reiselustig, ein lustiger Vogel, "der aus jedem Käfig ausreißt, sobald er nur kann, und lustig singt, wenn er wieder in Freiheit". Als Schelm, Narr und Abenteurer erscheint er aber nun einmal in direkter Nachfolge des Pikaro, und der Bericht über ihn ist gewissermaßen die romantische Version eines Schelmenromans, auf die Erzählung verkürzt, aber mit dem Stoff eines Pikaroromans, wie er sich besser kaum denken läßt. Was allenfalls weniger ausgeprägt ist, ist die Sozialkritik - doch Eichendorff ist vorsichtig zu lesen, was die Oberfläche seiner Berichte angeht, und die Zeitkritik ist hier gut versteckt; vorhanden ist sie zweifellos. Vor allem aber ist seine Existenz ein Medium: durch ihn erfahren wir alles Mögliche über die Welt, nehmen an seinem Aufstieg teil und an seiner Rückkehr in die niederen Sphären, erkennen seine Naivität im Handeln, die ihn dennoch traumwandlerisch durch alle Gefährdungen hindurchbringt. Auch seine Reise ist eine Lebensreise; die Zeitkritik zwar nicht eine politische Kritik, aber Eichendorff, als strenger Moralist, hat sie eingebracht, dennoch, in die Schilderung der schönen Welt des Taugenichts. Sein und Schein sind auch hier die Komponenten der Abenteurerwelt. Darüber hinaus enthält gerade die Zeitferne der romantischen Erzählung Zeitkritik, wenn auch diese Erzählung nicht unter den gleichen Prämissen gelesen werden darf wie Eichendorffs Satiren. Schließlich ist zu bedenken, daß Eichendorff die Geschichte ursprünglich anders nennen wollte: *Der moderne Troubadour*. Ein Minnesänger also, den schönen Frauen ergeben, an Amouren immer interessiert: das gehört zum ursprünglichen Konzept dieser literarische Figur, und auch hier ist nicht zu leugnen, daß die Gemeinsamkeiten mit der Figur des Pikaro auffällig sind. Eichendorff scheint aber im Verlauf der Entstehung dieser Erzählung das Motiv des Minnesängers zurückgedrängt zu haben - zugunsten des Pikaro, seiner Vielfarbigkeit und Abenteurerhaftigkeit. Noch überzeugender wird die Parallele, nimmt man den *Unstern* hinzu, ein Erzählfragment aus dem unmittelbaren Umkreis des *Taugenichts*, nie beendet, aber in direktestem Bezug zum glücklichen Pikaro jener Erzählung. Der *Unstern* ist ein Antiheld, den das Glück im entscheidenden Augenblick nicht begünstigt, sondern verläßt. Fortunas Haarzopf, so heißt es, entwischt ihm immer im letzten Moment, was er vorhat, glückt nicht, eine Anstellung geht ihm an der Nase vorbei, und hier haben wir eine Gegenfigur, den komischen Bruder zum Taugenichts, der aber immer wieder ins Unglück gerät: so ließe sich das *Unstern*-Fragment als Antischelmenroman deuten, oder sagen wir deutlicher: jene überaus zeitkritische, bei allem Glück unglückliche Figur des Pikaro ist auch dort vorhanden, so daß man beides zusammen lesen muß, den *Taugenichts* und den *Unstern*, um die Reichhaltigkeit und auch die Macht der pikarischen Erzähltradition bei Eichendorff herauszuspüren.

Zufall ist das alles nicht. Eichendorff hat den *Simplicissimus* von Grimmelshausen hoch geschätzt; er ist ebenfalls 1810 erwähnt, und Eichendorff hat ihn "herrlich" genannt.[22] Er selbst besaß ihn. Cervantes und den *Don Quijote* kannte er bereits, aber es ist anzunehmen, daß auch andere spanische Literatur, also etwa der *Lazarillo de Tormes* ihm vertraut war. Wie sehr Eichendorff den *Simplicissimus* als die deutsche Version des spanischen Schelmenromans geschätzt hat, kann man noch in der *Geschichte der poetischen Literatur Deutschlands* nachlesen, wenn dort vom einzigen wahrhaftigen und großartigen Roman jener Zeit die Rede ist: für Eichendorff die eigentliche Brücke "vom Mittelalter zum modernen Romane", und zwar nicht als Weltklage, sondern als Roman "einer alles durchdringenden humoristischen Weltansicht".[23] Simplicissimus ist für ihn der Erznarr, von gleicher Treuherzigkeit wie sein wahlverwandter Bruder, der Taugenichts, zweihundert Jahre später. Simplicissimus ist der galante Freiherr oder vielmehr: er spielt ihn, und zwar jenen Freiherrn, "dessen Wappen ein Kopf mit Hasenohren und Schellen ist": die humoristische, närrische Komponente des Schelms hat sich in den Vordergrund geschoben, verdeckt aber hat sie die Pikarogestalt nicht, nur verändert. Hier also ist das pikarische Erzählen

---

22. J. v. Eichendorff: *Tagebücher, Übertragungen* (Stuttgart, 1958), S. 243.
23. J. v. Eichendorff: *Literarhistorische Schriften. Historische Schriften. Politische Schriften* (Stuttgart, 1958), S. 694ff.

durchaus noch anwesend, wenn auch zum geheimen Verdruß mancher Eichendorff-Interpreten.

Eichendorffs *Taugenichts* ist das vielleicht signifikanteste Fortleben der pikarischen Erzähltradition in der Romantik. Bei Eichendorff freilich vermischt sich der Typus des Pikaro mit dem des Narren, also des unfreiwillig zum Schelm gewordenen Zeitgenossen, der in der Narrheit keine Lebensmöglichkeit, sondern nur noch eine Fluchtposition sieht. Er vermischt sich ferner mit der Figur des Don Quijote, die sich bei Eichendorff immer wieder in romantischer Verkleidung findet. Man wird in den herumwandernden Vaganten zumindest ein Element der pikarischen Welt wiedererkennen können, und wo sich die Wanderer auch zeitkritisch äußern, wird dieses noch deutlicher: der Dichter Faber in *Ahnung und Gegenwart* gehört also in die entferntere Verwandtschaft pikarischer Helden, und wäre Friedrich nicht von Adel und seine Lebensreise eine höchst ernste Fahrt, so würde er nicht schlecht in die Genealogie der Nachkommenschaften des Pikaro passen. Was Eichendorff für die pikarische Welt offenbar sehr empfänglich machte, war die strenge moralische Grundhaltung, die unerbittliche Zeitkritik, die Mißbilligung alles Verwilderns, und wenn natürlich auch *Ahnung und Gegenwart* alles andere ist als ein pikarischer Roman, so sind bestimmte Verwandtschaften doch bei einiger Betrachtungssorgfalt zu erkennen. Spuren pikarischen Erzählens finden sich ebenfalls in einer Geschichte, die schon vom Titel her die Verwandtschaft zum Schelmenroman zu erkennen gibt: *Die Glücksritter*. Hier wird auch eine Welt auf schelmenhafte Weise erobert, und zumindest das Personal des pikarischen Romans ist hier wieder präsent: die Soldatenwelt, das lustige Lagerleben, im Hintergrund der "dreißigjahrige Kriegssturm",[24] die Abenteuer mit schönen Mädchen, der Aufstieg der armen verbummelten Studenten ins schöne Schloß. *Fortunas Schildknappen* heißt eine Kapitelüberschrift dieser Erzählung, die eher Roman ist als Novelle, und es ist das vergnügte Leben von Tag zu Tag, das sie mit dem Schelm, dem es auch gut zu gehen pflegt, gemeinsam hat. Die Todesnähe ist, wie auch im *Simplicissimus*, unmittelbar unter der lustigen Oberfläche zu spüren, etwa dort, wo es heißt: "Der Schlaf probiert heimlich den Tod und der Traum die Ewigkeit"[25]. Am Ende geht es wieder heraus aus dem Schloß, auch wenn eine dicke Belohnung winkt, und der pikarische Siglhupfer bleibt "fortan in den Wäldern selig verschollen", Suppius, ebenfalls ein pikaresker Held, sieht sich aus seiner Glückswelt in die irdische Wirklichkeit zurückversetzt. Auch das als Ganzes kein

---

24. *Eichendorffs Werke. Erzählende Dichtungen, vermischte Schriften* (Stuttgart, o. J.), S. 898.
25. Ebd., S. 906.

Schelmenroman, aber doch pikareske Elemente in romantischer
Konfusion miteinander verbunden: mißt man alles das an einem Idealbild
des Pikaro, an einem Idealtypus des pikarischen Romans, so hält die
Argumentation natürlich nicht stand - aber ein solcher Idealtypus ist ja
ohnehin eine literaturwissenschaftliche Fragwürdigkeit.[26]
Auch sonst lassen sich, mit gebührender Vorsicht, wie sich versteht,
Spuren pikarischen Erzählens ausmachen. Das Schicksal des pikarischen Schelms ist überall dort benachbart, wo von romantischen Wanderungen die Rede ist - *Franz Sternbalds Wanderungen* gehört vor allem
dazu. Man hat diesen Roman zwar häufig in der Nachbarschaft des
Wilhelm Meister gesehen, aber auch hier ist wohl die Opposition größer
als die Übereinstimmung. Der Roman ist in der literarischen Kritik in der
Regel schlecht weggekommen, aber wenn der Roman, wie es nur zu sehr
einleuchtet, als Prototyp des phantastischen Romans gelesen wird[27]
(Behler), dann ist damit die Struktur des Romans aufgewiesen, zugleich
aber auch die Nähe zum pikarischen Erzählen, das phantastische Züge
genug enthält, hergestellt. Die Wanderungen gleichen einem Schweifen
durch die Welt, was allerdings nicht wieder - und hier weicht der Roman
vom Schema des pikarischen Romans deutlich ab - an den Anfangspunkt
zurückführt: von einer Kreisbewegung kann in der Tat nicht die Rede
sein. Aber an Welterfahrung ist genug vorhanden, und der "fröhliche
Anblick der Welt"[28] rückt wiederum den Roman von dieser Sicht her in
die Nähe des Schelmenromans, wo es ähnlich fröhlich zugeht, bei aller
sarkastischen Kritik. Auch die Freuden der Sinnlichkeit sind da, damit
verbunden allerdings zugleich die Einsicht in den "Leichtsinn" dieser
Lebensweise, schließlich die auch im pikarischen Roman ja nicht
bezweifelte Identität des Helden: hier findet sich Sternbald im Bereich der
Kunst und findet dort seine Selbstsicherheit, sich selbst also. Die
Spannung zur Welt ist gleichermaßen vorhanden wie im pikarischen
Roman, die problematische Beziehung zum Vater ebenso - sie wäre wohl
in den nicht ausgearbeiteten dritten Teil hineinverlegt worden.
Grundelemente des pikarischen Romans lassen sich aber auch noch
anderswo finden: in sehr spiritualisierter Form sogar in der
Romankomposition des frühromantischen Romans. Ein Roman wie

26. Wie wenig es einen Idealtypus des Pikaroromans gibt, hat Brüggemann deutlich
gemacht, wenn er auf den "Unterschied zwischen dem spanischen und dem deutschen
Roman" hinwies: "Der spanische Held durchsteht wie Don Quijote und Sancho Panza
ohne eigentliche Entwicklungen die Welt [...]. Der spanische Schelm in seiner Urform
bleibt bis zum Ende ein Schelm, Simplizius Simplizissimus aber entwickelt sich zum
Eremiten" (a.a.O. S. 162). So sind auch die Spuren pikaresken Erzählens nicht am
pikarischen Erzählen an sich zu messen; in der Romantik dürfte vielmehr der ganze
Spielraum dieses Erzählens durchaus bekannt gewesen sein.
27. Vgl. dazu Ernst Behler, "Der Roman der Frühromantik", in: *Handbuch des
deutschen Romans*, hrsg. von Helmut Koopmann (Düsseldorf, 1983), S. 278.
28. Ebd., S. 279.

Friedrich Schlegels *Lucinde*, aus 13 Abschnitten bestehend, ist eine einzige Arabeskenreihung, und die Bauform der Arabeske mag entfernt noch ein Äquivalent sein zur arabeskenhaften Grundstruktur des pikarischen Romans. Freilich erschließen sich derartige entfernte Gemeinsamkeiten nur indirekt: aber da auch ein Roman wie Schlegels *Lucinde* eine Antikonzeption zu der des Bildungsromans darstellt, also zum Bereich des geordneten, finalorientierten Erzählens, ist jedes bloße Reihungsprinzip von daher gesehen in gewisser Weise ein einleuchtender Protest, und wenn auch der frühromantische Roman in der Form der *Lucinde* nichts mit dem pikaresken Roman vom Gehalt her gemeinsam hat, so ist doch die Reihungsstruktur beider ein sie verbindendes, wenn auch nur formales Element.

Auch Brentano hatte seine Beziehungen zum Schelmenroman; einen deutschen schätzte er besonders, nämlich Reuters *Schelmuffskys wahrhafftige curiöse und sehr gefährliche Reisebeschreibung zu Wasser und Lande*. In seiner Schrift *Der Philister vor, in und nach der Geschichte* von 1811 steht ein höchstes Lob auf die Geschichte dieses deutschen Pikaro: "Es giebt mir keine schärfere Probe der Philisterei, als das Nichtverstehen, Nichtbewundern der unbegreiflich reichen und vollkommenen Erfindung und der äußerst kunstreichen Ausführung in Herrn von Schelmuffskis *Reise zu Wasser und zu Lande*. Wer dies Buch liest, ohne auf irgendeine Art hingerissen zu werden, ist ein Philister, und kömmt sicher selbst darin vor."[29] Dabei war der Verfasser damals völlig unbekannt. Brentano hat keinen Schelmenroman geschrieben, aber deutlichste Spuren finden sich in einer "Geschichte", nämlich in der *Geschichte und Ursprung des ersten Bärnhäuters*. Bereits der Untertitel enthält einen deutlichen Hinweis auf Grimmelshausens *Simplicissimus*, wenn es heißt: "Nach Erzählungen von einer alten Kinderfrau aufgeschrieben vom Herzbruder". Das ist Pikaro in übertrieben humoristischer Verkleidung, der Bärnhäuter ein hasenfüßiger Landsknecht, der aber dann als Obrist ein "Soldat von Fortun" wird, sich wider den Türken gebrauchen läßt und nun als privatisierender Gelehrter lebt.[30] Sein Bärnhäuter-Fell wird er los, äußerlich bildet ihn der Teufel gar zu einem "gebildeten, feinen, nicht überspannten, ästhetischen Mann"[31]: er wird dergestalt "adonisiert" und kommt in Liebesabenteuer. Im VII. Kapitel nun findet sich direkt Pikarisches: Die dem Bärnhäuter angetraute Gattin erlebt die Rattengeschichte aus dem "Schelmuffsky", die, so kündet bereits die Überschrift an, "indischen Ursprungs" sei - ein kleiner Tritt gegen Freund Görres, der überall, der Zeitmode folgend, Indisches in erzählerischen Hintergründen witterte. Brentano setzt hinzu: "Die Geschichte von der Ratte ist der mythische Mittelpunkt der herrlichen Bio-

29. Clemens Brentano, *Werke*, 2. Band, hrsg. von Friedhelm Kemp. (Darmstadt, 1963), S. 963.
30. Ebd., S. 947.
31. Ebd., S. 949.

graphie des komischen deutschen Halbgottes Schelmuffsky, welche leider zu lange unter der Bank gelegen."[32] Am Ende zieht der Bärnhäuter sich in die Einöde zurück: er wird Einsiedler, wie der berühmte barocke Pikaro vor ihm auch.

Einige flüchtige Spuren pikarischen Erzählens mag man ebenfalls in Brentanos *Godwi oder das steinerne Bild der Mutter* finden, zumindest dort, wo von seinen abenteuerlichen, aus "Abenteuerlichkeit" unternommenen Reisen die Rede ist. Gewiß stimmt sehr vieles nicht; Godwi ist von reicher Abkunft, aber manches andere paßt, so die Reihe der Liebesabenteuer, mögen sie noch so flüchtig sein. Zur Ruhe kommt Godwi nicht, ist immer unterwegs, auf der Suche nach dem steinernen Bild der Mutter. Antibürgerlich ist auch dieser Roman, wie der pikarische Roman überhaupt. Am Ende berichtet Godwi von seinen abenteuerlichen Reisen, die mit erotischen Erlebnissen verbunden sind; doch das Schreiben distanziert Godwi wie den Pikaro von seinem eigenen Leben, und auch hier deutet sich eine entfernte Nähe zum pikarischen Erzählen an. Natürlich darf man die trennenden Faktoren nicht übersehen. Aber wenn man von Nachfolge und Verwandlung sprechen will, so ist der romantische Roman sehr viel eher mit der Übernahme pikarischer Momente zu nennen als etwa der Bildungsroman, gegen den sich dieses pikarische Erzählen immer wieder richtet.

Gerade im frühromantischen Roman gibt es Vermischungen zwischen den Formen: nur zu oft sind Elemente des Reiseromans hier enthalten, die freilich nun gleichermaßen dem Bildungsroman wie dem pikarischen Roman eigentümlich sind. Es wäre sicher zu einseitig, hier nur die Elemente des pikarischen Romans fortleben zu sehen. Das charakteristisch Schelmische fehlt zu oft oder ist doch nur als Kontrastelement vorhanden. Pikarisches Erzählen ist im Prinzip aber überall dort möglich, wo ein Roman gegen den Bildungsroman Goethes angeschrieben worden ist. Wenn der 2. Band der *Lebensansichten des Kater Murr* von E.T.A. Hoffmann überschrieben ist mit *Die Lehrmonate. Launisches Spiel des Zufalls,* so ist das in überdeutlich bewußter Opposition zu Goethe formuliert - die eigentümliche Katerexistenz mag noch als Persiflage nicht nur auf den Roman der Klassik, sondern auch auf andere Romanformen, vielleicht sogar noch als spielerisch-distanzierte Reminiszenz an den pikarischen Roman verstanden werden. Überall dort, wo *Kater Murr* als humoristischer Roman verstanden wird, ist jedenfalls die Nähe zum Schelmenroman, wie groß man auch die Distanz im einzelnen ansetzen mag, prinzipiell hergestellt. Überhaupt ist der humoristische Roman des frühen 19. Jahrhunderts in gewissem Sinne ein Erbe des pikarischen Romans - mag dieses Erbe sich auch noch so formvollendet und tief

32. Ebd., S. 954.

verschleiert verstecken wie etwa in Immermanns *Münchhausen*. Und wie
steht es mit den *Herzensergießungen eines kunstliebenden Klosterbruders*,
die ebenso beginnen, wie mancher pikarische Roman beginnen mag,
jedenfalls der der deutschen simplicianischen Tradition, wenn es am
Anfang heißt: "In der Einsamkeit eines klösterlichen Lebens, in der ich
nur noch zuweilen dunkel an die entfernte Welt zurückdenke, sind nach
und nach folgende Aufsätze entstanden"? Das ist die Retrospektive des
gealterten Pikaro, des wieder in den geistlichen Bereich zurückgekehrten
Simplicissimus, auch wenn das Folgende dann natürlich mit dem
Pikaroroman nichts mehr gemeinsam hat. Auch Peter Schlemihls
wundersame Geschichte hat irgendwo noch etwas zu tun mit dem
Pikarisch-Wunderbaren. Man wird Einzelheiten dieser offenbar
verdeckten, aber nichtsdestoweniger noch virulenten pikarischen
Tradition von Fall zu Fall auch anders deuten können, aber man wird
wohl doch nicht sagen können, daß das pikarische Erzählen im frühen 19.
Jahrhundert verschwunden sei. Es ist eingegangen in die Protestform
gegen den Bildungsroman, es ist zumindest ideell anwesend überall dort,
wo in loser Reihung berichtet wird, wo das Szenische den Bildungsgang
verdrängt hat, nicht zuletzt dort, wo humoristisch erzählt wird, durch die
vielen Spielarten hindurch, die dieses humoristische Erzählen (bis hin zu
Jean Paul) im 19. Jahrhundert gehabt hat. Es sind immer nur Spuren, die
hier und da begegnen, aber ihre Menge läßt doch den vorsichtigen Schluß
zu, daß die Tradition des pikarischen Erzählens länger gelebt hat als der
pikarische Roman selbst, daß sie auch dort noch existierte, wo allenfalls
die eine oder andere Episode pikarischen Charakter hat. Wo immer
Weltabgewandte, Narren, weise Tölpel, verwilderte Studenten,
Glücksritter und Abenteurer auftauchen, wo immer die Herkunft des
Helden zweifelhaft ist oder er selbst ein wildes Auf und Ab seiner
Lebensgeschichte zu verzeichnen hat, wo immer untergründig oder auch
deutlich aufgetragen eine Moral sichtbar wird, die als zweite Ebene hinter
der des Abenteuerhaften in die Romane und Erzählungen eingebracht
ist, wo immer ein Bild der Welt mitgezeichnet werden soll im Bericht
über einen ungewöhnlichen Lebenslauf, wo immer ein antibürgerlicher
Held auftritt, ist Pikaro nahe. Ein verbürgerlichter Pikaro ist ein
Widerspruch in sich,[33] und bilden läßt sich der Erzschelm erst recht nicht.
Für die literarische Lebensmächtigkeit des Pikaro spricht nicht zuletzt ein
Schelmenroman, der nun in deutlichster Nachfolge des Pikaroromans
auch im frühen 19. Jahrhundert geschrieben worden ist: Heines

---

33. Anders allerdings Arnold Hirsch: *Bürgertum und Barock im deutschen Roman.
Ein Beitrag zur Entstehungsgeschichte des bürgerlichen Weltbildes* (Köln-Wien,
1979 [¹1934]); Hirsch spricht ausdrücklich von der Verbürgerlichung auch des Pikaroromans, bezieht das allerdings nur auf die Schelmenromane des 17. Jahrhunderts.

Schnabelewopski. Er ist Pikaro redivivus, ein kühner Versuch, das pikarische Erzählen zu erneuern, und offensichtlich auch aus dem Protest gegen klassisches Erzählen heraus entstanden. Natürlich ist auch Heines Schnabelewopski kein traditioneller Pikaro: aber auch er zeigt, welches Ausmaß an Variationsmöglichkeiten der literarische Schelm selbst im 19. Jahrhundert noch hatte - möglicherweise stellt er sogar eine Antwort dar auf Eichendorffs *Taugenichts.* Daß Heine Eichendorffs Werk vermutlich genau kannte, ist erst jüngst wieder betont worden.[34]

34. Dazu Jeffrey L. Sammons: "'Welch ein vortrefflicher Dichter ist der Freiherr von Eichendorf'. Betrachtungen zu Heines Eichendorff-Urteil", in: *Aurora* 45 (1985).

Gerhard Kluge

HEINRICH HEINES FRAGMENT *AUS DEN MEMOIREN DES HERREN VON SCHNABELEWOPSKI* UND DAS PROBLEM DES SCHELMISCHEN

Heines *Schnabelewopski*-Fragment gilt als die Ausnahme der allgemein akzeptierten These, daß im deutschen Sprachgebiet des 19. Jahrhunderts der Schelmenroman nicht in Erscheinung trete. Für das Zurücktreten dieser Gattung in dem genannten Zeitraum werden unterschiedliche Begründungen angeführt.[1] Auch darüber, inwiefern Heines fragmentarischer Text überhaupt die Tradition des Schelmenromans fortsetze und welche Stellung ihm in der Geschichte dieser Gattung in Deutschland zukomme, herrschen verschiedene Auffassungen.[2] Der Meinung eines seiner ersten Rezensenten, Wolfgang Menzels, Heines Roman besitze viel Komisches aus dem Geist der älteren spanischen Romane, wurde in der Regel immer beigepflichtet.[3] Windfuhr sieht das Fragment "in der Nachfolge des Schelmenromans", obwohl Heine mit den letzten Episoden, welche Religionskritik vortragen, "den ursprünglichen Ansatz des Schelmenromans" verlasse, sowohl tendenziell (das Werk werde "zum Instrument seiner radikalen und prophetischen Umwälzungsversuche") als auch stilistisch (der Erzähler gebe den Fabulierstil des Schelmenromans auf). Windfuhr resümiert: "Heines Fragment eines Schelmenromans ist im Formalen komplizierter und vielschichtiger, im Gedanklichen auf ein anderes Ziel gerichtet und im ganzen intellektueller

1. Vgl. dazu Claudio Guillén, "Zur Frage der Begriffsbestimmung des Pikaresken." In: *Pikarische Welt. Schriften zum europäischen Schelmenroman* Hrsg. von Helmut Heidenreich. Darmstadt 1969, S. 375-396, bes. S. 395; Peter Demetz, "Till Eulenspiegel und seine Vetternschaft. Vom Überleben der Plebejer." In: *Literatur und Kritik*, Bd. 8, 1973, S. 299-309, S. 301; Dieter Arendt, *Der Schelm als Widerspruch und Selbstkritik des Bürgertums. Vorarbeiten zu einer literatursoziologischen Analyse der Schelmenliteratur*, Stuttgart 1975, S. 99-105; Jürgen Jacobs, *Der deutsche Schelmenroman*, München, Zürich, 1983, S. 85-96.
2. Am ausführlichsten Manfred Windfuhr, "Heines Fragment eines Schelmenromans. Aus den Memoiren des Herrn von Schnabelewopski." In: *Heinrich Heine*. Hrsg. von Helmut Koopmann. Darmstadt 1975, S. 232-256.
3. Zitiert nach: *Heines Werke*. hrsg. von Ernst Elster. Krit. durchges. und erl. Ausg. Bd. 4. Leipzig o.J., S. 10.

als das ältere Modell. Es entsteht eine eigene produktive Weiterbildung."[4] Jürgen Jacobs argumentiert vorsichtiger, er sieht das Werk "als ein literarisches Experiment [...], das eine Neubelebung des pikarischen Erzählens erprobt."[5] Nennenswerte Nachfolger habe Heine nicht gefunden. Pikareskes Erzählen diene ihm "als Rahmen für seine besonderen Darstellungsabsichten": satirische Darstellung bestimmter sozialer Verhältnisse (Hamburg), Polemik gegen die christliche Weltverneinung. Aber Schnabelewopski ist "kein Pikaro nach dem überlieferten Muster".[6] Arendt sieht ihn, wie Windfuhr, als Nachfahre Schelmuffskys, der seinerseits ja ein Abkömmling des spanischen Pikaro ist.[7] Produktive Weiterbildung der Tradition mithin auch in der Titelgestalt? Der Sachverhalt ist offenkundig differenziert. Ihm soll deshalb weiter nachgefragt werden.

Relativ eindeutig und klar wäre die Zuordnung von Heines Text zur Tradition pikaresken Erzählens, wollte man von gattungstypischen Formmerkmalen, vom Erzählmuster des Schelmenromans ausgehen. Windfuhr hat die meisten der damit übereinstimmenden Merkmale bereits genannt: der autobiographische Charakter der Aufzeichnungen eines Einzelhelden, der - als Reagierender auf die Umwelt - sein Leben von Geburt an erzählt; Reise in die Welt; episodische Begebenheiten; gehäufte Liebesabenteuer; Kampfszenen; eine derb realistische Liebesauffassung (obwohl diese durch eine ganz entgegengesetzte ergänzt wird); das Außenseiter-Milieu, das Interesse an der Vitalsphäre (Sexualität, Essen).[8] Man könnte andere hinzufügen[9], etwa die Übereinstimmung in der Erzählsituation (der Ich-Erzähler, der altgewordene Schnabelewopski, schreibt aus einer Perspektive des Rückblicks), die genauen Angaben über Herkunft und Familie gleich am Anfang. Die feudale und - ganz nach der Ordnung - eheliche Abstammung Schnabelewopskis ist hingegen wiederum nicht dem geläufigen Muster gemäß. Ein Schelm ist kein *Herr*. Es fehlt ihm auch das, was man die Initiation des Schelms genannt hat, ein besonders brutales Erlebnis in der Wirklichkeit, das den Ich-Erzähler erst in die eigentlich schelmische Position gegenüber seiner Umwelt zwingt. Aber wir erwarten ja nicht von einer Dichtung, daß sie idealtypisch immer alle ihre jeweiligen Gattungsmerkmale aufweist.

Allein von diesen formalen Merkmalen aus zu argumentieren, hieße, das Problem aus einer verkürzten Perspektive anzugreifen. Ob und

4. Manfred Windfuhr, a.a.O., S. 256.
5. Jürgen Jacobs, a.a.O., S. 87.
6. Ebda.
7. Dieter Arendt, a.a.O., S 103.
8. Manfred Windfuhr, a.a.O., S. 242-245; vgl. auch Claudio Guillén, a.a.O..
9. Vgl. Claudio Guillén, a.a.O., bes. S. 379-387.

inwiefern die Memoiren Schnabelewopskis der Tradition des Schelmenromans zuzuordnen sind, muß m.E. vom Verständnis der Titelgestalt her
beantwortet werden und von der, in den vorliegenden Analysen
weitgehend ausgeklammerten, Gesamtstruktur des Textes. Jacobs hat die
Verbindungen, welche zwischen Schnabelewopski und dem Pikaro nach
dem überlieferten Muster bestehen, auf die "weltzugewandte Mentalität"
eingeschränkt, welche "dem Realitätssinn des Picaro während seiner
Schelmenlaufbahn" entspreche. "Auch die Halb-Außenseiterschaft des
noch nicht durch Ehe und Beruf in der Gesellschaft integrierten
Studenten schafft eine der pikaresken Erzählung vergleichbare Grund-
situation."[10] Der Vergleich Schnabelewopskis mit Schelmuffsky liefert
auch nicht viel mehr als die Übereinkunft der ins Komische polonisierten
Namen und der Situationen des verbummelten Studenten; weder ist
Schnabelewopski ein Grobian noch ein Bramarbas, der sich fortwährend
in die eigene Tasche lügt, und sein Blick ist von ganz anderen, auch
historisch anderen, Erfahrungen bestimmt. Die Frage muß hermeneu-
tisch prinzipieller gestellt werden: von welchem (Vor-)Verständnis des
Schelmen geht man aus?

Das Bild, das die Forschung vom Schelm entworfen hat, ist in den
letzten Jahren typologisch und historisch differenziert worden. Wir sehen
im Schelm nicht nur den "Außenseiter vom Bodensatz der Gesellschaft,
der um sein Überleben kämpfen" muß,[11] meist "mit moralisch nicht
unbedenklichen Mitteln, aber auch mit Zähigkeit, Witz und Anpas-
sungsfähigkeit."[12] Er ist ja ohnehin nur ein halber Außenseiter.[13]
Zwischen dem Plebejer[14] und dem weltlichen Heiligen[15] sind die (seit dem
18. Jahrhundert häufig verfließenden) Umrisse einer Gestalt sichtbar
geworden, in der sich, jenseits des *sozialen* Überlebens, auch das Problem
des neuzeitlichen Subjektivismus und dessen Spannungen zu objektiven
gesellschaftlichen Instanzen, also das *individuelle* Überleben unter
Bedingungen, welche den einzelnen zu vergesellschaften drohen,
darstellen; Spannungen aber auch zwischen dem Individuum und dem
Religiösen, dem Ethischen und der Frage nach dem Lebenssinn
überhaupt. Deshalb ist der Aspekt, *wie* der Schelm und aus welcher

10. Jürgen Jacobs, a.a.O., S. 87.
11. Ebda.
12. Jürgen Jacobs, a.a.O., S. 36.
13. Claudio Guillén, a.a.O., S. 384.
14. Vgl. dazu Peter Demetz a.a.O.. Auch: Alfred Antkowiak, "Schelm und
Schelmenroman. Zu einer Form plebejischer Tradition in der Literatur." In: *Aufbau*
Jg. 14, 1958, S. 68-77.
15. Vgl. dazu: Richard B. Lewis, "Der pikareske Heilige". In: *Pikarische Welt*,
a.a.O., S. 314-333; Wilfried van der Will, *Pikaro heute. Metamorphosen des Schelms bei
Thomas Mann, Döblin, Brecht, Grass.* Stuttgart, 1967.

geistigen, aber auch sittlichen Haltung er reagiert, genauso wichtig wie die typologischen Übereinstimmungen einer als Schelm anzusehenden Figur mit einem durch die Tradition geprägten Modell. In Arbeiten vor allem von Demetz, Nerlich und Arendt[16] ist die Signatur des Schelmen auch von diesem *Verhaltens*muster aus entworfen worden. Demetz nennt es eine "Résistence ohne Widerstand", er sieht im Schelm seit Eulenspiegel die Inkarnation "des Nein-Sagers, der selbst in seinem 'Ja' noch widerspricht."[17] Arendt umschreibt dasselbe als "Figuration des getarnten Widerspruchs", als "die gelebte Dialektik."[18] Und Nerlich spricht von der Dominanz der List, "vielleicht ist der ingeniöse, spielerische Verstoß gegen die Lebensspielregeln das Wesensmerkmal des Schelmen überhaupt."[19] Im Schelm, der das rechte Falsche und das falsche Rechte tue, sind "List, Frechheit und Vorsorge vereint."[20] Von all dem finde ich in den von Heine ausgeführten Kapiteln der Memoiren Schnabelewopskis nichts: keine Gaunerei, kein Kampf ums nackte Überleben, kein Anflug einer listigen, dialektischen Reaktion, eines getarnten Widerspruchs, aber auch keinerlei Notwendigkeit dazu, weil es die diese erforderlich machende Bedrängnis durch die Wirklichkeit nicht gibt und weil Schnabelewopski nicht in Situationen gerät, in denen sein soziales Überleben oder seine persönliche Selbstbehauptung in Gefahr wären. Das "Schmarotzen" der Studenten in Leiden bei der Wirtin zur roten Kuh ist so karikiert, daß es eher als Parodie wirkt, zumal die Kommilitonen bei Schnabelewopski mehr "schmarotzen" als dieser bei der Wirtin. Spielertum, Existenz im Schein(haften) oder das Lachen fehlen Schnabelewopski auch. Sein Witz ist, wie Jacobs sagt, bisweilen forciert und natürlich nicht ohne sozialkritische Schärfe, aber seine Wortspiele sind eher doch Ausdruck einer komplexeren dualistischen Wirklichkeitserfahrung des Ich-Erzählers und nicht nur provozierende, desillusionierende Attacken eines Schelms auf die Gesellschaft.

Mit dem Schelm, ja mit dem Pikaro teilt Schnabelewopski ein philosophierendes und kritisierendes Raisonnement und das "desengaño", die Entäuschung durch die Wirklichkeit und deren Desillusionierung. Aber es zeigen sich zwischen ihnen doch auch unter diesem Gesichtspunkt wieder Unterschiede: Wenn der Schelm bei seiner "Neigung zu philosophieren [...] in die Fußstapfen des Diogenes" tritt,[21]

16. Vgl. Peter Demetz, a.a.O.; Dieter Arendt a.a.O., Michael Nerlich, *Politik und Schelmerei. Die Rückkehr des Künstlers und des Intellektuellen in die Gesellschaft des 20. Jahrhunderts.* Frankfurt, Bonn 1960.
17. Peter Demetz, a.a.O., S. 309.
18. Dieter Arendt, a.a.O.,S. 119.
19. Michael Nerlich, a.a.O., S. 115.
20. Michael Nerlich, a.a.O., S. 133.
21. Claudio Guillén, a.a.O., S. 380.

so kommt Schnabelewopski aus einer "Schule", welche von der Gespaltenheit der menschlichen Natur überzeugt ist. Auch ist das philosophierende Raisonnement nur *eine* Tätigkeit seines Geistes, der sich häufig genug in erinnerungsschwere, wehmütig-sehnsüchtige Träumereien verliert. Und während der Schelm in der Regel erst bei seinem Eintritt in die Welt das Erlebnis des "desengaño" hat,[22] erfährt Schnabelewopski den Widerspruch zwischen einer auf sozialer Ungerechtigkeit beruhenden Wirklichkeit und idealen Vorstellungen von Schönheit und Liebe, Glück und Leben schon in der Heimat. Er wird diese Erfahrung auch nicht mehr los, und insofern läßt sich (was aber wegen des Fragmentarischen des Werks ohnehin kaum möglich ist) keine Entwicklung bei ihm feststellen. Der altgewordene, im Rückblick auf die Vergangenheit sein Leben memorierende Schnabelewopski stellt fest: "Ach! das ist nun lange her. Ich war damals jung und törigt. Jetzt bin ich alt und törigt."[23] Dadurch entfällt in Heines Text weitgehend der Abstand zwischen dem erlebenden und dem erzählenden Ich, das hier aus der Rückschau jene Haltung der Weisheit oder Überlegenheit nicht besitzt, aus der der Schelm kritisierend, moralisierend oder philosophierend auf sein Schelmenleben und auf die Torheit oder Schlechtigkeit der Welt zurückblickt. Vermutlich hängt dies damit zusammen, daß der Konflikt, an dem Schnabelewopski leidet, ihm bereits recht früh bewußt geworden ist, daß sich also die Prinzipien der Beurteilung seines Lebens nicht erst "aus der pikarischen Existenz entwickelt haben".[24] Denn er entwirft ja recht früh eine Utopie, welche sich - natürlich - als unrealisierbar erweist, die aber doch für ihn ein Maßstab bleibt, an dem er das tatsächliche Leben mißt.

Schnabelewopski ist nicht das Opfer einer sozialen Notlage, er leidet an der derzeitigen Beschaffenheit der Gesellschaft und an der Deformierung des Menschen. Beides steht in einem ursächlichen Zusammenhang, und das drückt ihm weniger auf den Magen als auf die Seele. Er verinnerlicht seinen Schmerz, indem er sich wiederholt einer weichen, träumerischen Stimmung überläßt, in der ihm Bilder erscheinen, die ihn zeitweise von seinem Leid befreien - nur wird der Kontrast zu der gesellschaftlichen Wirklichkeit danach um so härter erfahren. Schnabelewopski gestattet sich Gefühle, die sich ein Schelm eigentlich nicht erlauben dürfte. "Kann sich ein echter Pikaro überhaupt einen 'Herzbruder' leisten?", fragt Guillén mit dem Blick auf Simplicissimus.[25] Schnabelewopski hat eine

22. Vgl. Jürgen Jacobs, a.a.O., S. 43.
23. Heinrich Heine: *Sämtliche Schriften*. Hrsg. von Klaus Briegleb. Bd. 1. München, 1968, S. 515. Im folgenden wird die Seitenzahl dieser Ausgabe nach dem Textzitat in Klammern gegeben.
24. Jürgen Jacobs, a.a.O., S. 31.
25. Claudio Guillén, a.a.O., S. 390.

ausgesprochen romantische Ader, die ihn fühlen läßt, was er im Leben
entbehren muß, wenn er vor dem silbernen Heiligen im Dom zu Gnesen
steht oder sich das Bild treuer Liebe in der Gestalt Jadigwas erschafft,
"ein blasses, aber unendlich schönes Frauenbild, unendlich zart, wie
geformt aus Liljenduft" (S. 508).

> Meine Mutter, Frau von Schnabelewopska, gab mir, als ich heranwuchs, eine gute
> Erziehung. Sie hatte viel gelesen; als sie mit mir schwanger ging las sie fast
> ausschließlich den Plutarch; und hat sich vielleicht an einem von dessen großen
> Männern versehen; wahrscheinlich an einem von den Gracchen. Daher meine
> mystische Sehnsucht, das agrarische Gesetz in moderner Form zu verwirklichen.
> Mein Freiheits- und Gleichheitssinn ist vielleicht solcher mütterlicher Vorlektüre
> beizumessen. Hätte meine Mutter damals das Leben des Cartuch gelesen, so wäre
> ich vielleicht ein großer Bankier geworden. Wie oft, als Knabe, versäumte ich die
> Schule, um auf den schönen Wiesen von Schnabelewops einsam darüber
> nachzudenken, wie man die ganze Menschheit beglücken könnte. Man hat mich
> deshalb oft einen Müßiggänger gescholten und als solchen bestraft; und für meine
> Weltbeglückungsgedanken mußte ich schon damals viel Leid und Not erdulden. (S.
> 505)

Auch in Schnabelewopskis Sprache zeigt sich derselbe Zwiespalt, der
zwischen seinem Denken und Fühlen keine Harmonie ermöglicht:
Romantisierung, Verklärung, Vergeistigung der Wirklichkeit ins
Immaterielle einerseits, der grelle überzeichnende Wortwitz andererseits,
der die in der Gesellschaft wahrgenommenen Widersprüche ins satirische
Bild einer verkehrten Welt treibt. Was in der lautmalerischen Verbindung
der Gracchen mit dem Agrargesetz zunächst leicht kalauerhaft wirkt,
entpuppt sich, bedenkt man die damit verbundene sozialreformerische
Perspektive, als Witz nach dem von Preisendanz so benannten Prinzip
der "Koalition von Gesichtswinkeln", d.h. einer "Kunst der Ver-
fremdung", in der "verschieden zentrierte und verschieden gelagerte
Gedankenhorizonte und Reflexionsebenen ineinanderspielen, damit der
Leser mit neuen Augen sehen muß, damit der witzige 'order of
imagination' erstarrte Denk-, Empfindungs- und Bewertungsweisen
auflockert oder erschüttert."[26] Noch deutlicher wird das an der
perspektivischen Assoziation von Cartuch und Bankier. Beide Beispiele
belegen aber auch das hochgradig Kalkulierte[27] dieses Witzes, dessen
verdeckte Provokation doch erheblich über den eher naiven Sprachwitz
eines Schelms hinausgeht, der nicht mit einem 'esoterischen Leser'
rechnet.[28]
Schwärmerisches oder sozialkritisches Pathos sind dem Schelm in

---

26. Wolfgang Preisendanz, "Der Funktionsübergang von Dichtung und Publizistik
bei Heine." In: *Die nicht mehr schönen Künste. Grenzphänomene des Ästhetischen.*
Hrsg. von Hans Robert Jauß, München, 1968, S. 368f.
27. Wolfgang Preisendanz, a.a.O., S. 373.
28. Wolfgang Preisendanz, a.a.O., S. 363 Anm. 37.

der Regel fremd, und "Weltbeglückungsgedanken" hegt er überhaupt nicht, denn er ist Egoist und Pragmatiker, und er muß es sein. Nicht nur ist Schnabelewopskis soziales Gewissen, das der Schelm nicht hat, entwickelt, das "desengaño" erfaßt Schnabelewopski auch tiefer. Er sieht nicht nur die an der Oberfläche des Lebens zutage getretenen eigensüchtigen, materialistischen und korrupten Verhaltensweisen seiner Zeitgenossen, sondern erkennt auch, was diese Leute ihrem *Wesen* nach sind. In einer am ehesten dem "zweiten Gesicht" des Arnimschen Majoratsherrn vergleichbaren "Schau" verwandeln sich die Hamburger Bürger vor seinem geistigen Auge in bloße Zahlengerippe, und kurz darauf entzaubern sich die Reize Hamburgs und der Himmel über der Stadt vollends: in der zugefrorenen Alster schreien die Schwäne in Todesangst; man hatte ihnen die Flügel gebrochen, damit sie nicht nach dem warmen Süden fliegen können:

> Ach! auch mir erging es einst nicht viel besser, und ich verstand die Qual dieser armen Schwäne; und als es gar immer dunkler wurde, und die Sterne oben hell hervortraten, dieselben Sterne die einst, in schönen Sommernächten, so liebeheiß mit den Schwänen gebuhlt, jetzt aber so winterkalt, so frostig klar und fast verhöhnend auf sie herabblickten - wohl begriff ich jetzt, daß die Sterne keine liebende mitfühlende Wesen sind, sondern nur glänzende Täuschungen der Nacht, ewige Trugbilder in einem erträumten Himmel, goldne Lügen im dunkelblauen Nichts - -. (S. 517-518)

Pikarisches Erleben ist das nicht, es ist auch nicht die Sprache des Schelms. Allenfalls am Ende könnte der Schelm, wie gesagt, zu einer derartigen Einsicht gelangt sein, die dann allerdings in der Regel aus einem "sicheren Port", etwa dem einsiedlerhaften Leben völliger Weltabsage oder aus der abgeschlossenen Anstalt, kaum aber aus einem Schockerlebnis irdischer und transzendenter Heimatlosigkeit verkündet wird. Die Ballade von Herrn Vonved, die Schnabelewopskis Hamburg-Aufenthalt abschließt und zu den Episoden, welche in Holland spielen, überleitet, faßt diese Erfahrung nochmals zusammen. Wie Herr Vonved reist Schnabelewopski mit gelösten und zugleich ungelösten Rätseln von dannen.[29]

In den holländischen Episoden stehen Liebe und Essen, für den Schelm die primären Seinsbedingungen, im Vordergrund. Hatte Schnabelewopski in Hamburg unter der materialistischen Gesinnung der Kaufleute und ihrer Frauen gelitten, so scheint er jetzt doch selbst einem deftigen breughelschen Wirtshausleben zugetan; wurden die Hamburger, durchaus abschreckend, bis aufs Zahlenskelett seziert, so werden jetzt die Holländerinnen in der Kugelgestalt ihrer runden Käse durchaus mit Behagen und Wohlgefallen gesehen. Jetzt geht bei Schnabelewopski die

---

29. Vgl. Manfred Windfuhr, a.a.O., S. 253.

Liebe auch durch den Magen, doch bleibt in diesen Kapiteln eine Doppelperspektive gewahrt, welche das Materielle dem Spirituellen konfrontiert: die Studenten leben nicht von Fleisch, Fisch und Wein allein, sondern auch von der Streitfrage um die Existenz Gottes, des "Gott-reinen Geistes" (S. 538). Schon im Bericht über den Besuch einer Aufführung des "fliegenden Holländers" im Amsterdamer Theater stehen die Bilder und Verkörperungen idealer und flüchtiger Liebe, ewiger Treue bis zum Tod und einer verführerischen Eva nebeneinander. Während für den Schelm das Fressen und die Sexualität in der Regel die wichtigsten und einzigen Lebensbedürfnisse sind, befriedigen solche Genüsse Schnabelewopski nur zur Hälfte. Obwohl die dralle Wirtin zur roten Kuh allerlei Gaumen- und andere Freuden bietet, ist sie inmitten ihrer satten, selbstgefälligen, puppenstubenartigen, reinlichen, aber künstlichen und steifen Welt in anderer Weise als Jadwiga unirdisch und leblos, eine "porzellanige" Sofapuppe, ohne Geist obendrein. Vollkommenes Glück findet Schnabelewopski auch hier nicht; auch durch diese kleine Welt geht "der große Weltriß" (Heine).

In Leiden findet Schnabelewopski nun aber doch den "Weltbeglückungsgedanken", dem er als Junge bereits nachgedacht hatte, ironischerweise ausgerechnet im Hause des nur in religiösen Träumen sinnlich erregten Bandagenmachers und seiner zänkischen, ganz unsinnlichen Frau; es war vorher das Haus Jan Steens, in dessen Bildern der existentielle Widerspruch, der Schnabelewopski zu schaffen macht, aufgehoben ist. Schnabelewopski stellt Jan Steen neben Raffael, den die Romantiker wegen seiner idealen, unirdischen Madonnenfiguren den göttlichen nannten. Aber sogar bei religiösen Bildern steht Jan Steen nicht hinter Raffael zurück:

> Auch als religiöser Maler war Jan ebenso groß, und das wird man einst ganz klar einsehen, wenn die Religion des Schmerzes erloschen ist und die Religion der Freude den trüben Flor von den Rosenbüschen dieser Erde fortreißt, und die Nachtigallen endlich ihre lang verheimlichten Entzückungen hervorjauchzen dürfen.
>
> Aber keine Nachtigall wird je so heiter und jubelnd singen, wie Jan Steen sie gemalt hat. Keiner hat so tief wie er begriffen, daß auf dieser Erde ewig Kirmes sein sollte; er begriff, daß der Heilige Geist sich am herrlichsten offenbart im Licht und Lachen.
>
> Sein Auge lachte ins Licht hinein, und das Licht spiegelte sich in seinem lachenden Auge.
>
> Und Jan blieb immer ein gutes, liebes Kind. (S. 540-541)

Wo gibt es einen Schelm, der sich an Kunstwerken — spiegelten sie auch seine eigene soziale, die untere Welt wider - delektierte und in ihnen noch die Utopie eines Lebens "schaut", in welcher die eigene und die Problematik des Menschlichen in seiner Zeit überhaupt, die Entfremdung, aufgehoben ist? Dieser "Geist der Freude" ist der Geist des

Lebens, ist Schönheit, Witz, heitre Laune:

> [...] auf dem Gemälde, welches das Bohnenfest vorstellt, und wo Jan mit seiner ganzen Familie zu Tische sitzt, da sehen wir seine Frau mit einem gar großen Weinkrug in der Hand, und ihre Augen leuchten wie die einer Bacchantin. Ich bin aber überzeugt, die gute Frau hat nie zuviel Wein genossen, und der Schalk hat uns weis machen wollen, nicht er, sondern seine Frau liebe den Trunk. Deshalb lacht er desto vergnügter aus dem Bilde hervor. Er ist glücklich: er sitzt in der Mitte der Seinigen; sein Söhnchen ist Bohnenkönig und steht mit der Krone von Flittergold auf seinem Stuhle; seine alte Mutter, in ihren Gesichtsfalten das seligste Schmunzeln, trägt das jüngste Enkelchen auf dem Arm; die Musikanten spielen ihre närrisch lustigen Hopsamelodieen, und die sparsam bedächtige, ökonomisch schmollende Hausfrau ist bei der ganzen Nachwelt in den Verdacht hineingemalt, als sei sie besoffen. (S. 541-542)

Dieses Bild entzaubert sich nicht wie die Sterne über der Alster, es verflüchtigt sich nicht wie Panna Jadwiga aus Lilienduft. Dieser "modern helle Geist der Freude, der nach dem Tode noch sein altes Atelier besucht" (S. 542), hält Schnabelewopski in seiner schäbigen Behausung fest, deren Bewohner wiederum den grellsten Kontrast zu Leben und Geist seiner Vorbesitzer bilden; die alte und ursprünglichste Erfahrung Schnabelewopskis, die Entfremdung von Geist und Leben, Leben und Schönheit, wiederholt sich, damit aber auch seine Flucht aus dem nicht auszuhaltenden Widerspruch in den Traum. Im 12. Kapitel memoriert Schnabelewopski über den Traum und das Träumen. Es scheint mir eine Schlüsselstelle zu sein, welche auf die Frage, inwiefern der Ich-Erzähler eine Schelmenfigur ist, nochmals Antwort gibt. Schnabelewopski wundert sich darüber, daß es die Menschen zwar vor dem Tode, nicht aber vor dem Schlaf graut:

> Ist es nicht furchtbar, daß der Leib eine ganze Nacht leichentot sein kann, während der Geist in uns das bewegteste Leben führt, ein Leben mit allen Schrecknissen jener Scheidung, die wir eben zwischen Leib und Geist gestiftet? Wenn einst, in der Zukunft, beide wieder in unserem Bewußtsein vereinigt sind, dann gibt es vielleicht keine Träume mehr, oder nur kranke Menschen, Menschen deren Harmonie gestört, werden träumen. Nur leise und wenig träumen die Alten; ein starker, gewaltiger Traum war bei ihnen wie ein Ereignis und wurde in die Geschichtsbücher eingetragen. Das rechte Träumen beginnt erst bei den Juden, dem Volke des Geistes, und erreichte seine höchste Blüte bei den Christen, dem Geistervolk. Unsere Nachkommen werden schaudern, wenn sie einst lesen, welch ein gespenstisches Dasein wir geführt, wie der Mensch in uns gespalten war und nur die eine Hälfte ein eigentliches Leben geführt. Unsere Zeit - und sie beginnt am Kreuze Christi - wird als eine große Krankheitsperiode der Menschheit betrachtet werden. (S. 545)

Daß der Mensch träumt, ist Folge gestörter Harmonie, Folge von Entfremdung; das Träumen gehört in die Krankheitsgeschichte der Menschheit: Heines, des "Weltpsychologen" (Thomas Mann), Stellung zwischen der Romantik und Nietzsche könnte von dieser Textstelle aus entwickelt werden, denn nicht nur das Träumen und die Rettung in den

Schlaf, auch die Träume Schnabelewopskis belegen diese Krankheitsgeschichte:

> Und doch, welche süße Träume haben wir träumen können! Unsere gesunden
> Nachkommen werden es kaum begreifen. Um uns her verschwanden alle
> Herrlichkeiten der Welt, und wir fanden sie wieder in unserer inneren Seele – in
> unsere Seele flüchtete sich der Duft der zertretenen Rosen und der lieblichste
> Gesang der verscheuchten Nachtigallen -
> Ich weiß das alles und sterbe an den unheimlichen Ängsten und grauenhaften
> Süßigkeiten unserer Zeit. Wenn ich des Abends mich auskleide, und zu Bette lege,
> und die Beine lang ausstrecke und mich bedecke mit dem weißen Laken: dann
> schaudre ich manchmal unwillkürlich, und mir kommt in den Sinn, ich sei eine
> Leiche und ich begrübe mich selbst. Dann schließe ich aber hastig die Augen um
> diesem schauerlichen Gedanken zu entrinnen, um mich zu retten in das Land der
> Träume. (S. 546-547).

Schnabelewopskis unschelmisches Ausweichen vor der Wirklichkeit,
seine sentimentalische Zuschauerrolle, die Verinnerlichung der Entfremdung aus Angst und Schauder vor deren Folgen (der Deformierung
des Menschen zur Zahl beispielsweise) werden von solchen Reflexionen
aus verständlich. Der nachfolgende Traum, in dem er zu Jadigwas Füßen
in einem Kahn sitzt und sie mit schwärmerischen Liebesliedern bedichtet,
enthält eine Deutung des Menschenschicksals im Zustand der
Gespaltenheit und endet damit, daß Jadwiga wie ein starres Marmorbild
in Schnabelewopskis Armen ruht: "Ich hatte sie stumm geküßt [...] und
ich hätte sie für tot gehalten, wenn sich nicht zwei große Tränenströme
unaufhaltsam aus ihren Augen ergossen - und diese Tränen überfluteten
mich, während ich das holde Bild immer gewaltiger mit meinen Armen
umschlang" (S. 547).

In seinen Träumen treten gehäuft romantische Motive auf, als sollte
damit die Traumwelt von aller Beeinträchtigung durch die Widersprüche
des Daseins rein, von Empirischem fern in einer immateriellen Schönheit
bewahrt bleiben, aber doch setzt sich der Prozeß der Desillusionierung im
Reservat der Träume fort: Schnabelewopski zerstört die Geliebte gerade
aufgrund eines Willens zum vollen, reinen Glück. Weil die Nixen auf dem
Meeresgrund die Menschen wegen der Gespaltenheit ihres Lebens
bedauerten, hatte er zu Jadwiga gesagt: "Hörst du ... wie die da unten
über uns urteilen? - wir wollen uns umarmen, damit sie uns nicht mehr
bemitleiden, damit sie sogar neidisch werden" (S. 547). Schnabelewopski
träumt seine eigene Entfremdung. Wie am Ende der Hamburg-Kapitel
die Sterne entzaubert waren, so ist es hier der Traum, in dem der
Romantiker noch einen Meierhof besaß, um dem Leiden an der
"Duplizität des Daseins" (A.W. Schlegel) entkommen zu können.

In der das Fragment abschließenden parodistischen theologischen
Disputation zwischen Atheisten und dem Deisten Simon ist Schnabelewopski nur noch unbeteiligter Zuschauer und Berichterstatter. Zum

Verständnis seiner Gestalt trägt sie nichts mehr bei.

Schnabelewopski gehört, alles in allem, nach meinem Dafürhalten nicht zu dem Geschlecht der Schelme in der deutschen Literatur, in dem ein Grundmuster des Pikarischen fortentwickelt und variiert wird, sondern, wenn man denn nach einer Typologie sucht, in die Reihe von Zerrissenen, die in der Romantik beginnt und bis weit in die Moderne hineinreicht. In ihm manifestiert sich Entfremdung. Guillén faßt seinen Versuch einer Begriffsbestimmung des Pikarischen in dem Satz zusammen: "Es scheint mir, daß das Pikareske, angefangen beim *Lazarillo* bis hinein in unsere Zeit, eine Ausdrucksmöglichkeit für die Entfremdung des Menschen gewesen ist."[30] Wenn auch das Pikareske immer mit Entfremdung zu tun haben mag, so hat Entfremdung doch nicht in jedem Fall das Pikareske zur Konsequenz. In Schnabelewopski führen Erfahrung und Reflexion von Entfremdung nicht zu einem pikarischen oder schelmenhaften Verhalten, auch nicht bei seinem Autor. Heine spricht in der Vorrede zum *Salon* davon, wie ihm sein Vorsatz, sich wieder ruhig "in das Land der Poesie" zurückzuschleichen, "wo ich als Knabe so glücklich gelebt habe",[31] nicht gelingen konnte, weil er auf deutsche Emigranten getroffen war, die ihm das Vaterland vergegenwärtigten. "Ich, der eben noch so übermütig war, wie ein Sieger taumelte, ich ging jetzt so matt und krank einher, wie ein gebrochener Mensch."[32] Er wendet sich aber nicht, wie Schnabelewopski, um das "große Weltlösungswort" zu finden, an den Heiligen oder an Panna Jadwiga, auch nicht an Jan Steen, sondern an das Meer, "denn das Meer weiß alles."[33] Und was der gebrochene, weinende Mensch dort erfährt, ließ die "goldenen Engelsfarben" auf seiner Palette eintrocknen, "und flüssig blieb darauf nur ein schreiendes Rot, das wie Blut aussieht, und womit man nur rote Löwen malt."[34]

Schnabelewopski ist eine gegenüber dem Schelm entwicklungslose, auch undynamische Figur. Beweglichkeit und Dynamik zeigt allein sein Witz. In diesem scheinen sich im Glücksfall Geist und Leben, Rationalität und Phantasie wiedergefunden und vereinigt zu haben. Schnabelewopskis Utopie, ein "modern heller Geist der Freude" (S. 542), wird als sinnlicher Witz an einigen Stellen wirksam, wie am Anfang des 8. Kapitels bei der Beschreibung von Ähnlichkeiten zwischen den Frauen eines Landes und dessen Küche. Aber wo er als gesellschaftskritische Satire mit Inversionen und "Verkreuzungen" (Preisendanz) arbeitet, wie

30. Claudio Guillén, a.a.O., S. 396; vgl. auch Dieter Arendt, a.a.O., S. 116.
31. Heinrich Heine: Vorrede zu Salon I. In: *Sämtliche Schriften*, a.a.O., Bd. 3, S. 11.
32. Heinrich Heine: *Sämtliche Schriften*, a.a.O., S. 14.
33. Heinrich Heine: *Sämtliche Schriften*, a.a.O., S. 17.
34. Ebda.

z.B. bei der Beschreibung der Moral des Stückes vom fliegenden Holländer, daß die Frauen "sich in acht nehmen müssen, keinen fliegenden Holländer zu heiraten; und wir Männer ersehen aus diesem Stücke, wie wir durch die Weiber, im günstigsten Falle, zu Grunde gehn" (S. 532), werden solche Verfremdungen zu Signaturen von Entfremdung. Sofern dieser Witz zu einem Umdenken und neuem Bedenken verfestigter Wertvorstellungen provozieren will, also auf Veränderung gerichtet ist, geht er wohl auch über die Provokationen des Schelms hinaus, der vom Bestehenden profitieren möchte.

Heine mag bewußt auf die Tradition des Schelmen- oder des pikarischen Romans zurückgegriffen und allerhand formale Merkmale derselben übernommen haben. Das überlieferte Fragment zeigt einen Erzähler, der m.E. kein Schelm ist. Wir wissen nicht, was aus dem Stoff und aus der Figur noch hätte werden sollen, aber auch in diesem Falle gilt ein ungedeckter Wechsel nichts. "Das 19. Jahrhundert hatte nicht viel für den doppeldeutigen Außenseiter übrig", schreibt Guillén. "Im großen und ganzen aber war es die Zeit des vollkommenen Außenseiters, des Träumers und des Bohemiens, des Revolutionärs und des ideologisch Verblendeten, des Rebellen gegen Gott und die Menschen."[35] Schnabelewopski, der gebrochene, zerrissene Mensch, hat mehr Ähnlichkeit mit den ersten drei genannten Typen als mit dem Schelm. Sein Autor aber tendierte zum vierten.

35. Claudio Guilién, a.a.O., S. 396.

Hans Wagener

DIE RENAISSANCE DES SCHELMS IM MODERNEN DRAMA

Die literarischen Gattungen waren in den Poetiken des 17. Jahrhunderts bekanntlich streng definiert. Allein der Roman bildet dabei eine Ausnahme schon deshalb, weil er in den meisten Fällen nicht einmal erwähnt wird. Mangels einer derartigen Kodifizierung konnten sich die Untergattungen des pikarischen, des höfisch-historischen und des Schäferromans im Laufe des 17. Jahrhunderts um so leichter weiterentwickeln. Daß gerade gegen Ende des Jahrhunderts ein Gattungssynkretismus zu beobachten ist, wissen wir aus den Untersuchungen von Arnold Hirsch, Herbert Singer und Volker Meid.[1] Man braucht aber nur einen Schritt weiterzugehen, um feststellen zu können, daß sich in vielen Romanen die Gattungen des Epischen, Lyrischen und Dramatischen mischten. Die zahlreichen lyrischen und dramatischen Einlagen, wie sie z.B. Anton Ulrichs Romane enthalten, sind ein beredtes Zeugnis dafür. Selbst in Grimmelshausens *Simplicissimus* finden sich Gedichte, und in Zieglers *Asiatischer Banise*, die in sich ein Nebeneinander von höfisch-historischen und pikarischen Elementen entfaltet, findet sich auch ein Festspiel. So ist es nicht verwunderlich, daß in späteren Jahrhunderten, in denen die Autoren nicht mehr an strenge poetologische Gattungskriterien gebunden waren, z.B. Elemente der Epik in das Drama eindrangen. Brechtsche Begriffe wie der des epischen Theaters legen Zeugnis von dieser Tendenz ab.

Im folgenden soll speziell vom Eindringen pikaresker Elemente in das moderne deutsche Drama die Rede sein. Selbstverständlich soll damit kein pikarisches Theater oder Drama postuliert werden, aber wenn Werke der pikarischen Tradition wie Hašeks *Braver Soldat Schwejk* oder Grimmelshausens *Courasche* von Brecht umgearbeitet werden, wird die Frage nach dem Pikarischen im modernen deutschen Drama legitim.

1. Arnold Hirsch, *Bürgertum und Barock im deutschen Roman. Zur Entstehungsgeschichte des bürgerlichen Weltbildes*. Literatur und Leben, N. F. 1. Zweite Auflage (Köln - Graz, 1957); Herbert Singer: *Der deutsche Roman zwischen Barock und Rokoko*. Literatur und Leben, N.F. 6. (Köln - Graz, 1963); Volker Meid. *Der deutsche Barockroman*. Sammlung Metzler 128 (Stuttgart, 1974).

I.

Daß sich die Genrekriterien des pikarischen Romans nicht ohne weiteres auf das Drama übertragen lassen, versteht sich angesichts der unterschiedlichen Gattungsvoraussetzungen des Epischen und des Dramatischen von selbst. Eine Übertragbarkeit, bzw. Anwendung des Begriffs "pikarisch" auf das Drama ist infolgedessen nur im Rahmen dieser unterschiedlichen gattungsmäßigen Voraussetzung möglich; ja, der Begriff "pikaresk", in der Bedeutung von "dem Pikarischen ähnlich, verwandt" wird sich in den meisten konkreten Beispielen als angemessener erweisen. Um eine solche, auf den ersten Blick gattungsfremde Begriffsverwendung anhand von ausgewählten Beispielen zu belegen, muß deshalb eine thesenhafte, Punkt für Punkt kategorisierende Diskussion der einzelnen Kriterien des pikarischen Romans im Vergleich zu den entsprechenden Möglichkeiten des Pikaresken im Drama vorausgeschickt werden, denn nur an solchen neuen, auf das Drama zugeschnittenen Kriterien können individuelle Dramen gemessen werden. Ich gehe zu diesem Zweck nach den von Gerhart Hoffmeister jüngst aufgelisteten Gattungskriterien des pikarischen Romans vor, soweit sie im Rahmen des Themas diskutiert werden müssen:

1. "Der pikarische Erzähler wählt die Ich-Form. Die Ichperspektive hat meist die Funktion, eine bunte, abenteuerliche Welt durch die Retrospektive des Helden als ein großes Ganzes zu präsentieren. Die Ichform gibt den Anschein der Authentizität und führt oft zu einem vertraulichen Erzähler-Leser (bzw. Hörer)-Verhältnis."[2] - Da ein Drama aus gesprochener Sprache, zumeist aus Dialog, besteht, ist die Ich-Form hier höchstens in - antiquierten - Dialogen oder in Form eines auf der Bühne seitwärts auftretenden epischen Erzählers möglich. Abgesehen von diesen Ausnahmen wird Welt nur im Dialog vorgestellt. Höchstens durch die Mittelpunktstellung einer Hauptperson oder durch ungewöhnliche direkte Publikumsanreden kann es zu einem vertraulichen Verhältnis zwischen Zuschauer und Held(in) kommen. Das Drama lebt vom dramatischen Konflikt, von der Zuspitzung der thematisierten Problematik. Aufgrund dieser Zuspitzung kann, von erzählten Rückblenden der Exposition abgesehen, nicht Welt als ein "großes Ganzes" repräsentiert werden. Ferner geht es im Drama nicht um "Welt", wie im Roman, sondern, seinem dialogischen Charakter getreu, um eine für den Helden wichtige Einzelproblematik seiner Welt.

2. Das "pikarische Genre [bevorzugt] einen offenen Bau, der auf dem

---

2. Gerhart Hoffmeister, "Zur Problematik des pikarischen Romans". In: G.H. (Hrsg.), *Der deutsche Schelmenroman im europäischen Kontext*. Beiheft Chloe (Amsterdam, 1986), Einleitung.

Prinzip der losen Episodenreihung beruht. Die Struktur ist linear, weil der Held chronologisch vorgeht, horizontal durch den geographischen Raum zieht und vertikal in der Gesellschaft auf- und niedersteigt."[3] - Damit widerspricht das "pikarische Genre" dem Aufbau eines klassischen fünfaktigen "Zieldramas" - man denke an das Freytagsche Pyramidenmodell -, das statt eines Auf und Ab eine planvolle, bis zum Höhepunkt auf- und dann bis zur Katastrophe absteigende Handlung enthält. Umgekehrte Übertragungen eines derartigen Modells auf pikarische Romane hat zwar Jan Hendrik Scholte im Falle von Grimmelshausens *Simplicissimus* versucht,[4] damit aber ein Prokrustes-bett gezimmert, das ihn, entgegen heutigen Interpretationen, dazu zwang, das Buch VI des Romans, die sogenannte *Continuatio*, nicht als Teil des Romans selbst zu betrachten. Das Drama kann jedoch das Kriterium der pikarischen Episodenreihung realisieren, indem es trotz traditioneller Akteinteilung zum "offenen Drama" wird oder aber, indem es seine klassische Akteinteilung aufgibt und zur losen Szenen- oder Bilder-reihung als Strukturprinzip übergeht. Eine solche lockere Struktur begegnet uns in der deutschen Literatur (läßt man die Reihung des Büchnerschen *Woyzeck*-Fragments außer Betracht) spätestens in Gerhart Hauptmanns *Die Weber* (1893), während eine epische Bilderfolge im nicht-aristotelischen Theater Brechts zuerst entwickelt wurde.

3. "Der *pícaro* erzählt sein Leben ab ovo [...]. Er erkennt, daß die betrügerische Welt betrogen sein will und verhält sich dementsprechend. Indem er sein Leben erzählt, [...] durchleuchtet [er] die Sozialstruktur von einem moralisch-satirischen Standpunkt aus. Als Erlebender nimmt er an der Welt teil, als reflektierender Erzähler stellt er diese Welt von außen in Frage."[5] - Da das Drama meist nur einen Ausschnitt, einen eklatanten, das Leben verändernden Konflikt oder ein Ereignis im Leben eines Helden darstellt, kann höchstens in einer expositorischen Rückblende das Vorleben des Helden oder das vorherige Geschehen eingeholt werden. Die dargestellte Zeit ist normalerweise von kurzer Dauer, doch sind im modernen Drama in dieser Hinsicht Ausnahmen möglich, vor allem im epischen Theater Brechts, dessen Mutter Courage jahrelang durch die Lande zieht. Da der Held seinen Zuschauer normalerweise nicht direkt anspricht, ist die moralisch-satirische Durchdringung des Dargestellten der Intelligenz des Zuschauers überlassen, dem eine entsprechende Interpretation durch den Dialog suggeriert werden kann. Das Drama selbst interpretiert Welt nur, indem

---

3. Ebd.
4. Jan Hendrik Scholte, "Der Simplicissimus Teutsch". In: J.H.S., *Der Simplicissimus und sein Dichter*. (Tübingen, 1950), S. 1-14.
5. Hoffmeister, a.a.O.

es sie darstellt, nicht indem es sie expressis verbis auslegt. Eine bessere
Möglichkeit als der Dialog bieten dazu allein an den Zuschauer gerichtete
Tafeln im verfremdenden Theater Brechts. Von diesen Möglichkeiten
abgesehen, können selbstverständlich reflektierende Dialogpartien oder
Monologe dem Zuschauer Interpretationshilfe leisten.

4. Der Held "kämpft um die Möglichkeit des Überlebens, wobei er nicht
vor bedenklichen oder gar kriminellen Mitteln zurückschreckt, nur um
sich in einer feindlichen Welt zu behaupten." Zu seinen Charakereigen-
schaften gehören eine "materialistische Lebenseinstellung," eine "moralische Unbedenklichkeit und seine Gefühlskälte in der Liebe." Er ist
"kein sich bildender Charakter, sondern vorgeformte Figur oder Prisma,
in dem sich der Druck der Gesellschaft und das Chaos der Welt
spiegeln."[6] - Alle diese Eigenschaften sind ohne Schwierigkeiten auf
Dramenhelden zu übertragen. Die materialistische Gesinnung des
Helden verbietet zwar ein Drama, in dem zwei Ideen zusammenstoßen
oder eine Idee an der Realität der Welt zerbricht, nicht aber z.B. den
Zusammenstoß eines materialistischen mit einem idealistischen Charakter. Die materialistische Lebenseinstellung, die satirische Intention der
Bloßlegung der Schwächen der Welt sowie die konstitutive Bedeutung
des Zufalls legen darüber hinaus zur Verwirklichung pikaresker Züge die
dramatische Gattung der Komödie nahe.

5. In Anlehnung an Definitionene spanischer Hispanisten ist der
pikarische Roman trotz langer Diskussion in der Forschung als
"realistisch" im weiteren Sinne zu bezeichnen. - Entsprechendes gilt für
das Drama, in dem pikareske Elemente verwandt werden. Vorausgesetzt,
daß es durch entsprechende Bühnenbilder unterstützt wird, eignet sich
das Drama besonders gut zur Erfüllung dieses Gattungkriteriums. Die
Bevorzugung der Gattung des Dramas durch den Naturalismus ist ein
historischer Beleg für diese Tendenz und These, denn wie läßt sich
Wirklichkeit genauer nachgestalten als durch die wörtliche Wiedergabe
gesprochener Sprache?

6. Es "bleibt weiterhin die Frage, wie der pikarische Held zu bestimmen
sei, etwa als Sünder, Verbrecher oder Schelm, als runder Charakter oder
flache Exempelfigur [...]."[7] - Durch die damit für den Roman - je nach
nationaler Eigenart, Zeit oder Autorenstil - deklarierte Variations- und
Wahlmöglichkeit stehen auch dem Dramatiker für seinen Helden die
verschiedensten Möglichkeiten offen.

7. "Selbst Hispanisten, die das Genre normativ festlegen wollen, können
nicht an der Tatsache vorbeigehen, daß schon im spanischen Bereich eine

6. Hoffmeister, a.a.O.
7. Hoffmeister, a.a.O.

beträchtliche Entwicklung stattgefunden hat."[8] - Dem entspricht eine Abwandlung und Entwicklung des pikarischen Romans bei Adaptierung und Fortführung der Gattung in der deutschen Literatur. Die Anpassung vollzog sich zweifellos als Reflex auf die je herrschenden literarischen Moden und die historisch-soziologischen Gegebenheiten. Eine entsprechende Variierung des vorgegebenen Modells gibt selbstverständlich auch dem Drama jeweils individuelle Möglichkeiten zur Variation seiner Verwirklichung des Pikaresken an die Hand.

II.

Die Verwendung pikaresker Elemente im deutschen Drama läuft in vieler Hinsicht der im Roman parallel. Im deutschen Roman des 18. Jahrhunderts fehlen pikareske Elemente weitgehend. "Der Aventurier-Roman", der auf den ersten Blick am ehesten derartigen Elemente vermuten läßt, "löst sich [...] in entscheidenden Punkten vom Muster des Schelmenromans."[9] Entsprechend gibt es auch im deutschen Drama des 18. Jahrhunderts keine Beispiele, die sich auf die pikarische Tradition zurückführen ließen. Im 19. Jahrhundert ist die Lage ähnlich. Versuche, eine Novelle wie Eichendorffs *Aus dem Leben eines Taugenichts (1826)*[10] für das pikarische Genre zu reklamieren, sind wenig überzeugend, und der Versuch, den deutschen Bildungsroman des 19. Jahrhunderts als Nachfolger des pikarischen Romans zu interpretieren, läßt sich am ehesten im Hinblick auf seine Struktur vollziehen. Heinrich Heines *Aus den Memoiren des Herrn von Schnabelewopski* (1834) ist ausnahmsweise ein Beispiel für eine solche Affinität. "Neben der autobiographischen Erzählform deutet [...] die episodische Bauweise und die starke Tendenz zur Gesellschaftssatire auf den pikaresken Roman zurück."[11] In der Geschichte des deutschen Dramas im 19. Jahrhundert findet sich kein Fall, der eine ähnliche Affinität zum Pikaresken beanspruchen dürfte. Am ehesten mag man noch bei Dorfrichter Adams rustikaler Pfiffigkeit in Kleists *Der Zerbrochene Krug* (1811) an pikarische Anklänge denken, aber es handelt sich dabei höchstens um zufällige Beziehungen, z.B. als Folge des Lustspiel- und Schwankhaften, aber schon gar nicht um Einflüsse oder um Parallelen, die über das Realistische oder

---

8. Hoffmeister, a.a.O.
9. Jürgen Jacobs, *Der deutsche Schelmenroman*. Artemis-Einführungen 5. (München, Zürich, 1983), S. 83.
10. Vgl. den Aufsatz von Helmut Koopman: "Um was geht es eigentlich in Eichendorffs 'Taugenichts'? Zur Identifikation eines literarischen Textes." In: *Wissenschaft zwischen Forschung und Ausbildung*. Schriften der Philosophischen Fachbereiche der Universität Augsburg 1 (München, 1975), S. 171-191, besonders S. 188-191.
11. Ebd., S. 86.

Schwankhafte - ohne Zweifel auch ein Zug des pikarischen Romans des 17. Jahrhunderts - hinausgehen. Am Ende des Dramas werden bei Kleist die gesellschaftlichen Normen als gültig bestätigt; nur das Individuum Adam wird der Lächerlichkeit und Kritik ausgesetzt. - Im Ganzen läßt sich so im Drama des 18. und 19. Jahrhunderts ein Fehlen pikaresker Anklänge und Züge beobachten, das dem im Roman parallelläuft.

Wilfried van der Will hat für das Fehlen pikarischer Romane in Deutschland zwischen 1700 und 1900 die politische Zersplitterung Deutschlands verantwortlich gemacht, die dem Romanautor nicht die Kritik an der Gesellschaft, sondern die Entfaltung des Individuums nahelegte (siehe Bildungsroman). Ein selbstsicheres Bürgertum, das satirisch dargestellt werden konnte, habe es nicht gegeben. Dies ändert sich nach dem wirtschaftlichen Aufschwung und den soziologischen Veränderungen im Gefolge der Reichsgründung von 1871. Die Gesellschaftskomödie und der pikarische Roman - Thomas Manns *Felix Krull* ist das beste Beispiel - leben wieder auf, weil nun eine geschlossene Gesellschaft satirische Angriffsflächen bot."[12]

Aber noch ein weiterer Grund ist für die Renaissance des Schelms in der modernen deutschen Literatur verantwortlich: die repressive, die Möglichkeiten des einzelnen einschränkende Struktur des preußischen Staates zur Zeit allgemeiner sozialer und wirtschaftlicher Mobilität und Emanzipation. Denn: Pikaros bieten sich dem Autor immer dann an, wenn der Druck der Gesellschaft überhand nimmt, wenn Macht und Gesetze die Möglichkeiten des einzelnen besonders einschränken.[13]

> In der Figur des modernen Pikaro wäre also das Bild einer ursprünglichen menschlichen Freiheit gegenüber den bedrängenden, einengenden Forderungen des gesellschaftlichen Apparats bewahrt. [...] Das pathoslose Heldentum des Pikaro, beziehungsweise sein ins Lächerliche übersteigertes Pathos, zeigt, wie sich hier einer gegen die Meinungen von Mehrheiten, gegen feierlich deklarierte Ordnungsprinzipien anarchisch selbst behauptet; wie er zu perversen, unmoralischen, kriminellen Praktiken greift, um sich, gewitzter und verschlagener als die ausgeklügeltste Diktatur, dieser immer wieder zu entziehen; wie er sich niemals "gleichschalten" läßt, selbst wenn er nominell mitmacht, um sein, wenn auch exzentrisches Menschentum zu retten und dem System solange wie möglich zuwider zu sein.[14]

Diese allgemeinen Beobachtungen zum Wesen und Charakter des Pikaro, geschrieben mit Bezug auf den Roman, lassen sich mit Einschränkung auch auf die erste moderne Pikara des deutschen Dramas, auf Mutter Wolffen in Gerhart Hauptmanns "Diebskomödie" *Der*

12. Wilfried van der Will, *Pikaro heute. Metamorphosen des Schelms bei Thomas Mann, Brecht und Grass*. (Stuttgart, 1967), S. 16 f.
13. Vgl. R.W. Lewis, *The Picaresque Saint*. (London, 1960), S. 150.
14. W. van der Will, a.a.O., S. 23 f.

Biberpelz (1893) beziehen; denn Mutter Wolffen erobert sich hier tatsächlich so etwas wie einen Freiraum als "Spielraum" ihrer begabten Existenz."[15] Die repressive Gesellschaft ist hier der preußische Staat, repräsentiert durch den Amtsvorsteher von Wehrhahn. Allerdings ist Mutter Wolffen nur scheinbar die unterdrückte Waschfrau, also Angehörige der unteren Schichten; in Wirklichkeit ist sie dem aufgeblasenen Wehrhahn an Intelligenz, Schläue und urwüchsiger Kraft haushoch überlegen. Mutter Wolffen kämpft denn auch nur indirekt gegen das System, insofern als sie die Regeln dieses System durch ihre kriminellen Akte zwar wiederholt bricht, in Wirklichkeit aber innerhalb der Gesellschaft des preußischen Staates auf gutbürgerliche Weise reüssieren möchte. Zeitgenössische Ideale, verkörpert in dem Begriff der Bildung, hat sie sich auf oberflächliche Weise zu eigen gemacht, um sie - vergeblich - ihren Töchtern einzuimpfen, während sie das Ideal des wirtschaftlichen Erfolges mit Fleiß, List und Tücke für sich zu erstreiten sucht. Ihr Ziel sind die Abzahlung der Hypothek auf Grund und Boden und der Bau von Fremdenzimmern, um sozial aufzusteigen. Insofern repräsentiert sie den Zeitgeist der Gründerjahre, das aufstrebende (Klein-) Bürgertum, das mit brachialer Gewalt wirtschaftlichen Erfolg erstrebt. Hauptmann selbst hat anläßlich des *Biberpelz* von dem "Lebenskampf einer Waschfrau" gesprochen.[16]

Die satirische Perspektive des Dramatikers öffnet sich dabei in zwei Richtungen:

1. In Richtung auf die Kritik an der zeitgenössischen Gesellschaft, des preußischen Junkertums und Konservatismus in seiner extremen, lächerlichen Form. Joachim Schrimpf stellt deshalb fest: "In seiner Grundkonzeption ist der 'Biberpelz' denn auch eine ätzende Satire auf den Ober- und Untertanengeist des preußisch-deutschen Obrigkeitsstaates in den Jahren nach der Gründerzeit (1871-73) und nach dem Bismarckschen Sozialistengesetz (1878)."[17]

2. In Richtung auf die Waschfrau selbst, die durch ihre nur partielle Adaption des Bildungs- und Erfolgsstrebens der Zeit selbst zur lächerlichen Figur wird, zur Zielscheibe von Hauptmanns Satire auf seine

15. Fritz Martini, "Gerhart Hauptmanns 'Der Biberpelz". Gedanken zum Bautypus einer naturalistischen Komödie". In: Renate von Heydebrand und Klaus Günter Just (Hrsg.), *Wissenschaft als Dialog. Studien zur Literatur und Kunst seit der Jahrhundertwende. Wolfdietrich Rasch zum 65. Geburtstag.* (Stuttgart, 1969), S. 105.

16. Gerhart Hauptmann: *Die Kunst des Dramas*, zusammengestellt von Martin Machatzke. (Berlin, 1963), S. 23.

17. Hans-Joachim Schrimpf, "Das unerreichte Soziale: die Komödien Gerhart Hauptmanns 'Der Biberpelz' und 'Der rote Hahn'". In: Hans Steffen (Hrsg.), *Das deutsche Lustspiel.* Bd. 2 (Göttingen, 1969), S. 25-60. Zitiert nach: H.J.S. (Hrsg.): *Gerhart Hauptmann. Wege der Forschung* 207 (Darmstadt, 1976), S. 399.

Zeit. Es ist eben nicht nur so, daß wir "ja nur über die anderen Gestalten [lachen], aber oft mit der Waschfrau, die witzig und gewitzt wie ein moderner Eulenspiegel stets einen Überblick über die Ereignisse behält und die Bewohner beider Welten - der derb-komischen sowie der amtlich-gelehrten - zu ihren Zwecken zu manipulieren weiß";[18] wir lachen auch über die Waschfrau selbst, über ihre Wortverdrehungen französischer Fremdwörter, über ihre von vornherein zum Scheitern verurteilten Versuche, ihre Töchter "gebildet" zu erziehen und über ihre Geldgier. Sicherlich ist sie eine Schelmenfigur im traditionellen Sinn, wie dies schon Fritz Martini herausgearbeitet hat.[19] Wie der von der Fortuna umhergetriebene Pikaro behält sie die Kontrolle über die Ereignisse, aber nur im Hinblick auf ihre kleinen Diebereien, im Hinblick auf Motes, Wehrhahn, Krüger, Middeldorf und ihren Mann. Daß sie die Zukunft nicht kontrollieren kann, wird in der Charakterisierung ihrer Töchter schon angedeutet. Hauptmanns Fortsetzung *Der rote Hahn* (1901) sollte die Bestätigung nachliefern.

Es gelingt Mutter Wolffen, Wehrhahn dem Zuschauer gegenüber als inkompetent zu entlarven. Es gelingt ihr, sowohl den Denunzianten Motes in Schach zu halten, als auch sich mit dem cholerischen Rentier Krüger weiterhin gut zu stellen. Sie wildert mit Hilfe ihres Mannes, sie stiehlt Holz und schließlich den Biberpelz, ohne entdeckt zu werden. Mit dieser Wiederholung schwankhaft-krimineller Taten steht das Drama eindeutig in der Schelmentradition. Wie im Pikaroroman ist auch hier das Prinzip der episodenhaften Reihung verwirklicht.

Auch in der Struktur des Dramas dominiert dieses reihende Prinzip. Schon in der Begründung der Berliner Polizei für die Genehmigung der öffentlichen Aufführung hieß es naiv, aber zutreffend: "Eine in sich abgeschlossene Handlung hat 'Der Biberpelz' nicht. Das Stück besteht aus einer Reihe von Bildern; [...]."[20] Die Einteilung in vier Akte dient demgegenüber am ehesten zum Kulissenwechsel, zum leichteren Wechsel der äußeren Lokalität. Als weiteres Indiz für das Prinzip der Bilderreihung kommt der offene Schluß hinzu, der von der zeitgenössischen Kritik sowie von vielen späteren Hauptmannforschern immer wieder gerügt wurde. Sein Zweck ist wohl, "die Frage an [zu] deuten: Wie lange soll die geschilderte Situation noch andauern? Darüber hinaus soll er überhaupt im Sinne der modernen Dramatik z.B. eines Brecht zum

18. Roy C. Cowen, *Der Naturalismus. Kommentar zu einer Epoche*. Dritte Aufl. (München, 1983), S. 208.
19. Fritz Martini, a.a.O., S. 83-112.
20. Zitiert nach Roy C. Cowen, *Hauptmann-Kommentar zum dramatischen Werk*. (München, 1980), S. 71.

Nachdenken anregen."[21] Abgesehen davon entspricht er aber dem offenen Schluß mancher pikarischer Romane, die es einem Autor erlaubte, später eine oder mehrere Fortsetzungen anzuschließen, eine Möglichkeit, von der schließlich auch Hauptmann mit *Der rote Hahn* Gebrauch gemacht hat.[22]

Hauptmann gestaltet im *Biberpelz* die Umkehrung der Werte der Gesellschaft, den Gegensatz von Sein und Schein, ähnlich wie ihn auch Grimmelshausen im *Simplicissimus* dargestellt hatte. Auch hier siegt der Schein über das Sein. Die Welt des Wilhelminismus ist nicht so, wie eine ideale Welt sein sollte. Materielles Fortkommen ist für die sozial Schwachen hier nur mit Hilfe von kleinem Betrug möglich, indem man als gesellschaftlich Unterlegener kleine Diebereien begeht und wahre, z.b. mütterliche Gefühle, die die Wolffen auch hat - siehe ihre Beziehung zu dem Toren Dr. Fleischer und seinem Kind - im Lebenskampf hintanstellt. Im Gegensatz zu Simplicissimus stimmt Mutter Wolffen jedoch keine Lamentationen über die Schlechtigkeit der Welt an, sondern sie macht nach richtiger Einschätzung und Erkenntnis der Welt von ihren Einsichten praktischen Gebrauch. Das Grundthema des Dramas bleibt damit dasselbe wie das eines barockes Pikaroromans - oder das, so mag man ergänzen, eines modernen, wie z.B. Thomas Manns *Felix Krull.*

Schließlich enthält der *Biberpelz* pikareske Elemente auch insofern, als es sich um eine realistische Komödie mit einer realistisch gezeichneten Hauptfigur handelt. Hauptmann hat hier durch die Schaffung einer naturalistischen Komödie mit der Lustspieltradition gebrochen:

> Rollen und Leben sollten als identisch erscheinen - im Gegensatz zu der Tradition des Lustspiels, die umgekehrt das 'Spielhafte' in Konstruktion und Spiel von Aktion und Figuren akzentuierte. Die Forderung nach Lebensechtheit eliminierte nicht nur die Konstruktion der komischen Handlung mittels der Intrige, eines komplizierten Mechanismus von Täuschung und Entlarvungen, sie widersprach auch, zugunsten ihrer psychologischen Lebenswahrheit, der funktionalen Konstruktion der Figuren als komische Aktionstypen.[23]

Der Realismus zeigt sich einmal im offenen Schluß, in der Tatsache, daß Mutter Wolffens Diebereien eben nicht entdeckt und so nicht ideale,

---

21. Ebd., S. 80. Bilderreihung und offener Schluß finden sich natürlich auch in den im gleichen Jahr 1893 uraufgeführten *Webern.*

22. Im Gegensatz zum *Biberpelz* eignet sich *Der rote Hahn* jedoch nicht dazu, unter dem Gesichtspunkt des Pikaresken interpretiert zu werden, denn in dieser Tragikomödie gelingt es Mutter Wolffen nicht mehr, sich durchzusetzen. Sie ist hier keine Schelmenfigur. Die gesellschaftlichen Kräfte nehmen überhand und erdrücken sie, so daß ihr nur der Tod als Ausweg bleibt.

23. Fritz Martini, a.a.O., S. 88.

sondern die wirklichen Verhältnisse der Gesellschaft dargestellt werden.[24] Der Realismus in der Charakterzeichnung wird nicht nur durch Psychologisch-Individuelles hervorgebracht, sondern - im Sinne der naturalistischen Verismusforderung - auch durch die Sprache. Indem der Naturalismus die Welt so "realistisch" darstellte wie der Pikaroroman im 16. und 17. Jahrhundert, und zwar im Bruch mit der Lustspieltradition und in der Charakterzeichnung, war damit erst um 1890 eine Voraussetzung für die Verwendung eines pikaresken Helden im Drama geschaffen worden. Aus diesem Grunde kommt dem *Biberpelz* im Rahmen der Fragestellung nach pikaresken Elementen im Drama epochemachende Bedeutung zu: durch das bei Hauptmann verwirklichte moderne Drama war die Gestaltung pikaresker Elemente im Drama möglich geworden.

Die Gesellschaft der Wilhelminischen Ära nimmt auch Frank Wedekind in mehreren seiner Stücke satirisch aufs Korn. Aber nur in einem hat er einen Charakter geschaffen, der eine Reihe von pikarischen Zügen hat: *Der Marquis von Keith* (1901). Zugegebenermaßen ist die pikarische Tradition nicht die einzige, die sich in dem Stück manifestiert. In der Spaltung des Helden in zwei Hauptpersonen, Keith und Scholz, mit einer materialistischen bzw. idealistischen Weltanschauung lassen sich Fortwirkungen des Fauststoffes erkennen; aber wenn auch Keith selbst einen Pferdefuß hat - er hinkt zumindest -, so ist er doch mehr Pikaro als Teufel.

Schon seine Herkunft ist ausgesprochen pikaresk, indem sich hier das Geistig-Hochstehende mit dem Vagantisch-Niedrigen, außerhalb der Gesellschaft Stehenden paart: "Ich bin ein Bastard", berichtet er in der Exposition, "Mein Vater war ein geistig sehr hochstehender Mensch, besonders was Mathematik und so exakte Dinge betrifft, und meine Mutter war Zigeunerin." (12)[25] Mit dem Wort "Zigeuner" ist natürlich eine Menschengruppe bezeichnet, die außerhalb der Gesellschaft steht. Daß der pikarische Roman eine Affinität zu ihnen hat, wird durch Grimmelshausens *Courasche* belegt. Wedekind verleiht mit dieser Abstammung seinem Marquis von Keith von vornherein autobiographische Züge, war er doch selbst der Sohn eines Arztes und einer Schauspielerin, die vor ihrer Eheschließung als Sängerin "zigeunernd" durch die Lande gezogen war. Andere Vorbilder für Keith waren nach Wedekinds Biograph Kutscher der Hochstapler Willy Gretor, Wedekinds

24. Fritz Martini, a.a.O., S. 111: "Es [das Drama] zeigt die Gesellschaft nicht, wie sie sein sollte, sondern wie sie wirklich ist."

25. Die Seitenangaben im Text beziehen sich auf die Ausgabe Frank Wedekind, *Der Marquis von Keith*. Komedia 8. (Berlin, 1965), die der zweiten Auflage des Dramas (München, 1907) folgt, der letzten, die Wedekind selbst bearbeitet hat.

Freund und Vorbild, sowie sein Freund, der Maler Willy Rudinoff.[26] Auch diese Vorbilder standen also außerhalb der bürgerlichen Gesellschaft, wie Wedekind überhaupt eine Vorliebe für den "fünften, außerhalb, der Gesellschaft stehenden Stand hatte, für die Hochstapler, Künstler, Clowns, Dirnen, Zirkusmenschen und Bohemiens."[27] Zusätzlich zur pikarischen Abkunft ist Keiths im Drama thematisierter Streich, der Bau eines Feenpalastes in München, zu dessen Direktor er sich selbst bestimmt hat, Teil einer ganzen Reihe fehlgeschlagener Abenteuer und Versuche Keiths, in der traditionellen Gesellschaft Fuß zu fassen. Seine Geliebte Molly spielt auf zahlreiche Abenteuer in Amerika an, die immer an den letzten drei Tagen scheiterten: "In Sankt Jago wurdest du nicht zum Präsidenten gewählt und wärst um ein Haar erschossen worden, weil wir an dem entscheidenden Abend keinen Brandy auf dem Tisch hatten." (18). Und Keith selbst berichtet: "Ich sollte während der kubanischen Revolution mit zwei Verschworenen erschossen werden. Ich falle natürlich auf den ersten Schuß und bleibe tot, bis man mich beerdigen will." (21). Sein Leben enthüllt sich so als eine Serie von gescheiterten pikaresken Versuchen, und wir können sicher sein, daß er nach dem Fehlschlag seines Feenpalastprojektes weitere Pläne schmieden und auszuführen versuchen wird. Keith ist nicht unterzukriegen. Er springt nach jedem Fiasko immer wieder auf die Beine. Als ihm der reiche Bürger Casimir am Schluß des Dramas eine Abfindungssumme von 10 000 Mark zahlt mit der Auflage, München binnen 24 Stunden zu verlassen, schwankt er nur einen Augenblick lang, ob er Selbstmord begehen oder ein neues Projekt versuchen soll: "v. Keith in der Linken den Revolver, in der Rechten das Geld. - Indem er den Revolver grinsend hinter sich auf den Mitteltisch legt. 'Das Leben ist eine Rutschbahn...'" (9).

Eindeutiger als mit diesem Zitat läßt sich kaum belegen, daß der Fortunagedanke des barocken Romans auch in Wedekinds Drama Eingang gefunden hat. Schon vorher wird Keith auch als Glücksritter bezeichnet. (75) Ein Unglück kann ihm nichts anhaben. "Ein Unglück ist für mich eine günstige Gelegenheit wie jede andere. Unglück kann jeder Esel haben, die Kunst besteht darin, daß man es richtig auszubeuten versteht!" (46)

Obwohl ihm der Zufall immer wieder einen Strich durch die Rechnung macht, gibt Keith nicht auf. Im Unterschied zum spanischen pícaro will er mehr als nur ein bescheidenes Auskommen. Er fühlt sich als Herr

26. Arthur Kutscher, *Frank Wedekind. Sein Leben und seine Werke.* II, (München, 1927), S. 13 bzw. 19 f.

27. Vgl. Wolfgang Hartwig, "Materialien zum Verständnis des Textes" im Anhang der benutzten Ausgabe, S. 98.

seines Lebens (21) und will sein Leben genießen, indem er die Zufälligkeit
seiner niedrigen Geburt korrigiert: "Ich bin als Krüppel zur Welt
gekommen. So wenig wird mich der Zufall, daß ich als Bettler geboren
bin, je daran hindern, den allerergiebigsten Lebensgenuß als mein
rechtmäßiges Erbe zu betrachten." (18)

Wie der Pikaro ist Keith sich seiner Lage voll bewußt, und er reflektiert
über sie. Mit dem Pikaro teilt er auch seine materialistische
Weltanschauung, die nicht nur auf den eben belegten Sensualismus
beschränkt ist. Er will Belohnung im Hier und Jetzt, nicht im Jenseits:
"Ich glaube an nichts so zuversichtlich, wie daran, daß sich unsere
Mühen und Aufopferungen in dieser Welt belohnen!" (57) Statt
Gottesliebe steht im *Marquis von Keith* Selbstliebe an erster Stelle: "Die
Liebe zu Gott ist überall immer nur eine summarische symbolische
Ausdrucksweise für die Liebe zur eigenen Person." (72) So wird selbst
Metaphysik zur Innerweltlichkeit, zum Materialismus umgebogen.

Keith ist ein Hochstapler im großen Stil, aber er ist kein Verbrecher,
der anderen Furchtbares antut oder sie ruiniert, sondern ein Schelm: "Bei
mir ist noch jeder mit einem blauen Auge davongekommen" (68), meint
er. Keith will das Recht selbst auch gar nicht beugen, sondern möglichst
im Rahmen der bürgerlichen Gesellschaft, innerhalb ihrer Rechtsregeln
Erfolg haben: "Je begieriger Sie Ihre Mitmenschen übervorteilen, um so
gewissenhafter müssen Sie darauf achten, daß Sie das Recht auf Ihrer
Seite haben. Suchen Sie Ihren Nutzen niemals im Nachteil eines tüchtigen
Menschen, sondern immer nur im Nachteil von Schurken und
Dummköpfen." (78) Wie Thomas Manns Krull steht er außerhalb der
Gesellschaft, will aber mit ihr Geschäfte machen. Nur die Existenz der
bürgerlichen Gesellschaft und ihrer Regeln macht also seine hochstapleri-
sche Aktivität möglich (wie in *Felix Krull* die dekadente adelige). Dabei
sind die Bürger, die Keith zu düpieren versucht, geistlose "Pfahlbürger",
(38) die "Karyatiden des Feenpalastes" (39), Neureiche, die Wedekind
voller Spott satirisch überzeichnet hat: der Bierbrauereibesitzer
Ostermeier, Baumeister Krenzl und Restaurateur Grandauer, die
ihrerseits Keith nur benutzen wollen, um Geschäfte mit ihm zu machen.
In dem Konsul Casimir aber erwächst Keith ein Gegner, dem er sich zum
Schluß als unterlegen erweist. Casimir hat den angesehenen Platz in der
Gesellschaft inne, den Keith gerne haben möchte, aber er weist darauf
hin, daß er sich seine Stellung letztlich nur durch illegale Machenschaften
hat erwerben können, daß auch er der Glücksgöttin Fortuna unterworfen
ist: "Ich bin heute der angesehenste Mann Münchens [...] und kann
morgen hinter Schloß und Riegel sitzen." (64) Die erfolgreichen
Machenschaften Casimirs sind also wohl kaum so geartet, daß bei ihm
andere mit einem blauen Auge davonkommen. Während er unter dem
Schein bürgerlicher Solidität handelt, gelingt dies dem pikaresken Keith

nicht: Keith kann sich nicht dazu bringen, Geschäftsbücher zu führen. Casimir führt sie ... Mangels derartiger Unterlagen wird ein Keith als Hochstapler enthüllt und abgeschoben, während die Stützen der bürgerlichen Gesellschaft im Schein der Wahrhaftigkeit prosperieren. Darin ist Wedekinds Kritik am zeitgenössischen Bürgertum impliziert. Keith hat in seiner grotesken Einseitigkeit und der Absolutheit seiner Weltanschauung etwas brüskierend Karikaturhaftes, aber er ist nicht plump-primitiv wie die bayrisch sprechenden Bürger Ostermeier, Krenzl und Grandauer. Letztlich ist er ein "armer Teufel" – eine frühere Fassung des Stückes hieß *Der gefallene Teufel* -, der vom Bürgertum um die Früchte seines genialen Planes betrogen wird, und er sieht nicht ein, was er falsch gemacht hat, hofft immer noch auf den (bürgerlichen) Erfolg beim nächsten Mal - ähnlich wie Grimmelshausens Landstörtzerin Courasche. Damit hat er etwas vom barocken pikarischen Narrentum - Molly nennt Keiths Haus einen "Narrenturm" (33) -, wie denn auch Wedekind selbst auf seine Verwandtschaft mit Don Quijote aufmerksam gemacht hat.[28]

Dasselbe Prinzip, das Hauptmann schon im *Biberpelz* verwandt hatte, nämlich die preußische militärische Welt mit ihren eigenen Mitteln aus dem Felde zu schlagen, sollte später Carl Zuckmayer in seinem Drama *Der Hauptmann von Köpenick* (1931) verwenden, in dem der heimat- und stellungslose Schuster Wilhelm Voigt sich eine abgetakelte Hauptmannsuniform anzieht, um sich - vergeblich - im Köpenicker Rathaus einen Paß und damit wieder einen Platz in der Gesellschaft zu erobern.

Im Realismus seiner Darstellung, in der Zeichnung seiner fast 80 Gestalten, in der genauen Dialektwiedergabe und im Berliner Milieu knüpft Zuckmayer an seinen Lehrer Hauptmann an. Mit der Einbeziehung von Vertretern der verschiedensten gesellschaftlichen Gruppen bei gleichzeitiger Konzentration auf die Welt der von der Gesellschaft Ausgestoßenen ist das Drama aber auch den pikarischen Romanen des 17. Jahrhunderts verwandt.

Ohne Frage hat Zuckmayer der Wilhelminischen Gesellschaft und dem preußischen Staat einen satirischen Zerrspiegel vorgehalten, doch handelt es sich nicht um ein soziales Drama: "Zuckmayer geht nicht an den sozialen Problemen vorbei; doch versucht er, sie ohne Tendenz darzustellen und ihnen durch einen konzilianten Schluß und ein märchenhaftes Gewand ihre Schärfe zu nehmen. So nennt er den *Hauptmann von Köpenick* 'ein deutsches Märchen' [...]."[29] Zuckmayer

---

28. Frank Wedekind, *Prosa, Dramen, Verse*. Ausgewählt von Hans-Georg Maier. (München, 1954), S. 947.
29. Ingeborg Engelsing-Malek, *"Amor Fati" in Zuckmayers Dramen*. University of

war kein Sozialkritiker, der von gesellschaftlichen Mängeln ausging, sondern immer nur vom Menschen. So ging er auch hier milde und konziliant vor, was die Vertreter der einzelnen Stände betrifft, und endet sein Drama ohne eine bittere Anklage. Die sozialkritische Wirkung des Dramas wird stark davon abhängen, ob bei einer Inszenierung dieser Aspekt in den Vordergrund gerückt wird oder nicht. Das im Drama attackierte militärische System wird sich nicht ändern. Der Kaiser hat, als man ihm von der Köpenickiade berichtete, nur gelacht; aber Zuckmayers Anliegen, der Kampf eines Menschen für das Menschliche gegen die Menschenordnung, wie es in Voigts Gespräch mit seinem Schwager Hoprecht genau definiert wird ("Erst der Mensch, Friedrich! Und dann die Menschenordnung!") (406),[30] ist ein moderner Humanismus, der dem Schematismus des Tanzes um die Uniform entgegengestellt wird. - Die Verteidigung dieses Ideals gegenüber der Realität entspricht etwa den Idealen der christlichen Religion, die Grimmelshausen im *Simplicissimus* der unchristlichen Realität des 17. Jahrhunderts entgegenhält.

Voigt führt seinen Kampf allein, als einzelner, der unbeirrbar seinen Weg geht, ohne sich von seinem Ziel, der Wiedereingliederung in die Gesellschaft, abbringen zu lassen. Zur Selbsthilfe greift er erst, als ihm die Behörden immer wieder das Recht auf Leben und Arbeit in der Heimat verweigert haben.[31] Wie der klassische Pikaro ist Voigt kein Krimineller, will er doch nur, was ihm zustehen sollte, was ihm aber auf den Buchstaben des Gesetzes pochende Beamte versagen.[32] Indem Zuckmayer Voigt mit dessen Bekannten Kalle, ebenfalls einem ehemaligen Gefängnisinsassen, kontrastiert, macht er diesen Unterschied deutlich: Während Kalle bei der Behörde nur einbrechen will, wenn es dort auch eine Kasse gebe, ist es Voigt lediglich um einen Paß zu tun, wie er auch später, nachdem er sich gestellt hat, seine bescheidenen Ausgaben aus der Stadtkasse genau abrechnet. So sagt Voigt in der Schlußszene zu dem

California Publications in Modern Philology, 61. (Berkeley - Los Angeles, 1960), S. 49. Der Mangel an satirischer Schärfe ist besonders von der ostdeutschen Kritik kritisiert worden, vor allem von Paul Rilla: "Zuckmayer und die Uniform". In: P.R., *Literatur und Polemik*. (Berlin-Ost, 1952), 7-27; auch in: Barbara Glauert (Hrsg.), *Carl Zuckmayer. Das Bühnenwerk im Spiegel der Kritik*. (Frankfurt a.M., 1977), S. 155-269, bes. 256 f.; vgl auch Wilfried Adling, "Die Entwicklung des Dramatikers Carl Zuckmayer". In: *Schriften zur Theaterwissenschaft*. I (Berlin-Ost, 1959), S. 9-289, bes. 114-116.

30. Die Seitenangaben im Text beziehen sich auf die Ausgabe Carl Zuckmayer: *Werkausgabe in zehn Bänden 1920-1975*. VII (Frankfurt, 1976), S. 406.

31. Vgl. Ingeborg Engelsing-Malek, a.a.O., S. 58.

32. Vgl. Siegfried Mews, *Carl Zuckmayer*. Twayne's World Authors Series 610 (Boston, 1981), S. 51.

Kommissar: "Mein lieber Herr, ick hab in mein Leben noch keinen
Mitmenschen wat wechjenommen. Ick habe immer nur mit der Behörde
jekämpft." (444) Damit ist Voigt sogar noch weniger Verbrecher als die
meisten Romanpikaros. Verbrecher ist er nur in den Augen der
Behörden.

So mag Voigt auf den ersten Blick zu grundehrlich-naiv erscheinen, um
als pikarischer Held gesehen werden zu können, aber im Gespräch mit
Hoprecht zeigt sich seine pikareske Intelligenz, seine Fähigkeit, hinter die
Kulissen zu blicken; ja schon in der zweiten Szene im Potsdamer
Polizeibüro zeichnet er sich durch seine Schlagfertigkeit und sein
plastisches Berliner Formulierungsvermögen aus. Der plumpen Redens-
art des Oberwachtmeisters "Wer einmal auf die schiefe Bahn gerät"
stimmt er viel anschaulicher zu: "Da hamse janz recht. Det is, wie wennse
ne Laus auff ne Glasscheibe setzen. Da kannse nu krabbeln und krabbeln
und rutscht ejal immer wieder runter". (332) Seine wahre, schelmenhafte
Intelligenz wird sich natürlich bei seinem Streich gegen den biederen
Bürgermeister von Köpenick zeigen.

Daß es Zuckmayer darum ging, einen Schelm vorzustellen, wird schon
aus der Entstehungsgeschichte des Stückes deutlich. Eigener Aussage
nach arbeitete er für einen Autorenwettbewerb an einem Eulenspiegel-
Stück, ein Stoff, mit dem er aber nicht zurande kam.[33] Da machte ihn sein
Freund Fritz Kortner, der dabei zunächst einen Film im Auge hatte, auf
den Stoff vom historischen Hauptmann von Köpenick aufmerksam, der
bereits in einer ganzen Reihe von Schwänken, Operetten, Parodien und
Moritaten bearbeitet worden war. Im Hauptmann von Köpenick fand
Zuckmayer seinen Eulenspiegel, der der Gesellschaft den Spiegel vorhält.
Zuckmayer meinte aber nicht so sehr die Gesellschaft vor dem Ersten
Weltkrieg, sondern vor allem die von 1930, "in dem die Nationalsozia-
listen als zweitstärkste Partei in den Reichstag einzogen und die Nation in
einen neuen Uniformtaumel versetzen, wieder ein Spiegelbild, ein
Eulenspiegelbild des Unfugs und der Gefahren, die in Deutschland
heranwuchsen - aber auch der Hoffnung, sie wie der umgetriebene
Schuster durch Mutterwitz und menschliche Einsicht zu überwinden."[34]

Schwankmotive, wie sie dem Eulenspiegel-Volksbuch eigen sind,
waren auch Teil der "Simplicianischen Schriften" Grimmelshausens, Teil
der gesamten pikarischen Tradition, und wenn sich Voigt seine Stellung
in der Gesellschaft durch einen Eulenspiegelstreich zurückerobert, so läßt
er sich durch eben diesen Streich bestens in die pikarische Tradition
einordnen.

33. Vgl. mein Buch *Carl Zuckmayer*. Autorenbücher 34 (München, 1983), S. 62.
34. Carl Zuckmayer, *Als wär's ein Stück von mir*. In: C.Z., *Werkausgabe in zehn
Bänden 1920-1975*. II (Frankfurt, 1976), S. 454 f.

Wie Lazarillo de Tormes erwacht und ihm klar wird, daß er ganz auf sich selbst gestellt ist, daß er für sich selbst sorgen muß, als der Blinde seinen Kopf steinernen Ochsen schlägt, so gibt es auch im *Hauptmann von Köpenick* eine Stelle, an der dieses innere Erwachen, dieses Sich-Klarwerden über die Situation des Alleinseins auch an Voigt deutlich wird. Im Gespräch mit Hoprecht faßt Voigt innerlich seinen Plan, verrät ihn aber nur gestisch und andeutend mit den Worten: "Ick wer nu langsam helle". (405) Daß diese Wandlung, im Gegensatz zum pikarischen Roman, erst relativ spät kommt, ist durch die Handlungsmotivierung bedingt: zuerst mußte Voigt bei seinen legalen Versuchen, zu Arbeit, Aufenthaltsgenehmigung und Paß zu gelangen, immer wieder abgewiesen werden, bevor er sich zum illegalen Husarenstück durchringen konnte. Diese wiederholten vergeblichen Versuche entsprechen der Reihe der Versuche des Romanpikaro, im Leben Fuß zu fassen.

Wendet man sein Augenmerk dem Hauptthema des Dramas zu, so wird eine weitere erstaunliche Parallele zum barocken Pikaroroman deutlich: Hauptthema des *Hauptmann von Köpenick* ist nämlich der Kontrast von Schein und Sein. "Wie de aussiehst, so wirste anjesehn" (346) hatte Voigt zu seinem Freund Kalle gesagt, als dieser bei einem Mädchen von einem Grenadier ausgestochen wurde. Hauptmann von Schlettow, der in Zivil im Berliner "Café National" den betrunkenen Grenadier zur Ordnung ruft und von diesem als "deemlicher Zivilist" (348) beleidigt wird, muß erfahren, daß er ohne Uniform keinerlei Befehlsgewalt hat. Umgekehrt macht Voigt schließlich Gebrauch von dieser Erkenntnis, indem er sich die Hauptmannsuniform anzieht und durch den Schein das System besiegt. Die Realität der Wilhelminischen Gesellschaft wird dadurch als auf Schein beruhend decouvriert. Die scheinhafte Menschenordnung ist zum Sein geworden, das dem wahren Sein, dem Menschen, nicht mehr dienen will. Damit sind Sein und Schein genauso vertauscht wie in der "verkehrten Welt" Grimmelshausens.

Auch strukturell hat *Der Hauptmann von Köpenick* Ähnlichkeit mit dem pikarischen Roman: Zuckmayer hat das Drama in drei Akte zu je sieben Bildern eingeteilt. Diese Form der szenischen Reportage war vom expressionistischen Stationendrama abgesehen sowie von der szenischen Technik des Films, für den der Autor in den vorangegangenen Jahren selbst gearbeitet hatte. Mit der Bilderreihung ist das Drama jedoch auch dem pikarischen Roman verwandt. Zudem bleibt der Schluß, obwohl sich Voigt der Polizei gestellt hat, offen. Kaiser und Polizeidirektor amüsieren sich köstlich, aber an der Militärhörigkeit des Systems wird sich nichts ändern.

In Bertolt Brechts Dramen findet sich eine ganze Reihe von pikaresken

Gestalten, die hier zwar aus Platzgründen nicht alle besprochen werden können, aber zumindest kurz Erwähnung finden sollen. In seinem Volksstück *Herr Puntila und sein Knecht Matti* (1940) stellte Brecht in der Gestalt des Gutsbesitzers Puntila eine pikareske Gestalt auf die Bühne. Die historische Ausnahmesituation des Dritten Reiches bestimmte ihn dazu, Hašeks pikareske Gestalt des "braven Soldaten Schwejk" in *Schwejk im Zweiten Weltkrieg* (1943) auf seine eigene Zeit zu übertragen, nachdem er den Hašekschen Roman schon 15 Jahre vorher für die Piscatorbühne bearbeitet hatte. Auch sein Richter Azdak in *Der kaukasische Kreidekreis* (1945) hat zweifellos pikareske Züge. Doch den interessantesten Beleg für pikarische Elemente im modernen Drama stellt Brechts schon 1939 im schwedischen Exil verfaßtes Drama *Mutter Courage und ihre Kinder* dar, insofern als die Hauptgestalt in Grimmelshausens *Landstörtzerin Courasche* (1670) vorgeprägt war.

In Anbetracht von Brechts didaktischem Anliegen versteht es sich von selbst, daß er nicht an der mechanischen Dramatisierung eines barocken Romans interessiert war, sondern ein völlig neues Drama schaffen wollte. Grimmelshausens Courasche versucht vergeblich, durch eine ganze Reihe von mehr oder weniger vorteilhaften Eheschließungen Karriere zu machen, wodurch sie Brechts Lagerhure Yvette Pottier ähnlicher ist als seiner Mutter Courage. Brechts Hauptgestalt sucht sich und ihre drei Kinder mit Hilfe ihres Marketenderwagens durchs Leben zu bringen und am Krieg zu verdienen. Sie ist, wie schon der Titel betont, Mutter, während Grimmelshausens Courasche unfruchtbar ist. Eine Parallele zwischen den beiden Texten besteht insofern, als es bei Grimelshausen wie bei Brecht, von einigen Unterbrechungen abgesehen, mit dem materiellen Wohlergehen der Titelheldin bergab geht: Grimmelshausens alternde Courasche zieht am Schluß mit den außerhalb der Gesellschaft stehenden Zigeunern durch die Lande; Brechts Mutter Courage hat ihre Kinder alle verloren und muß sich selbst vor den Wagen spannen, um wieder ins Geschäft zu kommen.

Eine weitere Parallele ist jedoch nicht äußerlich-inhaltlicher, sondern didaktischer Art: Grimmelshausen will seine Courasche als Beispiel gottfernen, weltverfallenen Lebens verstanden wissen. Seine ganz konkrete didaktische Warnung von derartigen Frauen drückt er in der 'Zugab des Autors' deutlich aus.[35] Auch Brechts Stück ist didaktisch: *Mutter Courage und ihre Kinder* zeigt, daß die kleine Leute im Gegensatz zu den Mächtigen vom Krieg nichts erhoffen können. Die kleinen Leute

---

35. Hans Jakob Christoffel von Grimmelshausen, *Lebensbeschreibung der Ertzbetrügerin und Landstörtzerin Courasche*, hrsg. von Wolfgang Bender (Tübingen, 1967), S. 148.

"bezahlen die Niederlagen und die Siege."[36] So brandmarkt Brecht den Krieg als "Fortführung der Geschäfte mit anderen Mitteln"[37] zu einem Zeitpunkt, als er einen neuen großen Krieg heraufziehen sah. Darüber hinaus will Brecht Widersprüche in einer kapitalistischen Gesellschaft aufdecken, denn seiner Ansicht nach gehen die Kinder Mutter Courages an ihren Tugenden im kapitalistischen Dreißigjährigen Krieg zugrunde: Eilif an seiner Tapferkeit, Schweizerkas an seiner Ehrlichkeit und Kattrin an ihrer Menschlichkeit, an ihrem Mitleid mit den Kindern der Stadt Halle. Wie Grimmelshausens Courasche die Gottferne ihres Lebens nicht als Sünde bewußt wird, begreift auch Brechts Mutter Courage, von vorübergehenden Einsichten in die Natur des Krieges abgesehen, nicht, was sie falsch gemacht hat: bis zuletzt glaubt sie an die Möglichkeit, am Krieg verdienen zu können. Die Lehre des Feldwebels am Ende des ersten Bildes:

Will vom Krieg leben
Wird ihm wohl müssen auch was geben. (1360)[38]

hört sie nicht. Sie glaubt, am Krieg verdienen, gleichzeitig aber ihre Kinder heraushalten zu können, und lernt "aus den sie betreffenden Katastrophen nichts"[39] - genauso wie Grimmelshausens Courasche aus ihrem Leben nichts gelernt hat. Was Brechts Heldin hätte lernen können und sollen, ist, daß das Mitmachen falsch ist, weil es auf Kosten der Fürsorge für ihre Kinder, auf Kosten ihrer Mütterlichkeit geht.[40] Brecht will seine Zuschauer auf derartige Widersprüche in der Gesellschaft hinweisen, darauf, daß Menschlichkeit und Tugenden in der Welt des kapitalistischen Krieges keinen Platz haben, daß sie im Gegensatz zur Notwendigkeit des Überlebens stehen. Doch im Gegensatz zu Grimmelshausen läßt er uns in seinem "epischen Theater" derartige Schlußfolgerungen selbst ziehen. Er predigt nicht, aber die Bewußtseinsveränderung und soziale Aktivierung des Publikums ist für ihn die

36. Bertolt Brecht, "Das Modellbuch. Anmerkungen zur Aufführung 1949". In: Werner Hecht, (Hrsg.), *Materialien zu Brechts 'Mutter Courage und ihre Kinder'*. edition suhrkamp 50. (Frankfurt a.M., 1964), S. 9.
37. Ebd., S. 17: "Was eine Aufführung von 'Mutter Courage' hauptsächlich zeigen soll. Daß die großen Geschäfte in den Kriegen nicht von kleinen Leuten gemacht werden. Daß der Krieg, der eine Fortführung der Geschäfte mit anderen Mitteln ist, die menschlichen Tugenden tödlich macht, auch für ihre Besitzer. Daß für die Bekämpfung des Krieges kein Opfer zu groß ist."
38. Die Zitate im Text folgen der Ausgabe Bertolt Brecht: *Gesammelte Werke in 20 Bänden*. IV (Frankfurt a.M., 1967).
39. Bertolt Brecht, "Anmerkungen zur 'Courage'". In: Werner Hecht (Hrsg.), a.a.O, S. 90.
40. Vgl. Käthe Rülicke, "Einführung oder Kritik? Eine Anmerkung zu 'Mutter Courage und ihre Kinder'". Ebd., S. 127.

Hauptsache: nicht Mutter Courage sollen die Augen geöffnet werden, sondern dem Zuschauer. Zwar gleicht er darin Grimmelshausen, der ebenfalls seine Lehre auf den Leser und nicht auf seine Heldin bezieht, aber im Gegensatz zu Brecht formuliert der barocke Autor seine Lehre. Beide Autoren präsentieren ihre Botschaft auf unterhaltsame Weise, als "verzuckerte Pillen", um mit einem barocken Topos zu sprechen. Brecht und Grimmelshausen haben also einen verwandten pikarischen Stoff gestaltet, um mit unterschiedlichen Methoden ihre je eigene Botschaft zu verkünden.

Befragen wir nun Brechts Drama auf seine pikaresken Aspekte, ohne dabei immer vergleichend auf Grimmelshausens Roman Bezug zu nehmen! In Brechts *Mutter Courage* gibt es, wie im pikarischen Roman, eine Hauptperson, aus deren Leben ein breiter Abschnitt erzählt wird. Mutter Courage hat keinen Gegenspieler, jedenfalls keine gleichrangige Person, die so zu bezeichnen wäre; ihr einziger Gegenspieler ist der Krieg, dessen Wesen sie wohl einmal erkennt, dem sie aber trotzdem zum Opfer fällt: "Wenn man die Großkopfigen reden hört, führens den Krieg nur aus Gottesfurcht und für alles, was gut und schön ist. Aber wenn man genauer hinsieht, sinds nicht so blöd, sondern führen Krieg für Gewinn. Und anders würden die kleinen Leut wie ich auch nicht mitmachen." (1375). Mutter Courage moralisiert hier wie ein Pikaro. Daß in dem Glauben an die Gewinnmöglichkeiten der kleinen Leute ihr großer Irrtum liegt, wird durch die Handlung bestätigt. Gleichzeitig wird aber auf eine Hauptcharaktereigenschaft Mutter Courages hingewiesen, die sie ebenfalls mit dem Pikaro teilt: ihre materialistische Lebenseinstellung, die sich bis zur Habgier steigert.[41] Wegen dieser Habgier verliert sie ihre beiden Söhne an den Krieg: während sie mit einem der Werber um den Preis einer Schnalle schachert, wird von dem anderen ihr Sohn Eilif angeworben. Weil sie zu lange über die Bestechungssumme verhandelt, wird ihr Sohn Schweizerkas erschossen. Nach Tillys Sieg bei Magdeburg 1631 läßt sie sich nur unter schärfstem Protest dazu bewegen, fünf Offiziershemden zum Verbinden von Verwundeten herauszurücken, und selbst nach Kattrins Tod denkt sie mehr an die Ausgaben für die Beerdigung als an den Tod ihrer Tochter.[42] Wie der Pikaro ist sie in einem Kampf ums Überleben begriffen, eine Überlegung, die besonders bei ihren Kalkulationen bezüglich der Bestechungssumme deutlich wird.

Der Krieg spielt bei Brecht die Rolle der Fortuna, des großen, unkalkulierbaren Schicksals, das Mutter Courage vergeblich mit ihrer

41. Vgl. hierzu Karl H. Schoeps, *Bertolt Brecht* (New York, 1977), S. 256 f.
42. Diese Habgier und den Kampf ums Überleben hat sie mit Hauptmanns Mutter Wolffen gemeinsam. Vgl. Herbert W. Reichert, "Hauptmann's Frau Wolff und Brecht's Mutter Courage", *The German Quarterly*, 34 (1961), 439-448.

pikaresken Gewitztheit und Weltgewandtheit glaubt, zu ihren Gunsten wenden zu können, während sie in Wirklichkeit zum Spielball des Krieges wird.

Wie der pikarische Roman spielt sich Brechts Drama ganz unter den sozialen Schichten ab, under dem Troß der Heere des Dreißigjährigen Krieges. Damit steht seine Darstellung des Krieges in bewußtem Gegensatz zu Schillers *Wallenstein*-Drama, in dem, von *Wallensteins Lager* abgesehen, die Großen der Zeit die handelnden Personen sind. Brecht sieht hier den Krieg aus der Perspektive der kleinen Leute, aus der Sicht der Betroffenen, nicht derer, die die Zügel in der Hand halten. Dadurch hatte er die Möglichkeit, Geschichte neu zu interpretieren, ihre Effekte auf das Volk darzustellen und traditionelle Werte und Phrasen auf den Kopf zu stellen. Siege werden hier zu Verlusten und Niederlagen zu möglichen bescheidenen Erfolgen für die Marketenderin, also die "kleinen Leute". Auf diese Weise wird hier die pikarische soziale Froschperspektive zu didaktischen Zwecken benutzt.

Brechts *Mutter Courage* ist nicht in Akte eingeteilt; wie im pikarischen Roman wird chronologisch fortschreitend erzählt, ja im Untertitel heißt das Stück bezeichnenderweise "Eine Chronik aus dem Dreißigjährigen Krieg". Die einzelnen Bilder werden zusammengehalten durch die Gestalt Mutter Courages selbst und durch ihren immer anwesenden Wagen. Wie die anderen bisher besprochenen Dramen hat auch *Mutter Courage* einen offenen Schluß, aber nicht mit der Absicht, Lebensnähe zu suggerieren, sondern mit dem didaktischen Zweck, dem Zuschauer zu zeigen, daß die Marketenderin nichts aus ihrem bisherigen Leben gelernt hat und weiter vergeblich dem Phantom des merkantilen Erfolges nachlaufen wird.

Wie Grimmelshausens Romane und auch Brechts *Mutter Courage* demonstrieren, eignet sich die Ausnahmesituation des Krieges vorzüglich dazu, den Hintergrund für einen pikarischen Roman bzw. für ein entsprechendes Drama abzugeben; denn hier gibt es zahlreiche Gelegenheiten, den Überlebenswillen des Pikaro und das Auf und Ab seines Schicksals, seine Abhängigkeit vom scheinbaren Zufall zu zeigen. So schafft auch Franz Werfel vor dem Hintergrund der deutschen Invasion Frankreichs im Zweiten Weltkrieg in seinem Drama *Jacobowsky und der Oberst* (1945) eine Gestalt, die sich leicht als moderner Pikaro interpretieren läßt: der jüdische Exilpole Jacobowsky, der zusammen mit dem polnischen Obersten Stjerbinsky von Paris durch ganz Frankreich flieht, um den näherrückenden deutschen Truppen zu entkommen, ist ein pikaresker Charakter. Nachdem er Reichtum und hohe soziale Stellung verloren hat, ist er ganz auf seine Intelligenz, seine Findigkeit und seinen Mutterwitz angewiesen. Er ist ein logischer

Denker, der immer zwei Möglichkeiten sieht, von denen er die bessere wählt. Immer wieder gelingt es ihm, Benzin oder, genauer (und doppelsinnig): Essence zu finden, um den alten Rolls Royce aufzutanken und die Flucht fortsetzen zu können. So erhält er in typisch pikaresken, schwankhaften Begegnungen Essence nicht nur von der französischen Gendarmerie, sondern schließlich auch von der Vorhut der deutschen Wehrmacht, und vor einer Razzia der Deutschen rettet er sich dadurch, daß er sich auf die Damentoilette retiriert. Diese episodenhafte Reihung von Beweisen seines Witzes entspricht genauso dem pikarischen Strukturprinzip wie die Tatsache, daß sich Jacobowsky nicht zum ersten, sondern bereits zum fünften Mal in seinem Leben auf der Flucht befindet.

Wie dem spanischen pícaro geht es Jacobowsky nicht um den Erwerb von hoher sozialer Stellung oder Reichtum, sondern um physisches Überleben in einer feindlichen Umwelt. Sein Überlebenswille verläßt ihn selbst in scheinbar ausweglosen Situationen nicht. Als sich herausstellt, daß für ihn auf dem Schiff des englischen Commanders Wright kein Platz mehr ist, wirft er das für den Notfall aufbewahrte Fläschchen mit Gift ins Meer und behält dasjenige mit Pillen gegen Seekrankheit. Gerade dieser nicht zu schlagende Optimismus gewinnt ihm die Sympathie des Engländers, der ihn daraufhin auf seiner Corvette mit nach England nimmt.

Wie die Weltanschauung des Pikaro ist auch die Jacobowskys unpathetisch-materialistisch im Sinne von realistischer Lageeinschätzung. Sogar seinen offensichtlichen Altruismus, seine dauernde Sorge um das Wohl anderer erklärt er selbst als verkappten Egoismus:

MADAME BOUFFIER: Da sehen Sie's, meine Herrschaften, hab ich recht gehabt? Immer nur an andere denken...

JACOBOWSKY: *irritierend unterbrechend* Sie überschätzen mich, Madame Bouffier. Natürlich möchte ich, daß sich alle wohl fühlen, aber doch nur aus dem einzigen Grunde, damit ich mich selbst wohl fühlen kann. (249)[43]

Während sein Gegenspieler Stjerbinsky, den Tod verachtend, räsoniert: "Der Mensch hat zwei Leben. Meinem unsterblichen Leben können die Boches nichts anhaben!" (305) stellt Jacobowskys trocken fest: "Ich hänge an meinem sterblichen Leben." (ebd.) So ist es nur seinem Einfallsreichtum zu verdanken, daß auch Stjerbinsky schließlich gerettet wird.

In Stjerbinsky hat Werfel Jacobowskys genaues Gegenteil gezeichnet, einen (anfangs) arroganten adeligen Offizier der geschlagenen polnischen Armee, der mit dem Säbel in der Faust Attacken gegen deutsche Panzer

---

43. Die Seitenzahlen im Text beziehen sich auf die Ausgabe Franz Werfel: *Gesammelte Werke. Die Dramen.* II, hrsg. von Adolf D. Klarmann (Frankfurt a.M.: S. Fischer, 1959).

geritten ist, einen unverwüstlichen Draufgänger und Frauenhelden, der trotz der bedrohlichen Situation darauf besteht, vor der Fahrt zur Seeküste in entgegengesetzter Richtung zunächst seine Geliebte Marianne in Saint Cyrill bei Pontivy abzuholen. "Ihr seid Gegensätze" (297), konstatiert denn auch Marianne, und wenig später entgegnet sie auf Stjerbinskys kategorisches "Gegensätze müssen sich vernichten!: Vielleicht sollten sie einander ergänzen. Gegensätze sind immer nur Hälften." (301) Daß die Möglichkeit der Vereinigung, der Versöhnung von Gegensätzen besteht, wird durch die kurz darauf auftretenden Gestalten des Ewigen Juden und des Heiligen Franziskus veranschaulicht. Kommentiert Jacobowsky: "Ich sehe zwei Gegensätze, die ganz gut miteinander auskommen!" worauf der Ewige Jude erwidert: "Oh, wir sind ein Herz und eine Seele! Lassen Sie Gegensätze nur alt genug werden, dann finden sie sich, wie die Parallelen im Unendlichen." (303)

In der Gemeinsamkeit zwischen dem Ewigen Juden und dem Heiligen Franziskus redet Werfel nicht nur der Versöhnung von Judentum und Christentum das Wort,[44] sondern er deutet bereits auf die spätere Aussöhnung von Jacobowsky mit Stjerbinsky voraus: im Laufe des Dramas wird nämlich Stjerbinskys Stolz gebrochen, und er wandelt sich vom arroganten, antisemitischen Offizier zu einem Menschen, der Jacobowskys Fürsorge und Leistung anerkennt und der darauf besteht, daß Jacobowsky auch gerettet wird. Die Gegensätze "heben sich tatsächlich am Schluß auf."[45] Interpretiert man das ganze Drama allegorisch, wie Adolf D. Klarmann dies tut, so kann man in dieser Schlußwandlung Stjerbinskys eine "metamorphosis into a Christian"[46] sehen. Daß eine derartige Interpretation auch ein Beleg für die Affinität des Dramas zum pikarischen Roman ist, wird durch Grimmelshausens *Simplicissimus* belegt. Aber auch die Tendenz zum Allegorischen findet dort ein Vorbild, sowohl was allegorische Gestalten wie die des Ewigen Juden, des Heiligen Franziskus oder der Marianne (*Madame la France*) (303, 340) anbetrifft, als auch die Gestaltung von Gegensätzen, die mögliche menschliche Verhaltensweisen repräsentieren - man denke z.B. an Olivier und Hertzbruder oder, in besserer Entsprechung zum Werfelschen Drama: Simplicissimus und Hertzbruder.

Neben den allegorischen fehlen auch konkrete satirische Elemente nicht, die hier aber nicht auf soziale Klassen, sondern auf typische

---

44. Zum allegorischen Bedeutungsgehalt des Dramas vgl. den Aufsatz von A.D. Klarmann, "Allegory in Werfel's *Das Opfer* and *Jacobowsky and the Colonel*", In: *The Germanic Review*, 10 (1945), 195-217.

45. Paul Wimmer, *Franz Werfels dramatische Sendung*. Sonderpublikation der "Österreich-Reihe". I (Wien, 1973), 169.

46. Adolf D. Klarmann, a.a.O., S. 207.

Haltungen und Verhaltungsweisen bezogen sind. Zweifellos macht Werfel in der Gestalt Stjerbinskys die heroische Haltung des Kavaliers und Herrenreiters als unserem Jahrhundert unangemessen lächerlich. Aber auch über die Arroganz des Unsterblichen, Mitglied der "Académie Française", und die hohle Bewegtheit des patriotischen Tragischen Herrn, die uns gleich im ersten Teil des ersten Aktes in der als Luftschutzkeller benutzten Waschküche des Hotels "Mon Repos et de la Rose" vorgestellt werden, mokiert er sich. Seine Darstellung des französischen Brigadiers, der Jacobowsky mit den kafkaesken Feinheiten der französischen Verwaltungsinstruktionen aufhält, ihm aber sofort hilft, sowie er "außer Dienst" (290) ist, ist ein satirisches Kabinettstück.

Es soll nicht behauptet werden, daß Werfel mit all diesen Elementen bewußt an die pikarische Tradition angeknüpft habe, aber de facto sind alle diese pikaresken Züge in seinem Drama vorhanden und verbinden die "Komödie einer Tragödie" - so der Untertitel - mit ihren pikarischen Geschwistern.

III.

Es ist erstaunlich, daß das Pikarische im deutschen Roman nach 1945 eine ausgesprochene Wiederbelebung erfahren hat. Günter Grass' *Blechtrommel* (1959) ist das bekannteste Beispiel für diese Renaissance. Wilfried van der Will[47] führt darüber hinaus eine ganze Reihe anderer Beispiele an, u.a. Rudolf Krämer-Badonis *In der großen Drift* (1948), Paul Pörtners *Tobias Immergrün (1962)*, Heinz Küppers *Simplicius 45* (1963), Martin Beheim-Schwarzbachs *Die diebischen Freuden des Herrn von Bißwange* (1964) und Gerhard Zwerenz' *Casanova oder der Kleine Herr in Krieg und Frieden* (1966). Zu einer ähnlichen Verwendung pikaresker Elemente im Drama kam es jedoch nicht, sieht man von der Aufführung der obengenannten, während des Dritten Reiches verfaßten Stücke von Brecht und Werfel ab. Über die Gründe dafür lassen sich nur Vermutungen anstellen. So ist das Argument, der Roman habe wieder voll und ganz die Funktionen des Pikarischen übernommen und deshalb bestehe für das Drama diese Notwendigkeit nicht mehr, nicht zwingend. Dokumentarische Literatur z.B., die ebenfalls nicht nur durch stilistische Kategorien definierbar ist, gibt es ebenfalls gleichzeitig in Drama und Prosa. Eher ließe sich argumentieren, daß das Pikarische im Roman nach 1945 vor allem dazu diente, die Vergangenheit des Dritten Reiches bzw. die Gegenwart der Wohlstandsgesellschaft in Beziehung und Kontrast zum Dritten Reich kritisch-distanziert zu beleuchten. Dazu eigneten sich

---

47. Wilfried van der Will, a.a.O., S. 19 f.

ein gefährlicher Gnom wie Günter Grass' Oskar Matzerath oder Heinrich Bölls Clown Hans Schnier sehr wohl. Eine ähnliche verfremdete individuelle Perspektive war jedoch, mit Ausnahme Brechts, im Drama schwer zu erreichen.

Noch überzeugender scheint jedoch ein zweites Argument: die meisten Dramen mit pikaresken Elementen waren Komödien. Angesichts der Erfahrung des Dritten Reiches und des drohenden Atomtodes war jedoch den deutschen Dramatikern nach 1945 wenig zum Lachen zumute. Komödien, wie sie Friedrich Dürrenmatt verfaßte, rückten das Tragikomische und Groteske in den Vordergrund, während solche Elemente im Pikaroroman meist Randerscheinungen bleiben. Infolgedessen läßt sich selbst ein Romulus in Dürrenmatts *Romulus der Große* (1958) nur mit Mühe als pikaresker Charakter erklären. Die Auseinandersetzung mit der Vergangenheit fand im Drama auf ernstere Weise statt, z.B. in frühen realistischen Dramen wie Carl Zuckmayers *Des Teufels General* (1946), in symbolisch-lyrischer Form (Max Frischs *Nun singen sie wieder* [1946], Zuckmayers *Der Gesang im Feuerofen* [1950]) oder in moralischen Parabelstücken (Frischs *Biedermann und die Brandstifter* [1956], *Andorra* [1962], Siegfried Lenz' *Zeit der Schuldlosen* [1962]), während in den sechziger Jahren die dokumentarischen Dramen diese Funktion übernahmen (Rolf Hochhuth, Peter Weiss). Hier ging es jedoch nicht um die Abenteuer eines satirischen Einzelgängers, sondern um die politischen Widersinnigkeiten in Vergangenheit und Gegenwart.

Ursula R. Mahlendorf

SCHELM UND VERBRECHER:

DÖBLINS *BERLIN ALEXANDERPLATZ*

I. Der pikarische Roman und Döblins Theorie des Epischen

Schon Döblins Zeitgenossen haben in *Berlin Alexanderplatz*[1] ein Zurückkehren zu alten Erzählformen vor dem Roman gespürt. Das Werk wurde als Volksbuch empfunden,[2] und zwar nicht nur weil es ein best seller war. Willy Haas nennt in seiner Rezension des Romans Döblin einen naiven Erzähler, der an Grimmelshausen erinnere.[3] Benjamin,[4] der sofort die Beziehung zwischen Döblins Roman und seinem gleichzeitigen Essay *Bau des epischen Werks*[5] bemerkt hatte, erkennt den Ursprung der Erzählung als in einer mündlichen Tradition verwurzelt ("Märchen, Sage, Sprichwort, Schwank" [108]), erfühlt im Roman "die Gischt der wirklich gesprochenen Sprache" (110) und weist hin auf die Restitution des Epischen durch die Montagen, durch die formelhaft wirkenden Einfügungen von authentischen Dokumenten der modernen Welt, "kraft deren Döblin dem epischen Vorgang Autorität verleiht" und die "den formelhaften Versen der alten Epik" entsprechen.

Aber nicht nur der Form wegen erscheint der Roman als Teil einer älteren epischen Tradition. Dem Inhalt nach bewegen wir uns in einer chaotischen Welt der Gauner und Diebe, der Halbwelt, der untersten

1. Alle Textangaben beziehen sich auf die Ausgabe *Berlin Alexanderplatz: Die Geschichte von Franz Biberkopf* (Olten und Freiburg/Br.: Walter Verlag, 1961). Die Seitenzahl wird jeweils nach den Zitaten im Text selbst mit der Signatur für den Titel BA gegeben.
2. Efraim Frisch in *Frankfurter Zeitung*, cf. *Materialien zu Alfred Döblin 'Berlin Alexanderplatz'*. Hrsg. von Matthias Prangel (Frankfurt: Suhrkamp, 1975), S. 77.
3. Haas in *Materialien*, S. 81 weist darauf hin, besonders in Bezug auf die Erzählperspektive und die moritatenähnlichen Kapitalüberschriften. Es ist wahrscheinlich, daß Döblin den *Simplicissimus* gelesen hat, da er sich bei der Vorbereitung für den Wallensteinroman eingehend mit dem Dreißigjährigen Krieg beschäftigte. Er erwähnt aber den Roman in den veröffentlichten Schriften und Briefen bis 1929 nicht.
4. *Materialien*, S. 108-114.
5. Alfred Döblin, *Aufsätze zur Literatur* (Olten und Freiburg/Br.: Walter Verlag, 1963). Die Seitenzahl wird jeweils nach dem Zitat im Text selbst angegeben.

Klassen, der Prostitution, der Welt des Schelmen. An diese Welt soll wohl auch der Name Biberkopf erinnern, denn wir hören in ihm den Widerhall der Gaunerkomödie Hauptmanns, *Der Biberpelz*. Auch Biberkopfs Vornamen spielen ironisch auf die Tradition der verbrecherischen Außenseiter an. Als Franz Moor (Franz, die Kanaille aus den *Räubern*) beginnt er und zu Karl, der die Außenseiterstellung am Ende des Dramas aufgibt, wird er. Wie der Pikaro ist er ein Mensch "zwischen den Klassen".[6] Obwohl er Zuhälter, Hehler, Einbrecher und Mörder ist, gehört Biberkopf der Welt des Verbrechens nicht an. Aus dem Gefängnis Tegel entlassen, will er in die Arbeiterklasse nicht mehr wie nach der Heimkehr aus dem ersten Weltkrieg zurück. Kleinbürger möchte er zu Anfang des Romans zwar werden, aber dazu fehlen ihm die feste Stellung, die Ausbildung und die gesellschaftlichen Beziehungen zu Mitgliedern dieser Klasse. In die Verbrecherwelt, die ihn ins Gefängnis gebracht hat, will er nach der Entlassung auf keinen Fall zurück: "Den alten Mist möchtest du nicht" (20). Deshalb geht er auch nicht zu Herbert und seiner Bande, zu Eva und der Zuhälterei zurück. Von der Pumsbande wird er nur mit Mißtrauen behandelt, so sehr er auch versucht dazuzugehören. Auch lehnt er im Grunde die Einordnung in die legitime und illegitime Gesellschaft schon deshalb ab, weil sein Mißtrauen gegen die Menschen ihn auch gesellschaftliche Verbände mißtrauen heißt ("laß dich nicht mit die Menschen ein, geh deiner eigenen Wege" [67]). Außerdem genügt ihm keine Stelle in der menschlichen Gesellschaft; von utopischem Verlangen getrieben, will er, wie der kommentierende Erzähler sagt, "vom Leben mehr ... als das Butterbrot" (10).

Weil er wie der Pikaro nirgends dazugehört, ist Franz ein Getriebener, der überall nur kurz verweilt und von Geschehen zu Geschehen gestoßen wird: seine erfolglose Karriere in verschiedenen Handelsbranchen vermittelt dem Leser Einblicke in die kleinkapitalistischen Machenschaften der legitimen Kleinbürger (z.B. in den Saisonhandel in Kurzwaren; in Kleinhändlerversammlungen; in die Marktschreierei; in die verschiedenen Zeitungsbranchen). Dazu sehen wir ihn in Arbeiterkneipen und in kommunistischen und nationalistisch-politischen Versammlungen. In Rückblicken erleben wir mit ihm die Welt der Strafgefangenen. Im weiteren Verlauf des Romans begleiten wir ihn in die Verbrecherwelt, bis in deren legitime Spitze, zu den Obst- und Viehhändlern in den Kneipen und in die Banden von Herbert und von Pums. Wir sehen ihn als Zuhälter und sehen mit ihm seiner Mieze bei der Arbeit zu. Wir lesen die

---

6. Döblin in 'Zukunftspläne', *Materialien*, 41, formuliert in marxistischer Terminologie, was in der bürgerlichen Kritik (z.B. Richard Bjornson: *The Picaresque Hero in European Fiction*) [Madison, Wisconsin: University of Wisconsin Press, 1977], S. 6) als das Außenseitertum des pikaresken Helden bezeichnet wird.

Zeitungsausschnitte, die auch er gelesen haben könnte. Der Erzähler berichtet von Menschen am Alexanderplatz, die auch er kurz gesprochen, gesehen haben könnte. Zusammen mit Biberkopf endlich erleben wir Gefangennahme und Haft im Irrenhaus Buch. Als Außenstehende (wie er selbst) sehen wir die öffentlichen Institutionen, die das Bild der Gesellschaft um den Alexanderplatz vervollständigen, so das Polizeipräsidium oder den Schlachthof. Von unten und außen her gesehen, das heißt aus Biberkopfs Perspektive, erleben wir, chaotisch wie sie ihm begegnet, die moderne Welt.

In zwei Studien, in van der Wills *Pikaro Heute: Metamorphosen des Schelms bei Thomas Mann, Döblin, Brecht, Grass*,[7] und in Schoonovers *Parodie, Satire, Humor in Döblins 'Berlin Alexanderplatz'*[8] wird die Frage nach der Zugehörigkeit von *Berlin Alexanderplatz* zur pikaresken Tradition gestellt. Van der Will sieht in Biberkopf den Typus des modernen Pikaro, des Menschen, der nicht verwaltet werden kann,[9] dessen unbewußtes Freiheitsstreben und utopisches Verlangen sich jeder Verführung durch bestehende Ideologien und sonst auch der Einordnung in die Gesellschaft und eine bestimmte Gesellschaftsklasse widersetzt. Schoonover untersucht vor allem die spielerisch-gesellschaftskritischen Elemente des Romans, die ihn dem pikaresken Roman naherücken. Beide Studien entwerfen ein positives Bild vom Pikaro, wie es ja auch in der wissenschaftlichen Literatur, die sich mit dem modernen Pikaro beschäftigt, vorherrscht.[10] Beide Studien rechnen den Roman aber letzten Endes nur bedingt zur pikaresken Tradition, da sich der Protagonist wandelt und einer Gesellschaftsklasse eingliedert. Man sollte hier aber nicht vergessen, daß eine solche Einordnung in die bestehende Gesellschaft in der spanischen, französischen und englischen pikaresken Tradition aber durchaus üblich ist.

Die Literaturkritik hingegen, die von der spanischen Ursprungstradition ausgeht, sieht den Pikaro vorwiegend negativ: sie betont den Wunsch des Pikaro, sich aus bloßem Überlebenstrieb an Alles anzupassen wie

---

7. (Stuttgart: Kohlhammer, 1967).

8. Henrietta Schoonover, *The Humorous and Grotesque Elements in Döblin's 'Berlin Alexanderplatz'* (Bern: Lange, 1977). Schoonover beschäftigt sich vor allem mit einigen erzähltechnischen Elementen von *Berlin Alexanderplatz*, die den Roman dem pikaresken naherücken, lehnt schließlich jedoch die Zuordnung zu diesem Genre ab, da sich Biberkopf verändere, und somit die episodische, offene Form ein Denouement erfahre.

9. Cf. *Pikaro Heute*, S. 10-11.

10. Cf. Richard W.B. Lewis 'Der pikarische Heilige', in: *Pikarische Welt: Schriften zum europäischen Schelmenroman*, hrsg. von Helmut Heidenreich (Darmstadt: WBG, 1969), S. 314 ff oder Robert Alters 'Die Unkorrumpierbarkeit des pikaresken Helden', ebd. DS. 455 ff..

seine Unfähigkeit, die Wertvorstellungen einer Klasse einzusehen (z.B. Ehre, Stand etc.), an die er sich anpassen möchte, und verurteilt seine vom menschlichen Gefühl verödete und von Verstand und Witz beherrschte Existenz als Maskendasein. Zwar zeigt der Pikaro dank seiner degradierten Existenz die Fragwürdigkeit der von ihm nachgeäfften Klassen auf, jedoch erfährt er selber einen immer größeren Verlust seiner vielleicht anfangs noch vorhandenen Menschlichkeit. Der Widerspruch zwischen der am modernen Beispiel und der an der spanischen Tradition orientierten Auffassung des Pikaresken wird von der Kritik kaum reflektiert, ergibt sich aber wohl aus dem jeweiligen Welt- und Gesellschaftsbild der beiden verschiedenen Traditionen und ihrer Interpreten.[11] Wer die Gesellschaft irreversibel als dem Menschlichen feindlich ansieht, kann den Individualismus des modernen Pikaro, der die Vergesellschaftung unterminiert, nur positiv bewerten. Das Aufgeben der pikaresken Protesthaltung aber muß ihm als Verrat gerade an diesem von der Gesellschaft vergewaltigten einzelnen erscheinen. Wer aber der Gesellschaft trotz ihrer Korruption noch menschliche, wenn auch verschüttete Werte zuschreibt, ohne die der Einzelne nicht existieren kann, der wird die moderne pikareske Haltung kritisch beurteilen. Sie wird ihm als fatale Vereinzelung erscheinen, als starres Sich-Verschließen vor den Mitmenschen, als gewollte Abwendung von der Mitarbeit an einer besseren menschlichen Gemeinschaft.

Döblininterpreten (auch wenn sie nicht auf den pikaresken Charakter des Romans eingehen) unterscheiden sich genau darin, wie sie das Ende des Romans und die Wandlung Biberkopfs beurteilen. Van der Will und Schoonover empfinden, trotz ihrer positiven Einstellung zu Biberkopf als Pikaro, seine endliche Wandlung als negativ und als nicht überzeugend. Seit Benjamins Beurteilung dieser Wandlung als "Biberkopfs Weg vom Zuhälter bis zum Kleinbürger" und des ganzen Romans als "äußerste, schwindelnde, letzte, vorgeschobenste Stufe des alten bürgerlichen Bildungsromans"[12] im Jahre 1930, hat sich bei linken wie bei

---

11. Richard Bjornson (*The Picaresque Hero*) behandelt die Wandlungen des Pikaresken und seiner Wertung in Bezug auf die unterschiedlichen historischen und ideologischen Voraussetzungen, von denen die Autoren pikaresker Romane ausgehen. Ähnliches gilt natürlich auch für die Interpreten.
12. Siehe *Materialien*, S. 112. Benjamin stimmt mit der Kritik Döblins von seiten der parteigebundenen Linken überein (cf. *Die Linkskurve*, 2 [1930], Nr. 6, S. 21-24 und Nr. 10, S. 36), die Döblins Absage an die Parteipolitik als Verrat am Marxismus deutete. Döblins an Laudauers, Bubers, Adlers und Kropotkins geschulter utopischer Urkommunismus erschien ihnen wie auch Benjamin als "kleinbürgerlicher Anarchismus" Cf. Manfred Beyer, "Die Entstehungsgeschichte von Alfred Döblins Roman 'Berlin Alexanderplatz'", *Wissenschaftliche Zeitschrift der Friedrich-Schiller-Universität Jena. Gesellschafts.-u. Sprachwiss. Reihe*, 20. Jg. (1971), H. 3, S. 391-423.

bürgerlichen Interpreten die Überzeugung gehalten, hier finde eine Wandlung zum Kleinbürgertum statt. Die Anzahl der Interpretationen, die das Werk dem Bildungsroman naherücken, ist nicht zurückgegangen.[13] Die Stellen des Romans, die Benjamin wie auch van der Will und andere Interpreten als Beweis anführen ("Anständig sein und vor sich bleiben" [67] = kleinbürgerliche Vereinzelung; "Selbst ist der Mann. Ich mache allein, wat ich brauche. Ick bin Selbstversorger!" [298]) stammen aber aus Biberkopfs erster Zeit nach der Entlassung aus dem Gefängnis, als er beschließt "anständig" zu bleiben; sie verlieren sich von der Mitte des Romans an. Alle diese Interpreten behandeln also Biberkopfs Worte außerhalb ihres Kontextes, und sehen ihn damit als statisch und übersehen zugleich den Wortlaut des Romanendes.

Nun wandelt sich aber Biberkopf im achten und neunten Buch wirklich und zwar in der Auseinandersetzung mit dem Tode, jedoch nicht zum Kleinbürger. Der Erzähler nennt ihn am Schluss der Romans "ein[en] klein[en] Arbeiter" (501). Im Prozeß seines Selbstwerdens und in seinen letzten Selbstgesprächen ist er zu einem Menschen geworden, der für das, was er getan hat und tun wird, verantwortlich einsteht; der mit andern Menschen zusammen seinen Weg machen will, der selbst überlegt, was zu tun ist, und sich nicht mehr auf "das Schicksal" (501) herausredet. Im Verlaufe des Buches war er einmal der Ordnungsideologie der Rechten verfallen (85). Auch bei der Linken war er einmal dabei. Bis ins siebente Buch hinein ist er von Politik besessen und hofft auf einen Ausweg aus seiner persönlichen Bedrängung: "Und das Politische hört bei Franz nicht auf". Im inneren Monolog reflektiert Biberkopf seine Besessenheit: "Was quält dich? Wogegen verteidigst du dich?" (300). Gegen Ende des Romans aber ist Biberkopf den Worten anderer gegenüber kritisch ("Da rollen die Worte auf einen an, man muß sich vorsehen,...Darum rechne ich erst alles nach, ...Dem Mensch ist gegeben die Vernunft, die Ochsen bilden statt dessen eine Zunft" [500]). Er sieht ein, "...ein Mensch kann nicht sein ohne viele andere Menschen." Bei aller politischer Wachheit ist er also Ideologien und ihren Verführungen gegenüber immun. Er erreicht also gerade die geistige Position, die van der Will dem modernen Pikaro als besondere Tugend anrechnet. Wach wie er nun ist, kann er nicht mehr verwaltet werden. Aus dem essayistischen Werk und der Biographie Döblins in den zwanziger und dreißiger Jahren kennen wir seine Ablehnung jeder Parteiideologie bei ständiger Beibehaltung des sozialistischen Standpunktes. Biberkopfs Endposition entspricht - in

13. Siehe Hans-Peter Bayerdörfers Diskussion der zahlreichen Interpretationen des Romanschlusses in "Der Wissende und die Gewalt. Alfred Döblins Theorie des epischen Werkes und der Schluß von 'Berlin Alexanderplatz'", *DVj*, 44 (1970), S. 318-353.

diesen Jahren - durchaus Döblins eigener.[14]

Voller Widerspruch wie die Interpretationen der Beziehung zwischen Pikaro und Gesellschaft und wie die Deutung von Biberkopfs Wandlung am Ende des Romans sind auch die Meinungen über die Psychologie des Pikaro. C.G. Jung, der von der Tricksterfigur als Archetyp ausgeht, sieht ihn als den unbewussten, undifferenzierten, verleugneten, abgewehrten Teil der Persönlichkeit eines jeden Menschen.[15] Als mythische Figur scheint er ihm ein Überbleibsel einer früheren Stufe der Menschheitsentwicklung zu sein. Der Leser, so meint Jung, identifiziere sich mit diesem Rest als mit dem ihm unbewußten, eigenen "Schatten", und die Lust, die er am Schelmenhaften empfinde, sei eben das Vergnügen, den Schelmen das tun zu sehen, was dem Leser dank seiner höheren Kulturstufe versagt sei, was er aber gewöhnlich als gefährliche, zerstörerische Eigenschaften auf andere Menschen und Dinge zu projizieren gelernt habe (Sündenbock, Tücke des Objekts). Jung sieht also das Pikareske von seiner psychischen Funktion her, die es für den Leser hat, und schreibt ihm therapeutische wie ästhetische Wirkungen durch Abreaktion von Gefühlen zu. Unter den Trieben des Pikaro betont er die gaunerisch-verbrecherischen, kindlich-spielerischen, ungehemmt sexuellen und sinnlichen Eigenschaften. Obwohl der Trickster versucht, sich durch List und Betrug zu befriedigen, ist er nach Jung doch ein Tölpel und fällt auf die durchdachten Abwehrmanöver des bewußten Ich, seines Gegenspielers, immer wieder herein, ist also ein betrogener Betrüger.

Robert B. Heilman[16] in seiner common-sense statisch-psychologischen Beschreibung des Schelmischen an Hand literarischer Beispiele intressiert gerade das Verstandesmäßige am Verhalten und der Psychologie des Pikaro. Zwar sieht auch er ihn als verantwortungslosen, spielerisch-verspielten Opponenten der Gesellschaft. Doch betont er die Empfindungs- und Gefühlsarmut des Pikaro, sowie seine Oberflächlichkeit. Aus diesen psychologischen Eigenschaften des pikaresken Helden ergeben sich für Heilman gewisse erzählerische Konsequenzen: die Handlung

---

14. Meine Interpretation hält sich durchaus der von Bayerdörfer parallel: "Der Weltlauf hat die Maske des vermeintlichen Schicksals eingebüßt; das 'Geheimnis' der großen Babylon (S. 278) ist als menschlich-unmenschliche Gewalt entschlüsselt. Da man diese aber erkennen und zerstören kann, schwört Biberkopf 'sobald auf nichts in der Welt'; die Trommel hört er wohl, hütet sich aber, hinter ihr herzuziehen. Gerade angesichts der Allgewalt des Todes und seines Gerichtscharakters erwächst die Einsicht, daß die Gewalt der Welt zerstörbar ist und gerichtet werden muß. Die anrollenden Worte des Betrugs stehen vor dem Forum der wachgerüttelten Vernunft" (328).

15. Der Aufsatz erschien als Einleitung zu Radin/Kerényis *Der göttliche Schelm: Ein indianischer Mythenzyklus* (Zürich: Rhein-Verlag, 1954).

16. "Variationen über das Pikareske (Felix Krull)", in: *Pikarische Welt*, S. 278-293.

muß episodisch bleiben, denn der Pikaro eilt von Betrug zu Betrug; die Figuren bleiben oberflächlich, denn die Opfer dürfen weder in den Mittelpunkt rücken noch sympathisch sein. Dem Pikaro müssen zwar einige sympathische Eigenschaften zugeschrieben werden, damit der Leser sich minimal mit ihm identifizieren kann: also etwa Witz, die Gabe, andere zu durchschauen, und Selbstironie. Doch er selber bleibt Maske. Seine Oberflächlichkeit macht es unmöglich, daß eine Situation, in die er verwickelt ist, analysiert oder eingehender betrachtet wird. Deshalb eilt die Handlung schnell weiter. Endlich gewährt die Schelmenliteratur dem Leser so etwas wie Ferien vom Ich, d.h. von gesellschaftlicher Verantwortung, und so wären wir bei Heilman in Bezug auf die Rezeption bei einer ähnlichen Auffassung des Pikaresken angelangt wie wir sie schon von Jung kennen.

Mein eigenes Interesse gilt der Psychodynamik des Pikaresken im Allgemeinen und der Biberkopfs im Besonderen. Meine Auffassung der Psychologie des Helden und der Funktion des Pikaresken überhaupt und besonders bei Döblin deckt sich weder mit Jung noch mit Heilman. Von Texten wie *Lazarillo* oder *Simplicius* oder *Berlin Alexanderplatz* und der dort gestalteten Psychodynamik ausgehend, erscheint mir das Pikareske als schützende Maske, als Abwehrhaltung eines verfolgten oder sich verfolgt glaubenden Menschen. Im Moment aber, wo dieser Mensch die Abwehrhaltung aufgibt oder sie plötzlich durchbrochen wird, hört er auch auf Schelm zu sein. Das geschieht bei Guzmán und Grimmelshausen nicht. Bei Döblins Protagonisten durchbricht der Schmerz über den Tod Miezes plötzlich die Abwehr. Eine Entwicklung Biberkopfs auf diesen Durchbruch hin, wie sie etwa im Bildungsroman zu erwarten wäre, gibt es nicht.

Die pikarische Haltung über weite Strecken des Romans ist nicht wie in Thomas Manns *Felix Krull* Nachahmung der pikaresken Tradition aus Interesse am Spiel mit dem Schein. Sie ergibt sich auch nicht aus dem Interesse an innerseelischer Widersprüchlichkeit wie bei Jung. Vielmehr resultiert sie bei Döblin aus dessen klinischer und persönlicher Kenntnis der innerseelischen und zwischenmenschlichen Psychodynamik von unterdrückten Menschen; Döblin hat schließlich als Psychiater in Gefängnissen gearbeitet. Und seit seiner Kindheit als jüdische, aus dem Kleinbürgertum herabgesunkene Halbwaise und später als linksengagierter, nicht parteigebundener, und daher von vielen Seiten angegriffener Schriftsteller, und endlich als ewig von seiner prekären wirtschaftlichen Lage bedrängter Armenarzt war Döblin selbst nur allzu gut mit den Nöten und Nötigungen des pikaresken Daseins vertraut. Schließlich aber läßt sich aus Döblins politischer und künstlerischer Stellungnahme, wie wir sie in seinen theoretischen Schriften niedergelegt finden, die Neuschaffung einer der Schelmenliteratur verwandten Epik entwickeln.

Wie Brecht sieht der Marxist Döblin den Menschen und seine Welt als veränderbar. Der entfremdete moderne Mensch erscheint ihm besonders veränderungsbedürftig. Daraus erwächst dem Dichter die Aufgabe, dem modernen Menschen eine Epik zu schaffen, die sowohl ihn wie seine Welt zu verändern imstande ist. Wie anders ist es zu lesen, wenn Döblin sagt: "Die Kunst ist nicht frei" (d.h. als reine Kunst verharmlost und entmündigt), "sondern wirksam: ars militans". Döblins Bemühungen um eine neue Epik in den zwanziger Jahren sind jenen Brechts um das epische Theater eng verwandt. Nicht nur Formelles ist ihnen gemeinsam (z.B. Montagen, Filmisches, Episodik usw.) sondern auch Thematisches wie zum Beispiel das des Schelmenhaften (z.B. *Dreigroschenoper; Schwejk; Courage; Puntilla, Azdak*, usw.)[17]

Weiter und tiefgehender läßt sich das Pikareske an der epischen Theorie Döblins und an *Berlin Alexanderplatz* aus Björnsons *The Picaresque Hero in European Fiction* ablesen. Björnson arbeitet drei zusammenhängende Aspekte des Pikaresken heraus: 1) handelt es sich um "a primitive prenovellistic 'mode' or 'myth' of the lower-class wandering hero".[18] Die Zentralstellung des wandernden Helden bedingt die große Rolle, die äußeres Geschehen, Handlung und ständige Veränderung der Verhältnisse spielen; 2) sind mit diesem Helden ganz bestimmte thematische und strukturelle Konventionen gegeben, die aber nicht immer zusammen vorkommen, z.B. das Thema des Außenseiters ohne gesellschaftliche Stellung und Bindung; seine despektierliche Geburt; die Geschichte seiner Gaunereltern; seine Initiation in die Bosheit der Welt; sein Kampf ums bloße Überleben in einer feindlichen Welt; der Dienst bei verschiedenen Herren, welche wiederum verschiedene Klassen und Institutionen repräsentieren; die Anpassungsversuche durch List, Schwindel und Maskierung; die stets wechselnden Zufälle, die alle Anpassungswünsche zunichte machen; die entmenschlichenden Kräfte der Gesellschaft; die autobiographische Form; die Wortspielerei, das Spielerische und Gekünstelte und die episodische, offene Struktur, usw. 3) sind all diese Konventionen auf jeweils andere, definitive historische, gesellschaftliche Zusammenhänge hin integriert und auf deren ideologische, ästhetische und ethische Voraussetzungen und Ziele hin abgestimmt. Das Pikareske entwächst also nach Björnson aus der geschichtlich-gesellschaftlichen Situation eines Autors und nimmt deshalb für jede Periode und jede gesellschaftliche Ordnung eine andere

---

17. Dietrich Scheunemann, *Romankrise: Die Entstehungsgeschichte der modernen Romanpoetik in Deutschland*, (Heidelberg: Quelle und Meyer, 1979), S. 164 ff. weist auf die Beziehungen und die Bemühungen um die "Restitution des Epischen" der linksorientierten Schriftsteller der Zwanziger hin.

18. S. 7.

Form an. Der moderne pikareske Roman wird deshalb die alten Themen und Konventionen jeweils in abgewandelten Formen und aus anderen ideologischen, ästhetischen und ethischen Voraussetzungen heraus neugestalten. Biberkopf als Pikaro entstammt aus Döblins Auseinandersetzung mit der modernen Welt und aus seinem Versuch, den modernen Menschen aus der Entfremdung durch die modernen Institutionen zu befreien. Wie Döblin die pikaresken Themen und Konventionen abwandelt, wird uns im zweiten Teil dieser Arbeit beschäftigen. Doch vorerst wollen wir feststellen, welche Aspekte seiner epischen Theorie dem pikaresken Roman entsprechen.

Döblin bemühte sich Zeit seines Lebens um die Erneuerung des Epischen. Schon in dem 1913 am Futurismus orientierten *Berliner Program* besinnt er sich auf die Grundformen des Erzählens und will den Roman aus archaisch-epischen, vornovellistischen Formen entstehen lassen. Er fordert die Abwendung vom psychologisierenden, minutiös analysierenden und rein privaten Problemen zugewandten Roman des 19. Jahrhunderts und verlangt statt dessen die Darstellung von dynamischen Prozessen: "Man lerne von der Psychiatrie, der einzigen Wissenschaft, die sich mit dem ganzen Menschen befaßt: sie ...beschränkt sich auf die Notierung der Abläufe, Bewegungen" (S. 16). Er befürwortet einen Kinostil, also die schnelle Abfolge von Bildern, die die ungeheure Masse der Welteindrücke erfassen kann. Dazu soll eine plastische, lebendige Sprache im komplexen Periodenbau das Nebeneinander der modernen Welt einfangen und im Stichwortstil die Rapidität der Eindrücke erfassen (18). Schon in diesen frühen Äußerungen finden wir also die Elemente, die sich dann in *Berlin Alexanderplatz* zum Eindruck des Pikaresken fügen: eine Erfassung der Welt im rapiden Ablauf der Ereignisse, die konkrete Vielfalt und Äußerlichkeit der Welt, die plastische Sprache. Aus den futuristischen Forderungen ergibt sich schon kurz danach in den *Bemerkungen zum Roman* die Hinwendung zur offenen, episodischen Form. In diesem Essay von 1917 beanstandet Döblin die "glatte, enge, fortschreitende Handlung" als Vereinfachung der Lebensfülle und lehnt sie ab, weil sie dem Drama in der "Konfliktschürzung und Lösung" ähnlich sei. Er plädiert dagegen für eine Situationsstruktur, die er bei den großen Epikern aller Zeiten, bei Homer, Dante, Cervantes oder Dostojewski verwirklicht findet, wo "Moment um Moment sich aus sich rechtfertigt, wie jeder Augenblick unseres Lebens eine volkommene Realität ist, rund, erfüllt" (21). Als Beispiele erwähnt er neben Episoden aus Homer und Dante auch Situationsstrukturen aus der volkstümlichen Epik, also z.B. aus Eulenspiegels Streichen und Spässen.

Der expressionistische Zug zum Wesentlichen, und somit Beispielhaften, zum Mythischen, der sich schon an den obigen Beispielen zeigt, kommt theoretisch aber erst in dem Essay *Der Bau des epischen Werkes* von 1929 zum Ausdruck, also gleichzeitig mit *Berlin Alexanderplatz*. Döblin fordert wiederum die "einfachen, großen, elementaren Grundsituationen und Formen des menschlichen Daseins" (132). Dabei geht es ihm besonders um den Wahrheitscharakter der epischen Kunst, der durch die Fiktion scheinbar verneint werde. Der erfundene, d.h. der künstlerisch gestaltete Bericht ist nur durch "das Exemplarische des [erfundenen] Vorgangs und seiner Figuren" (106) gerechtfertigt. Der epische Dichter gebe "Grundsituationen, Elementarsituationen des menschlichen Daseins,... Elementarhaltungen des Menschen," denn "Ursituationen stehen ...an Ursprünglichkeit, Wahrheit und Zeugungskraft über den zerlegten Tageswahrheiten" (106-107). Wie im pikaresken Roman ist für Döblin das "epische Werk von Konstitution unbegrenzt" (124), denn "da ... das Interesse wächst, wenn man an Altes anknüpft, so macht man Serienarbeit, Fortsetzungen ohne Ende" (124). Durch das Durchstoßen der Tageswirklichkeit auf die Ursituation hin lehnt aber der epische Erzähler die Realität ab, spielt frei mit der Realität, ist ein "frecher Berichter von Nichtfakten". Döblin sieht hier als Spiel für den modernen Menschen einen ungeheuren Lustgewinn aus dem Epischen. Und damit weist er auf eine wichtige Komponente des modernen Schelmenromans hin: die Befreiung des Lesers von der Faktenherrschaft der modernen Welt durch Wortspiel, Parodie, künstlerische Konstruktion und spielerische Manipulierung von Fakten und Bildungsgut, einerlei ob sie nun von Manns Felix Krull, Döblins Biberkopf oder Grassens Oskar geleistet und kommentiert wird.

Noch eine Abwandlung eines pikaresken Formelements zeichnet sich im Essay von 1929 ab, nämlich eine autobiographische. Der Icherzähler des Schelmenromans behandelt ja sich und sein Leben als Material des Erzählvorgangs. Döblin verlangt dasselbe vom Autor als Erzähler. Der Erzähler soll nicht allwissender Außenstehender sein, sondern in der Erzählung gerade "selber Faktum sein und sich Raum schaffen" (115). Damit wird eine Autobiographie des Schöpfungsvorgangs thematisiert, denn der erzählende Autor gibt ja nicht nur ein unbewußtes, erstes Bild, die Ursituation, aus welcher sein Roman hervorkeimt, sondern er beobachtet im zweiten Stadium des Schöpfungsprozesses diesen Keim, kalkuliert ihn aus, verarbeitet ihn auf seinen gesellschaftlichen Kontext hin, und macht diese Beobachtung und Verarbeitung selbst wieder zum Erzählthema. Beim Erzählen wird er dann zum urteilenden Publikum und mitarbeitenden Zuhörer. Dieser schöpferische Prozeß ist, wie auch das Leben des Pikaro, ein fortwährender Vorgang. Und wir sind wieder beim Thema der offenen Form, in welchem eine Grund- und Ursituation von immer neuen Standpunkten her beleuchtet wird. "Alle epischen Werke haben mit Werden und Geschehen zu tun, und so ... ist es auch in der Ordnung, daß der epische Bericht nicht fertig vorgelegt wird, ...

sondern der Leser [...] ihn in statu nascendi" erlebt (123). Demnach ist das Döblinsche epische Werk vom Erzähler her unbegrenzt; Protagonist, Erzähler und Zuhörer sind Wanderer von Situation zu Situation. Wichtig für das epische Werk und die Theorie des Epischen bei Döblin ist schließlich die Forderung nach der "Befreiung des epischen Werkes vom Buch" (132). Döblin meint damit besonders die Befreiung von der Sprache des Buchs. Sein Verlangen begründet er nicht mit der damals gängigen Verzweiflung an der Ausdruckfähigkeit der Sprache ("Sie leistet mir außerordentlich nützliche Dinge" (128), sondern mit seiner Unzufriedenheit, was die Isolation des Schriftstellers von seinem Publikum betraf.

> Früher sang der Epiker und trug im Volk herumziehend die Fabeln, Schwänke und Sagen vor, die im Volk selbst umliefen. ... seine Zuhörer waren strenge Richter, gefiel ihnen nicht, was der Mann vortrug, so hatte der Mann zu hungern. Das war nun ein sehr deutlicher Einfluß auf die Formung seines Werks, es war die allerlebendigste und produktivste Kritik, man kann es direkt eine Kollektivarbeit von Autor und Publikum nennen (116).[19]

Wenn Döblin über "das Unglück des Buchdrucks" Klage führt, spielt - wie immer, wenn er über das Epische reflektiert - das Vokabular des Sprechens, Singens, Erzählens, d.h. also die mündliche, bzw. die fehlende mündliche Mitteilung eine Schlüsselrolle:

> Und wie sollen wir sprechen, wer reguliert unsere Stimme - wir haben plötzlich gar keine Stimme, man nimmt uns die Stimme und gibt uns dafür traurige Druckertypen. Wie sollen Drucktypen unseren Sprachrhythmus beeinflußen, wo doch gerade das wirkliche Sprechen, das wirkliche Einatmen und Ausatmen, die Kadenz des Tonfalls nach dem Sinn, den Satz baut und die Sätze hintereinander reiht (117).

Für Döblin spricht der Autor. Wenn er im *Bau des epischen Werkes* nach der Rolle des Autors im Epos fragt: "Darf der Autor im epischen Werk mitsprechen" (114), so geht es ihm nicht um eine abstrakte Haltung, die der Autor zu seinem Stoff hat oder haben sollte, sondern um ein ganz konkretes Sprechen, um Satzrhythmus, um Dialekt und um lebendige Sprache. Die Einführung des Sprechtons in *Berlin Alexanderplatz* in den inneren Monolog, in die Reflektionen der Erzähler, in mündlich scheinenden Wiedergaben von Schlagern, Songs, Sprichwörtern und Reklametexten beabsichtigt eine volkstümliche, antibildungsbürgerliche Erzählform. Döblins Ringen um ein neues, volksnahes Epos ließ ihn bewußt oder unbewußt auf Elemente des pikaresken Erzählens

---

19. Wie die Bezeichnung Kollektivierbarkeit andeutet, ist auch hier der politische Impuls als entscheidender Einfluß auf die epischen Formprobleme zu werten. Siehe Dietrich Scheunemann, S. 167-185.

stoßen, die er sich zu seinen eigenen politisch-künstlerischen Zwecken umformte.[20]

II. Die Psychodynamik in *Berlin Alexanderplatz*

Franz Biberkopf, aus der Strafanstalt Tegel entlassen, irrt angsterfüllt durch die Straßen Berlins. Döblin zeigt seine Panik, indem er ihn immer wieder fürchten läßt: "Wenn die Dächer nur nicht abrutsch[t]en" (S.15). (Z.B. S. 16; 100; 144; auf S. 126; 140 die Angst vor dieser Möglichkeit). Die Strafanstalt ist Biberkopf in den vier Jahren Haft zum sicheren Versteck geworden ("du hast dich doch schon vier Jahre versteckt" [17]; "Ein großes Glück, in diesen Mauern zu wohnen" [18]), das ihm Ruhe, äußere Ordnung, Ernährung, Zeiteinteilung und Unterhaltung ohne sein Zutun garantierte. Wenig später wird es klar, wie sehr Biberkopf die Sicherheit der Anstalt als eine Art Geborgenheit im Mutterleib erlebte. In dessen Dunkelheit will er nun nach der Freisetzung, die er als Strafe interpretiert (14), zurück. Wovor er sich fürchtet, sind die Manifestationen des Lebens selbst, das, was er als das Chaos des modernen Großstadtlebens erlebt: den Lärm der Straßenbahnen und des Verkehrs, die Zeitungsausrufer, das Gewimmel der Menschen, die Vielzahl der Geschäfte. Vor dem Andrang der Eindrücke des Lebens will er sich verkriechen ("diese Straße ist dunkler, wo es dunkler ist, wird es besser sein" [15]). In einem Hinterhof singt er laut und kriegerisch "Es braust ein Ruf wie Donnerhall", um sich von seiner einsamen Angst zu befreien. Aus Angst läßt er sich von dem Juden Nachum, einer ersten von mehreren Helferfiguren des Romans, in die Wohnung des Rabbiners schleppen. Dort, um die wieder aufkeimende Angst zu ersticken, schreit er auf: "In den Boden rin, in die Erde rin, wo es finster ist" (20). Daß die Entlassung ihm also eine Neugeburt bedeutet, erweist sich kurz darauf bei seiner Flucht in die Dunkelheit eines Kinos, wenn er sich ironisch in der Tat als "Neugeborenen" (31) bezeichnet. Daß er Tegel als seinen Ursprungsort empfindet, zeigt sich auch daran, daß er sich an den kritischen Punkten seines Lebens (z.B. als er es aufgibt, Beglückung durch die Politik zu erhoffen oder nach Miezes Tod [427]) an Tegel erinnert, sogar nach Tegel zurückkehrt und die bloßen Mauern als Wohltat empfindet: "Er fühlt, das ist richtig. ... Es ist wahr, daß er

---

20. Johann Holzner in "Zu Alfred Döblins *Ars Militans*", *Literaturwissenschaftliches Jahrbuch der Görres-Gesellschaft*, 16 (1975), 179-204 erhellt das "Bemühen des Autors,... zur Erweiterung des Literaturbegriffs in der Gesellschaft beizutragen, verfestigte Denk- und Erwartungsschemata aufzubrechen und damit die literarischen Konsumgewohnheiten zu verändern. Döblin ging es 1929-30 durchaus um Beseitigung des Bildungsmonopols... und [um ein]... Hinwenden zur breiten Volksmasse!" (*Aufsätze zur Literatur*, 145).

hinfährt. ... Und wie er sitzt, wird es immer wahrer,... So tief ist die Genugtuung, die er empfindet, so stark, so bezwingend ist die Wohltat" (311).

Nun beginnt ja auch der Schelmenroman gewöhnlich mit der Geburt des Helden, seiner wenig ehrenhaften Herkunft, der Geschichte seiner Eltern, also mit Erzählungen, die insgesamt zeigen, warum der Protagonist ohne äußere Sicherheit, festen Beruf und herkömmliche Stellung in der Gesellschaft seinen Weg machen muß. Mit dem Gefängnis als Ausgangspunkt Biberkopfs wählt Döblin eine Situation, die besonders dem modernen Pikaro als einem Vertreter der durch Verwaltungsapparate vergewaltigten Menschen angemessen ist: gleichsam geboren in der Strafanstalt, existiert er anonym und ohne Eltern "elternlos" [31]), beherrscht von unpersönlichen Geboten und Verboten ("Die Gefangenen werden in Einzelhaft, Zellenhaft und Gemeinschaftshaft untergebracht" [15]), die nur einen Zweck haben: sie sollen seine Lebensfähigkeit einengen, ja sogar jedwede Instinktbefriedigung (Hunger und Liebe) auf das von der Anstalt geduldete Mindestmaß einschränken. Ein solcher Ort der Herkunft verneint jede Möglichkeit eines persönlichen Lebens. Die Kraft, die sich Biberkopf bei jeder Rückkehr nach Tegel holt, ist denn auch eine Kraft aus der Negation. Tegel macht ihm immer wieder klar, wohin er nicht zurück will. Dieser Ort der Herkunft bestimmt Biberkopf so zwingend wie etwa Lazarillo durch seine asoziale Abstammung oder Simplicissimus durch seine vom Kriegsschicksal verwirrte Herkunft bestimmt sind.

Die Episode in der Wohnung des Rabbiners, wo ihm Nachum (Tröster) und Eliser (Gotthelf) die Geschichte des Schelmen Zannowich erzählen, fügt diesem ersten Buch von der Geburt des Schelmen eine als Muster erzählte Schelmengeschichte hinzu, in der sich alle traditionellen Elemente wiederfinden; also die verachtete, niedere Herkunft der Zannowich aus dem geächteten jüdischen Bettler- und Trödlerstand, die Gaunerkarriere des Vaters ("Er war kein ehrlicher Mann [21]); die frühen Schicksale des jungen Zannowich (das Schlafen in den Wäldern Albaniens als Kind, die Nötigung mit dem Vater aus Venedig "lange Beine machen" [22] zu müssen; die Rückkehr des Vaters nach Albanien als reicher Mann; das Studium des Sohnes an der hohen Schule von Padua, wo er nicht ein Fach studiert, sondern Umgang mit den Menschen "von de Adligen" [23] lernt). Auf diese frühe Erziehung folgt die Beschreibung seiner Talente ("ein großer Redner ... .Er konnte sich drehen, sich beliebt machen, er konnte zärteln mit de Frauen und vornehm tun mit de Männer" [23]). Darauf gibt Nachum Beispiele seiner hochstaplerischen Erfolge, nämlich seine Reisen als Graf, endlich als Prinz Castriota von Albanien und Thronanwärter, seine Beliebtheit bei seinen Anhängern und seine Freundschaften mit den "fürchterlichsten"

Menschen seiner Zeit - dem Kronprinz von Preußen und der Kaiserin Therese von Österreich (25). Eliser dagegen erzählt von den Mißerfolgen, von seinen Geldanleihen, Fälschungen, der Entdeckung, der versuchten Flucht und dem Ende im Gafängnis. Die Perspektive auf die Welt und die Zeit in der Erzählung ist die pikareske, sie ist kritisch, kommt gleichsam von unten und ist spielerisch.

Die Geschichte der beiden Zannowich wird dem Helden als mutspendendes Beispiel auf seinen Lebensweg mitgegeben. Nachum und Eliser fungieren hier für Biberkopf nicht nur als Tröster und Helfer sondern auch als die im Schelmenroman üblichen Lehrmeister. Gerade durch seine realitätsnahe Grobheit und Schärfe bringt Eliser Franz dazu, sich der rauhen Wirklichkeit des Lebens zu stellen. Aber auch der gütige Nachum fährt Biberkopf einmal "grimmig" (20) an: "Man soll nicht so viel von sich machen". Die jüdischen Außenseiter vermitteln dem christlichen Außenseiter eine für den Schelmen wichtige Lehre: er braucht die Gesellschaft und muß auf die Mitmenschen zugehen und die Augen offen halten. Biberkopf reagiert vorerst nur auf die Kunst des Erzählens selbst. Denn sie bringt es zustande, daß er seine Panik überwindet, Mut faßt und die Wohnung des Rabbiners mit dem frischen, wenn auch irrigen Entschluß verläßt, er müsse nun den Menschen aggressiv begegnen, um sich Lebensraum zu schaffen ("Luft muß man sich machen, ...Wer ankommt, kriegt eins in die Fresse" [31]).

In seiner ausgezeichneten Studie zur Struktur des Romans bezeichnet Otto Keller die Zannowichepisode als eine "Parabel..., deren Gestus für den Bau und die Thematik des Werkes zentral wird."[21] In dieser Episode werde Biberkopfs Grundhaltung parallel zu jener der Zannowich als Stadteroberung etabliert. Das Eroberungsthema ergebe sich aus der Todesangst. Außerdem schlüge der Rabbiner das Thema der Heilung an; in dessen innerem Monolog finde sich auch das Motiv der Hilfe. Mit Einschränkungen ist dem durchaus zuzustimmen. Erstens hat nicht nur die Zannowichepisode Modellcharakter, sondern alle Episoden des ersten Buches des Romans setzen Grundhaltungen und Thematik fest, die in den weiteren Büchern episodisch variiert werden. Zweitens sind Kellers Interpretationen dieser Themen zu modifizieren. Statt von Eroberung sollte man, wie zu zeigen sein wird, von Verteidigung und Abwehr sprechen; statt von Todesangst eher von Lebensangst, und schließlich anstatt von Heilung, Hilfe und Züchtigung von Tröstung, Stärkung und Selbstzüchtigung. Drittens bezieht Keller die Zannowichepisode nicht auf die Tradition der Schelmengeschichte, weshalb er sich auch nicht fragt, warum Biberkopf an so entscheidender Stelle gerade eine Schelmenge-

21. *Döblins Montageroman als Epos der Moderne* (München: Fink Verlag, 1980), S. 144.

schichte erzählt bekommt und übersieht somit das Thema der Schelmen-Kunst.

Auf Biberkopfs "Geburtsgeschichte" folgt, wie wir sahen, die Lehrmeisterepisode. Darauf sucht Biberkopf bei der modernen Unterhaltungsindustrie in der Dunkelheit eines Kinos zuflucht. Anstatt ihn abzulenken und zu amüsieren, erweckt diese sein erotisches Verlangen. Biberkopf versucht, bei zwei Prostituierten dieses Verlagen zu stillen, ist aber impotent, da er noch von der Angst vor Tegel beherrscht wird (33; 35; 36). Der Zusammenhang von Triebbefriedigung und Angst wird erst geklärt, als sich Biberkopf seine Potenz beweist - und zwar durch die von Rachelust und Liebeserinnerung inspirierte Vergewaltigung der Schwester seiner Freundin Ida, deren Ermordung ihn nach Tegel gebracht hatte. Machtbeweis, Gewaltanwendung, Befriedigung des Geschlechtstriebes, Erinnerung an Liebe und menschliche Wärme sind in verhängnisvoller Weise miteinander verstrickt ("so hat er manchmal Ida angeschaut. Er hat Ida in den Armen,... darum sieht [er] glücklich aus" [S. 39]). Vorerst ist er, da die Schwester die Vergewaltigung duldet und nicht zu ahnden versucht, dankbar und freut sich seiner wiedergewonnenen Potenz. Aber da ihm Liebe nur als Machtbeweis möglich ist, bleibt Liebe ihm eine furchtbare Gefahr und mobilisiert wiederholt seine Angst.

Wie schlecht es dabei um Biberkopfs Macht sogar in Bezug auf seine äußeren Umstände wirklicht bestellt ist, wird an der nächsten Episode von Buch Eins deutlich. Durch ein Ausweisungsschreiben wird ihm schon im ersten Monat seiner Freilassung amtlich bescheinigt, daß er sich "als eine für die öffentliche Sicherheit und Sittlichkeit gefährliche Person" (43) aus Berlin und Umgebung zu entfernen hat. Nur unter der Schutzaufsicht der Gefangenenfürsorge bei monatlichem Arbeitsnachweis darf er eine bloß geduldete, stets abrufbare marginale Existenz in Berlin führen. Franz bagatellisiert diese Tatsache zwar als bloße Form ("Gemacht, Punkt, alles, alles in Butter. Vergessen die Angst,...ein neues Leben fangen wir an, das alte das ist abgetan." [44]). Sie bestimmt aber trotzdem sein Leben: sie nötigt ihn nach einer kurzen Frist der Legitimität zum fortwährenden Versteckspiel vor den Behörden.

Ein spielerisches Beispiel in der nochmaligen Begegnung mit den beiden Lehrmeistern beendet das erste Buch. Die in der Zannowichepisode gewonnene aggressive, naiv schlaue, verschlagene Haltung ermöglicht es Biberkopf, sich durch die ersten Wochen der Freilassung durchzubringen. Doch in der warnenden Erzählung von den Bällen wird er gemahnt, sich nicht auf seine prahlerische, besserwisserische, aggressive Abwehrhaltung zu verlassen. Im Bild der Bälle wird ihm eine Parabel seiner eigenen Existenz gegeben: leicht, durchsichtig und spielerisch - es handelt sich ja um "einen Ball ... für Kinder" (45), ist er scheinbar unter der Kontrolle des eigenen Willens. Doch wegen der "Bleikugeln drin" im Ball, d.h., wegen der verleugneten Gefühle, z.B. der Angst, ist er unberechenbar: "er fliegt ungefähr so, aber er fliegt noch ein Stückchen weiter und vielleicht ein großes Stück, weiß man, und ein bißchen beiseite" (45). Nachum weiß, die schelmisch triumphierende Haltung Biberkopfs ist nur Fassade und erinnert ihn daran, daß er sich nur vor ein paar Wochen ganz anders gefühlt hat: "Ihr habt einmal sehr traurig gesungen" (46). Aber weder kann Franz die Warnung hier hören, noch will er sie hören. Doch noch einmal zurück zur Zannowichepisode, die für die Entschlüsselung der schelmischen Elemente des Romans am wichtigsten ist.

Keller interpretiert den Grundgestus Biberkopfs und der beiden Zannowich als "Stadteroberung". Auch wenn Döblin im sechsten Buch von einer dritten "Eroberung Berlins" (261) spricht, ist der erneute Versuch Biberkopfs, sich nun ohne rechten Arm noch einmal legitim in Berlin anzusiedeln, wohl nur ironisch als Eroberung zu verstehen. Vater Zannowich geht aus Albanien nach Venedig, nachdem er sich zwanzig Jahre bemüht hatte, mit seiner Familie auf dem Lande zu überleben. "Die Bauern hatten mich ausgetrocknet wie ein schlechtes Jahr, und ich wär verdorben, ich bin unter die Menschen gegangen, und da bin ich nicht umgekommen" (22), sagt er rückblickend. Eher ist der Alte ein Gejagter, der, wie er seinem Sohn erzählt, "nachts mit euch im Walde schlief wie ein Eber" (22). Von Eroberung kann keine Rede sein. Der junge Zannowich als Hochstapler und Betrüger führt die Karriere des Vaters spielerisch und ironisch auf größerer Ebene weiter. Wie sein Vater betrügt er nur die, die betrogen werden wollen: "Sie haben von ihm gewollt: Du bist der Baron Warta. Scheen, hat er gesagt, bin ich der Baron Warta" (24).

So wenig wie die Zannowiches ist Biberkopf Stadteroberer. Seine beiden einander abwechselnden Grundgesten sind Flucht und Angriff. Beides sind Abwehrreaktionen eines getriebenen Menschen. Das Grundgefühl, das ihn treibt, ist Angst. Nicht aber, wie Keller meint, Todesangst, sondern vielmehr Lebensangst, Angst davor, daß die Menschen und das Leben seine Abwehrhaltung durchbrechen könnten. Immer wieder tritt diese Angst im Roman als das Motif der abrutschenden Dächer auf (140), immer wieder bestimmt sie, ob verleugnet oder zugegeben, Biberkopfs zwischenmenschliche Beziehungen. Biberkopf hat seine Freundin ermordet, weil er sich von ihr verraten fühlte (104). Er fürchtet sich vor den Gefühlsausbrüchen der Wut und des Hasses, die ihn überfallen, wenn er sich durch andere Menschen verraten, angegriffen oder verletzt fühlt ("Es sprudelt in ihm, er hat in Tegel gesessen, das Leben ist schrecklich,... Ida, nicht daran denken ...Und er brüllt weiter in einem Grausen, was tut sich da auf, er

wehrt es ab ...Tobsucht ...sein Blick ist gläsern ...Jetzt wird er gleich den
Stuhl nehmen und losschlagen" [99]). Jede Durchbrechung seiner
Ichgrenzen (d.h. seines ihm gewohnten, unter der Macht seines Willens
stehenden Denkens und Verhaltens) erlebt er als Gefahr. Das gilt nicht
nur für die ihn plötzlich überraschende Hitze eines politischen
Wortgefechts, die Enthemmung durch den Suff (e.g. 318), oder die nicht
geplante Verwicklung in den Einbruch der Pumsbande (229), sondern
besonders auch für seine Liebesbeziehungen.

Liebesverlangen ängstigt ihn, weil ihn das wieder in mörderische Wut
versetzen und damit nach Tegel zurückführen könnte. Bei allen
Gefühlsausbrüchen, ob Eifersucht oder Liebe, erinnert er sich an den
Körper der Erschlagenen. "Wie angst ihm ist, wie kalt bis zu den Füßen.
... Er will sie [Mieze] loslassen, soll ich hauen, Ida, der Breslauer [der
Nebenbuhler], jetzt kommt es, sein Arm wird lahm" (S. 367).[22] Wenn er
Mieze umarmt und seine Liebe zu ihr durchbricht, taucht die Mordszene
auf: "Und ...son liebes Mädel, son gutes Mädel, ist so klein neben ihm,
...er hält sie um die Hüfte ..., und da ...ist Franz weg. ...Er hat in
Gedanken ...einen Schlag gegen Mieze geführt, ...hat ihr die Rippen
zerbrochen" (318). Gerade hier, wo die Ermordete und die gegenwärtig
Geliebte in Beziehung zueinander gesetzt werden, zeichnet sich deutlich
ab, daß die Flucht vor dem Gefühl vor allem eine Flucht vor dem Verlust
ist, vor der Trauer und ihrem Schmerz. Immer wieder verdrängt er bei
Tagesbelustigungen und im Trunk Trauer und Schmerz. Die verdrängte
Trauer taucht aber als Körper der Erschlagenen immer wieder auf, und
immer wieder sagt sich Biberkopf: "Ida, nicht dran denken" (99; 484-
485). Und es sind ja Verlust, Schmerz und Trauer, die Biberkopf endlich
überwältigen, seine Abwehr durchbrechen und die Wandlung ver-
ursachen.

Döblin beschreibt die Psychodynamik eines Menschen, der die
Handlungen anderer Menschen, ja auch Schicksalsschläge als nar-
zistische Verletzungen erlebt, der sich in einer Abwehrhaltung
verschanzt, damit er nicht mit narzistischer, mörderischer Wut auf sie
reagiert.[23] Nicht immer gelingt Biberkopf diese Abwehrhaltung.
Biberkopfs Prahlerei, Verletzlichkeit, sein Schmollen, seine Wutreaktionen auf wirkliche und vermeintliche Beschämungen gehören zu dieser
narzistischer Psychodynamik.

22. Ähnlich auch 37-39; 99; 484-485.

23. Siehe Heinz Kohut's Analyse von Kleists *Michael Kohlhaas*, dessen
Psychodynamik des Gekränktseins und unbändigen Zornes jener Franz Biberkopfs
entspricht. In "Thoughts on Narcissism and Narcissistic Rage", *The Search for the
Self*, II (New York: International University Press, Inc., 1978), S. 615-658. Biberkopfs
Prahlerei, Verletzlichkeit und Wutreaktionen entsprechen Kohlhaasens eigenen.

Die Abwehrhaltung, durch die er versucht, den Menschen den Zugang zu seiner so leicht verletzbaren Gefühlswelt zu versperren, nimmt viele Formen an, von denen wir einige hier kurz besprechen wollen. Durch seine Pfiffigkeit, gespielte Gutmütigkeit und seine berechnende Harmlosigkeit täuscht er sich über seine eigenen Motive und versucht nur, sich eine sichere Machtstellung bei den Menschen zu verschaffen, die er zum Aufrechterhalten der Abwehr und zur Triebbefriedigung braucht. So verrät er Mieze unbedenklich an Reinhold nur um diesem Menschen, der ihn machtlos gemacht hat, seine Macht über Frauen zu beweisen. Und sich selbst gegenüber leugnet er diesen Verrat, so daß er erst spät einsieht, wie dieser Verrat direkt zu Miezes Ermordung geführt hat. Immer wieder spielt er den Überlegenen, und ironischerweise tritt er gerade da am prahlerischten auf, wo er ohne es zu wissen selbst am meisten in Gefahr ist. Beim Einbruch der Pumsbande begreift er lange nicht, daß er der Übertölpelte ist und schürt Reinholds Wut auf ihn nur noch, indem er vertraulich prahlt: "Hab ich nicht recht gemacht mit die Weiber? Junge, was?" (227)

Ein Gefühl kann auch durch Projektion nach außen verdrängt und abgewehrt werden. In Reinhold gestaltet Döblin eine todbringende Figur, mit der sich Biberkopf auseinandersetzt und somit seinem Schmerz und seiner Angst vor dem Verlust entrinnen kann. Biberkopfs Verhältnis zu Reinhold ist die gestaltgewordene Faszination angesichts des Todes.[24] Die Begegnung mit dem Stotterer mit seinem gelblichen Gesicht und den flehenden Augen, mit den furchtbaren Querfalten an der Stirn und den Vertiefungen zwischen Nase und Mund und der schwindsüchtigen Gestalt, mit einem Menschen, der "eine Gasanstalt beinahe in die Luft gesprengt" hatte (193), beginnt harmlos genug: "Franz fühlte sich mächtig von ihm angezogen" (192). Doch ist der Doppelcharakter Reinholds als Schmerz, Verlust und Gewalt in dieser ersten äußerlichen Beschreibung schon gegeben. Kurz nach dem ersten Mädchenhandel identifiziert ihn der Erzähler mit dem Todesmotiv: "Es ist ein Schnitter, der heißt Tod ...Heut wetzt er das Messer, es schneidet schon viel besser, bald wird er drein schneiden, wir müssens erleiden. - Ein merkwürdiger Junge" (201).

Von nun an klingt das Motiv vom Schnitter Tod bei fast jedem Auftritt Reinholds an. Beim Mädchenhandel versucht Biberkopf zum ersten Mal,

---

24. Biberkopfs Faszination für Reinhold hat viele Interpreten beschäftigt. Cf. Theodor Ziolkowski, "Berlin Alexanderplatz". In: *Interpretationen zu Alfred Döblin*, hrsg. von Ingrid Schuster (Stuttgart: Klett, 1982), S. 128 ff. Biberkopfs unbewußter Masochismus, seine Neigung zur Verführung durch Führerfiguren und die homoerotische Komponente werden betont. Die Benennungen erklären nicht, welche Rolle Reinhold in der Psychodynamik Biberkopfs spielt.

Reinhold in seine Gewalt zu bringen, indem er ihn durch dessen sexuelles Verlangen zu beherrschen sucht. Da überschätzt er aber nicht nur die eigene Gerissenheit. Er unterschätzt vor allem Reinholds wachsenden Haß: "Der Haß von Reinhold liegt auf ihm ...im Traume mordet er" (205). Aber gerade von dieser Mordlust wird er angezogen; es ist seine eigene, die er auf Reinhold projiziert; trotz seiner Angst muß er sich ihr doch immer wieder stellen. Er weiß genau, daß Reinhold ihn in mörderischer Absicht aus dem Auto geworfen hat. Dennoch geht er hinterher zu ihm, "...müßt ich nicht den Kerl totschlagen" (323), überlegt er - doch ist er ihm hilflos ausgeliefert und kann sich gegen seinen Hohn nicht wehren ("der hat mir blamiert" [326]). Immer enger bindet er sich an ihn. Als verdrängtem Tod, als eigenem Hass, eigener Wut und Mordlust muß er aus Wiederholungszwang Reinhold immer wieder begegnen. Aber auch der Autor hört nicht auf, den Leser an das verdrängte Gefühl des Schmerzes, des Todes, der Trauer zu mahnen. Als klassischer Mord, als Schlachthausmetaphor, als Opfertod, als klinischer Bericht, als Allegorie des Todes taucht dieser Gefühlskomplex immer wieder auf.

Gerade weil er nur abwehrt, verkalkuliert sich Biberkopf immer wieder und fällt auf die herein, vor denen er sich hüten sollte. Nach jeder Fehlkalkulation, bei jeder Angst verkriecht er sich. Im ersten Buch will er in die Erde wie in den Mutterleib zurück. Nach Lüders Verrat versteckt er sich und säuft. Nach dem Verlust seines Armes rettet er sich in den Schutz seiner alten Bande. Die wiederaufgenommene Verbrecherkarriere verbirgt er hinter dem eisernen Kreuz des angeblichen Kriegsverletzten (278-279) und dem angenommenen Namen Franz Räcker. Vor der Polizei versteckt er sich nach Miezes Mord. Und auch sein Aufenthalt im Irrenhaus ist Flucht. Erst die Flucht in den Hungertod wird Auseinandersetzung mit dem Tod, dem Schmerz und der Trauer.

Auch der Beschluß, anständig zu sein (der übrigens kaum je von der Kritik kritisch aufgegriffen wird),[25] ist ein Sich-Verbergen im kleinbürgerlich-formell Gesetzlichen. Sein "Anständigsein" schließt nicht aus, daß er, um etwas mehr Geld zu verdienen, seine Freundin mit der Witwe betrügt, die ihm, dem betrogenen Betrüger, dann von Lüders ausgespannt wird. Er gebraucht die kleinbürgerliche Maske des "Anständigseins," um vor den andern Halbexistenzen zu renomieren und um vor dem Teilselbst, das im Gefängnis kleinbürgerliche Werte als Tarnung assimiliert hat, zu bestehen. An kleinen Betrügereien, Vorspiegelungen, und am Übervorteilenwollen hindert ihn das Anständigseinwollen nicht, auch nicht in der Periode, bis er wieder in das

25. Über das Anständigsein und die Verbindung zur Ordnungsliebe siehe Ziolkowski, S. 133-134.

alte Hehler- und Luderleben zurückfällt. Lüders Betrug trifft ihn deswegen so hart, weil der die Abwehrhaltung der "Anständigkeit" einfach durchbricht und nackte Lebensangst hervorruft. Vor der kann er sich nicht verkriechen. "Und da gießt es durch ihn und er beißt seinen Mund zu: Das ist die Strafe, mich haben sie rausgelassen, ...bloß wieder keine Angst kriegen" (120).

Auch seine politische Haltung ist von der Angstabwehr bestimmt. Ordnung ist für ihn das Komplement zur "Anständigkeit", das verhindern soll, daß ihn Gefühle übermannen. Ordnung ist ihm identisch mit Gewaltanwendung: "Und es muß Ruhe werden, damit man arbeiten und leben kann", argumentiert er und redet sich heiß, "...und wer jetzt kommt und Revolution macht und keine Ruhe gibt, aufgehängt gehören die, ... [Ja, so kommt Ruhe, dann sind sie still...]" (S. 98-99). Gerade bei diesem Tobsuchtsanfall, weil die Ordnung gefährdet ist, bricht seine Wut durch ("Achtung, Gefahr im Verzug, Strasse frei, Laden, Feuer, Feuer, Feuer" [99]) und schlägt dann in Angst um: "Die Häuser, die Häuser wollen wieder einstürzen, die Dächer wollen über ihn her, das gibt es nicht, damit sollen sie mir nicht kommen" (er weiß nicht, daß die Wut in ihm ist) "...Und es irrt durch ihn: es wird bald losgehen, ich werde etwas tun, eine Kehle fassen, nein, nein, ich werde bald umkippen" (101). Wie immer schwankt er zwischen Gewaltanwendung und Verkriechen. Franz braucht Ruhe und Ordnung (d.h. daß in der Politik alle mit ihm übereinstimmen) nicht nur zum äußeren Leben (als Händler und als Verbrecher ist er ja auf die bürgerliche Ordnung angewiesen - und weiß das auch), sondern besonders, weil er sich vor Gefühlsausbrüchen fürchtet. Der Grundgestus Biberkopfs ist also nicht, wie Keller meint, Eroberung, sondern Abwehr aus Lebensangst, aus Angst vor dem Gefühl.

Die Nötigung zum bloßen Überleben ohne dadurch vom Gefühl überwältigt zu werden, bringt es mit sich, daß er an der Oberfläche bleiben muß und sich, wie ja gewöhnlich der pikarische Held, auf keine tiefergehende menschliche Beziehung einlassen kann. Zwar spielt das Geschlechtliche eine große Rolle, doch bleibt Franz menschlich unerfüllt und biologisch unfruchtbar. Wie gewöhnlich beim Pikaro sind alle sexuellen Beziehungen außerehelich, d.h. außergesellschaftlich. Wie bei Grimmelshausen, wie im *Lazarillo* herrschen Zuhälterei und Prostitution jeder Art. Zwar ist Biberkopf kein ganz kaltblütiger Don Juan wie Reinhold, doch betätigt auch er sich sexuell bei jeder sich bietenden Gelegenheit besonders, wenn es ihm materiellen Vorteil bringt. Evas Zuhälter war er schon vor dem Mord an Ida. Und Zuhälter wird er wieder, sobald er Geld braucht. Daß er sich in Mieze verliebt und ihn ihr Verlust wirklich schmerzt, ist das zwischenmenschliche Wunder, das er erlebt. Gerade weil der pikarische Held keine Stelle in der Gesellschaft hat und diese legitime Gesellschaft in Frage stellt, hat er keine legitimen

Kinder. Auch der Kindesunterschub (eine sehr wirksame Unterminierung der gesellschaftlichen Erbgesetze) spielt aus diesem Grunde eine Rolle. So will auch Eva mit Miezes Zustimmung Biberkopfs Kind tragen und es dann ihrem "Herrn" unterschieben (302). Ihrer Schwangerschaft wird wiederholt gedacht (363; 394-395; 420). Doch treibt sie spontan ab (494; 496). Dem Todesmotif steht also das Motif des abgetriebenen Lebens und der Unfruchtbarkeit zur Seite.

Aus lauter Angst vor dem Leben, vor Schmerz und Verlust und vor allen Äußerungen des Lebens wehrt Biberkopf das Leben selbst ab. Gerade das aber zwingt ihn, sich fortwährend mit den Manifestationen des Todes zu beschäftigen. Bis ins achte Buch hinein beschreibt Döblin in einer Episode nach der anderen diese Biberkopf unbewußt bleibende Todesverfallenheit. Sie erscheint als Reinhold, als Verrat an Mieze, als Franzens Blindheit und Selbstbetrug, als Trunksucht, als unveränderliche, einsichtslose Nörgelei oder Prahlerei und als das gesamte Material von Abwehrmanövern, von denen wir hier nur einige behandelt haben. Die Frage stellt sich deshalb, wie die starre Abwehr durchbrochen werden kann, ohne daß sich Biberkopf durch eine reaktive Wutgebärde neue Schuld auflädt. Keller findet die Wandlung in den Themen der Heilung und Züchtigung in den inneren Monologen des Rabbiners in der Zannowichepisode angelegt und verbindet sie mit den Heilerfiguren des Romans (e.g. Sonja/Mieze, aber auch Mech, Eva und Herbert). Nun spielen zwar Heilung und Züchtigung in *Berlin Alexanderplatz* als Motive eine Rolle. Doch müssen diese von Döblins Weltsicht her als Selbstheilung und als Selbstzüchtigung gesehen werden, und nicht vom priesterlichen Standpunkt des Rabbiners, dem Standpunkt, dem Döblin sogar während seiner dem Judentum gegenüber affirmativsten Periode, nämlich den frühen dreißiger Jahren, durchaus skeptisch gegenüberstand.[26] Gerade die Motive der Selbstzüchtigung, der Selbstheilung, sowie die Tröster- und Heilerfiguren selbst stehen der pikaresken Handlung und ihrer Thematik entgegen. Diese Gegenhandlung beginnt in der Zannowichepisode mit den beiden Helferfiguren Nachum und Eliser. Biberkopfs Abwehrhaltung bedingt es, daß er Hilfe nur zur weiteren Stärkung der Abwehr gebrauchen kann. Helfer und Heilerfiguren sind zwar für ihn da. Eva, Herbert und Mech sind ihm wirklich gewogen, Mieze liebt ihn. Doch kann er sich ihrer Hilfe und Liebe nur

---

26. Vgl. *Jüdische Erneuerung* (Amsterdam: Querido Verlag, 1933). In den Schriften zum Judentum in dieser Zeit verdammt Döblin die priesterliche Haltung immer wieder: "Die Juden hatten eine diesseitige Religion, ihre Religion war für die Praxis des Lebens. Jetzt [in der Diaspora] wird daraus ein Absonderungskultus und Erinnerungs-, Pietätskult [unter der Herrschaft der Geistlichkeit]." (32) Döblins Haltung dem Judentum gegenüber war in den späten zwanziger Jahren nach seiner Reise nach Polen außerordentlich positiv.

bedingt bedienen. Diese Hilfe versagt völlig, wenn es darum geht, seiner Todesverfallenheit zu entkommen. So ist es ihm zum Beispiel aus Stolz und Selbstbetrug unmöglich, Herbert, Eva und Mieze zu gestehen, daß Reinhold ihn aus ihrem Auto und unter das der Verfolger gestoßen hat. Und gerade dieses Verschweigen bringt ihn und Mieze in tödliche Gefahr. Selbstheilung und Selbstzüchtigung werden für Biberkopf erst dann möglich, wenn er überhaupt ein authentisches Selbst gewonnen hat.[27] Ein solches Selbst kann er im pikaresken Kontext der Abwehr aber nur unzulänglich in der menschlichen Beziehung zu Herbert und Eva und in der Liebesbeziehung zu Mieze entwickeln. Und erst wenn er Zuwendung und Liebe erfahren hat, kann er die Verantwortung für sein Tun und Lassen übernehmen. Döblins furchtbare Wahrheit ist es, daß beides, Mieze-Erfahrung und Mieze-Verlust nötig sind, damit die Abwehrhaltung durchbrochen wird und sich Franz nicht mehr nur bewahren will. Dann erst kann er sich anklagen und heilen. Aber noch drei weitere Motive, die Keller übersieht, sind in der Zannowichgeschichte verschränkt. Es sind die Motive der Tröstung (Nachum), der Einsicht in die Realität (Eliser) und der Zuwendung zu den Menschen. Sie deuten auf Franzens endgültige Wandlung voraus, und somit auf sein Verlassen der pikarischen Welt, jener Welt der Masken und des nicht-authentischen Selbst.

Der Mensch Biberkopf, den Nachum in die Wohnung des Rabbiners bringt, ist kaum mehr als ein Bündel von reaktiven Reflexen, der sich durch die Fassade eines angelernten kriegerischen Gebahrens vor der Lebens-Panik zu schützen sucht. Die Zusprache Nachums durch das Beispiel von Zannowich, der "wußte, wie wenig man sich vor den Menschen fürchten muß" (24), bewirkt überhaupt erst einmal die Überwindung dieser Panik, die Franz beherrscht. Die Erzählung von der Verfolgung des alten Zannowich erlaubt es Franz, sich mit ihm zu identifizieren; die Erzählung von den Erfolgen des jungen Zannowich macht ihm Mut, sich vom Boden aufzulesen, auf den die Angst ihn geworfen hat (er "lachte, ...hatte muntre Augen, sein Gesicht war frischer" [26]). Doch nur Nachums Kameradschaft (er setzt sich zu Biberkopf auf den Boden), seine Ruhe und Güte machen es möglich, daß Biberkopf Eliser überhaupt zuhören und akzeptieren kann, was dem

---

27. Der Zusammenhang zwischen dem Aufbau eines authentischen, d.h. verantwortlichen Selbst in der Kindheit innerhalb einer verläßlichen, liebenden, zwischenmenschlichen Beziehung in der Familie und damit der Fähigkeit Verantwortung zu übernehmen war für Döblin als Kliniker wohl so wenig ein Problem wie es eines für Freud war. Genau diese Hinweise auf die zwischenmenschliche Komponente fehlen ganz bei Reinhold, und bei Franz außer in der Miezebeziehung fast ganz.

jungen Zannowich am Ende geschehen ist: "...von seinem schwarzen Ende im Gefängnis, wo er sich selbst die Adern geöffnet hat" (28). Auch dann hört Franz die Geschichte erst unrichtig als Mord ("von dem Mann, ...wie sie ihn umgebracht haben" [29]) und will nicht glauben, daß Zannowich für den eigenen Tod verantwortlich ist. Nur zögernd gibt er daraufhin zu, man sei "nicht immer so gewesen [....], wie man sein sollte" (29) und meint damit sich und den jungen Zannowich Bei der nächsten Begegnung mit Nachum und Eliser aber hat er den Selbstmord des jungen Zannowich wieder vergessen und sagt über ihn: "Nachher haben sie ihn gekillt" (45). Doch genau diese Art von zwischenmenschlicher Erfahrung, wie er sie mit Nachum und Eliser macht, in welcher sich Motive der Tröstung, Realitätseinsicht und Verantwortung verschränken, diese Erfahrung ist es, die bei Franz langsam eine schließliche Wandlung ermöglicht. Döblin konstruiert diese zwischenmenschlichen Prozesse in der Zannowichepisode von vornherein so, daß wir einsehen können, daß die Möglichkeit besteht, die Abwehr zu durchbrechen, ohne daß Franzens Wut und Angst wach werden. Und es ist wohl kaum Zufall, daß diese erste Möglichkeit im Umkreis der Erzählkunst angesiedelt wird.

Die wichtigste der Heiler und Trösterfiguren ist Biberkopfs Freundin Mieze: ihre Ermordung durch Reinhold bringt Franz, indem er den Schmerz über ihren Tod völlig in sich aufnimmt, die Realitätseinsicht, daß er ihren Tod mitverschuldet hat ("Hätt ich sie nicht Reinholden gezeigt, hätt ich mich nicht mit dem eingelassen. Wat hab ich gemacht [486], ...ich bin schuldig" [488]). Diese Einsicht durchbricht seine Abwehrhaltung, stößt in sein innerstes Gefühl vor und weckt den furchtbaren Schmerz über ihren Verlust. Dieser Schmerz löst wiederum die Abwehr und ihre Dynamik auf: "Hier ist zu sprechen von der Vernichtung, die der Schmerz vollbringt." Wichtig ist hier auch das Vokabular, das Döblin einsetzt, denn es zeigt deutlich den Abbau psychischer Versteifungen und Verhärtungen: "Abbrechen, niederkappen, niederwerfen, auflösen, das tut er [der Schmerz]" (487). Nur diese Art der Selbstzüchtigung, also der Selbstbezichtigung, der Abrechnung mit sich selbst und der Ablehnung des Schicksalsgedankens ("da werde ich nicht mehr schrein wie früher: das Schicksal ...Das muss man nicht als Schicksal verehren, man muss es ansehen, auffassen und zerstören" [501]) bringt Biberkopfs Wandlung und Heilung: "Gestorben ist ...Franz Biberkopf, ...Ein anderer ist in dem Bett gelegen. Der andere hat dieselben Papiere wie Franz, sieht aus wie Franz" (488). Die Heilung aber wird genau innerhalb des gleichen Themas formuliert, das auch schon die Zannowichepisode mit dem Motiv der Tröstung und der Realitätseinsicht verknüpft hatte: Das ist das Thema von der Hinwendung zu der Welt der Menschen. In der Zannowichepisode aber basiert Franzens Hinwendung auf dem Willen, die Menschen auszunützen. Nach Biberkopfs Wandlung kommt diese Hinwendung dann aus der Einsicht, daß der Mensch die Gemeinschaft braucht. "Viel Unglück kommt davon, wenn man allein geht. Wenn mehrere sind, ist es schon anders. Man muß sich gewöhnen, auf andere zu hören, denn was andere sagen, geht mich auch an. Da merke ich, wer ich bin und was ich mir vornehmen kann" (500).

III. Kunst, schelmische Kunst: Schelm und Verbrecher

Noch einmal wollen wir zu Zannowichepisode zurückkehren, um uns über die Beziehung zwischen Schelm und Künstler, Schelm und Verbrecher, die dort angelegt ist, klar zu werden. Nachum zeigt auf, wie der junge Zannowich durch sein Maskenspiel die Schwächen seiner Mitmenschen bloßstellt. Zum Beispiel, da die Albanier auf einen Nationalhelden hoffen, nennt er sich "ein[en] Nachfahr Skanderbegs" (24), ihres Nationalhelden und verspricht, "er wird Albanien wieder groß machen". Dabei profitiert er von ihrer Leichtgläubigkeit und ihren Machtgelüsten. Wie Mann seinen Felix, bezeichnet Nachum den jungen Zannowich aber auch als Künstler, der die Menschen versteht: "Er wußte von sich und die Menschen" (25); aus diesem Verständnis heraus, erweist er ihnen seinen Dienst: "Er hat den Leuten wohlgetan. Sie gehn ins Theater und hören ausgedachte Dinge an, die ihnen angenehm sind. Sie bezahlen dafür. Können se auch dafür bezahlen, wenn ihnen die angenehmen Dinge nachmittags passieren oder vormittags, und wenn se selbst dabei mitspielen können" (25). Nachum rechnet dem Schelm also die Absicht zu, die Menschen an seinem Spiel teilnehmen zu lassen und sie durch sein Spiel zu erfreuen ("da haben sie sich gefreut, und er hat sich gefreut" [23]). Das Spiel mit den Menschen wird zum Spiel für die Menschen. Die Schelmerei wird zur Kunst, und das Spiel mit der Welt der Realität, die Errichtung einer Illusionswelt, gewährt dem Menschen, wie Döblin anderswo sagt, "ungeheure[n] Lustgewinn".[28]

Die Erzählsituation in der Zannowichepisode ist das für die nahöstliche Literatur typische Rezeptionsmodell: wie Schehezerade und der Prinz sitzen Erzähler und Zuhörer einander gegenüber. Wie in Döblins epischer Theorie wird das gesprochene Wort, die unmittelbare zwischenmenschliche Aufgabe der Erzählung betont. Diese Aufgabe wird durch Familientradition übermittelt, denn schon Nachums Vater hat seinen Kindern diese Geschichte erzählt, damit sie ihren Hunger vergäßen. Nachum erzählt sie, um Biberkopf Mut zu machen. In diesem Rezeptionsmodell hat also die Kunst das Ziel, den Zuhörenden auf eine ganz bestimmte Haltung im Leben hin zu bestimmen, auf eine der Hoffnung, des Muts und der Menschenfreundlichkeit.

---

28. "Der Bau des epischen Werkes". In: *Aufsätze zur Literatur*, S. 103-133.

Aber nicht nur der junge Zannowich spielt mit der Realität.Der Erzähler identifiziert sich von Anfang an mit ihm, er ist einer der seinigen ("Bettler, wie die meisten von uns" [21]), bei dem er die familiäre Anrede gebraucht ("Der junge Zannowich Stefan" [23]). Selber machtlos macht es ihm offenbar Spaß, von den "größten, gewaltigsten Menschen" (925) wie dem Kronprinz von Preußen und der Kaiserin Therese als den "fürchterlichsten" Menschen zu sprechen, Stefans Mut herauszustellen - die Kaiserin zitterte vor Friedrich dem Großen, Stefan "hat ...nicht gezittert" (25,26) - und die Großen der Welt auf ihn hereinfallen zu sehen: "Und als der Stefan mal nach Wien kam und an Leute geriet, die ihm nachschnüffelten, da hat die Kaiserin selbst die Hand erhoben und hat gesagt: Laßt das Jingelche frei!" (26). Durch seinen Theatervergleich macht Nachum den jungen Zannowich zum Künstler. Auch er selbst spielt mit der Realität. Deshalb wird er von seinem Schwager als "Schwindler" (27) angeredet, als Schmarotzer und Gutestuer, der "erzählt und erzählt und kann sich allaine nischt helfen" (27). Durch den Theatervergleich und durch die schelmenhafte Beschreibung der Bühne der großen Welt spielt Nachum mit der Beziehung zwischen dem Künstler und der Gesellschaft, Zannowich und seinen Opfern, aber auch mit der Beziehung zwischen sich und Biberkopf, zwischen Erzähler und Zuhörer. Alle diese Beziehungen sind ihm ein Hin und Her von Spiel und Ernst, Freiheit und Gebundenheit, Schelmentum und Verbrechertum. Der Schelm als Erzähler verfolgt ein anderes Ziel als der Schelm von der Art Biberkopfs, der seine 'Kunst' vordringlich zur Abwehr gebraucht. Der Schelm als Künstler sucht gerade im Rahmen seiner Kunst durch sein Spiel die Abwehrhaltung seiner Mitmenschen abzubauen und sie dadurch eine andere Existenz erahnen zu lassen.

Dem Erzähler als schelmischem Spieler steht der Erzähler als Mahner an eine unbarmherzige Realität gegenüber. Doch zeigt Döblin im Erzählverlauf Nachum und Eliser immer zusammen, das heißt doch wohl, daß ihre verschiedenen Standpunkte aneinander gebunden sind.[29] Döblins auktoriales, ironisches Spiel bedingt es aber gleichzeitig, daß die beiden Erzählerfiguren ständig miteinander im Streit liegen ("seitdem ich die kenne, zanken sie sich" [45], sagt Biberkopf über sie) und als These und Antithese einander ergänzen. Gemeinsam ist ihnen ferner, daß beide Juden sind und daß sie mit ihrem Protagonisten die Außenseiterstellung des Pikaro teilen. Dies rückt nicht nur Nachum sonder auch Eliser in den schelmischen Kreis. Gleichzeitig aber, da sich die ganze Erzählsituation in der Wohnung des Rabbiners abspielt, wird die schelmische Kunst in den sakralen Raum gerückt.

---

29. Diese Standpunkte finden sich, wie wir gesehen haben, auch in Döblins essayistischem Werk *Der Bau des Epischen Werks* von 1929.

Döblin profiliert die beiden Erzähler als Figuren in vielen Einzelheiten.[30] Nachum ist der Begütiger, Tröster und Warner. Ihm ist der Mitmensch wichtig, besonders dann, wenn er wie Biberkopf in Not scheint. Nachum allein fällt auf der Straße schon die Angst Biberkopfs auf, und er bringt Biberkopf in die Wohnung des Rabbiners, da er ahnt, daß dieser Mensch geistigen Beistand braucht. Erst als der Rabbiner sich nicht im Stande erweist, ihm Hilfe zu leisten, zeigt Nachum, daß er auf einen andern Menschen einzugehen weiß und die richtige Mischung von gütigem Nachgeben und Geben findet ("aber warum nicht, ihr werdet nicht sprechen was mit euch ist, werde ich euch was erzählen" [20]), die sein Gegenüber aus der Entfremdung und Isolation befreit. Durch seine Einfühlungsgabe durchschaut er wiederholt Biberkopfs aggressives Gebahren und erkennt die Angst, die Trauer und den Fluchtwillen, die dahinter stehen. "Ihr seid ein guter Mensch. Aber seid nicht so wild ...Ihr habt einmal sehr traurig gesungen" (45-46), sagt er ihm, als Biberkopf ein paar Wochen nach der Entlassung seine frühere Gefühlsnot prahlerisch ableugnet. Dem Nachgeben und Eingehen auf den Mitmenschen setzt Eliser seine Heftigkeit entgegen. Er merkt es nicht einmal, daß Biberkopf ihm überhaupt nicht zuhören kann. Ihm liegt nur daran, nichts zu beschönigen, nichts zu begütigen. Beruhigung und Tröstung sind ihm Schwindel. Widerspruch, Aufzeigen auch der unangenehmsten Seiten der Wirklichkeit sind ihm Gebot.

In der Gegenüberstellung der beiden Erzähler und ihrer Haltung zu ihrem Stoff, der Zannowichgeschichte, sowie ihrem Zuhörer Biberkopf stellt Döblin ein Modell der Kunst, ihrer zwischenmenschlichen und gesellschaftlichen Funktionen, ihrer verschiedenen Repräsentanten und deren Zielsetzungen und Absichten, ihrer Wirkungen auf verschiedene Rezeptienten auf, das genau seinen theoretischen Erforderungen an die epische Kunst entspricht. Es wird nicht geschrieben, sondern im Dialekt und Jargon wird der Mitmensch angesprochen. Dieser Sprechton der Zannowichepisode wird auch durch die Verwendung des Berliner Dialekts in Erzählerberichten, Montagen von Liedern, Schlagern, Zeitungsauszügen, mythologischen Vergleichen usw. durch den ganzen Roman beibehalten. Das Verhältnis zwischen dem Autor des Romans *Berlin Alexanderplatz*, seinem Romanstoff und dem Leser ist deshalb impliziert dasselbe, wie das, was im Model der Zannowichepisode des ersten Buches dargestellt wird.

Die Identifikation des Lesers mit dem Protagonisten - im pikaresken Roman gewöhnlich durch die autobiographische Icherzählung erreicht -

---

30. Es ist nicht festzustellen, ob Döblin die spanische pikareske Tradition, ihre Herkunft aus der Klasse der conversos, gekannt hat. Da aber gerade die beiden Lehrmeister Juden und Außenseiter sind, ist ein Hinweis auf sie nicht auszuschließen.

wird in *Berlin Alexanderplatz* einmal durch die Aufstellung eines
Rezeptionsmodells an tonangebender Stelle am Anfang des Romans
geleistet. Zum andern wird die Wirkung dieses Modells verstärkt durch
den gleichen Tonfall in den inneren Monologen Biberkopfs, die ja der
schriftlichen Autobiographie entsprechen, durch die vielen Gespräche
Biberkopfs, in denen der Leser ihn direkt sprechen hört, und durch die
weitgehende Beibehaltung von Biberkopfs Standpunkt und Sprechton
auch in den Erzählerberichten des gesamten Romans.
Gewöhnlich ist ja der Schelm im pikarischen Roman selbst der Autor.
Für den modernen Schelm von der Art Biberkopfs, der anonym aus der
unpersönlichen Anstalt hervorgeht, der zwischen dem Kleinbürger und
dem Proleten steht, sind die Anzeichen der bürgerlichen Bildung, wie
Schreiben und Schrift, wie sie der Schelm zwischen dem Bürgertum und
dem Adel zu besitzen vorgibt, kaum angebracht. Vielmehr muß gerade
dieser Schelm aliterarisch sein, im Jargon oder Dialekt sprechen, selbst
Erzähler sein und nicht Schriftsteller. Er kann sich zwar in "gebildeten"
Themen versuchen und dazu im Gespräch brilliant parodistische
Definitionen von sich geben wie Franz zum Beispiel Lina gegenüber:
"Geist, das ist Kopf, nicht bloß son Deetz" (72). Er kann mit der Sprache
spielen, nicht aber mit der Schrift. Biberkopf als Transportarbeiter ist
eben der Schrift nicht mächtig. Doch sprachschöpferisch ist er; man
denke etwa an seine mit Berliner Schnauze und Schnodderigkeit
gewitzten politischen Streitgespräche oder an sein Marktgeschrei beim
Schlipshalterverkauf (70). Der innere Monolog und die erlebte Rede
übernehmen die Funktion, die das Schreiben beim bürgerlich
schreibenden Pikaro hat, nämlich sein besonderes Erleben und
Innenleben darzustellen. Aber dieses Innenleben des Pikaro zwischen
dem Kleinbürger- und Proletentum ist ungleich trostloser als das des
bürgerlich orientierten Schelmen. Die Sprachfetzen der Reklametexte,
die Klischees der Umgangssprache und der Sprichwörter, die Fragmente
von zersungenen Schlagertexten, die bürokratischen Formeln der
Gefängnisvorschriften im inneren Monolog Franzens vermitteln lebhaft
den Eindruck eines Menschen, der durch diese Sprache auf den
niedrigsten kulturellen Nenner der Massenmentalität normiert ist.
Gerade hier aber werden Spiel und Schelmerei wichtig, denn durch das
Spiel mit der normierten Sprache entzieht sich Franz der Normierung,
schöpft gerade aus dieser Begrenzung durch die Sprache neue Sprach-
und Lebensmöglichkeiten. Damit hat übrigens die 1929 neue Form des
inneren Monologs in *Berlin Alexanderplatz* eine ganz moderne,
zeitgemäße Funktion - kein Wunder, daß Döblin sich dagegen wehrte,
diese Form nur als Imitation von James Joyce zu sehen.[31]

---

31. Siehe "Nachwort zu einem Nachdruck" in *Berlin Alexanderplatz*, S. 508: "Ich

Zu dieser sprechenden Figur des Biberkopf gesellen sich eine Vielfalt von Erzählerfiguren. So wie wir in der Zannowichepisode zwei Erzählern begegnen, so vermitteln uns im Roman mehrere Erzähler widersprüchliche Meinungen, verwenden stets wechselnde Sprachstile und Formen. Nur der Berliner Tonfall ist allen gemeinsam.[32] Da ist einmal der alles überblickende, ironisch-schnodderig kommentierende und moralisierende Erzähler der Inhaltsangaben der Bücher und der Kapitalüberschriften. Sein stechender Witz ist deshalb so einschneidend, weil er an den Stellen, die die Lesererwartung regulieren, nämlich bei Überschriften usw., die bildungsbürgerliche Tradition des Lesers hinterfragt. Dieser Erzähler (der übrigens Franz oft recht ähnlich ist) kehrt Sprichwörter um ("Unrecht Gut gedeihet gut" [S. 235]), parodiert Bibelzitate ("ein jegliches, jegliches hat seine Zeit, würgen und heilen, brechen und bauen, suchen und verlieren, seine Zeit, behalten und wegwerfen seine Zeit, zerreißen und zunähen," [380]) oder verzerrt Lied- oder Gedichtparaphrasen ("Lieb Vaterland, magst ruhig sein, ich hab die Augen auf und fall nicht rein" [500]). Derselbe Erzähler führt die mythologischen und literarischen Vergleiche ein (z.B. Mieze als Natalie aus Kleists *Prinz Friedrich von Homburg*) und verfremdet sie durch das Berlinerische: "...der Erinnyentanz, schlingen sich um das Opfer, Wahnsinnsverstörung, Sinnesbetörung, Vorbereitung für die Klapsmühle" (103). Das spielerische Element ist bei dieser Erzählerfigur besonders stark. Seine Gegenüberstellungen von klassischer Mythologie und moderner Verbrecherwelt, von Bibelparaphrase und moderner Milieuschilderung, von rhetorischem Aufschrei und Berliner Pforzelei spielt mit den Gegensätzen, maskiert und demaskiert sie zugleich, verschlüsselt sie und entschlüsselt sie wieder.

Dagegen steht eine andere Erzählstimme, die aus Reklamezetteln oder Zeitungsartikeln vorzulesen scheint: "Testifortan, geschütztes Warenzeichen Nr. 365695, Sexualtherapeutikum nach Sanitätsrat Dr. Magnus Hirschfeld ...Institut für Sexualwissenschaft, Berlin. Die Hauptursachen der Impotenz sind: A" usw. (S. 37). Diese Montagen führen scheinbar die öffentliche Welt der Politik, der Wissenschaft, der Journalistik und damit 'objektive' Standpunkte ein. Ihre Plazierung im Text als Ganzen, ihre Einfügung ohne Einleitung mitten in einen Satz sogar, machen sie aber zum kritischen Kommentar der jeweiligen Erzählerfigur, zum Teil einer Subjektivität, zum Spiel mit den 'Fakten'.

---

habe nicht nötig, irgend jemanden zu imitieren. Die lebende Sprache, die mich umgibt, ist mir genug,... Der einfache Berliner Transportarbeiter Franz Biberkopf, er redete als Berliner."

32. Manfred Beyer in "Die Entstehungsgeschichte von Alfred Döblins Roman *Berlin Alexanderplatz*", S. 409 weist auf den ähnlichen Erzählton in Döblins Linke Poot Glossen hin.

Eine andere Erzählerfigur steht mit Franz im Dialog: "Du hast geschworen, Franz Biberkopf, du willst anständig bleiben. Du hast ein dreckiges Leben geführt, du warst unter die Räder gekommen... - Quatsch, kann ich dafür" (290). Gelegentlich kommentiert eine Erzählerstimme direkt das Verhalten der Akteure oder den Handlungsverlauf, thematisiert damit das Vorhaben des Erzählens und zieht den Leser in sein Vertrauen. Der Erzähler des sechsten Buchs beginnt zum Beispiel:

> Es ist kein Grund zu verzweifeln. Ich werde, wenn ich diese Geschichte weitererzähle und bis zu ihrem harten, schrecklichen, bitteren Ende geführt habe, noch oft das Wort gebrauchen: es ist kein Grund zu verzweifeln. Denn der Mann, von dem ich berichte, ist gar kein gewöhnlicher Mann, aber doch insofern ein gewöhnlicher Mann, als wir ihn genau verstehen und manchmal sagen: wir könnten... dasselbe getan haben wie er..." (237).

Dieser persönliche Erzähler verspricht "zu dieser Geschichte nicht stille zu sein" (237). Er schreibt auch dem Leser seine Haltung zum Gelesenen und zum noch Kommenden vor: "Ich weiß schon einiges, vielleicht sehen manche, die dies lesen, schon schon einiges. Eine langsame Enthüllung geht hier vor, man wird sie erleben, wie Franz sie erlebt, und dann wird alles deutlich sein" (237). Damit schließt er den Leser in seinen Schaffensprozeß ein, und gleichzeitig läßt er ihn auch an Biberkopfs Erleben teilnehmen, an dem er ja auch durch Identifikation schon Anteil nimmt. Diese Beteiligung, die durch den allen gemeinsamen Berliner Tonfall immer wieder unterstrichen wird, macht die Erzählerstimmen zu schelmischen Stimmen, wie ja auch Nachums und Elisers schelmische Stimmen waren. Die inneren Monologe und die erlebte Rede wie auch der Tonfall der Erzählerstimmen erzielt noch ein weiteres Charakteristikum der pikaresken autobiographischen Form: den scheinbar begrenzten Standpunkt und die Perspektive von unten. Gerade durch den Tonfall der unteren Klasse aber, durch die Montagen von Schlagern, Redensarten und volktümlichen Materials aller Art schaltet Döblin die im autobiographischen Schelmenroman übliche, wenn auch parodistische Nachahmung des bürgerlichen Bildungsroman aus.[33]

Wie der Künstlerschelm Thomas Manns Felix, wie Zannowich, Nachum und Eliser spielen auch die Erzählerstimmen mit Material und Wahrheit und weisen ihr Publikum, ihr eigenes Vorhaben enthüllend, auf ihr Spiel hin: "Breiten wir, werte Brüder und Brüderinnen, den Schleier der Nächstenliebe 10 Quadratmeter über die zwischenliegende Zeit. Über die vorangehende konnten wir es leider nicht" (238). Die

---

33. "Verbreiterung der Bildungsbasis durch Beseitigung des Bildungsmonopols... Hinwendung zur breiten Volksmasse", (*Literatur*, 145) so lautet Döblins theoretische Formulierung derselben Gedanken in "Vom alten zum neuen Naturalismus."

Erzähler stilisieren sich, ihr Vorhaben und ihre Erwartungen an den Leser genauso, wie sie ihren Protagonisten und seine Welt stilisieren. Die scheinbar naturalistische Manier wird immer wieder als Teil einer künstlich-künstlerischen Welt enthüllt. Stilisierung, Identifikation, subjektives, kritisches ver- und enthüllendes Spiel, das ist die schelmische Welt der Döblinschen Erzähler. Auch wenn sie eine Welt des Versteckspiels, der Gaunereien, der Hehlerei, der brutalen Schlägereien, des Betrugs und Selbstbetrugs errichten, so gibt es in dieser Welt aber auch Enthüllung von Wahrheiten, Verstehen, Anteilnahme, ja sogar Sympathie. Das Spiel der Erzähler hat dieselbe Funktion, die wir auch schon für die Schelmereien Nachums und Elisers herausgearbeitet haben: ihr Spiel ist auf den hier lesenden Mitmenschen gerichtet; es soll ihm Belustigung, Tröstung, Einsicht, Wahrheit und Wandlung bringen. Degegen funktioniert für Zannowich wie auch für Biberkopf das schelmische Spiel als Mittel zur Selbsterhaltung. Die Erzähler beabsichtigen, den Menschen und die Gesellschaft durch ihre Spielerei bloßzustellen. Dagegen stellen Zannowich und Biberkopf ihre Mitmenschen unbeabsichtigt bloß. Beide Arten von Schelmerei erwachsen aber aus der Freude am Spiel. Bei aller Angst und Bedrängung, bei aller Abwehrhaltung, kann Franz im Gegensatz zu Reinhold lachen, sich am eigenen Witz freuen und verspielt sein. Er hat "lustige Bullaugen" (70).

Diese spielerisch-künstlerische Komponente der Erzählfiguren und Zannowich/Biberkopfs fehlt in der Verbrecherwelt, die besonders durch Reinhold repräsentiert ist. Selbst Biberkopfs Aggression, seine Tücke, seine Prahlerei, seine psychotischen Tobsuchtsanfälle, Vergewaltigungen und Gewalttätigkeiten werden mit Sympathie verständlich gemacht, denn wir sehen sie aus seiner Perspektive. In der schrecklichen Szene (368ff), wo er Mieze beinahe erschlägt, verstehen wir doch, daß seine Tobsucht aus derselben Angst vor dem Verrat durch die Geliebte kommt, aus der heraus er Ida erschlagen hat. Immer wieder wird dem Leser angeboten, sich mit seinem Vom-Gefühl-Überwaltigtwerden zu identifizieren. Immer auch macht der Erzähler klar, daß Franz der Änderung fähig ist, daß er vom ethischen Standpunkt her ernstgenommen und der Verantwortung fähig werden kann. Weder ein ethisches Ernstnehmen noch eine ähnliche Identifikation mit Gefühlsausbrüchen gestattet uns der Autor für Reinhold. Nach dem Mord an Mieze stellt der Erzähler die moralische Unzurechnungsfähigkeit Reinholds direkt zur Schau: "Den plagen keine Gewissensbedenken" (456). Über Reinholds Erleben breitet der Erzähler ironisch "den Schleier der Nächstenliebe" (237). Er distanziert sich nicht nur durch Ironie, sondern auch durch seine ironische Neutralität, die sich als Objektivität aufspielt: "Ein anderer Erzähler hätte dem Reinhold wahrscheinlich jetzt eine Strafe zugedacht, aber ich kann nichts dafür, die erfolgte nicht" (238). Um jemandem eine Strafe zuzudenken, braucht es nicht nur der Anteilnahme an ihm, sondern auch der Aufnahmefähigkeit für die Strafe. Die Erzähler stellen Reinhold aber gerade so dar, daß weder der Leser Anteilnahme fühlt, noch Reinhold selbst spontaner Eindrücke und damit einer Wandlung fähig ist. Spiel und Schelmerei werden an Reinhold zunichte. Er ist die Gestalt gewordene Gewalt.

Die Erzähler beschreiben Reinhold nur bei gehäßiger Berechnung. In seinen inneren Monologen herrschen Haß und Ressentiment vor ("Biberkopf... der ihm die Weiber abtreibt,... dieses freche, dicke Schwein" [231]). Gerade das Sprachspiel, das für Biberkopf so charakteristisch ist, fehlt bei Reinhold. Die Sprache seines inneren Monologs ist nur gewöhnlich und gemein. Ihm ist alles käuflich: "... wetten, die kriege ich heute noch" (375). Mit kaltem Kalkül und, wenn er sich provoziert fühlt, mit schlagkräftiger, planvoller, rachsüchtiger Wut setzt er sich durch. Er versteht es, sich der Strafverfolgung nach Miezes Mord zu entziehen: "Gefängnis" [wegen falscher Papiere, Handtaschenraub] "ist das Sicherste bei dicker Luft" (455). Er überlegt noch im erotischen Rausch, "... vielleicht spar ich mir das Mädel noch auf, man muß genießen" (380). Er plant sogar seine Alkoholräusche, damit sie das Großhirn ausschalten und ihm erlauben, die jeweilige Freundin herauszuprügeln (240).

Man mag den Unterschied zwischen Reinhold und Biberkopf als Unterschied zwischen verschiedenen Verbrechertypen sehen.[34] Für das Verständnis des Romans und Döblins Kunstanliegen scheint mir der Unterschied in der Haltung der Erzähler und ihrer Darstellung entscheidend. Reinhold wird nur als Verbrecher dargestellt. Die Erzähler legen es nicht darauf an, daß der Leser sich für Reinhold engagiert, ihn verstehen und von ihm lernen kann. An Reinhold selbst liegt den Erzählern nicht. Dagegen ist die Darstellung Biberkopfs auf das Verstehen und Lernen des Lesers, auf die Durchleuchtung der zwischenmenschlichen und gesellschaftlichen, d.h. inneren und äußeren Dynamik zwischen diesem Menschen und seiner gesamten Umwelt angelegt. Das folgende Zitat faßt den Unterschied in der Darstellung des Verbrechers Reinhold und des Schelmen Biberkopf am prägnantesten:

Wie sie auch den Reinhold erwischen,... will ich gleich erzählen. Aber wen das nicht intressiert, der lasse die nächsten Seiten einfach aus. Die Dinge in diesem Buch Berlin-Alexanderplatz vom Schicksal Franz Biberkopfs sind richtig, und man wird sie zweimal und dreimal lesen und sich einprägen, sie haben ihre Wahrheit,... Aber der Reinhold hat seine Sache hier ausgespielt. Nur weil er die kalte Gewalt ist, an der sich nichts in diesem Dasein verändert, will ich sie noch in ihrem letzten schweren Kampf zeigen. Hart und steinern werdet ihr ihn bis zuletzt sehen, ...wo

---

34. Siehe Theodor Ziolkowski, der in Reinhold den Kretschmerschen Typ des asthenischen Schizothymen und in Biberkopf den des zyklothymen Pyknikers sieht, S. 136 ff.

sich Franz Biberkopf beugt und zuletzt wie ein Element, das von gewissen Strahlen getroffen wird, in ein anderes Element übergeht (456).

Die Darstellung Reinholds und seines Verbrechertums richtet sich gerade auf das Unveränderliche, auf etwas, was der Leser sich mechanisch abspielen sieht, auf etwas Totes. Dadurch, daß Reinhold mit dem Schnitter Tod-Motif immer wieder zusammengebracht wird, wird er nicht nur durch sein Aussehen und seine Hagerkeit zur Todesfigur. Biberkopfs Besessenheit von Reinhold,[35] seine wiederholte Hinwendung in dessen gefährliche Zone, erklärt sich daraus, daß Reinhold als der Tod für Biberkopf die Projektion seiner eigenen Wut und Mordlust ist. Der muß er im ewigen Wiederholungszwang solange begegnen, wie er sich dem Gefühl nicht stellt, wie er sich für seine eigene Wut nicht verantwortlich fühlt. Mit dem Durchbruch des Schmerzes und der Trauer, wie wir oben sahen, mit dem Aufgeben der Abwehrhaltung, mit der Anheimgabe an den Tod und der Annahme der Verantwortung für seine Mordlust ("wat hab ich gemacht, ...ich bin schuldig" [486-488]), verliert sich die Faszination für Reinhold und er erkennt ihn als Prinzip der Gewalt. "...Ich hätt mich mit dem nicht einlassen sollen," sagt er sich lakonisch, "ich weiß, wer du bist, ich treffe dich hier, mein Junge, auf der Anklagebank, draußen treffe ich dich noch tausendmal, aber davon wird mir das Herz noch lange nicht zu Stein" (498). Bis beinahe zum Ende versteht Franz den Tod (und Reinhold) nur von außen. Er ist ihm das Schicksal, auf das er sich immer wieder herausredet, von dem er immer wieder glaubt, daß es ihn verfolgt, als Verrat, als ihm angetane Gewalt, als Mord. Reinhold ist nicht so sehr eine andere Art von Verbrecher. Vielmehr verkörpert er eine Haltung des Protagonisten zum Verbrecherischen als etwas ihm Äußerlichem, Schicksalhaftem, als dem Toten, das ihn zu verfolgen scheint, weil er nicht wissen will, daß es in ihm ist und ihm anheim gegeben ist, sich damit auseinanderzusetzen. Die Figur Reinholds ist für den Roman deswegen so wichtig, weil sie die Haltung des modernen Pikaro und des modernen Menschen, soweit er sich mit Biberkopf identifiziert, dem Tode gegenüber thematisiert. Für Döblin ist dieser Mensch weder dem Verbrecherischen noch dem Tode anheimgegeben.

---

35. Ziolkowski behandelt die verschiedenen Gründe, die gewöhnlich zur Erklärung angeführt werden, S. 141.

Laurence A. Rickels

DIE BLECHTROMMEL
ZWISCHEN SCHELMEN- UND BILDUNGSROMAN

Noch ist Polen nicht verloren, -
Denn es lebt Nietzky noch.

Nietzsche

Oft und immer wieder rundete sich der Buchstabe O: verloren, noch nicht verloren, noch ist nicht verloren, noch ist Polen nicht verloren! ... Noch ist Polen nicht verloren, solange wir leben.

Die Blechtrommel, 481[1]

Obwohl Günter Grass behauptet hat, *Die Blechtrommel* sei ebensowenig ein Schelmenroman wie Grimmelshausens *Simplicissimus*, da seiner Ansicht nach beide Erzählungen nicht "moralisch wertfrei" seien, versteht er dennoch *Die Blechtrommel* auch als Erbe der gesamten europäischen Literaturtradition, angefangen beim Schelmenroman "mit all seinen Brechungen".[2] Noch genauer hat Günter Grass seinen Roman umschrieben, als er ihm eine ironische Beziehung zur Tradition des deutschen Bildungsromans unterstellte, eine Beobachtung, die bereits Hans Magnus Enzensberger in einer frühen Kritik machte und die bezeichnenderweise den Titel trägt: "Wilhelm Meister, auf Blech getrommelt."[3]

1. Hier und im folgenden zitiert nach Günter Grass, *Die Blechtrommel*, Fischer Taschenbuch (Frankfurt, 1962).
2. Zitiert nach Eberhard Mannack, *Zwei deutsche Literaturen?* (Kronberg, 1977), S. 66ff.
3. Zur Diskussion um *Die Blechtrommel* sowohl als Schelmenroman wie Antibildungsroman vgl. David Miles, "Kafka's Hapless Pilgrims and Grass's Scurrilous Dwarf: Notes on Representative Figures in the Anti-Bildungsroman". In: *Monatshefte*, 65, 4 (1973), 341ff. sowie auch ders., "The Picaro's Journey to the Confessional: The Changing Image of the Hero in the German Bildungsroman", *PMLA*, 89 (1974), 980ff. und ferner Gerhart Mayer, "Zum deutschen Antibildungsroman", *Jahrbuch der Raabe-Gesellschaft* (1974), 41ff.

Einem Roman, in dem jedes Kind entweder illegitim oder aber das Erzeugnis zweier möglicher Väter ist, wäre es wohl angemessen, wenn sein Autor ihm verweigerte, legitimer Nachfahre nur eines einzigen bestimmten Vorbildes zu sein, und er Kennzeichen zweier Gattungen trüge. Zielt *Die Blechtrommel* auf den Bildungsroman, während sie sich gleichzeitig dem Schelmenroman annähert, so mag dies sehr wohl daher rühren, daß in beiden Romantypen der Versuch des Protagonisten gezeigt wird, sich einer größeren Gruppe zu assimilieren. *Wilhelm Meisters Lehrjahre* lehrt ein zentrales Gebot der Bildung, nämlich sich innerhalb einer sozialen Gemeinschaft einzufügen, sich dort zu verlieren und sich zu vergessen, sobald man eine gewisse Bildung erlangt hat. Die ironische Distanz, die *Die Blechtrommel* einer solchen Position gegenüber einnimmt, läßt sich ermessen an ihrer Haltung zu Amerika. Während Wilhelm Meister seine Auswanderung plant, um in Amerika jenem zentralen Gebot seines Bildungsauftrags nachzukommen, wird für Oskar, den Protagonisten von Grass, aus Amerika ein Land, welches mutmaßlich verstorbene Großväter konserviert (29).

Bereits in den frühesten Schelmenromanen spielen Probleme der Assimilation eine besondere Rolle. Sehr wahrscheinlich wurden die ersten Pikaroromane von conversos geschrieben, von spanischen Juden, die sich durch Konversion der christlichen Gesellschaft anzupassen versuchten, aber sich dann als sogenannte "neue Christen" stigmatisiert fanden. Ihnen war es verboten, "alte Christen" zu heiraten, die gegen sie diskriminierten, um die "Reinheit des Bluts" zu wahren.[4] Das Kriterium des unreinen Ursprungs konnte jederzeit benutzt werden, um den converso zu denunzieren, was dazu führte, daß viele ihren Stammbaum zu fälschen versuchten, und es vermieden, sich in solchen Berufen zu betätigen, die traditionellerweise von Juden ausgeübt wurden.

Es waren conversos, die zur Entstehung des Romans, des ersten modernen und populären Mediums beitrugen. Zwar übte der Pikaroroman keinen unmittelbaren politischen Einfluß auf die spanische Gesellschaft aus, diente dafür aber gelegentlich als Visum für solche Länder, in denen eine Assimilation möglich war, wie z.B. Amerika. So wurde es dem converso Autor Alemán schließlich erlaubt, Spanien zu verlassen, um nach Mexiko einzureisen, nachdem er zuvor auf seine Urheberrechte am zweiten Teil des damals sehr bekannten und darum einträglichen Romans *Guzmán de Alfarache* verzichtet hatte. Indem der Schelmenroman institutionalisiert wurde als Forum für die zahllosen

---

4. Meine Ausführungen zum Ursprung des Schelmenromans folgen der Argumentation von Richard Bjornson, *The Picaresque Hero in European Fiction* (Madison, 1977), besonders S. 17ff. Vgl. auch Alexander Blackburn, *The Myth of the Picaro* (Chapel Hill, 1979), 9f., 30.

Probleme der Anpassung, selbst an die eigene Kultur, erhielten die conversos gewissermaßen selbst die Oberaufsicht über ihre Assimilation. Daß die Problematik der Assimilation im Mittelpunkt der frühesten Pikaroromane stand, belegt die erste radikale Abweichung innerhalb des sich damals noch entwickelnden Prosatyps. *El Buscón*, verfaßt von dem antisemitischen Aristokraten Quevedo, war ursprünglich angelegt als eine anti-pícaro, oder anti-converso Erzählung. Während in dem ersten Pikaroroman zwar die Gesellschaft als korrupt, deswegen auch letztlich die Gleichheit aller innerhalb der Zirkulationssphäre des Geldes vorausgesetzt wurde, wird die Gesellschaft bei Quevedo nur durch die Zirkulationssphäre des Bluts bestimmt, wonach man nichts an der gegebenen "Reinheit" oder "Unreinheit" seines Bluts zu ändern vermag. Als sich Quevedos Held auf den Weg nach Amerika macht, wundert es nicht, daß er in noch größere Schwierigkeiten und Nöte als im eigenen Land gerät, weil eben dies, so heißt es am Schluß des Romans, immer schon das Schicksal von Schwindlern und "pícaros" gewesen sei.

Daß dem Pikaroroman ein gewißer Vorbehalt gegenüber den Schranken der Assimilation innewohnt, wird schon durch das allererste Beispiel, den *Lazarillo de Tormes* bezeugt, besonders durch das Hauptanliegen des Helden, nämlich die Entfernung oder Aufbewahrung der Toten. Der Name des eponymischen Helden, Lazaro, bezieht sich selbstverständlich auf jene zwei neutestamentarischen Berichte, in denen verstorbene Personen aus ihrem Grabe wiederaufstehen. Die Schilderung handelt von Lazaros ständigen Versuchen, Zugang zu den Speisen zu erhalten, die sein Meister vor ihm in sicheren Behältern verschließt. Dabei wird Lazaros Nahrungssuche in Verbindung mit der Macht der Toten gebracht. Von seinem Meister beauftragt, ihnen eine Mahlzeit zu kaufen, trifft Lazaro auf eine Beerdigungsprozession und hört die Witwe des Verstorbenen darüber klagen, daß man ihren Mann hinwegtrage in eine trostlose und düstere Region, wo niemals gegessen und getrunken werde. Trostlos und düster sind aber genau die Beschreibungen, die Lazaro bereits von dem Haus seines Meisters gegeben hat, weil es ohne alle Speisevorräte ist; und ebenfalls hatte er beobachtet, daß sein Meister weniger das Bedürfnis zu speisen hätte, als ein Toter. Deshalb eilt Lazaro, nachdem er die Worte der Witwe gehört hat, sofort zurück und verriegelt die Tür aus Furcht, die Trauergäste könnten dort mit dem Leichnam eintreten.

Beiden Romanen, *Lazarillo de Tormes* und - wie wir noch genauer sehen werden - der *Blechtrommel*, ist eine gewiße Verweigerung oder Unfähigkeit zu trauern gemeinsam. Wenn Trauerarbeit befähigt, den Tod eines geliebten Menschen zu überstehen, dann ist die Verweigerung Trauerarbeit zu leisten, d.h. den Verlust zu ersetzen, gleichzeitig auch eine Verweigerung, sich der Gemeinschaft der Lebenden anzupassen.

Unfähig, einen Verlust oder Tod anzuerkennen, muß der Überlebende alle jene Substitutionsprozesse, welche der Assimilation wesentlich sind, und ohne die selbst das Einleben in die eigene Kultur nicht gelänge, entweder verwerfen oder unterlaufen. Das problematische Verhältnis zur Trauerarbeit, das den Pikaroroman von *Lazarillo de Tormes* bis zum *Simplicissimus* und darüber hinaus bis zur *Blechtrommel* durchzieht,[5] und das bestätigt wird durch die etymologische Übertragung, die pícaro mit "am Essen herumknabbern" und Schelm mit "Leichnam" assoziiert, unterscheidet nun in der Tat die Abenteuer eines Schelmenromans von den Erlebnissen eines Bildungsromans. Den Normen der Trauerarbeit und Bildung gegenüber gibt es dabei verschiedene Widerstandsalternativen zur Annahme des Verlusts sowie zur darauffolgenden Assimilation. Um den Toten ein Fortleben zu garantieren, mag man sie beispielsweise in einer geheimen, in einem selbst befindlichen Gruft aufbewahren und verbergen, demzufolge die Toten zwar hinuntergeschluckt, jedoch niemals verdaut und ausgestoßen werden. Wie das immer hungrige, immer aufgerissene Mundwerk des Vampirs, so öffnet sich wohl auch der immer leere, jedoch immer knabbernde Mund des pícaro, um mit den Toten auf eine Weise fertig zu werden, die der Psychoanalyse unter dem Namen der Einverleibung bekannt ist.[6] Außerhalb des Körpers des Verlassenen entwickelt sich noch eine andere Art der Einverleibung, wenn etwa Dr. Frankenstein nach dem Tode seiner Mutter ein Monster aus toten Überresten zusammenstellt, eine ungeheure Schöpfung, die, um die verstorbene Mutter wiederzubeleben, nicht nur den natürlichen Zeugungsvorgang, sondern eben die Trauerarbeit selbst umgeht. Nietzsches Alternative zur Trauerarbeit ebenso wie zur Einverleibung ist dagegen das wirkliche Erledigen und Abstoßen des Teils von uns, der den Verlust entweder inkorporieren oder betrauern würde. So läßt sich Nietzsche in *Ecce Homo* vernehmen, er habe sich seiner biologischen Herkunft entledigt, indem er seine Eltern geworden sei und sich selbst überlebte.[7] Aus dieser Perspektive, die die Opposition von Bildungs- und Antibildungsroman (z.B. *Frankenstein*) einerseits[8] und Trauerarbeit und

---

5. Ein katastrophaler Krieg und als Folge die Konfrontation mit den Toten rücken *Die Blechtrommel* nach Günter Grass in die Nähe von Grimmelshausens *Simplicissimus*.

6. Die wichtigste Untersuchung, die ausschließlich dem Problem der Einverleibung gewidmet ist, schrieben Nicolas Abraham und Maria Torok, *Cryptonymie. Le Verbier de l'Homme aux Loups* (Paris, 1976).

7. Vgl. Tracy Strong, "Oedipus as Hero: Family and Family Metaphors in Nietzsche", *Boundary* 2, IX, 3 und X, 1 (1981), 311ff.

8. Obwohl gewöhnlich nicht als Beispiel für den Antibildungsroman aufgeführt, folgen *Frankenstein. Or, The Modern Prometheus* ebenso wie *Dracula* Schritt für Schritt

Einverleibung andererseits übertrifft, muß *Die Blechtrommel* gesehen werden.

Bei der Wiederbelebung des Schelmenromans in der modernen deutschen Literatur - z.B. der *Blechtrommel*, aber auch Thomas Manns *Felix Krull* - wird der Held ausdrücklich in Beziehung zu Hermes gesehen. Hermes ist nicht nur der Gott der Diebstähle und Betrügereien, sondern auch der Gott der Reisen und der Botschaften.[9] Es war Hermes, der Götterbote, dessen einzig unzweideutige Nachricht die des Todes war, und der die Sprache zu einem postalischen System machte, zur Post, zu einem Ort des Aufschubs sowie des Verlusts. Eine gewisse Nietzschesche Bejahung dieses Orts der Doppeldeutigkeit und des Aufschubs spielt jedoch in die von Mann sowohl als auch von Grass vertretene Assoziation des Pikaros mit Hermes hinein. Obwohl es auf den ersten Blick so scheint, als ob sich gerade *Die Blechtrommel* gegen die unkontrollierbaren Doppeldeutigkeiten eines Hermes abschirme, nämlich durch Oskars nicht nachlassende Faszination für die Drei, die magische Zahl abendländischer Tradition vom Ödipuskomplex bis zur Dreifaltigkeit, erweist sich jedoch gerade diese Fixierung in Wirklichkeit nur als die Täuschung eines unauffälligen Voyeurismus. Denn Hermes' magische Zahl ist die Vier, und es ist Oskar, der immer anwesend ist, wenn es gilt, die verschiedenen Dreiecksbeziehungen zu bezeugen und zu bewundern, und der also in jedem Einzelfall als die vierte Person nicht mitgezählt werden darf, wenn es die Drei sein soll, die immer nur in der von ihm konstituierten Perspektive enthalten ist. Die Betrachtung jener ironischen Geschichte abendländischer Tradition, die zwischen dem Pikaroroman und dem Bildungsroman liegt, und die *Die Blechtrommel* angeblich entwickelt, läßt sich wohl am besten beginnen mit Oskars Geburt, die in ihm den Wunsch erweckt, im Alter von drei Jahren das Wachstum einzustellen. Schon während seiner Geburt erwirbt Oskar ein Gespür fürs Trommeln und für die Zerbrechlichkeit von Glas, beides versinnbildlicht in der Motte, die gegen eine Glühbirne flattert. Ihr unaufhörlicher Versuch, zum Licht vorzudringen - was natürlich ihr Tod wäre, wenn es ihr gelänge - ist ein Streben nach etwas, das immer wieder aufgeschoben werden muß, wenn ihr Trommeln, d.h. ihr Leben, überdauern soll.[10]

Programm und Methode der Bildung. Aber die ins Monsterhafte gesteigerte Erzählung ist gerade dadurch die genaue Umkehrung des Bildungsromans.

9. Die Verbindung des Schelms oder Schalks mit Hermes geht auf Goethe zurück. Vgl. *Schelm* in *Grimms Wörterbuch*.

10. Vgl. Friedrich Gaede, "Grimmelshausen, Brecht, Grass. Zur Tradition des literarischen Realismus in Deutschland", *Simpliciana: Schriften der Grimmelshausen Gesellschaft*, 1 (1979), 54ff.

In Übereinstimmung mit der bekannten Wechselbeziehung zwischen Verkleinerung und Vergrößerung,[11] ist Oskar, der ewige Dreijährige, eine wahrhafte Verkörperung außergewöhnlich sensorischer Fähigkeiten. Sein Schrei zerbricht Glas, und seine Nase wittert noch den leichtesten Geruch. Wegen seiner Unscheinbarkeit, die ihm seine geringfügige Größe erlaubt, entgeht ihm in seiner Umgebung so gut wie nichts, und sein Tastsinn ist so fein entwickelt, daß noch seine Trommelstöcke die Verlängerungen seiner Fingerspitzen sind und sie an Sensibilität sogar noch übertreffen. Besonders auffallend an Oskar dem Trommler ist jedoch sein radarhaftes Ohr. Sein Gehör ist bereits bei seiner Geburt in einer Weise entwickelt, daß Oskar vermutet, er sei eines der Kinder, die mit vollem Bewußtsein ausgestattet zur Welt kommen (35). Genauso wie es sich auch mit dem ewigen Trommeln Oskars und der Motte verhält, so, um das Trommelfell zu schützen, muß in unserem Ohr der Ohrhammer unaufhörlich trommeln, so daß durch die Übersetzung der Schallwellen in die regelmässige Abfolge kleinerer akustischer Einheiten der plötzliche Einbruch vermieden wird, und das innere Labyrinth unseres Ohrs geschützt bleibt. Wenn sich daher Oskar bedroht fühlt, weil man ihm seine Trommel wegnehmen will, verwandelt er seine hohe Stimme in eine schneidende Kraft, der es möglich ist, Glas zu zersingen.

Obwohl die Kritik bereits bemerkt hat, daß *Die Blechtrommel* historisches Geschehen aus der Perspektive der ewigen Wiederkehr des Gleichen sieht, hat man bisher die Möglichkeit nicht ernst nehmen wollen, daß dieser Roman ein rigoroser Nietzscheroman sein könnte, wie es ja beispielsweise für den *Doktor Faustus* angenommen wird. Doch angefangen bei den Details seiner sensorischen Fähigkeiten bis zu der von ihm praktizierten Anklage der Bildung, verkörpert Oskar die radikalste Nietzscherezeption in der deutschen Literatur, besonders die des Nietzsche von *Ecce Homo*. Oskar und Nietzsche haben außer ihrem feinen Geruchssinn vor allem ihr besonders scharfes Gehör gemeinsam. Nietzsche war stolz auf seine kleinen Ohren, zumal er glaubte, daß sie ihn gerade Frauen gegenüber attraktiv machten. In seinen Augen gab es nichts Schlimmeres, als einfach nur Ohr zu sein, und alles ununterschieden zu hören. Seinen Zarathustra läßt er erwägen, ob er nicht die Gehörtrommeln seiner Zuhörer einstechen solle, so daß sie statt dessen mit den Augen hörten.[12] Auch Oskars Trommeln ist synästhetische Gebärde, Lautmalerei, die einen Widerhall findet in den geisterhaften Knotengebilden des Krankenpflegers, der Oskar beobachtet,

---

11. Z.B. etablierte Freud ihre Austauschbarkeit in Träumen in seiner bekannten Gleichsetzung: "das Kleine ist das Genitale".

12. Ich folge hier Jacques Derridas Einleitung "Tympan" in *Marges de la philosophie* (Paris, 1972).

wie er niederschreibt, woran er sich unter seinen Trommelschlägen erinnert (9).

Um die Hohlheit der Idole und Ideale ertönen zu lassen, wollte Nietzsche mit dem Hammer philosophieren. Für Oskar wie für Nietzsche gehören zur oralen/auralen Kommunikation sowohl die Finger und das omphalos wie auch der geschwängerte Mutterschoß, der zur Trommel verwandelte Körper. Wenn Nietzsche philosophierte, glaubte er sich schwanger, und der Glaube hieran wurde von ihm am nachdrücklichsten betont, als er in Sils Maria die ihn "überwältigende" Idee der ewigen Wiederkehr des Gleichen aushämmerte. Als den eigentlichen Ort ewiger Wiederkehr glaubte Nietzsche jedoch nicht nur den Mutterschoß, sondern ebenso das Ohr zu erkennen.[13]

Das Ohr, das ja tatsächlich sehr dem omphalos ähnelt, ist zusammen mit dem Mund der erste Ersatz für die verlorene Nabeschnur zur Mutter, d.h. für die verlorene Beziehung zu einem selbst, wobei es jedoch vor allem das Ohr ist, das am meisten verletzbar bleibt. Das Ohr ist das offenste und loseste Organ: Um jemandem zu verstehen, leiht man ihm sein Ohr. Nur aufgrund seines Trommelns, genauer: wegen seines Aufschubs unmittelbarer Gegenwart des akustischen Einfalls, kann erst das Ohr jenen Effekt der Proximität und Präsenz bewirken, der für das orale/aurale System immer schon besonders hervorgehoben worden ist: obwohl man sich selbst eigentlich nie sieht, scheint man sich jedoch immer selbst zu hören.

Nachdem Oskar schon gleich nach seiner Geburt die Wunschvorstellungen seiner Eltern über seine Zukunft gehört oder vernommen hat, identifiziert er sich sofort mit dem Versprechen seiner Mutter, ihm zu seinem dritten Geburtstag eine Blechtrommel zu schenken. So sehr verabscheut Oskar den Plan seines Vaters, ihn zum Nachfolger des Familienunternehmens zu machen, daß er lieber gleich in den Mutterschoß zurückkehren möchte. Weil ihm aber solche Rückkehr verwehrt ist, entscheidet er sich an seinem dritten Geburtstag für immer ein infans zu bleiben, buchstäblich also ein nicht sprechendes Kleinkind, und fortan zu trommeln und Glas zu zersingen statt zu sprechen und zu wachsen. Das Versprechen der Mutter, ihren Sohn mit einer Trommel zu beschenken, wird von Oskar als Einladung interpretiert, in ihren Schoß, selbst eine veritable Trommel, zurückzukehren. Sein Verständnis des Mutterschoßes als Trommel, oder seine Trommel als Mutterschoß, in welchem das ungeborene Kind die höhere Stimmlage der Mutter als gedämpftes Trommeln vernimmt, wird durch Oskars Feststellung

---

13. Vgl. Gilles Deleuze, *Nietzsche et la philosophie* (Paris, 1963), 5. Kapitel, 12. Abschnitt. Nietzsche war natürlich nicht der erste, der Ohr und Mutterschoß als austauschbare Stellen der Einpflanzung betrachtete.

unterstrichen, daß seine vormalige Nabelschnur sein erster Trommel-stock war (145).

Eine gewisse Übereinstimmung ihrer Wünsche scheint der stillschwei-genden Übereinkunft zwischen Oskar und seine Mutter zugrundezulie-gen, derzufolge er immer ihre Puppe und ihr Däumling bleiben wird. Ein Däumling ist das, was in Hand und Ohr passt. Die Hände und das Ohr, die immer schon das Maß und der Schutz der kleinen Dinge und Wesen waren, sind auch die Sinnesorgane, nämlich Hör- und Tastsinn, durch die Oskar mit seiner Umgebung kommuniziert. In einer Theateraufführung des Märchens von Däumling, die Oskar mit seiner Mutter besucht, kann jenes kleine Wesen nur durch seine Stimme auf der Bühne vergegenwärtigt werden (87). Selbstverständlich ist Oskar tief beein-druckt von dieser Inszenierung, aber nicht nur er, sondern auch seine Mutter:

> ...als ich zu Mama hinaufblinzelte, bemerkte ich, daß sie die Nase hinter dem Taschentuch barg, weil sie gleich mir die Handlung auf der Bühne zum eigensten Erlebnis gemacht hatte. Mama ließ sich gerne rühren, drückte mich während der folgenden Wochen, vor allen Dingen, solange das Weihnachtsfest dauerte, immer wieder an sich, küßte mich und nannte Oskar bald scherzhaft, bald wehmütig: Däumling. Oder: Mein kleiner Däumling. (88)

Im Märchen vom Däumling ist die Däumlingsgröße die Verwirk-lichung des Wunsches einer Mutter, die um jeden Preis ein Kind haben möchte, selbst wenn es nicht größer als ein Daumen ist. Däumlings Mutter aber versteht die Erfüllung ihres Wunsches keineswegs als Strafe ihres Begehrens. Warum aber sollte sich die Mutter eines Oskar oder Däumlings ein diminutives Kind wünschen? Und warum könnte die Erfüllung ihrer Wünsche - Wünsche, die normalerweise grundlegend für Kindheit und Bildung sind - ein Ende machen mit aller Bildung?

Der Held des Bildungsromans ist zweifellos ein Agent der Wünsche seiner Mutter. Wilhelm Meisters Faszination für das Theater wird ihm eingeimpft durch die Gabe und Begabung seiner Mutter, genauso wie die Mutter des grünen Heinrich sein künstlerisches Bestreben fernlenkt.[14] Obwohl eigentlich schon christlichen Ursprungs, wird die Vorstellung von einer Kindheit als Matrize der Wünsche und Erfahrungen, auf die man sich sein ganzes Leben lang bezieht, erst mit der Heraufkunft der neuen Bildungskultur in pädagogische Praxis umgesetzt. Im Gegensatz zu den pädagogischen Maßnahmen der Aufklärung, die die Kindheit als

---

14. Ich folge hier Friedrich Kittlers Genealogie der Kleinfamilie, beispielsweise in "'Erziehung ist Offenbarung': Zur Struktur der Familie in Lessings Dramen", *Jahrbuch der deutschen Schillergesellschaft*, 21 (1977), 111ff, sowie "Über die Sozialisation Wilhelm Meisters", in Gerhard Kaiser und Friedrich Kittler, *Dichtung als Sozialisationsspiel* (Göttingen, 1978), S. 13-133.

eine Lebensphase auffaßte, die sich am besten zur Einschärfung jener
Regeln eignet, die ein rationales Verhalten garantieren, ist es die
Methodik der Bildung, im Kind Wünsche durch Gaben zu wecken, so
daß es durch die Begabung die Erwartenshaltung seiner Mutter
verinnerlicht.

Die Beziehung zwischen Mutter und Sohn, die uns *Die Blechtrommel* als
eine phantastische Huldigung an die Kindheit schildert, überschreitet
jedoch sowohl die der Kleinfamilie der Bildungskultur als auch der
Psychoanalyse. Da Kindheit begrenzt ist in ihrer physischen Bewegungsfreiheit und somit phantastisch in ihrem Inhalt, vergegenwärtigt sie im
Kleinen und Fiktiven das Anfangskapitel jeder Biographie.[15] Die
Huldigung der Kindheit als das verkleinerte Abbild des Erwachsenseins -
man denke nur an die Modepuppe, das Puppenhaus und Däumlings-
hochzeit - war immer schon eine beliebte Unterhaltung der Erwachsenen,
oder ist zumindest als solche aus ihr entstanden. Der Ursprung des
Puppenhauses ist beispielsweise die Weihnachtskrippe. Dort auch liegt
die Antwort, warum Oskars Mutter einen Däumling zu haben wünscht,
und warum Oskar, einmal geboren, so bereitwillig diesem Wunsch Folge
leistet. Wie Jesus, der gerade auch als Kleinkind die Menschwerdung
schlechthin verkörpert, war auch Oskar bei seiner Geburt schon geistig
voll entwickelt. Obwohl selbst kaum Kinder, sind Oskar und Jesus die
Apotheose des Kindes, und die Idee der Kindheit vermag selbst als
Erfindung und Ausdruck des Christentums gesehen zu werden. Oskar
und Jesus besitzen beide den wissenden und beinahe allwissenden Blick
des unschuldigen Kindes, der auf dem Gesicht Jesu zum ersten Male
erscheint, wenn er als Zimmermannslehrling bei der Errichtung von
Kreuzen beschäftigt ist. Und beide stehen in einer symbiotischen
Beziehung zur Mutter; denn nicht nur geht die Vorstellung des Kindes
und der Kindheit auf das Christentum zurück, sondern es führte auch die
Idee der gnadenreichen Mutter für den Glauben ein.

Der Sohn der Jungfrau Maria war auch ihr Himmlischer Bräutigam,
welcher, nachdem er sie zur Mutter erwählt hatte, sie auch für eine ewige
Vereinigung im Himmel auserkor. Tatsächlich waren sie bereits
vermählt, als das Wort in Marias unbeflecktem Schoß Fleisch ward.[16]
Christus, der gestorbene jedoch lebende Sohn Gottes, ist nicht nur
Phantom, den lebend Toten verwandt. Insofern Mutterschoß und
Ehebett austauschbar bleiben, kam Christus auch nie zur Welt und nahm

---

15. Meine Arbeit verdankt wesentliche Anregungen der Phänomenologie der
Miniatur von Susan Stewart, *On Longing: Narratives of the Miniature, the Gigantic, the
Souvenir, the Collection* (Baltimore, 1984).

16. Vgl. Leo Steinberg, "The Sexuality of Christ in Renaissance Art and in Modern
Oblivion", *October*, 25 (1983).

als einer der Ungeborenen schon immer einen himmlischen, nicht ontologischen, Status ein. Von jeher hat das Christentum im Namen des Ungeborenen gesprochen; Christus selbst ist der ewig Ungeborene. Auch Oskar würde gerne seine eigene Geburt auf ewig aufschieben, ebenso wie er seiner Mutter erlaubt haben würde, an dem trommelähnlichen Organ festzuhalten, das sie in der Schwangerschaft erwarb und sonst durch die Geburt verloren hätte. Oskar verweigert sich weniger seinem Wachstum als vielmehr seiner Geburt. Mit dreißig, heißt es bei ihm, hätte er das Alter erreicht, in dem Jesus um eine Gefolgschaft zu werben begann, dasselbe Alter, in dem er selbst wieder drei Jahre alt und in den Schoß seiner Mutter zurückgekehrt sein würde (145). Als Oskar das Licht der Welt erblickt, wird er Zeuge des Trommelns einer Motte auf einer Glühbirne, und von diesem Augenblick an ist für ihn das Trommeln eine Möglichkeit des Aufschubs seiner endgültigen Geburt. Das Trommeln ist für Oskar fortschreitende Arbeit, wohingegen seine hohe Stimme und ihre furchteinflößende Macht für ihn Spiel ist; diese Verspieltheit ist in jeder Hinsicht sein Verteidigungssystem, das andere mit dem bedroht, wovor es ihn selbst bewahrt, nämlich der Penetration der Membrane.[17] Jedoch sind außerdem die Zerstörungen, die Oskar mit seiner Stimme anrichtet, immer auch an die Adresse seiner Mutter zur Erinnerung an ihren beiderseitigen Vertrag gerichtet, genauso wie es ihm die Trommel erlaubt, in einer direkten Weise mit seiner Mutter zu kommunizieren, auch sie zu kontrollieren und zu manipulieren. Oskar benutzt daher die Macht seiner Stimme nicht nur, wenn es gilt, die Trommel zu verteidigen. Selbst wenn seine Mutter nicht unmittelbar anwesend ist, wenn er Glas zersingt, so wird sie letztlich jedoch immer noch Zeuge der Folgen seiner Taten und erhält auf diesem Wege Nachricht von ihrem Sohn. Wenn Oskar die Glasbehälter der Embryosammlung des Doktors zerstört, weil dieser ihm seine Trommel wegnehmen will, ist dies zum einen ein Hinweis auf die Ähnlichkeit zwischen den künstlichen Mutterschößen und Oskars Trommel, gleichzeitig aber auch eine deutliche Mahnung an

---

17. Vgl. Irene Leonhards Ausführungen über den Unterschied zwischen Oskars Trommeln als "Arbeit" und seiner Glas zerstörenden Stimme als "Spiel" in: *Günter Grass* (New York, 1974), S. 14ff. In "Felix Krull und Oskar Matzerath", in: *Positionen des Erzählens: Analysen und Theorien zur deutschen Gegenwartsliteratur*, hrsg. von Heinz Ludwig Arnold und Theo Buck (München, 1976), S. 52, betont Hans Mayer die Beziehung zwischen Oskars Trommeln und seiner ständigen Infantilität, d.h. seine unkörperliche Existenz als reines Bewußtsein, als "fensterlose Monade" und Homunculus ähnliche "Kunstfigur": "Die Blechtrommel-Sprache ist eine Kunstsprache, die Oskar erlernt und perfektioniert, weil sie ihm gleichzeitig erlaubt, das Bewußtsein zu artikulieren und doch auf Kommunikation mit Hilfe der Sprache zu verzichten... Der Trommel beraubt, gerät Oskar stets in Gefahr, erwachsen zu werden und zum menschlichen Sprechen übergehen zu müssen".

seine Mutter, die sich daraufhin vor Übelkeit übergeben muß, ein Zustand, der sich noch im weiteren Verlauf der Geschehnisse als fatal erweist. Denn als Oskar und das Trio seiner Eltern am Karfreitag zum Strand hinausfahren, wo sie mitansehen, wie ein mit Aalen besäter Pferdekopf aus dem Wasser gezogen wird, muß Oskars Mutter sich wieder übergeben, und zwei Wochen nach Ostern beginnt sie Unmengen Fisch zu essen, bis sie und ihr noch ungeborenes Kind daraufhin an einer Fischvergiftung sterben. Nachdem sie noch einmal schwanger geworden ist, gibt ihr Selbstmord unmißverständlich zu verstehen, daß sie sich kein anderes Kind als Oskar wünscht, daß sie sich Oskar wünscht als Apotheose des Sohnes als Künstler, als Genius, als Erlöser. Solcherweise aber eröffnen Mutter und Sohn ein gemeinsames Schuldenkonto, wovon sie abheben können, was ihnen nicht gehört und normalerweise der rechtliche Besitz des Vaters ist. In Erfüllung seines Vertragsanteils, daß er der Mutter immer ihr dreijähriger Sohn bleibe, inszeniert Oskar den Unfall auf der Kellertreppe, wobei er den Vater unmittelbar miteinbezieht, dessen Schuld, die Kellertür aufgelassen zu haben, den Kontostand zugunsten der Mutter verändert. Indem sie ihren Selbstmord mit jener Strandszene und dem ihr daraufhin von ihrem Gatten aufgezwungenen Karfreitagsessen in Verbindung bringt, steigert sie noch einmal die Schuldenlast des Vaters und sichert solcherweise die Ersparnisse des Sohnes. Erfolgreich verwandelt Oskars Mutter die Karfreitagskost in Karfreitagskosten, deren Rückerstattung nun der Vater dem Sohne schuldet.

Oskar der Erlöser, die Apotheose des Sohnes, muß zufolge seines Vertrags mit seiner Mutter der letzte seiner Linie bleiben und darf demnach nicht selbst Vater werden. Der Roman zeigt zwei Lösungswege: entweder man ist ein Däumling wie Oskar oder ein Homosexueller wie der Gemüsehändler Greff, die einzige von Oskars Trommeln beeinflußte Person, und zwar so sehr beeinflußt, daß Greff eine Trommelmaschine bastelt, um seinen Selbstmord mit einem Trommelwirbel zu begleiten (225). Obwohl der kleine Oskar nicht auf Geschlechtsverkehr verzichtet, so sorgt er doch dafür, daß jedes mögliche Produkt seiner sexuellen Beziehungen wenigstens zwei Väter hätte, wie es bei seiner eigenen Zeugung der Fall war.

Oskars Identifikation mit Jesus, besonders aber mit der Statue von Jesus als Kind, deren Hände gestaltet sind, als ob sie Trommelstöcke hielten, ereignet sich in der Kirche, in die seine Mutter ihn jedesmal mitnimmt, wenn sie zur Beichte geht, nachdem sie zuvor ihr wöchentliches Stelldichein mit ihrem Vetter Jan hatte, Oskar hingegen mit einer neuen Trommel beschenkt worden ist. Es ist für Oskars Mutter nicht einfach, das Trio ihrer Ehe in einer Weise zu erhalten, daß ihr gemeinsames Konto mit ihrem Sohn für sie und ihn schuldenfrei bleibt.

Während sie in der Kirche darauf wartet, daß sie mit der Beichte an die Reihe kommt, beobachtet Oskar, wie sie den Beichtspiegel überfliegt, als handle es sich für sie um die Überprüfung der Steuererklärung (115). Nachdem Oskar in der Statue des Jesusknaben seinen eigentlichen Doppelgänger erkannt hat, versucht er ihm das Trommeln beizubringen. Doch der versteinerte Jesus, ausgestattet mit Oskars Trommel und Trommelstöcken und wiederholt zum wunderbaren Geschehnis aufgefordert, rührt sich nicht. Statt dessen wird Oskar Zeuge eines anderen Wunders: verärgert und frustriert darüber, daß sich die Statue weigert, seiner Aufforderung zum Trommeln nachzukommen, richtet Oskar seine Stimme auf eines der oberen Kirchenfenster, um nun zum ersten mal zu erfahren, daß seine Stimmbänder machtlos sind. Ein Wunder! Denn obwohl der Jesusknabe nicht trommelt, widersteht seine membranhafte Umhüllung - Glas, das Oskar immer mit Jungfräulichkeit assoziiert (107) - jedem Versuch, in sie einzudringen.

Kurz nach dem Tode seiner Mutter geht Oskar mit Jan, seinem Onkel oder möglichen Vater, auf die polnische Post, wo er hofft, seine beschädigte Trommel von dem Hausmeister Kobyella repariert zu bekommen. Bisher hatte immer seine Mutter darauf achtgegeben, daß Oskar mit einer Trommel versorgt ist, jenem Instrument, wie er betont, durch das er drei Jahre alt bliebe und die Verbindung mit seiner Mutter am Leben erhielte, obwohl es nach Ansicht seiner Großmutter gerade die Trommel gewesen sei, die seine Mutter in den Selbstmord getrieben habe: "Wenn schon schuldig am Tod meiner armen Mama, klammerte ich mich dennoch um so fester an die geschmähte Trommel; denn die starb nicht, wie eine Mutter stirbt, die konnte man neu kaufen..." (141). Oskar würde sogar seiner Mutter unter die Erde gefolgt sein, wobei ihm ihr Sarg als letzte Trommel gedient hätte. Er, der seiner Größe nach ein vollkommener Liliputaner ist, erstaunt darüber, wie harmonisch der Sarg seiner Mutter auf die Proportionen des menschlichen Körpers zugeschnitten ist, besonders aber fasziniert ihn die Art und Weise, wie sich der Sarg zu den Füßen hin verjüngt, wörtlich also zuspitzt und erneuert:

Der Sarg ... verjüngte sich auf wunderbar harmonische Weise zum Fußende hin. Gibt es auf dieser Welt eine Form, die den Proportionen des Menschen auf ähnlich gelungene Art entspricht? ...auf den Sarg wollte Oskar hinauf. Obendraufsitzen wollte er und trommeln. Nicht auf Blech, auf den Sargdeckeln wollte Oskar mit seinen Stöcken... Mit Mama und dem Embryo wollte Oskar in die Grube... auf dem verjüngten Fußende wollte er sitzen, trommeln, wenn möglich unter der Erde trommeln ...auch mit den Knöchelchen hätte Oskar noch gerne den zarten Knorpeln des Embryos vorgetrommelt, wenn es nur möglich und erlaubt gewesen wäre. (133-34).

Am Tage des Einmarsches der Deutschen in Polen bringt Oskars

weißrote Trommel ihn und Jan ins polnische Postgebäude und somit auf
das Territorium jener Gruppe, mit der seine Vorfahren mütterlicherseits
immer schon Partei genommen hatten, obwohl selbst eigentlich weder
polnischer noch deutscher Abstammung. Oskars Mutter wurde auf einem
Acker - überspannt mit Telegraphendrähten und -masten - von dem
polnischen Patrioten und Brandstifter Koljaiczek gezeugt, Oskars großer
Onkel Vincent bekennt sich zur Jungfrau Maria, der Königin Polens, und
Oskars Onkel oder mutmaßlicher Vater Jan arbeitet für die polnische
Post, wo er im Namen Polens seiner uralten Vorliebe für die Miniatur, für
die Briefmarke nachgeht. Oskars väterliche Linie hingegen, das
Vaterland, beginnt einen Weltkrieg, indem es das polnische Postgebäu-
de angreift und polnische Beamte zwingt, ihre Poststempel für Waffen
einzutauschen, ein Tausch, den Oskar für ihren Vorteil hält, weil er ihre
Sparsamkeit unter Beweis stellt (180). Denn natürlich ist ein Postgebäude
auch eine Bank, ein Ort des Sparens. Insofern als Oskar im polnischen
Postgebäude eine neue Blechtrommel erhält, ergibt die Verteidigung der
Post für ihn auch einen gewissen Sinn; ist aber auch diese neue Trommel
ruiniert, gibt auch Oskar die Verteidigung der Post verloren (210-11).
Oskar verknüpft von Anfang an das Schicksal seiner Trommel mit dem
Ausgang der Verteidigung des Postgebäudes, genauso wie er sich zuvor
mit dem jüdischen Spielwarenhändler Markus verbündete, der bis zu
seinem Selbstmord wegen des Naziterrors der Lieferant für Oskars
Trommeln war: "Langsam setzte sich in mir der Gedanke fest: es geht gar
nicht um Polen, es geht um mein verbogenes Blech" (183). Oskar bildet
sich sogar ein, daß sich die Postbeamten von der Tatsache angefeuert
fühlen müßten, daß gerade seine "sterbende Kindertrommel" bei ihnen
Schutz gesucht hat und um seine Trommel in Sicherheit zu bringen,
beerdigt er sie unter einem Stoß unsortierter polnischer Post (179-80).
   Als Oskar seine neue Blechtrommel, die er unter zahlreichen anderen
Spielsachen in einer der Dienstwohnungen des Postgebäudes entdeckte,
endlich in den Händen hält, zieht er sich mit Jan in einen fensterlosen
Sortierraum zurück, jedoch erst, nachdem Jan die Fotos seiner Geliebten
und seine Spielkarten zusammengesucht hat. In dieser fensterlosen
Zufluchtsstätte spielen sie Skat, bis der unersetzbare dritte Spieler, der
Hausmeister Kobyella, seinen Verwundungen erliegt, woraufhin Jan
Kartenhäuser zu bauen beginnt und sich mit Oskars verstorbener Mutter
unterhält. Während die Deutschen schließlich auch bis zu diesem
fensterlosen Raum vordringen, kommt Oskar zu dem Schluß, daß ein
Vaterland, das gegen Menschen vorgeht, die die Post, Karten und
Postkarten, Familienfotos und selbst Spielzeugtrommeln lieben und
schützen, seinen Krieg bereits verloren hat (196). Die Post aber kommt
Oskar selbst an jenem Tag zu Hilfe, als sein mutmaßlicher Vater
Matzerath für ihn die Einweisung in eine Anstalt unterschreibt, d.h. ihn

zum Tode verurteilt, denn genau an jenem Tage bricht das Danziger Postsystem unter dem Vormarsch der sowjetischen Truppen zusammen (336).

Der fensterlose Sortierraum kehrt unmittelbar nach der Niederlage der Post als Moment der Faszination wieder, die für Oskar von Krankenschwestern ausgeht. Die Krankenschwester, von der er später in West-Deutschland am meisten besessen ist, und deren abgeschnittener Ringfinger zufällig in seinen Besitz gelangen wird, lebt, wie er es vorausgesehen hat, in einem fensterlosen Zimmer (406). Die in deutschen Filmen hinter Milchglasscheiben immer wieder auftauchende Person ist für Oskar eine Krankenschwester (401), eine Beobachtung, die einmal mehr die Krankenschwester in einen kuriosen Zusammenhang mit der Niederlage der polnischen Post bringt. Denn auch die Eroberung der Post samt ihrem krypta-ähnlichen fensterlosen Sortierraum erreicht alle deutschen Kinos als der in der Wochenschau festgehaltene Beginn des zweiten Weltkriegs (199-200), und Oskars Mutter war noch Krankenschwester, als sie jenes Dreiecksverhältnis gründete, das aus ihr selbst, ihrem Vetter Jan und ihrem Gatten Matzerath bestand, und aus dem Oskar hervorging. In seinem dreißigsten Jahr, dem Jahr seines dritten Geburtstags und seiner Rückkehr in den Mutterschoß, erhält Oskar den Hochzeitsringfinger der Krankenschwester, d.h. den Finger seiner Mutter, Hochzeitsring einer Wiederkehr. Der fensterlose Raum aber - mal das Zentrum der Zirkulation im polnischen Postgebäude, mal das Zimmer der westdeutschen Krankenschwester, deren Ringfinger der meist gehütete Besitz Oskars wird - erinnert unmittelbar an den Schoß der Mutter. Und ein fensterloser Raum ist auch das Kino, das Oskar regelmäßig aufsucht, und schließlich der Fotoapparat.

Als Oskar Polen verläßt, um sich auf den Weg nach West-Deutschland zu machen, ist er besonders besorgt um das Album mit den Familienbildern. Für ihn ist das Fotoalbum ein "Familiengrab" (37). Durch ihre augenscheinliche Ähnlichkeit mit Briefmarken und Postkarten - wobei sich letztere von einer Fotographie nur dadurch unterscheiden, daß sie auf ihrer Rückseite eine postalische Bestimmung tragen - erinnern Fotographien an die Post. Tatsächlich ist Oskars erste Fotographie von ihm selbst, das Baby-Foto, eine Postkarte. (45)

Obwohl Oskar eine ganze Reihe phallischer Glieder hinter sich zu lassen scheint, angefangen bei der Nabelschnur und den Trommelstöcken bis zu seinem "dritten Trommelstock" (229), ist jedoch noch nicht der volle Wuchs seines Glieds auf dem Weg nach West-Deutschland der Kulminationspunkt dieser Serie, sondern der abgeschnittene Ringfinger, den er dann später in einem Einmachglas konserviert. Oskar triumphiert, daß jede Wiederkehr von Trommelstock oder Nabelschnur in seinem Leben ihm immer schon "solch einen Finger versprochen habe", und daß dieser Ringfinger, der Hochzeitsring einer Wiederholung, sein eigener sei (475). Selbst während e: seine Memoiren niederschreibt und trommelt, huldigt und konsultiert er diesen Ringfinger, zusammen mit den Fotographien. Bei der Durchsicht und Betrachtung der Fotos achtet Oskar nicht nur wie versessen auf die drei- und vierseitigen Beziehungen und Verhältnisse, deren Protokoll sie sind, sondern auch auf Finger, Fingerspitzen, Fingernägel und Zeigefinger (45). Tatsächlich ist ja das eigentliche Fotographenorgan nicht das Auge, sondern der die Fotographie auslösende Zeigefinger. Weil die Fotographie wesensmäßig Spur ist, Eindruck, wie beispielsweise ein Fußabdruck im Sand, ist sie weniger eine bildhafte Repräsentation vergleichbar dem Gemälde, als vielmehr ein Index, also ein hinweisendes und hinzeigendes Zeichen.[18] Vom Auslösen der Kamera bis zum Vorhalten des fertigen Bildes zwischen den Fingerspitzen, hat Fotographie mit den Fingern zu tun, und ihre Bezeichnung ist die des Zeigefingers. Wie die Blindenschrift beweist, kann man sehen, d.h. lesen, allein mit den Fingern. Anders als die Malerei ist die Fotographie beherrscht von der Fähigkeit der Finger zu zeigen, nachzuzeichnen, und zu lesen. Dabei bleibt die Fotographie an sich unsichtbar: man sieht nicht die Fotographie. Und obwohl die Fotographie dazu herausfordert, daß man seinen Finger auf etwas zeigt und sagt: "Da ist es!", ist das, was man sieht, die Gegenwart von etwas Abwesendem. Die Fotographie indiziert Abwesenheit, Tod.

Jede Fotographie ist die Wiederkehr des Vergangenen, so daß jeder, einmal fotographiert, unmittelbar zum Gespenst wird, selbst wenn er noch lebt. *Die Blechtrommel* beschreibt wiederholt das Lesen von Fotographien als den Versuch, die Verstorbenen wiederzubeleben, sich ihr lebendiges Bild vorzustellen. Nicht nur ist die Fotographie ein hinweisendes Zeichen, Index, sondern auch Erinnerungsspur ihres Objekts. Da eine Kamera befähigt ist, den wirklichen Eindruck ihres Objekts aufzunehmen, ließe sie sich auch umschreiben als etwas, das empfängt. Wie jedoch alle Phantasien einer Reproduktion, die den Mutterschoß zu umgehen versuchen, ist die Empfängnis, die sich in einer Kamera vollzieht, eine Totgeburt. Und eben wie in allen Phantasien schoßloser Empfängnis, Phantasien des Unverstorbenen und Ungeborenen, ist es nicht Ziel der Kamera neues Leben zu erzeugen, sondern das Tote am Leben zu erhalten, das Verwesende neu zusammenzusetzen und

---

18. Charles Sanders Peirce unterschied von der bildhaften Repräsentation die Fotographie als Index. Vgl. *Collected Papers*, hrsg. von Charles Hartshorne und Paul Weiss (Cambridge, 1932), II, 159. Meine Diskussion der Fotographie geht hauptsächlich zurück auf Roland Barthes, *La chambre claire* (Paris, 1980) und die dazu veröffentliche Rezension von Michael Halley, "Argo Sum", *Diacritics*, Winter (1982), 69ff.

wiederzubeleben. "Oskars Liebe zum Labyrinthischen", sein Wunsch nach Flucht, Rückzug und Rückkehr, wird "genährt" durch die Fotographien seiner Familie (38).

Gemeinsam ist Fotographien und Beerdigungen ihre jeweilige Austauschbarkeit. Oskar stellt fest, daß so wie jedes Baby-Foto eins dem anderen gleicht (45), Beerdigungen immer an andere Beerdigungen erinnern, an denen man teilgenommen hat (449). Wegen ihrer Unscheinbarkeit und Austauschbarkeit erfordern Fotoalben, wie Oskar selbst demonstriert, erklärende Titel und ergänzende Erzählungen. Ohne jede Kennzeichnung verlieren alle Vorfahren Namen und Identität und alle Großväter werden austauschbar. Doch "Was auf dieser Welt, welcher Roman hätte die epische Breite eines Fotoalbums?", unterbricht Oskar den Kommentar zu seinem Familienalbum, eine Beobachtung, die übereinstimmt mit seinem Urteil, daß erst Friedhöfe dem Leben eine Bedeutung verleihen (362).

Die Blechtrommel verbindet die Zeitlichkeit oder Vergänglichkeit des fotographischen Gespenstes mit der polnischen Post, beispielweise bei der Gelegenheit, als Oskar im O-Ton trommelnd die Geister der polnischen Kavallerie heraufbeschwört, um Viktor Weluhn zu retten, einen der Überlebenden des vaterländischen Überfalls auf den polnischen Post-Vorposten in Danzig (481). Polen ist beides, immer noch nicht und schon verloren, wie auch die Fotographie beides registriert, das, was gewesen ist und das, was sein wird, d.h. was noch nicht passiert ist. Denn die Ereignisse, die die Zeit passieren, hält die Fotographie sowohl als das fest, was immer schon passiert ist, wie als das, was gerade passieren soll. Sie ist ein Aufschub der Passage. Dieses zeitliche Paradox faßte Roland Barthes wie folgt zusammen: "A travers chacune d'elles, infailliblement, je passais outre l'irréalité de la chose représentée, j'entrais follement dans le spectacle, dans l'image, entourant de mes bras ce qui est mort, ce qui va mourir, comme le fit Nietzsche, lorsque le 3 janvier 1889, il se jeta en pleurant au cou d'un cheval martyrise: devenu fou pour cause de Pitié."[19] Nietzsches Umarmung eines Pferdes markiert jedoch auch eine Wiederholung in seiner Biographie. Sechs Jahre vor seinem Zusammenbruch hatte er gemeinsam mit Paul Rée und Lou Salomé die "Dreieinigkeit" gebildet, eine Vereinigung, die zur Förderung und Aufsicht ihrer jeweiligen intellektuellen Entwicklung gedacht war, obwohl Nietzsche im Prinzip eigentlich nur daran interessiert war, die Verbreitung seiner Idee von der ewigen Wiederkehr des Gleichen sicherzustellen. Bei einer besonderen Gelegenheit lassen sich die drei fotographieren. Nach der damals von Nietzsche arrangierten Szene sehen

---

19. Roland Barthes, *La chambre claire. Note sur la photographie* (Paris, 1980), S. 179.

wir auf dem Foto ihn und Paul Rée als Pferde vor einen Leiterwagen gespannt, auf dem Lou Salomé drohend eine Peitsche schwang. Nehmen wir nun auf diesem Portrait Nietzsches als Pferd nicht genau das wahr, was gewesen ist und was sein wird und wie sich Nietzsche, als er das Pferd sah, d.h. sich selbst, gesehen haben muß, nämlich wieder einmal gepeitscht?

Um mit der Vorstellung zu brechen, daß man werden muß, was man ist, wurde Nietzsche wie Oskar ein Nomade, wobei er sich zunächst aller lebensrechtlichen Bindungen entäußerte. D.h. in Nietzsches Fall, indem er eine Frau wurde, oder bei anderer Gelegenheit Platz und Funktion eines Pferdes einnahm, und sich einem Metabolismus einspannte, der so schnell war, daß sich keine Ressentiments bilden konnten. Laut Gilles Deleuze und Félix Guattari sind Nomaden Teile einer Kriegsmaschine, die im Gegensatz zum Staat und seiner Polizeigewalt um Fluchtlinien herum organisiert ist. Zu solchen Nomaden zählen Nietzsche, Kafka, der kleine Hans - welcher ohne Psychoanalyse dem triadischen Einschluß entflohen wäre, indem er sich in ein Pferd verwandelt hätte - und natürlich Oskar, dessen Trommel nicht nur zum Sammeln ruft, sondern auch das Signal zum Rückzug gibt. Wo immer die nomadische Kriegsmaschine hinmarschiert, hinterläßt sie Spuren einer Flucht im Gegensatz zu den geschlossenen Linien eines Lebenslaufs. Und eine Art, wie diese Fluchtlinien des Rückzugs und der Rückkehr jene wohlvermessenen Linien und Abschnitte durchkreuzen und entgrenzen, ist das Werden des nomadischen Kriegers: unbemerkbar werden, Frau werden, Pferd werden.[20]

Als die einzigen Parteien, die den Kampf mit den Nazis aufnehmen, schildert *Die Blechtrommel* die polnische Post und die polnische Kavallerie. Beide beharren und überleben, indem sie als Gespenster immer wiederkehren. Im Namen Polens werden das Reiten und der postalische Versand miteinander in Beziehung gesetzt, wie sie ja auch im Begriff des Pferdes aufeinander Bezug nehmen, das ursprünglich "Postpferd auf Nebenlinie" bedeutet. Das erste Pferd, das einen menschlichen oder göttlichen Reiter trug und somit die Übermittlung von Botschaften durch das Pferd einführte, war Pegasus. Geschaffen von Poseidon aus den Blutstropfen, die dem abgeschlagenen Schlangenhaupt Medusas schäumend ins Meer entfielen, wetteiferte Pegasus mit Hermes. Die Beziehung zwischen Schuld und Opfer, die bereits im mythischen Ursprung des Pferdes und Reitens vorgezeichnet ist, unterstreichen auch die verschiedenen heidnischen Bräuche, wie etwa das Ritual um das

---

20. Die Idee der nomadischen Kriegsmachine prägt die gesamte Arbeit von Deleuze, besonders die gemeinsam mit Guattari verfasste, z.B. *L'Anti-Oedipe* (Paris, 1972).

Oktoberpferd, das geopfert den wirklichen Tod des Todes signalisierte. Ebenso gibt es gewisse Rituale, die z.b. von Seeleuten praktiziert werden, bei denen das Anzünden und in den Ozean Hinaussenden eines Holzpferdes den Empfang aufgeschobenen Lohnes und das Ende einer Zeit nicht vergüteter Arbeit ankündigen. Die zahlreichen mythisch-symbolischen Assoziationen, die das Pferd immer schon getragen hat, spielen in jenes Karfreitagsgeschehnis hinein, als an dem Tage von Christus Opfertod Oskar und seine Eltern beobachten, wie ein als Köder für Aale benutzter Pferdekopf aus dem Meer gezogen wird. Das Bild der Medusa markiert sowohl den Anfang vom Ende von Oskars dreieiniger Elternschaft als auch den Beginn von Oskars Überleben durch seine Taktik des Rückzugs und der Rückkehr, an deren Ende er eine Christus-Figur ist, d.h. zufolge seiner Berechnung ein ungeborener Trommler in der membranhaften Hülle des Mutterschoßes.

Damit Oskar in den Mutterschoß zurückkehre oder dort verbleibe, muß er letztlich seine Mutter umgehen, ebenso wie er sich seiner Väter und eigenen Vaterschaft entledigen muß. Bei unaufhörlicher Rückkehr in den Schoß seiner Großmutter mütterlicherseits, in den Schoß seines Schoßes, umgeht er erfolgreich seine Mutter, während er sie - d.h. seinen Schoß - gleichzeitig für sich bewahrt. Obwohl Oskar alle und d.h. zuviel Schuld auf sich nimmt, so muß seine Selbstanklage, daß er mit seiner Trommel das Trio seiner Eltern zu Tode gebracht hat, dennoch ernst genommen werden.

Laut Bedingung des gemeinsamen Schuldenvertrags mit der Mutter, besitzt Oskars Unschuld regenerative Kräfte, so daß jede mögliche Schuld immer wieder getilgt werden kann (415). Dem entspricht es vollkommen, wenn uns Oskar belehrt, daß die Teilung seines Lebens in Oskar den Liliputaner und Oskar den buckligen Zwerg keineswegs eine Teilung zwischen Unschuld und Schuld sei, obwohl Liliputaner die Bewohner einer zeitlosen Märchenwelt sind, bucklige Zwerge aber in der Regel mit der Unterwelt in Verbindung gebracht werden.[21] Oskars Affinität für die Fotographie zeigt sich jedoch genau in dem Augenblick, als er sich zu einem buckligen Zwerg entwickelt, dessen erste verantwortungsvolle Tätigkeit die eines Grabsteinbeschrifters ist. Doch obwohl Oskar die Fotographie mit Beerdigung assoziiert, trauert und verinnerlicht er nicht den Tod, den jede Fotographie anzeigt. Vielmehr ist Oskars Trauer wie die seines Freundes Klepp keine Trauerarbeit, sondern sie ist ohne Objekt und Folge und bleibt unschuldig:

> Dennoch soll hier nicht behauptet werden, daß es einem traurigen Menschen möglich ist, mittels einer Paßbildaufnahme seiner selbst, die eigene Trauer

---

21. Stewart, S. 111.

ungegenständlich zu machen; denn die echte Trauer ist schon an sich
ungegenständlich, zumindest meine und auch Klepps ließ sich auf nichts
zurückführen und bewies gerade in ihrer nahezu freifröhlichen Ungegenständlich-
keit eine durch nichts zu vergrämende Stärke. Wenn es eine Möglichkeit gab, mit
unserer Trauer anzubändeln, dann nur über die Fotos, weil wir in serienmäßig
hergestellten Schnellaufnahmen uns selbst zwar nicht deutlich, aber, was wichtiger
war, passiv und neutralisiert fanden (39-40).

Obwohl Oskars Entwicklung vom Liliputaner zum buckligen Zwerg
von Veränderungen begleitet zu werden scheint, die in der mythischen
Überlieferung den einen von dem anderen unterscheiden, erfüllt sie die
zwei für Bildung konstitutiven Verträge, wobei der erstere in Oskars Fall
die Verwirklichung dessen war, was Oskar für den Wunsch seiner Mutter
hielt, nämlich nicht über das Alter hinauswachsen, in welchem er seine
Blechtrommel bekam (37). Die zweite Vertragsbeziehung zwischen Oskar
und seiner Mutter betrifft den Vater: nach dem Tode des mutmaßlichen
Vaters Matzerath, des einzig noch Verbliebenen der Dreieinigkeit,
entscheidet sich Oskar, die Trommel, d.h. seinen Mutterschoß,
aufzugeben und zu wachsen. Als Folge krümmt sich sein Rücken,
während sein Glied zur normalen Große gerät, und Oskar wird somit zur
Inkarnation des Helden des Bildungsromans, der die Vaterstelle durch
Trauer übernimmt. Wie die Unsicherheit und Ungewißheit, wer sein
eigener Vater sei, seiner Mutter eine gewiße Keuschheit garantierte und
ihm eine unbefleckte Empfängnis - niemand hat jemals ganz seine Mutter
besessen, reflektiert Oskar (140) - ist es auch für Oskar die Voraussetzung
jeder Vaterschaft. In Bezug auf den Vater sind alle Söhne und
Namensträger eigentlich Waise, die ihre Adoption und Anerkennung von
einem Vater erwarten, der immer schon ein mutmaßlicher Vater ist, ein
Pflegevater. So sorgt Oskar dafür, daß Kurt entweder sein Sohn oder sein
Halbbruder ist, so daß auch für diese Generation die Vaterschaft im
Unklaren bleibt. Und indem er in das Grab seines Vaters fällt und wieder
zu wachsen anfängt, verwirklicht Oskar, indirekt für den Tod seines
Vaters verantwortlich, die Beziehung zwischen Tod und Vaterschaft.
Oskars zweiter Sturz eröffnet sein drittes Schuldenkonto, dieses Mal mit
seiner einstigen Geliebten und gegenwärtigen Stiefmutter und seinem
mutmaßlichen Sohn oder Halbbruder, der sich an der Vaterschaftsüber-
tragung beteiligt, indem er Oskar mit einem Stein am Kopf trifft und ihn
so zum Sturz ins Grab zwingt.

Zum gleichen Zeitpunkt, als Oskar die Rolle des ödipalen Vaters
durchschaut, will er dessen Tod, denn er war nicht bereit, wie er sagt, sein
Leben "lang einen Vater mit sich herumschleppen zu müssen" (335). So
wie er selbst angewidert war von der Aussicht, sein mutmaßlicher Vater
wolle ihm das Familiengeschäft übertragen, so ist er nun beschämt
darüber, daß er versucht hatte, seinem mutmaßlichen Sohn oder

Halbbruder die Blechtrommel aufzuzwingen, mit dem ausdrücklichen Befehl, nicht über das dritte Geburtsjahr hinauszuwachsen (288). Oskar hat also längst schon die verschiedenen Verträge des ödipalen Dreiecksverhältnisses realisiert und wiederholt, um sie zu unterlaufen und abzuschaffen, so wie Nietzsche sich von seiner ödipalen Vergangenheit dadurch löste, daß er, als er *Ecce Homo* niederschrieb und trommelte, bereits als sein Vater gestorben war, während er noch als seine Mutter lebte und alterte.[22] Im Gegensatz zu Oskars und Nietzsches Status als Nomaden des Werdens, deren Lebenslinien als Rückzug und Rückkehr ablaufen, erleben wir bei dem Helden des Bildungsromans ein Unbewußtes, das sich z.b. in den Kindheitserinnerungen niederschlägt, in denen die erotische Beziehung zur Mutter ent- und verhüllt wird. Es ist das Spiel von Identifikation und Unterscheidung in Bezug auf die Eltern, was erst das Szenarium der Bildung sowie ihrer Ergänzung, der Psychoanalyse, ermöglicht. Hingegen lassen Oskars und Nietzsches zahlreiche Identifikationen und Inkarnationen keinen Raum für eine psychoanalytische Hermeneutik, also einer manifesten Geschichte, deren latenter Inhalt erst noch zu entdecken wäre.[23] Nietzsche ist seine eigene Mutter und war sein eigener Vater, genauso wie Oskar sein eigener, ewig geschwängerter Mutterschoß ist, d.h. er geht ewig schwanger mit sich selbst. Oskar gibt niemals seinen Mutterschoß auf: wenn er nicht mehr trommelt, nimmt sein Buckel den Platz der Trommel ein. Für die Frauen, die ihn zu berühren suchen, weil das dem Volksmund nach Glück bringen soll, suggeriert er Schwangerschaft, und schließlich führt ihn sein Buckel zur Kunst zurück (382). Laut Grass ist Geschichtslosigkeit, wie sie sich z.B. an Oskars Beziehung zur Fotographie zeigt, zur polnischen Post und zur ewigen Wiederkehr, ein "melancholischer Ausdruck utopischer Wirklichkeitsflucht",[24] also Ausdruck der Flucht zu jenem prähistorischen und tatsächlich embryohaften Utopia oder Nirgendwo, zu dem das Trommeln Oskar wieder zurückführt.

Oskars Rückzug und Rückkehr erlaubten ihm jenen Teil der Vergangenheit, der normalerweise auch in die Gegenwart hineinreicht, zu eliminieren und durch eine andere Vergangenheit zu ersetzen. Wie Nietzsche beruft sich auch Oskar auf polnische Vorfahren. Außerdem aber kann er aufgrund seiner Mißgestalt eine häufig adlige und letztlich vormenschliche Abstammung geltend machen. Daher wird er zum

22. *Ecce Homo*, "Warum ich so weise bin", §1.

23. Vgl. Friedrich Kittler, "Wie man abschafft, wovon man spricht: Der Autor von *Ecce Homo*", *Literaturmagazin*, 12 (1980), 153ff.

24. Grass, "Vom Stillstand im Fortschritt. Variationen zu Albrecht Dürers Kupferstich 'Melencolia I,'" in *Aus dem Tagebuch einer Schnecke* (Darmstadt, 1972), S. 340-368.

Schüler und Erben des Liliputaners Bebra, zur Wiederkehr einer älteren Rasse, statt der Nachfahre seiner biologischen Eltern zu sein. Nur indem man die eigene Vergangenheit manipuliert, ändert man, was man ist und entkommt sowohl der Bestimmung zu werden, was man war, als auch der Tyrannei seiner ödipalen Vergangenheit. Um diese Flucht zu ermöglichen, müssen die biologischen Eltern geschluckt und ausgespuckt werden. Wegen seiner Fähigkeit seine Unschuld immer wieder zu regenerieren, ist Oskar in der Lage, bei jeder Elimination eines seiner Elternteile auch den Teil seiner selbst zu beseitigen, der normalerweise mit Schuld und Trauer beladen wäre. Oskar beseitigt seine Mutter, indem er selbst als seine eigene Mutter lebt und mit sich selbst schwanger geht. Ebenso beseitigt er jenen Tod, den der Vater, Geber und Nehmer des Lebens, Anfang und Ende des ödipalen Konflikts verkörpert. Dabei muß jedoch auch jener Teil von ihm, der dem Vater gehört und den Verlust einverleiben oder betrauern könnte, entfernt werden. Durch die Verweigerung, selbst Vater zu werden und dafür zu optieren, selbst der eigene Mutterschoß zu sein, wiederholt sich Oskar als ewig Gleicher, als Anfang, der sein eigenes Ende ist, oder als ein totgeborener Anfang, der sich niemals zu einem Ende entwickeln kann. Insbesondere besorgt Oskar also eine Auslöschung alles dessen, was Anfang und Ende verbindet und trennt. Anfang und Ende erscheinen als das Gleiche, und was zwischen ihnen liegt ist nicht mehr eine Entwicklung, sondern eine Wiederholung. In ihr ist alle Entwicklung aufgehoben.[25]

Oskar muß also den linearen Fluß der historischen Zeit unterbrechen, zunächst zu Lasten der Mutter, dann auf Kosten des Vaters: ersteres konstituiert Oskars ewige Wiederkehr, letzteres unterläuft den ödipalen Druck, der durch den Tod des Vaters entstand, und der Oskar hätte befähigen können, sich selbst zu gebären. Die unmittelbare Konsequenz der am Grabe des Vaters getroffenen Entscheidung, die Blechtrommel aufzugeben und zu wachsen, ist eine hinausgezögerte Krankheit. Diese Krankheit hebt den Fluß der Zeit auf und erlaubt eine Wiederholung, die gleichzeitig eine restaurative Erholung ist. Während seiner Krankheit, verursacht durch die Schuldbezeugung und Selbstbezichtigung des Vatermordes, tötet Oskar den Vater in sich, indem er als sein eigener Vater stirbt. So bleibt z.B. Oskar trotz seiner gereiften Männlichkeit impotent.

Oskar erhielt seine intellektuelle Bildung ausschließlich aus zwei Texten, einer Biographie Rasputins und Goethes *Wahlverwandschaften*.

25. Hier und im folgenden Abschnitt beziehe ich mich auf Rodolphe Gasche, "Autobiography as Gestalt: Nietzsche's *Ecce Homo*", *Boundary 2*, IX, 3 und X, 1 (1981), 271ff.

Die Wahlverwandschaften sind bekanntlich kein Bildungsroman, insofern sie die Statik einer chemischen Struktur mit einer bestimmten Idee von zwischenmenschlichen Beziehungen assoziieren, und soweit sie ein Labor vorführen, aus dem eine Natur wie Oskar oder Homunculus wohl hätte hervorgehen können. Wichtiger ist, was jene Figuren Goethe und Rasputin im Roman selbst verkörpern, denn obwohl sie von Oskar als seine eigenen widersprüchlichen Anlagen wahrgenommen werden, als dionysisch und apollinisch (266), erscheinen sie am Ende des Romans als die Schwarze Köchin, phantomhafte Inkarnation der Melancholie, die Oskar heimsucht und niemand anders ist als Goethe selbst (487), d.h. der Goethe, der Rasputin gleicht. Gemeinsam ist Rasputin und Goethe, wie auch dem Pikaro, die Weigerung zu sterben. Rasputin überlebt zahlreiche Attentate, um schließlich nur einer ihrer Nebenerscheinungen zu erliegen, nämlich der Erschöpfung. In der gleichen Weise unterbricht und beendet auch der Pikaro plötzlich seine endlosen Streiche, als sei er erschöpft und nicht, weil er zu irgendeinem Ende gekommen ist. Der Held des Schelmenromans wird geschildert bis zum Zeitpunkt seiner Erschöpfung, nicht bis zu seinem wirklichen Tod. Oskar teilt mit dem Pikaro sein inselhaftes Dasein und seine unzerstörbare Entwicklungslosigkeit. Weil Oskar Negation oder Verlust nicht durch Entwicklung und Selbstverwirklichung überwindet, hat er tatsächlich wenig gemeinsam mit dem Helden des Bildungsromans. Doch ebensowenig folgt er dem Beispiel Dr. Frankensteins, der versuchte, durch Einverleibung das wiederzugewinnen, was ihm verloren gegangen war. Oskars pikarohafte Beziehung gegenüber Ablehnung und Verlust ist im Grunde genommen die eines Comic-Helden, der immer unbeschädigt bleibt, obgleich er ständig niedergeschmettert wird.[26]

Selbst Oskars Identifikation mit Christus ist nicht ohne Vorbild in der Tradition des Schelmenromans.[27] Conversos und anti-conversos beriefen sich gleichermaßen auf Christus, wenn sie erforschen wollten, inwieweit es möglich sei, sich durch Konversion anzupassen. Das ist kaum verwunderlich, da Christus selbst ein Medien-converso war, der neue Wege der Assimilation beschritt, indem er sich selbst als Modell und Norm setzte. Sowohl als Liliputaner wie als buckliger Zwerg erfüllt Oskar seine Christusrolle, indem er die Kontrolle über den Anpassungstrieb und das Bedürfnis zu trauern innehat. Immer schon wurde der Liliputaner entweder als Spottbild oder perfekte Widerspiegelung des Menschen gesehen, und die Miniatur wird gewöhnlich mit der Meisterung des Details assoziiert. Selbst solche kleinen Abweichungen wie ein Buckel

---

26. Zur Diskussion des Pikaro als Verkörperung des Nicht-Lebens, als Anfang, der sich nicht zu einem Ende entwickeln kann, vgl. Blackburn, S. 20f.
27. Bjornson, S. 64; 130.

sind oft die besten Mittel, um das Vollkommene zu ermessen, denn als Inversion des Perfekten vergegenwärtigt uns das Abartige unmittelbar das Bild der Norm.[28]

Weil sie als Außenseiter behandelt würden, wenn sie nicht selbst das Vorbild abgäben, deshalb lehrt der Liliputaner Bebra Oskar, daß Wesen ihrer Art auf die Bühne und nicht unter die Zuschauer gehörten (92). Oskar folgt dem Rat seines Meisters und bringt seine Trommel und seine Stimme zunächst unter und später als Mitglied des Fronttheaters auf die Bühne. Nach dem Krieg macht sich der bucklige Oskar anfangs als Modell der schönen Künste verdient und wird von führenden Malern zur Repräsentation des Lebensgefühls der Nachkriegszeit stilisiert. Danach spielt er als Mitglied eines Jazz-Trio in einem Lokal, wo die "Unfähigkeit zu trauern" mit geschnittenen Zwiebelringen augenblicksweise behoben wird.[29] Schließlich aber wandelt sich Oskar zum Alleinunterhalter als Trommler, der die unheimliche Fähigkeit besitzt, seinen Zuhörern ihre frühesten Kindheitserlebnisse vorzutrommeln, wodurch er zur Kultfigur avanciert und zum "Messias" wird (464).

Jedoch gibt Oskar seine Berühmtheit bald schon wieder auf, um zurückzukehren ins Reich des Verschwiegenen und Unbemerkbaren. Zusammen mit seinem engen Freund von Vittlar, der, wie Oskar betont, selbst der Letzte seines Geschlechts ist, organisiert Oskar in seinem dreißigsten Lebensjahr Flucht und Arrest als Folge des Mordes an einer Krankenschwester, deren Ringfinger Oskar zwar anbetet, für deren Tod er jedoch nicht verantwortlich ist, obwohl er selbst darauf drängt, daß Vittlar ihn des Mordes anzeigt. Sein Arrest ist in jeder Bedeutung des Wortes ein wahrhafter Arrest. Es ist eine Flucht in Krankheit und Wahnsinn, die es Oskar erlaubt, seine Vergangenheit niederzuschreiben und auszutrommeln, eine Vergangenheit, die während der Flucht mehr und mehr die Gestalt der "Schwarzen Köchin" annimmt, eines Gespenstes, das Oskars ganzes Leben überschattet. Noch bevor es all die Eigenschaften des Negativen in Oskars Existenz übernimmt und verkörpert, manifestierte sich die "Schwarze Köchin" bereits als ein "kauendes Dreieck" (316), wobei Oskar sich auf den für ihn schlimmsten Eindruck bezieht, nämlich Lucias kauenden Mund, als sie seelenruhig dabeistand und Zeuge wurde, wie die Jungen, die sie denunziert hatte, zum Tode verurteilt wurden. Dieser "Schwarzen Köchin", einer wahrhaftigen vagina dentata, wird Oskar nun am Ende seiner Lebensgeschichte ansichtig, sie kommt auf ihn zu, und sie erwartet

---

28. Stewart, S. 104ff.
29. Mannack bezieht überzeugend die *Zwiebelkeller* Episode auf Alexander und Margarete Mitscherlichs These, derzufolge eine "Unfähigkeit zu trauern" das gesellschaftliche Leben der Nachkriegszeit West-Deutschlands bestimmte habe.

Oskars Durchdringung oder Entbindung. Sie ist, was Oskar immer aufgeschoben hatte, und was er wohl auch weiter mit seiner Trommel aufschieben und zurückdrängen wird, nämlich Geburt und Entwicklung. In der Tat ist es gefährlich, wie uns Zarathustra unterweist, Erbe zu sein. Denn wie Oskar am Schluß seiner Memoiren klarstellt, muß Angst und Schrecken all jene befallen, die sich erlauben, geboren zu werden.

Aus dem Englischen übersetzt von Thomas Sebastian

Thomas Sebastian

FELIX KRULL: PIKARESKE PARODIE DES BILDUNGSROMANS

Ich habe seithero der Sach vielmal nachgedacht / und befunden / daß Aristo. lib.3. de Anima *wol geschlossen / als er die Seele eines Menschen einer läeren ohnbeschriebenen Tafel verglichen / darauff man allerhand notieren könne / und daß solches geschehen seie / damit solche glatte Tafel durch fleissige* Impression *und Übung gezeichnet / und zur Vollkommenheit und* perfection *gebracht werde* [I,9]

Der abentheuerliche Simplicissimus

Obwohl als Parodie des Künstler-, Bildungs- und Entwicklungsromans und der großen deutschen Autobiographie entworfen, gerieten die *Bekenntnisse des Hochstaplers Felix Krull* wie beiläufig noch zu einem beziehungsreichen Schelmenroman. In der Forschung gilt Felix Krull als ein originelles Beispiel für die Wiederbelebung des pikaresken Genres in der modernen Literatur.[1] Seine Entstehung verdankt er auch tatsächlich einem Pikaro, dem rumänischen Hoteldieb und Heiratsschwindler Georges Manolescu, dessen Memoiren (1905) Thomas Mann kannte und teilweise als Fabelgerippe benutzte. Das Hauptmotiv der Erzählung, der Rollentausch zwischen Felix und dem Marquis de Venosta, stand bereits Anfang 1906 fest.[2] Der Roman wurde jedoch wiederholt zugunsten anderer Projekte aufgeschoben. So bedurfte es nach der Fertigstellung ungefähr des ersten Drittels 1910/13 noch rund vierzig Jahre, bis er zu einem einigermaßen befriedigenden, wenn auch immer noch fragmentarischen Abschluß kam. Zum endgültigen Erscheinen *Der Memoiren erster Teil* (1954) heißt es in einem privaten Schreiben des Autors, daß "von Weiterem kein Wort auf dem Papiere steht und ich im Grunde weiß, daß

1. Die Diskussion eröffnete der Aufsatz von Oskar Seidlin, "Pikareske Züge im Werke Thomas Manns", wiederabgedruckt in seinem Buch *Von Goethe zu Thomas Mann* (Göttingen, 1963), der 1951 im Englischen noch vor der endgültigen Fertigstellung der Memoiren Krulls erschien. - Eine umfassende Bibliographie hinsichtlich der Forschungsliteratur zu diesem Gegenstand findet sich bei Hans Wysling, *Narzissmus und illusionäre Existenzform* (Bern/München, 1982). Das Buch enthält im übrigen reichhaltige Materialien zur Entstehungsgeschichte des Romans.
2. Vgl. den Aufsatz "Archivalisches Gewühle" in Paul Scherer/Hans Wysling, *Quellenkritische Studien zum Werk Thomas Manns* (Bern/München, 1967).

ich das *Unding* nie zu Ende führen werde. Ich möchte auch eigentlich ganz anderes machen, *Würdigeres* [...]".[3]

Thomas Mann kam es ursprünglich vor allem darauf an, durch *Felix Krull* dem romantischen Bürger-Künstler Dualismus seiner Tonio-Kröger-Zeit ein psychologisch differenzierteres, wenn nicht sogar kritisch-satirisches Bild der Künstlerexistenz gegenüberzustellen. Die Memoiren eines Hochstaplers, bereits bei Manolescu ein Spiel von *Dichtung und Wahrheit*, sollten als fiktiver Rahmen einer Künstler-travestie dienen. Immerhin hatte auch schon Nietzsche den "Possenreißer, Narren, Clown" und den "klassischen Bedienten Gil Blas" zur vorgeschichtlichen Typologie des künstlerischen Genies erklärt.[4] Dabei sprach auch seine Künstlerkritik unmittelbar zum jungen Thomas Mann, wenn er im *Fall Wagner* als "Kunst der *décadence*" die "Unfähigkeit zum organischen Gestalten" nannte, ein Mangel, der im modernen Kunstwerk einzig noch durch ein wirkungsvolles Arrangement seiner Teile überspielt werden könne: "Das Ganze lebt überhaupt nicht mehr: es ist zusammengesetzt, gerechnet, künstlich, ein Artefakt".[5] Weil es somit dem modernen Künstler nur noch um seine "Wirkung" zu tun sei, degeneriere er zum "Schauspieler", dem das, "was wahr wirken soll, nicht wahr sein darf."[6]

Der Autor einer parodierenden Zitat- und Montagetechnik fühlte sich zweifellos angesprochen.[7] Zur Entstehungszeit seines Hochstaplerromans spricht Thomas Mann von "der Fragwürdigkeit des Typus Künstler, dieser Kreuzung aus Luzifer und Clown".[8] Nicht anders aber wird Felix Krull einmal als "Teufelsbub und Engelskind" (27) bezeichnet.[9] Als eine Art Lebenskünstler sollte er jene Ahnengalerie parodieren, die als Künstlerfiguren seit den Tagen der Romantik die Literatur bevölkern. Außerdem konnte der Bildungsroman parodiert und somit ein wenig am Goethe-Komplex laboriert werden. Erst bei der viel späteren Wiederaufnahme des Krull-Stoffes plante Thomas Mann bewußt den Ausbau der Erzählung zu einem Schelmenroman.[10] Dabei konnte er allerdings mühelos an das Vorhandene anknüpfen, worin ihm sein Held bereits

3. Brief an Preetorius vom 6.9.1954, zit. nach Wysling, "Archivalisches Gewühle", S. 257 (Meine Hervorhebung).

4. Friedrich Nietzsche, *Werke in drei Bänden*, hrsg. von Karl Schechta (München, o.J.), S. 235: "Vom Probleme des Schauspielers".

5. Ebd., S. 917.

6. Ebd., S. 929.

7. Davon zeugen die "Notizen zum Literatur-Essay", an denen Thomas Mann zur gleichen Zeit wie am *Krull* arbeitete.

8. *Fontane*-Aufsatz, zit. nach Wysling, "Archivalisches Gewühle", S. 240.

9. Ich zitiere hier und im folgenden nach der Stockholmer-Ausgabe von 1955.

10. Vgl. die bei Wysling, "Archivalisches Gewühle", S. 251 zitierten Briefstellen.

unfreiwillig zu einem Pikaro geraten war, denn wie den Pikaro kennzeichnet auch Felix schon in seinen Anfängen die Wiederholung eines ewig gleichen Weltbezugs, d.h. er steigert sich, aber er "entwickelt" sich nicht. Die Parodie seines zum Teil faustischen Charakters spielt immer schon ins Pikareske hinüber, weil seine narzißtische Gefallsucht die "Bildung" einer durch stabile soziale Bezüge definierten Identität von vornherein ausschließt.[11] Daher ist auch die bestimmende Form des Romans die Episode. Andererseits aber ist Felix als Erzähler jedoch unentwegt bemüht, seiner episodischen Lebensgeschichte wie beim Bildungsroman eine innere Kontinuität zu unterstellen, um so wie dort als ein "gebildeter" Held zu erscheinen. Das wird besonders deutlich, wenn er etwa seine Kindheit als Vorspiel seines Werdens reflektiert. Darin aber steckt die Parodie des Bildungs- und Entwicklungsromans, dem Felix Krull das Zerrbild liefert. Die "Schlichtheit" des Pikaro entdeckt die "Tiefe" der Bildung und die Voraussetzungen ihrer Ökonomie auf. Insofern die Parodie erkannt wird, spielt sie mit offenen Karten; insofern sie unerkannt bleibt, gerät der Roman ins Nostalgische.[12] Auf diesem Spiel mit dem Leser beruht der Reiz der Lektüre Thomas Manns, aber auch die Grenze seines künstlerischen Schaffens. Im folgenden soll Felix Krull hinsichtlich seines Charme als Pikaro betrachtet werden.

Nicht irgendein moralisches Resultat, sondern die bloße Erschöpfung endet die Abenteuerserie des Pikaro. Seiner aufreibenden Lebensführung endlich überdrüssig, setzt er sich bei nächstbester Gelegenheit zur Ruhe und beginnt mit der Aufzeichnung seiner geständigen Lebensbeichte. Felix Krull erscheint "vierzigjährig" (15) zwar gesund, jedoch schon "müde, sehr müde" (9). Die Aufzeichnung seiner Geständnisse nennt er *Bekenntnisse*, womit er sich gleich zu Anfang dagegen verwahrt haben möchte, etwa nur als ein gewöhnlicher Krimineller zu gelten; *Bekenntnisse* lassen immerhin auf einen Überzeugungstäter schließen. Während beim Pikaroroman häufig Schuldeingeständnis und Selbstbezichtigung die Ereignisse der Erzählung kommentierend begleiten, um so den Erzähler und seine anstößigen Geschichten beim Leser moralisch zu entlasten, bleibt Krull hingegen auch noch als Memoirenschreiber seinem Hochstaplertum treu, wenn er nunmehr in der angemaßten Rolle eines augustinischen Bekenners dem betrügerischen Spiel seines Lebens die Krone aufsetzt. So beginnt die oszillierende Optik zwischen dem, was

---

11. Jürgen Jacobs, *Der Deutsche Bildungsroman* (München/Zürich, 1983), S. 99.
12. Zur Opposition Parodie/Nostalgie, die das Zitat im Werk Thomas Manns interpretieren hilft, vgl. den Aufsatz von Susan Stewart, "The Pickpocket: A Study in Tradition and Allusion", in *MLN*, 95 (1980), 1127 ff.

Krull vorgibt zu sein, und dem, was er eigentlich ist, sein Gestus des "als ob", sobald er nur schon seinen Mund aufmacht. Seine Einlassungen müssen von vornherein gegen den Strich gelesen werden, denn die von ihm beanspruchte "natürliche Begabung" für "Takt und Anstand des Ausdrucks" (9), seine Begabung zum Schauspieler, lassen ihn auch noch in der Rolle des Autobiographen wie echt erscheinen.

Dem Pikaro ist seine Existenz als gesellschaftlicher Außenseiter gewöhnlich durch seine "dunkle" Abkunft vorbestimmt. Felix stammt aus "feinbürgerlichem, wenn auch liederlichem Hause" (9), einer Familie im katholischen Rheingau, deren Mitglieder dem Ruf von der rheinischen Frohnatur alle Ehre machen. So gehören zu Felix nachhaltigsten Kindheitseindrücken die ausschweifenden Abendunterhaltungen seiner Eltern, bei denen der Wein in Strömen fließt und die Damen nicht anstehen, "Einblick in ihre Busen zu gewähren", und manchmal auch "plötzlich das Gas ausgedreht wurde" (24). Während sein Vater dem Hausmädchen nachstellt, die dann später Felix erste Geliebte wird, oder aber in der Großstadt das Leben eines Junggesellen führt, nehmen sich Mutter und Tochter gemeinsam eines Handwerkers an (21). Auch glaubt Felix einmal "beobachtet zu haben, wie die Ältere mit einem Meterbande den Oberschenkel der Jüngeren nach seinem Umfange maß" (22), woher vielleicht das Interesse rühren mag, welches er später bei den Kuckucks für die Mutter-Tochter Beziehung entwickelt. Die lockere Lebensführung in seinem Elternhause betont vor allem jedoch auch das Interieur: "Spiegelkästchen und Riechflakons [...] Daunenkissen in großer Anzahl [...] Vorhänge aus Rohr und bunten Perlenschnüren [...]". Über dem Hauseingang aber ist eine Spieluhr angebracht, die das Lied *Freut euch des Lebens* spielt (13).

Felix wird an einem Sonntag in dieses anrüchige Milieu hineingeboren. Die "künstliche Nachhilfe", der er bei seiner Geburt bedarf, ist Selbstanzeige des Narziß. Dabei stellt Felix im nachträglichen Kommentar seine intuitive Begabung für die feineren psychologischen Zusammenhänge unter Beweis, wenn er aus seiner "Unlust, das Dunkel des Mutterschoßes mit dem hellen Tage zu vertauschen," seine zeitlebens gepflegte "Neigung und Begabung zum Schlafe" erklärt (14). Der Schlaf ist seine Rückkehr in den Mutterschoß. Nicht anders aber verhält es sich auch mit Felix' ausgeprägten Hang zum Tagträumer und Phantasten, seinen Maskeraden, bei denen er sich in einer Weise selbst zu affizieren weiß, daß ihm "vor Erschütterung" die Tränen kommen (16). Dabei frönt er der "Selbstgenügsamkeit seiner Einbildungskraft" noch in einem Alter, wenn er dafür die Unterstützung und den Beifall der Erwachsenen eigentlich nicht mehr erwarten darf (16). Doch steht jedem Pikaro zu Beginn seiner Laufbahn ein Mentor zur Seite. Seinem Paten Schimmelpreester, einer verkrachten Künstlerexistenz bestellt zum

137

"Priester von Fäulnis und Schimmel" (28), verdankt Felix nicht nur seinen beziehungsreichen Namen, sondern auch die Ausbildung seiner narzißtischen Natur zum Schauspielertalent. Mehr noch als seine Eltern schreibt sich der Pate in Felix Werden ein, wenn er ihn als "Kostümkopf" zelebriert und seine Gefallsucht mit sophistischen Ratschlägen wohlwollend unterstützt. Im Atelier seines Paten findet Felix Unterschlupf, wenn er wieder einmal die Schule schwänzt, und dort auch lernt er Modell stehend die Kunst des schönen Scheins zu beherrschen. Schließlich aber ist es auch sein Pate, der ihm den Weg der "Kellnerlaufbahn" weist, und der später einmal auf "rettende Weise" in Krulls Leben eingreifen soll (31), wovon der Leser jedoch nichts mehr erfahren wird.

Der Pikaro weiß, daß der menschliche Körper Matrix einer Inschrift der Sprache und Kultur ist. Unmittelbarer als allen idealischen Helden ist ihm der eigene Körper die Quelle seiner Nöte und Freuden. Wie Grimmelshausens Simplex ist auch Felix durch ein wohlgefälliges Äußeres und eine feine Stimme ausgezeichnet, so daß er schon als Kind glauben möchte, die Natur selbst habe ihn als "Vorzugskind des Himmels" zu etwas Höherem bestimmt (16). Felix weiß seine angenehme Erscheinung, die nicht nur das weibliche Geschlecht anzieht, als ein natürliches Kapital wohl zu schätzen. Dabei dürfte ihm nicht zuletzt sein Vater, Besitzer einer Sektkellerei, die der Aufmachung ihrer Flaschen größeres Gewicht beilegt, als der Qualität deren Inhalts (12), ein erstes Vorbild gewesen sein. Ihm auch verdankt Felix einen der schönsten Tage seines Lebens, "vielleicht der unbedingt schönste" (27), wenn er beim Kurkonzert das Solo eines Violinisten vormachen darf, obwohl er natürlich nicht im geringsten die Geige beherrscht. Wichtiger aber noch ist die durch seinen Vater vermittelte Begegnung mit dem Schauspieler Müller-Rosé. Dabei weiß sich allerdings Felix an den Namen des Stücks, in dem Müller-Rosé die Hauptrolle spielte, nicht mehr zu erinnern (33). Was ihn vielmehr schon damals in erster Linie interessierte, war nicht die eigentliche Schauspielhandlung und Moral der Geschichte, sondern die ungeheure Wirkung und Anziehungskraft, die das Illusionstheater auf sein Publikum ausübt. "Müller-Rosé verbreitete Lebensfreude — wenn anders dies Wort das köstlich schmerzhafte Gefühl von Neid, Sehnsucht, Hoffnung und Liebesdrang bezeichnet, wozu der Anblick des Schönen und Glücklich-Vollkommenen die Menschenseele entzündet." (35) Doch nicht Müller-Rosé selbst bot den Anblick des Glücklich-Vollkommenen, sondern die dank seiner talentierten Schauspielkunst in einer ihm aufgezogenen Maske erzeugte Illusion. Halb abgeschminkt erscheint er vielmehr als ein äußerst häßlicher Mensch. Tatsächlich ekelt Felix sich vor ihm. Und dennoch ist es gerade die Entdeckung der Möglichkeit eines solch krassen Gegensatzes von Sein und Schein, die dann seine

Bewunderung für den verruchten Schauspieler noch um einige Grade steigert:

> Frage dich, was den abgeschmackten Witzbold trieb, diese abendliche Verklärung seiner selbst zu erlernen! Frage dich nach den geheimen Ursprüngen des Gefälligkeitszaubers, der vorhin seinen Körper bis in die Fingerspitzen durchdrang und beherrschte! Um dir antworten zu können, brauchst du dich nur zu erinnern (denn du weißt es gar wohl!), welche unnennbare, mit Worten nicht ungeheuerlich süß genug zu bezeichnende Macht es ist, die den Glühwurm das Leuchten lehrt. Beachte doch, wie der Mensch sich nicht satt hören kann an der Versicherung, daß er gefallen, daß er wahrhaftig über die Maßen gefallen hat!

Felix bemerkt vor allem die Gefallsucht. Wie später Andromache, bei der "die präziseste Berechnung Lebensbedingung war bei allem, was sie tat" (224), und am Ende der Stierkämpfer Ribeiro, ist der Schauspieler Müller-Rosé für Felix eine Identifikationsfigur. Denn Müller-Rosé ist der Hochstapler par excellence, wenn auch ein gesellschaftlich sanktionierter. Sein betrügerisches Spiel beruht einerseits auf seiner persönlichen Begabung, betrügen zu können, andererseits aber auch auf dem Willen seiner Zuschauer, betrogen zu werden. Das Illusionstheater ist wechselseitiger Selbstbetrug. Zum Betrüger gehört auch der Betrogene, und Felix macht schon früh die Erfahrung, daß sich zwischen dem einen und dem anderen nicht immer eindeutig unterscheiden läßt. So verteidigt sein Vater das betrügerische Erzeugnis seiner Sektfabrik mit dem Hinweis, daß er dem Publikum biete, "woran es glaubt" (12). Und Felix eigenes Begehren, mit seinen Maskeraden und Schauspielen den Erwachsenen zu gefallen, geht selbst wiederum zurück auf das Begehren der Erwachsenen, daß er ihres Beifalls begehre. Mit anderen Worten erwartet Felix, was seine Eltern erwarten, daß er erwartet - das Begehren begehrt zu werden ist ursprünglich immer schon das Begehren des anderen. Dieses aber ist die Dialektik der Mutter-Kind Dyade, die den Helden des Bildungsromans beherrscht, wenn er den Wunsch Schauspieler zu werden dem Geschenk eines Puppentheaters seiner Mutter verdankt.[13] Der Hochstapler parodiert diese Dialektik inter-subjektiver Erwartungshaltungen, wenn er sie spielerisch zu seinem eigenen Vorteil verkehrt, indem er sich zu ihrem Regisseur macht. Weil Felix weiß, daß die Musterungskommission immer schon den Simulanten erwartet, erscheint er vor ihr als jemand, der auf seine Tauglichkeit geradezu erpicht ist, um dann um so überzeugender seine epileptischen Anfälle vortäuschen zu können. Dabei bleibt er jedoch nicht unentdeckt,

---

13. Insofern ich den Bildungsroman vergleichsweise interpretiere, beziehe ich mich auf die Diskursanalyse der "Sozialisation Wilhelm Meisters" bei Gerhard Kaiser/Friedrich A. Kittler, *Dichtung als Sozialisationsspiel* (Göttingen, 1978). Vgl. auch Friedrich A. Kittler/Horst Turk, *Urszenen -Literaturwissenschaft als Diskurs-analyse und Diskurskritik* (Frankfurt a.M., 1977).

insofern noch ein Dritter und Außenstehender im Spiele ist. So gibt ihm der Unterbefehlshaber im Anschluß an die Musterung vertraulich zu verstehen, daß Felix vielleicht Feldwebel geworden wäre, wenn er "kapituliert" hätte (126). Dieser Dritte ist das "Gesetz", für die Mutter-Kind Dyade symbolisiert im Namen des Vaters, für die Hochstapler-Gesellschaft Dyade repräsentiert im Staat. Sonst jedoch droht dem Hochstapler eine Gefahr nur noch von seinesgleichen. Der korrupte Hausarzt läßt den simulierenden Felix mit einem Augenzwinkern wissen, daß er beim Betrug mitspielen wolle, was Felix aber prompt als Kränkung und beinahe wirkliche Erkrankung erfährt (50). Denn für Felix geht es Zeit seines Lebens beim Betrug nicht allein um einen materiellen Vorteil, sondern um seine Selbstbehauptung als Narziß, dessen Allmachtsphantasien einen unbedingten Willen zur Beherrschung seiner Mitmenschen nähren. Daher auch überkommt Felix immer ein Gefühl "tiefer und wortloser Niedergeschlagenheit", ein Gefühl der Ohnmacht und Minderwertigkeit, wann immer er ein Rollenspiel beenden muß (31).

Nach der Logik des Pikaro, deren Wahrheitsgehalt sein gelegentlicher Erfolg verbürgt, würde die öffentliche Ordnung zusammenbrechen, wollte sich jeder an die gesetzlichen Vorschriften halten. Die Ausnahme bestätigt die Regel. Daher ist der Parasit zuweilen der Wirt, und nicht erst bei besonderen Arten der Tier- und Pflanzenwelt gehört er als integraler Bestandteil zum Stoffwechsel eines funktionierenden Systems. Felix kann darauf bauen, daß ihm als Betrüger und Dieb die Welt offen steht, weshalb er auch von vornherein auf eine ordentliche Schulbildung verzichtet:

> Bildung wird nicht in stumpfer Fron und Plackerei gewonnen, sondern ist ein Geschenk der Freiheit und des äußeren Müßigganges; man erringt sie nicht, man atmet sie ein; verborgene Werkzeuge sind ihretwegen tätig; [...] Niemand ergreift, was er nicht von Geburt besitzt, und was dir fremd ist, kannst du nicht begehren. Wer aus minderem Holze gemacht ist, wird Bildung nicht erwerben; wer sie sich aneignet, war niemals roh. Und sehr schwer ist es hier wiederum, zwischen persönlichem Verdienst und dem, was man als Gunst der Umstände bezeichnet, eine gerechte und scharfe Trennungslinie zu ziehen, [...]. (92)

Hier wie auch sonst spricht Goethe und seine Pädagogik des Bildungsromans. Während den Pikaro der Stock erzieht, der ihm die Erwartungshaltung seiner Umwelt prügelnd eingraviert, verfährt die "Bildung" auf subtilerem Wege, indem sie das, was sie von ihren Sprößlingen erwartet, in ihnen als Wunsch erzeugt. Die Wunschfabrik aber ist zuvörderst das ödipale Dreiecksverhältnis der bürgerlichen Kleinfamilie. Fortan ist die Frage der "Bildung" allererst eine Frage der Geburt, d.h. des Elternhauses als die privatisierte primäre Instanz der

Sozialisation. Der enterbte Felix parodiert jedoch die Paradoxie, wonach man erwerben soll, was man ererbt hat, um es zu besitzen.

Die Herausforderung zum Einstieg in die Hochstaplerkarriere läßt nicht allzulange auf sich warten. Der unaufhaltsame finanzielle Niedergang seines Vaters, der schließlich den "bürgerliche Tod" (83) ereilt, dessen Folgen er sich auf aristokratische Weise durch Selbstmord entzieht, beendet Felix' Probezeit. Alles folgende ist steigernde Wiederholung dessen, was er bisher als Kind und Jugendlicher bereits erlernt hat, was selbst noch für die Liebesschule Rozsas gilt, für die er bereits durch Genovefa vorgebildet ist. Der Pate rät ihm zur "Kellnerlaufbahn", bei der sich einem "Kostümkopf" wie Felix "in gerader Richtung sowohl [...] wie auch rechts und links auf allerlei Abweichungen und unregelmäßigen Seitenpfaden" die besten Aussichten böten (83). Der vorläufige Abstieg erweist sich als eine unvermeidliche Vorbedingung des endgültigen Aufstiegs. Obwohl aber der finanzielle Zusammenbruch seines Elternhauses Felix aus seiner sozialen Klasse wirft, wird man dennoch nicht von ihm behaupten können, er würde dadurch wie der Pikaro zu einem "Spielball der Verhältnisse". In Anspielung auf den Bildungsroman weiß Felix vielmehr genau, was er nicht will, und er nimmt sich jede Freiheit, nicht zu wollen. So schlägt er die Möglichkeit einer militärischen Laufbahn als Feldwebel aus und läßt sich auch nicht auf das Angebot Stankos ein, bei einem risikolosen Diebstahl mitzumachen. Ebensowenig nimmt er die verführerische Gelegenheit war, Adoptivsohn und Erbe eines schottischen Lords zu werden oder als Schwiegersohn in eine neureiche Familie der englischen Bourgeoisie einzuheiraten. Als "gebildeter" Held folgt er vielmehr seiner inneren Wünschelrute, die ihm seit der Kindheit eingepflanzt sein soll: "Die Hauptsache war, daß ein Instinkt, seiner selbst sehr sicher, Partei nahm in mir gegen eine mir präsentierte und obendrein schlackenhafte Wirklichkeit - zugunsten des freien Traumes und Spieles, selbstgeschaffen und von eigenen Gnaden, will sagen: von Gnaden der Phantasie." (256) Es ist die Allmachtsphantasie des Narziß, die schon andere brüskierte, weil Felix immer schon Leute verachtete, "die da glaubten, Bescheid über mich zu wissen" (230), und die deshalb meinten, gemeinsame Sache mit ihm machen zu können. Erst wenn sich ihm der Rollentausch mit dem Marquis de Venosta anbietet, verläßt Felix die Niederungen des Hotel- und Gaststättengewerbes, selbstverständlich ist er selbst es aber auch, der in geschickter Gesprächsführung in der Unterhaltung mit dem Marquis das Rollenspiel ins Rollen bringt. Dabei geht das ganze Unternehmen nur auf, weil Felix selbst finanziell relativ unabhängig ist, so daß es zu einer tatsächlichen Vermögenstransaktion kommen kann, die die Voraussetzung für das Verbleiben des Marquis in Paris ist. Bereits beim Schokoladenklau, einem gemeinen Diebstahl, für Felix jedoch faustische "Tat", durch die er "die Traumgüter" seiner Phantasiewelt "in die Wirklichkeit hatte hinüberretten können" (56), bewies er ja das Geschick zu einer Lebensführung, von der er behauptet, daß einzig "im Gleichnis leben zu dürfen, eigentlich Freiheit bedeute" (127). Um bei dieser Freiheit eines Helden aus Weimar jedoch nicht zum Spielball der Verhältnisse zu werden, bedarf es allerdings der materiellen Vorsorge durch kriminelle Machenschaften. So hatte Felix die Schmuckkassette der Madam Houpflé beim französischen Zoll "unterderhand" an sich genommen und dadurch bereits für den Handel mit dem Marquis vorgesorgt (146).

Den "Ausgleich von Sein und Schein" (291) nennt Felix als das Motiv, weshalb er sich auf den Rollentausch mit dem Marquis de Venosta einläßt. Das hängt unmittelbar mit seiner Betrugstheorie zusammen, in die er schon sehr früh seine Leser eingeweiht hat:

> Nur der Betrug hat Aussicht auf Erfolg und lebensvolle Wirkung unter den Menschen, der den Namen des Betrugs nicht durchaus verdient, sondern nichts ist als die Ausstattung einer lebendigen, aber nicht völlig ins Reich des Wirklichen eingetretenen Wahrheit mit denjenigen materiellen Merkmalen, deren sie bedarf, um von der Welt erkannt und gewürdigt zu werden. (44).

Der betrügerische "Ausgleich von Sein und Schein" ist aber nur eine andere Lesart der dialektischen Bewegung des Bildungsromans. Dort fühlt der Held in sich eine "Berufung", und sein ganzes Trachten geht darauf, der zu werden, der er meint, daß er ist. So erscheint sein Werden als ein ständiger Kampf mit seinen "Hinterwelten" (Nietzsche), dem "Ruf" der unbewußten Stimme seiner Mutter in ihm, die latent aus seinen Wünschen spricht. Hierher gehört dann auch die parodistische Verdrehung, wenn Felix behauptet, nicht Kleider machen Leute, sondern "der Mann macht das Kleid", womit er die Voraussetzung seiner eigenen Existenz und die Lebensweisheit des Pikaro auf den Kopf stellt (271). Denn im Unterschied zum Helden des Bildungsromans weiß sich der Pikaro als das Objekt anderer Menschen, als jenes unbeschriebene Blatt (s. unser Motto!), auf dem sich die Rede der anderen einschreibt. So auch wird Felix aller kruden Metaphysik zum Trotz im Rollentausch mit dem Marquis nicht der, der er immer schon war, sondern vielmehr der, der er immer schon wird durch das Kleid eines anderen. Nur in der imaginären Identifikation mit der Gestalt eines anderen, also buchstäblich "identifiziert", empfindet Felix seine eigene Präsenz. Die "unmaskierte Wirklichkeit" zwischen seinen verschiedenen imaginären Identifikationen aber, das "Ich-selber-Sein", bleibt für ihn "nicht bestimmbar, weil tatsächlich nicht vorhanden" (266). So erfährt Felix "sich selbst" als ein Objekt des Begehrens, als ein Subjekt, das seine Selbstheit nur repräsentativ herzustellen vermag, wobei es "sich selbst" immer auch schon negiert und nur als Bezug-auf-etwas manifestiert, über den es latent immer schon hinaus ist. Das "Ich-selbst-Sein" ist in der Tat ein latentes Nichts, in das der Narziß fällt, insofern er sein Spiegelbild im anderen verliert.[14] Daher das Minderwertigkeitsgefühl, wann immer Felix eine Verkleidung aufgeben muß, das faustische Einsamkeitsmotiv, das wiederholt in seinen Erzählungen auftaucht. Nur im "Vergehen" (203) des Geschlechtsaktes, nicht "allein und doch weniger als zwei" (136), kommt es für Felix zu einen momentanen Stillstand des "sich selbst" Begehrens, so daß er denn auch in der Tat als das eigentliche Ziel seines Hochstaplertums die Befriedigung sexueller Wünsche nennt:

> Wahre Zuflucht würde ich, so schien es mir, einzig und allein in Genovefas Armen finden, ja, um alles zu sagen, so kam es mir vor, als werde die grenzenlose Vertraulichkeit mit ihr eine Art Fortsetzung und Vollendung jener bunten Abendunterhaltung und geradezu das Ziel meiner Wanderung durch Pate Schimmelpreesters Maskengarderobe sein! (62)

Um nichts anderes aber geht es auch bei Felix Kellnertalent, seiner Eloquenz, wenn er die Worte handhabt wie ein Jongleur seine Kegel. Dabei handelt es sich natürlich durchweg um Mimikry erlauschter Diskurse. Obwohl aber Felix über ein "geöltes Mundwerk" (186) verfügt und sein unentwegtes Geplapper wie sein größtes Vergnügen erscheint - ist es doch die "Rede [...] welche den Menschen vom Tier unterscheidet" (145) -, gibt er dennoch zu verstehen, daß nicht die "wörtliche Mitteilung" sein eigentliches Element sei, sondern vielmehr der in der geschlechtlichen Vereinigung erreichte "wortlose Urzustand" (102). Denn wie seine Maskeraden ist die Sprache Re-präsentation, Präsenz von Abwesendem, eine symbolische Ordnung, in die der Mensch eintritt, wenn er seine ursprüngliche Beziehung zur Mutter verliert. In der Liebesschule Rozsas, deren Idiom Felix nicht versteht, erübrigt sich jede Rede (137). Das aber in seiner Redefreude latent das Begehren spricht, macht Senhora Maria Pia deutlich, deren wiederholte Aufforderung "Schweigen Sie!" die symbolische Ordnung resolut unterläuft und statt dessen Felix zu einem wahren "Vergehen" einlädt. Für ein Romanfragment aber ist ein solches Ende sicherlich nicht schlecht gewählt, bei dem der Autor seinen narzißtischen Helden schließlich noch den Weg in den Schoß einer iberischen Urmutter finden läßt.

Weil er als Parodist mit Motiven und Formen aufwarten mußte, die den traditionellen Bestand der Weltliteratur von Homer bis Goethe ausmachten, begriff sich Thomas Mann in seinen späteren Jahren mehr und mehr als ein "Spurengänger".[15] Seine Entwicklung zu einem

---

14. Ich beziehe mich hier auf die strukturale Psychoanalyse von Jacques Lacan, *Ecrits*, übersetzt ins Englische von Alan Sheridan (New York/London, 1977).
15. Ein Begriff, mit dem sich Hans Wysling dem Spätwerk Thomas Manns nähert.

Weltbürger abendländischer Kultur- und Geistesgeschichte, eine Rolle, die er sich spätestens seit dem *Zauberberg* bewußt auf den Leib schneiderte, läßt sich an den Entwicklungsphasen der Entstehung *Felix Krulls* nachvollziehen. Der zunächst als Künstlertravestie konzipierte Felix mausert sich wie Grimmelshausens Simplex zu einem Weltenfahrer, wobei seine Erzählung einen immer größeren literarischen und mythologischen Beziehungsreichtum herzustellen vermag, bei dem auch das Selbstzitat des Autors in zunehmenden Maße an Bedeutung gewinnt. Wie im Falle des *Simplicissimus* entsteht ein mit verschlüsselten Bedeutungen überfrachtetes Werk. Noch einmal zieht Thomas Mann alle Register, die ihm am Ende seines künstlerischen Schaffens zur Verfügung stehen. Es entwickelt sich ein hermetischer Roman, wobei jedoch formal die pikareske Erzählweise etwas ihre Form verliert, wenn im dritten Buch zugunsten längerer Monologe das Episodische zurückgedrängt wird. Dabei geht Felix Krull mit dem griechischen Hermes eine enge Beziehung ein, die auch noch den überlieferten Pikaro rückwirkend in einem ganz neuen Lichte erscheinen läßt.

Wie oftmals der Pikaro ist auch Hermes ein illegitimes Kind, das sich im Leben seiner niedrigen Geburt entledigt. Dabei zeichnet sich Hermes als Dieb und Erfinder aus, wobei sein Erfinden mehr einem glücklichen Finden gleicht. Hermes beherrscht nicht nur die Kunst der Verstellung, sondern gilt auch als der Urheber der Sprache und ist ein Meister der doppeldeutigen Rede. Darüberhinaus ist er mit Eros assoziiert und sein Symbol ist der Phallus.[16] Die Beziehung Krull/Hermes liegt somit auf der Hand. Sie wird äußerlich schon früh angezeigt, wenn etwa der kleine Felix für seine Künste als falscher Violinist von einer russischen Fürstin eine Brosche in "Leiergestalt" erhält (27), der Versöhnungsgabe Hermes an Apoll, nachdem er dessen Rinder gestohlen hat. Ungefähr in der Mitte des Romans wird Felix dann von der "ausdrucksvollen" Madam Houpflé/Diana, einer Parodie Gustav Aschenbachs und eine Parallele zu Simplex im Pariser Venus-Berg, unmittelbar als Hermes angesprochen, wobei ihm "Liebes-Diebsgut" reichlich zufällt (211). Angefangen bei dem Hausmädchen Genovefa bis zu Maria Pia ist Felix als phallischer Hermes ein Signifikant des Begehrens, so daß er dem Marquis de Venosta als ein Mensch erscheint, "der mehr geliebt wird, als daß er selber liebte" (274). Wenn sich aber das Wesen von Hermes gerade darin offenbart, daß er zwischen den Welten verkehrt, daß er als Bote, Dieb, Sprache und Phallus ein wahrer Grenzgänger ist, dann parodiert Felix den Hermes nirgends treffender als in seiner Eigenschaft als Liftführer, als der er in einem Pariser Hotel zwischen den Etagen schwebt, ohne Stufen zu machen. Im Gespräch mit dem sternäugigen Professor Kuckuck aber

---

16. Karl Kerényi, *Hermes als Seelenführer* (Zürich, 1944).

findet Felix schließlich seine schwebende Existenz auf den Begriff gebracht:

> Ich hätte das Menschlichste ausgesprochen mit dem Wort, es nähme mich ein für das Leben, daß es nur eine Episode sei. Fern davon nämlich, daß Vergänglichkeit entwerte, sei gerade sie es, die allem Dasein Wert, Würde und Liebeswürdigkeit verleihe. Nur das Episodische, nur was einen Anfang habe und ein Ende, sei interessant und errege Symphatie, beseelt wie es sei von Vergänglichkeit, und ewig, unbeseelt darum und unwert der Symphatie, sei nur das Nichts, aus `dem es hervorgerufen worden zu seiner Lust und Last. (318)

So hatte auch schon Nietzsche den Gedanken der Unsterblichkeit als unerträglich empfunden. Nur im Nichts erhält sich das Leben "zu seiner Lust und Last". Das Bekenntnis zur Episode ist ein Bekenntnis zum Hier und Jetzt. Der Held des Bildungsromans lebt hingegen in seiner Zukunft immer nur seine Vergangenheit und erfährt die Gegenwart als Entsagung. Das Ende dieser Dialektik kündigt die Wiederaufstehung des Pikaro an.

Manfred Kremer

A.V. THELENS ROMAN *DIE INSEL DES ZWEITEN GESICHTS*

ADAPTION EINER ALTEN FORM?

Albert Vigoleis Thelens *Insel des zweiten Gesichts* (1953) ist in der Kritik und von literarischen Handbüchern immer wieder als Pikaro- oder Schelmenroman bezeichnet worden.[1] Dem hat wahrscheinlich der Autor selbst Vorschub geleistet, denn wiederholt spricht er von "pikarischen" Erzählungen oder sogar von "pikarischen" Begegnungen. Trotzdem ist bei der unreflektierten Übernahme des Begriffs Vorsicht geboten. Zwar sind die Anklänge an die gemeineuropäische Tradition des pikaresken Romans unverkennbar, aber genauso unverkennbar ist die Tatsache, daß die *Insel* viel mehr ist als das Modell eines klassischen Pikaroromans im modernen Gewand. Allenfalls haben wir es mit einer ungeheuer komplexen Adaption des in Deutschland vor allem im 17. Jahrhundert blühenden Genres zu tun.

Nicht wenig zur Verwirrung der Situation trägt die im Deutschen übliche Gleichsetzung von "Pikaro" und "Schelm" bei. Sie löst nämlich leicht den Trugschluß aus, daß der Protagonist eines Romans zum Schelm erklärt wird, wenn er sich eulenspiegelhaft verhält, und der Roman auf Grund der erwähnten Gleichsetzung zum Pikaroroman. Nun soll nicht bestritten werden, daß Schwankgeschichten in der Tradition des Eulenspiegel einen fruchtbaren Nährboden für spätere pikareske Erzählungen gebildet haben. Dieser Beziehung kann hier jedoch nicht weiter nachgegangen werden; deshalb sei ganz kategorisch erklärt, daß diese Untersuchung von Thelens *Insel* sich mit den pikaresken Aspekten des Romans beschäftigt; der ambiguöse Terminus "Schelmenroman" wird im folgenden gemieden.

Wenn hier das Fortleben eines literarischen Genres mit fast dreihundertjährigem Abstand zu seiner Hochblüte postuliert wird - und nicht nur die communis opinio, sondern eine ganze Reihe unwider-

---

1. Albert Vigoleis Thelen, *Die Insel des zweiten Gesichts* (Düsseldorf, 1981). Alle Textzitate sind dieser Auflage entnommen.

legbarer Indizien sprechen dafür - so soll aber bereits am Anfang unserer Überlegungen eingeräumt werden, daß es sich bei diesem Fortleben nicht um eine einfache Weiterentwicklung einer alten Form handelt. Dem steht unter anderem das fast völlige Fehlen des Genres in der deutschen Literatur des 18. und 19. Jahrhunderts entgegen,[2] noch mehr aber der ungeheure Wandel der Weltanschauung vom 17. zum 20. Jahrhundert. Was die Zeit überdauert hat, sind die Grundbedingungen menschlicher Existenz, so daß auch nach dreihundert Jahren Menschliches und Allzumenschliches fast unverändert fortlebt. Gewisse soziale und politische Verhältnisse müssen hinzukommen, um den Schriftsteller wieder zu einer Form greifen zu lassen, welche sich schon früher als Vehikel der Kritik und Satire bewährt hatte.

Daß gerade im 20. Jahrhundert der Pikaroroman zu neuer Prominenz gelangt ist, wird von verschiedenen Forschern mit der Unsicherheit menschlicher Existenz in unserem Jahrhundert begründet, welches sich darin mit dem vom Dreißigjährigen Krieg erschütterten 17. Jahrhundert berührt.[3] Daß unruhige Zeitläufe der Boden für die Blüte pikarischen Erzählens sind, könnte auch dessen weitgehendes Fehlen im 18. und 19. Jahrhundert erklären. Denn trotz so mancher kriegerischer Auseinandersetzung und der bürgerlichen Revolution in Europa blieb die Lage der meisten im deutschsprachigen Bereich ansässigen Menschen stabil.

Im folgenden soll geklärt werden, ob und inwiefern sich die Bezeichnung der *Insel* als pikarischer Roman rechtfertigen läßt oder ob sich der Roman auf Grund von Adaptionen und Abweichungen vom strengen Modell des 17. Jahrhunderts nicht vielmehr einem schon von anderer Seite vorgeschlagenen neuen Typus nähert: dem "neopikaresken" Roman.[4] Das würde allerdings die Herausarbeitung einer modifizierten Definition anhand von prominenten Beispielen pikaresken Erzählens in den letzten Jahrzehnten, wie etwa Thomas Manns *Felix Krull* und der *Blechtrommel* von Günter Grass, voraussetzen. Diese Aufgabe ist in unserem Rahmen nicht zu leisten; die folgenden Beobachtungen wollen daher als Vorarbeit verstanden sein. Sie werden sich vor allem auf die für pikareskes Erzählen so wichtigen Kategorien des Protagonisten und seines Verhältnisses zu dem ihn umgebenden "epischen Raum", zur Gesellschaft, konzentrieren.

Bei der *Insel des zweiten Gesichts* handelt es sich, wie uns der Autor mitteilt, um die "angewandten Erinnerungen" des Vigoleis, der sich - veranlaßt durch den Hilferuf seines angeblich im Sterben liegenden

2. S. Wilfried van der Will, *Pikaro heute* (Stuttgart, 1967), S. 11-18.
3. S. Jürgen Jacobs, *Der deutsche Schelmenroman* (München, 1983), S. 108 f.
4. Bruno Schleussner, *Der neopikareske Roman* (Bonn, 1969), entwickelt von der Definition des spanischen Pikaroromans ausgehend dieses neuartige Konzept.

Schwagers - in den dreißiger Jahren zusammen mit seiner Geliebten und späteren Frau für fünf Jahre auf die Insel Mallorca zurückzieht. In der naiven Erwartung lukrativer Filmverträge hat Vigoleis sich zur prekären Existenz des freien Schriftstellers entschlossen. Die kleine als finanzielles "Polster" gedachte Erbschaft Beatrices geht durch den recht bürgerlichen Wunsch, die Schulden des Schwagers zu tilgen, bald verloren. Vigoleis und Beatrice werden zum Aufenthalt in einer Reihe von ständig schlechter werdenden Quartieren gezwungen, bis sie schließlich - auf dem Tiefpunkt ihrer Existenz - ein Kämmerchen in einem Bordell bewohnen und einen Selbstmordversuch unternehmen. Durch Gelegenheitsarbeiten als Fremdenführer, Klavierlehrer, Übersetzer und Sekretär arbeiten sie sich gemeinsam wieder empor, nur um durch den Ausbruch des spanischen Bürgerkriegs von der Insel vertrieben zu werden.

Diese Geschichte wird nun vom Autor dazu benutzt, eine Fülle von Gestalten, teils Exilanten teils Touristen, vorzuführen, mit denen der Ich-Erzähler Vigoleis in Berührung kommt. Gleichzeitig kommentiert er die politischen Ereignisse in Deutschland, wo sich in diesen Jahren die Nationalsozialisten etablieren, und trägt außerdem - der Roman hatte in medias res begonnen - die Vorgeschichte seines Lebens bis zur Ankunft in Mallorca nach. Dazu kommt in einer Art von Rahmenhandlung, wenn auch nur schwach angedeutet, die Geschichte der Entstehung des Romans in Amsterdam Jahre nach den geschilderten Erlebnissen. Deutlicher gestaltet sind, mittels erzählerischen Vorgriffs die Jahre, die Vigoleis vor seiner Rückkehr nach Holland in Portugal zubringt. Hier berühren sich die Identitäten des Autors Thelen und seiner Romanfigur Vigoleis, die er übrigens sein "Alter ego" nennt, am stärksten. Thelen selber ist ja wohlbekannt als Übersetzer des portugiesischen Dichters Teixeira de Pascoaes (1877-1952). Diese Erzählweise macht zeitweise die Handhabung von vier verschiedenen Zeitebenen nötig und erfordert auch vom Leser beachtliche Konzentration.

Die Figur des Protagonisten Vigoleis trägt offensichtlich pikareske Züge. Er wird wie alle Pikaros von seiner Familie getrennt. Da Findelkinder oder Kinder dunkler Herkunft im 20. Jahrhundert mit seiner totalen Bürokratie selten sind, bricht Vigoleis selbst weitgehend die Verbindung ab, zunächst dadurch, daß er sich weder den bürgerlichen noch den religiösen Vorstellungen seines kleinstädtischen Elternhauses anpaßt. Später muß er als fanatischer Nazigegner dann noch erkennen, daß seine in Deutschland verbliebene Familie mehr und mehr der inhumanen Ideologie verfällt.

Schon immer war für den Pikaro ein Herausfallen aus der Norm seiner zeitgenössischen Gesellschaft typisch. Dieses Außenseitertum konkretisiert sich bei den "alten" Pikaros, aber auch bei Felix Krull, als

Asozialität, ja Verbrechertum, bei Oskar Matzerath durch Monstrosität.[5] Außenseiter zu sein, ist für den Pikaro nötig, damit er seine Rolle als Kritiker der Gesellschaft spielen kann; indem er einen gebührenden Abstand von ihr gewinnt, verbessert sich seine Perspektive. Thelens Vigoleis distanziert sich hauptsächlich durch sein unbürgerliches Verhalten und durch seine Weigerung, sich als Mitglied einer "Volksgemeinschaft" zu fühlen. Symptomatisch für seine Einstellung sind sein Leben im freiwilligen Exil, aber auch seine Weigerung, die Beziehung zu seiner geliebten Beatrice zu legalisieren.

Bis jetzt haben wir einige Merkmale der *Insel* und ihres Protagonisten angedeutet, die sich durchaus mit der Definition des traditionellen Pikaroromans[6] vereinbaren lassen: die Anlage des Romans als fiktive Autobiographie (wobei die Frage offenbleiben muß, inwieweit wir es mit Fiktion und nicht etwa mit der echten Autobiographie Thelens zu tun haben) und die Außenseiterstellung des pikarischen Erzählers. Hinzu kommt die explizite, mehr aber noch die implizite Gesellschaftskritik, die wir aus dem "alten" pikarischen Roman als Satire und gleichzeitig als Klage über die Schlechtigkeit der Welt kennen.

Die satirische Kritik richtet sich dabei vor allem gegen die Deutschen, von denen sich Vigoleis durch seine weltläufige, liberale und antibürgerliche Haltung weit geschieden weiß. So werden die Überbleibsel der zu Ende gegangenen Kaiser-Ära, die U-Bootskommandanten, preußischen Jagdflieger und die Grafen Keyserling und Keßler unter die Lupe genommen. Aber auch internationale Größen vom Range eines Robert Graves oder namhafte und namenlose spanische Generäle werden kritisiert. Hinzu kommen Typen wie die amerikanische Millionärin Mamu mit ihren besonders kritisch geschilderten Freundinnen von der Christlichen Wissenschaft, verhinderte mittelamerikanische Revolutionäre und schließlich die Einheimischen: der verkrachte Hochadel, Arsenio der Schmuggler und Rauschgifthändler, und - als eine der farbigsten Figuren - die Hure Pilar, des Schwagers Zwingli erotische Nemesis.

Immer wieder jedoch kehrt der Erzähler satirisch zu seinen deutschen Landsleuten zurück. Dabei steht zunächst die Dame der Gesellschaft, die Gattin des Ruhr-Syndikus, mit ihren Liebesabenteuern im spanischen Bordell im Zentrum. Mit dem Aufkommen der nationalsozialistischen

---

5. Immer noch von größter Wichtigkeit für den hier angeschnittenen Themenkreis ist: Willy Schumann, "Wiederkehr der Schelme". In: *PMLA* 81 (1966), S. 467-474; für Grass auch: Manfred Kremer, "Günter Grass' *Die Blechtrommel* und die pikarische Tradition." In: *German Quarterly*, 46 (1973), S. 381-392.

6. Unter den jüngeren Definitionsversuchen ragt heraus: Claudio Guillén, "Zur Frage der Begriffsbestimmung des Pikaresken." In: *Pikarische Welt: Schriften zum europäischen Schelmenroman* (Darmstadt, 1969), S. 375-396.

Diktatur in Deutschland gewinnt allmählich die politische Satire die Oberhand, indem Vigoleis entweder aus der Distanz das Verhalten seiner Familie kritisiert oder aber als Fremdenführer deutschen Touristen der Kraft-durch-Freude Dampfer auf den politischen Zahn fühlt. Nachdem er aber eines Tages hat vernehmen müssen, in Deutschland sei doch alles "besser und billiger", stellt er allerdings fest, daß er nicht über einen genügend starken Magen für die politischen Ansichten seiner Landsleute verfügt:

> Darauf mußte ich mit allen anstoßen auf die liebe Heimat, den kommenden Führer, das neue Deutschland. Goldig glänzten die Haare auf der Brust des Mannes mit dem geschliffenen Skapulier. Judas hat seinen Herrn für 30 Silberlinge verramscht. Vigoleis erniedrigte sich für 25 Peseten.

> Da war mir der bedürftige Mann hinter der Palme und die Frau vom Herrn Müller doch lieber. Immerhin aber werde ich Martersteig fragen, was das für Sektierer und verkrachte Adelsbonzen sein können, die nach Spanien reisen, um dort einen Biereid auf den Ranküneproleten Hitler abzulegen. Ich erbrach mich hinter einem Kaktushag. Pesetas 12,50 waren verdient. (338 f.)

Weitere Affinitäten zum barocken Pikaroroman mit seinem notorischen Antifeminismus und Antiklerikalismus finden sich in der Darstellung der Liebesabenteuer des "Essener Kathrinchens" - sie ist in ihrer Mannstollheit ein deutsches Gegenstück zu Pilar - im "Turm der Uhr" und in der Kritik an den Vertretern der institutionalisierten Religion. Obwohl Vigoleis aus einer frommen katholischen Familie stammt - sein Onkel ist Bischof von Münster - wird er schon als Kind zur Kritik an der Religion bewogen, einer Haltung, die sich im Laufe seines Lebens verstärkt. Auch Repräsentanten der deutschen Philosophie und des Geisteslebens werden zum Ziel schärfster Polemik:

> Bei den anderen Fakultäten dauerte es länger, ehe ich heraus hatte, daß die deutsche Wissenschaft eine verknorpelte Wissenschaft war, die dem Druck des Stärkeren nachgab. Darum wunderte es mich nicht, die Hochschulen 1933 ein Opfer der Gleichschaltung werden zu sehen. Die meisten Schriftgelehrten verzichteten sogar auf das angestammte Recht des akademischen Viertels, denn wer wollte da nachhinken? Vor nationaler Ergebenheit sanken, die sich "frigid und impotent studiert" hatten, in die Knie und dozierten auf halber Höhe weiter - Nationalismus ist immer Halbheit - und in einer Duckung vor dem namenlosen Allwissen des Führers. (524)

> Martin Heidegger hatte inzwischen das "Zuhandene" seiner Existenz durch einen Kniefall vor dem Führer um ein neues Geworfensein ins Schicksal vermehrt, und Thomas Mann, der Deutschland für immer verlassen hatte, saß in seiner Villa am Zürichsee und wahrte noch beide Gesichter, das des Dichters und das des Bürgers, um es mit ter Braak zu sagen. Daß er seine Bücher noch bei Fischer in Berlin erscheinen ließ, hat viel Staub aufgewirbelt. Bei Heidegger wußte man nun, woran man war. Aber bei Thomas Mann? Wenige kamen dahinter. Ich habe es auch nicht begriffen. (433)

Wenn Thelen hier konkreter wird als traditionell üblich, so lassen sich dagegen Vigoleis' Beobachtungen im "Turm der Uhr" und seine Beschreibung der Aktivitäten Pilars durchaus in die Tradition der Wiedergabe erotischer Abenteuer im herkömmlichen Pikaroroman einordnen.[7] Man denke nur an die Abenteuer des Felix Krull, die Sexualszenen in der *Blechtrommel*, aber auch an die "Gänsestall"-Episode und die Pariser Abenteuer im *Simplicissimus*.

Ebenfalls in der pikarischen Tradition steht Vigoleis' Berufskarriere. Sein Ziel, als freier Schriftsteller zu arbeiten, läßt sich in Mallorca nicht verwirklichen, und so versucht er sich in einem halben Dutzend von Tätigkeiten, die von Anfang an nicht auf Dauer angelegt sind. Eigentlich will er wie alle Pikaros keinen bürgerlichen Beruf und keine damit verbundene Fixierung seiner Existenz. Gerade das Bemühen, jede Möglichkeit einer Etablierung in der von ihm im Grunde verachteten Bürgergesellschaft zu vermeiden, charakterisiert sein Dasein. "Er leidet bitterste Not, verhungert fast, setzt sich aber lieber mit einem Witzwort über die weltliche Misere hinweg als daß er etwa den Grundstein zu einer bürgerlichen Karriere legte."[8] Auch Felix Krull, den anderen großen Protagonisten des modernen Pikaroromans würden wir ja mißverstehen, wenn wir annähmen, er betrachte seine Anstellung im Pariser Grandhotel als bürgerliche Karriere. Für ihn ist sie nicht mehr als die Bühne für den Schauspieler: eine Gelegenheit, seine vielen Rollen zu spielen.

Bemerkenswerter und zahlreicher als diese Ähnlichkeiten sind die Nichtübereinstimmungen mit dem traditionellen Modell. Es ist einfach zu viel, was der *Insel des zweiten Gesichts* abgeht, um sie unvoreingenommen einen Pikaroroman zu nennen. So ist zum Beispiel trotz der Gradlinigkeit der Romanmasse die Struktur wesentlich komplexer als wir es selbst von modernen Pikaroromanen, wie *Felix Krull* oder der *Blechtrommel* gewöhnt sind.

Selbst das Zugeständnis Schumanns, daß Episode "teilweise auf recht lockere Art" an Episode gereiht sei, kann kaum die traditionelle einsträngige pikarische Erzählstruktur beweisen,[9] denn einer sich der Einsträngigkeit annähernden Erzählstruktur ist eine Eigenheit Thelens im Wege, die er selbst seinen "Kaktusstil" nennt (260). Er spielt mit diesem Ausdruck auf die Charakteristik gewisser Opuntien-Arten an, die an scheinbar beliebigen Stellen des Blattrandes neue kleine Blätter ansetzen, welche sich entweder als die Weiterentwicklung der Hauptpflanze herausstellen, oder aber nach nur einem oder zwei weiteren Ansätzen als folgenloser Seitentrieb zum Erliegen kommen. Gemeint ist

7. Vergl. Schumann, S. 472.
8. Schumann, S. 471.
9. Schumann, S. 470.

ein assoziativer Erzählstil, der an Autoren wie Laurence Sterne oder Jean Paul gemahnend zu oft skurrilen Gedankenketten führt, welche mit ihren anekdotenhaften Nebengeschichten nicht unerheblich zum Reiz der Haupterzählung beitragen. Solche Ausflüge, die Jean Paul seine "witzigen Illuminationen" nennt, rechtfertigen die besondere Stellung Thelens in der deutschen Literatur, die ja nicht gerade reich an witzigen (vergl. engl. *wit*; franz. *esprit*) Autoren ist. Auch fehlt es dem Protagonisten Vigoleis völlig an der Schlechtigkeit und Durchtriebenheit, die fast alle anderen Pikaros, zumindest zeitweise, annehmen. Es ist gerade das Fehlen dieser Durchtriebenheit, was zu Vigos Leiden an der Welt führt und damit konstituierend für seine Lebensgeschichte wird.

Ein weiterer bedeutender Unterschied zwischen der *Insel* und dem pikarischen Roman des traditionellen Typs ist weltanschaulicher Natur. Wenn auch bei den älteren Pikaroromanen das Gewicht nicht ausschließlich auf einer religiösen Grundkonzeption ruhte, so steht doch immer außer Frage, daß der Beurteilung des Romangeschehens eine christliche Ethik zugrunde lag. Zwar betont der *Lazarillo de Tormes* die Bedeutung des physischen Überlebens in d i e s e r Welt und auch Grimmelshausens Simplex besinnt sich erst gegen Ende seines Lebens wirklich auf die Sorge um sein Seelenheil; trotzdem steht außer Frage, daß die Verfasser dieser Werke die Existenz einer richtenden Gottheit genauso wenig zur Diskussion stellen wie der religiös so stark engagierte "Gegenreformator" Aegidius Albertinus in seinem *Gusman*. In den oben angeführten Beispielen des 20. Jahrhunderts hingegen wird die Frage nach einer transzendenten Instanz nicht, auch nicht implizit gestellt, sie bleibt völlig außerhalb des Romankonzeptes. Lediglich als Objekt für Kritik und Spott tauchen Religion und organisierte Kirchen bei Thelen und Grass auf. Das ethische und moralische Gedankengut hat bei diesen Autoren eine rein humanistische Basis und berührt sich mit christlichen Vorstellungen nur auf dieser Ebene ohne einen transzendenten Bezug. Wir können mit Recht von einer völligen Säkularisierung des Pikaroromans sprechen.

Das trifft auch für die *Insel* zu, und daraus ergibt sich, daß ihr ein wichtiges Motiv "alter" pikarischer Romane fehlt: das Einsiedlertum, welches häufig erst den Rahmen zum rückblickenden Lebensbericht liefert. Andere moderne Pikaroromane, denen gleichfalls der Jenseits- bezug fehlt, parodieren wenigstens dieses Motiv noch, indem die Einsiedlerklause zur Zelle des Zuchthauses (*Krull*) oder der Irrenanstalt (*Blechtrommel*) wird.

Auch fehlt der *Insel* fast völlig das vielleicht wichtigste Strukturelement pikarischen Erzählens: die pikarische Reise. Nur in abgewandelter Form ist nämlich die traditionelle Beweglichkeit des Pikaro gewahrt. Im

Grunde sitzt Vigoleis ja auf Mallorca fest. Statt der Reise durch die Welt unternimmt er Minireisen von einem Ort der Insel zum nächsten, ja von einem Quartier zum anderen. In seiner Phantasie allerdings eilt er ständig zwischen Deutschland, Holland, Portugal und Mallorca hin und her.[10] Trotzdem beharren Autoren wie van Will und Schumann, auf der Anerkennung von Thelens Werk als Pikaroroman.[11]

Jedoch wirken van der Wills Argumente ziemlich konfus und lassen sich daher schnell entkräften. So konstatiert er ohne weitere Begründung: "Zweifellos handelt es sich um eine Schelmengeschichte...", wendet dann jedoch ein, daß "zwar pikareske Vielfalt der Welt, nicht jedoch die kritisch-antiideologische Distanz selber zum Tragen kommt. Zuviel Autobiographisches hindert hier die Klarheit der pikaresken Fiktion".[12] Wir haben es also nach van der Will zwar mit einem pikaresken Roman zu tun, anscheinend aber mit einem schlechten! Dazu ist zu bemerken, daß "zuviel Autobiographisches" kein Argument gegen den pikarischen Roman ist, wenn man bedenkt, daß man das gleiche gegen den *Simplicissimus* ins Feld führen könnte und daß auch andere pikarische Romane, wie *Felix Krull* und *Die Blechtrommel*, auf der fiktiven Autobiographie basieren. Man sollte nämlich nicht verkennen, daß bei aller Ähnlichkeit mit seinem Autor der Erzähler Vigoleis letzten Endes eine fiktive Figur bleibt.[13] Wieso gar die "kritisch-antiideologische Distanz" angeblich nicht "zum Tragen kommt", bleibt völlig unklar. Schließlich gibt es wenige Werke, in denen das antiideologische Element eine stärkere Wirkung ausübt als in der *Insel*.

Gewichtiger sind die Punkte, die Schumann anführt, um die *Insel* als Pikaroroman zu definieren. Allerdings kehrt sich sein erstes Argument überraschend gegen ihn. Er führt aus, daß auch die modernen Pikaros wie ihre klassischen Vorbilder aus der Retrospektive erzählen, daß jedoch aus der Einsiedlerklause die Zelle des Zucht- und Irrenhauses oder die Exilinsel geworden sei. Dabei wird jedoch übersehen, daß diese Beobachtung für Mann und Grass zwar durchaus zutrifft, sie bei Thelen aber an den Dingen vorbeigeht: Vigoleis sitzt ja nicht auf Mallorca und berichtet über sein früheres Leben - das trifft nur für die vergleichsweise knappen Passagen zu, in denen er seine Vorgeschichte nachträgt -, er beschreibt vielmehr gerade seine Existenz und seine soziale Umgebung auf der Insel "des zweiten Gesichts." Während sich also das erste Pro-

10. Vergl. Schumann, S. 469.

11. Van der Will, S. 45; Schumann, S. 467.

12. Van der Will, S. 45.

13. Man beachte besonders die aufschlußreichen Kommentare zu dieser Frage bei Karl August Horst, "Doppelgänger Vigoleis". In: *Merkur*, 8 (1954), S. 893-895; s. auch Jacobs, S. 109.

Argument ins Gegenteil verkehrt, erweisen sich die anderen Kriterien Schumanns als beständiger. Ganz im Sinne des traditionellen Pikaroromans spielt der Erzähler Vigoleis die Rolle des Außenseiters, der die ihn umgebende Gesellschaft zum Objekt seiner Satire macht.

> Am Rande der Gesellschaft stehen unsere Schelme also. Zuzeiten sitzen sie einfach als Zaungast da und spotten über ihre brav-biederen Mitmenschen, deren Leben nur aus Pflichten und Verantwortungen zu bestehen scheint. Dann aber packt es sie, und sie stürzen sich ins Getümmel, besonders wenn es darum geht, Behördenvertreter und andere Autoritäten in ihrer aufgeblasenen Dummheit bloßzustellen, pompöse Falschheit zu entlarven, bigotte Selbstgefälligkeit anzuprangern. Vigoleis wird es nicht müde, das Besserwissertum, die Überspezialisierung und die Krähwinkelei seiner Landsleute zu geißeln.[14]

Auf einen wichtigen Stilzug, den die *Insel des zweiten Gesichts* mit einigen anderen Pikaroromanen der Moderne teilt, hat meines Wissens Willy Schumann zum ersten Male aufmerksam gemacht: auf den eigentümlichen Wechsel zwischen Ich und Er, wenn der Erzähler in gewissen Szenen des Romans von sich selber spricht. Obgleich die Geschichte in bester Pikarotradition durchgehend in der ersten Person erzählt wird, kommt es immer wieder zur Verwendung der Er-Form. Auch der Erzähler der *Blechtrommel* ist dadurch charakterisiert, daß er häufig vom vertrauten Ich abweicht und plötzlich von sich als "Oskar" und "er" spricht. Als Beispiele für einen ähnlichen Stilzug in der englischsprachigen Literatur führt Schumann unter anderem James Patrick Donleavys' *The Gingerman* und Saul Bellows *The Adventures of Augie March* an. Zweifellos steckt hinter diesem Phänomen der Wunsch der Autoren, eine zusätzliche Distanzierung zwischen erzähltem und erzählendem Ich zu schaffen. Ob man allerdings so weit gehen darf wie Schumann, ist fraglich. Er sagt von Grass und Thelen: "Das Ich ihres Helden ist so flüchtig geworden, sein Standpunkt so unsicher, daß sich dieses eigentümliche Pendeln zwischen Ich und Er ergibt, ein Akt der absichtlich herbeigeführten Ich-Entfremdung."[15]

Es ist an der Zeit, eine erste Bilanz zu ziehen. Wir stellen fest: die *Insel des zweiten Gesichts* weist viele Gemeinsamkeiten mit der Definition des traditionellen Pikaroromans, wie sie von Claudio Guillén[16] vorgeschlagen wird, auf. Sie zeigt aber auch manchen Bruch mit der Tradition. Teilaspekte der Definition des Pikaresken, die erhalten bleiben, sind: Das Außenseitertum des Pikaro, das Interesse an seiner Biographie, das Motiv des Glückswandels (Fortuna-Motiv) und - eher noch verstärkt als abgeschwächt - die Gesellschaftskritik, die sich zur allgemeinen

14. Schumann, S. 468.
15. Schumann, S. 473.
16. Guillén, a.a.O.

politischen Kritik erweitert. Letzteres ist auch in der *Blechtrommel* besonders prononciert. Bei genauem Hinsehen erweist sich jedoch, daß sich die Gewichte in der *Insel des zweiten Gesichts* eindeutig in eine Richtung verlagert haben: auf die Person des Protagonisten und sein Verhältnis zu seiner Umwelt, das heißt zu der ihn umgebenden Gesellschaft vor dem Hintergrund des geschichtlichen Raums. Diese Gewichtsverlagerung entspricht aber genau den Eigenheiten einer Untergattung des Pikaresken, die Bruno Schleussner postuliert, wenn er vom neopikaresken Roman spricht.[17]

Wenn man mit Wolfgang Kayser Figur, Geschehen und Raum als die drei "Substanzschichten"[18] des Romans, als seine eigentlichen Strukturelemente, bezeichnet, dann kann man im modernen pikarischen Roman eine Gewichtsverlagerung zugunsten der Figur bemerken. Im traditionellen Pikaroroman nahm der Raum (die Gesellschaft) die beherrschende Stellung ein. In beiden Fällen spielt das Geschehen zwar oberflächlich eine wichtige Rolle, ist aber für Weltsicht und Intention des jeweiligen Romans vergleichsweise nebensächlich. Die verbleibenden Substanzschichten, Figur und Raum, wirken aufeinander ein. Sie werden von jetzt an hier als "Protagonist" und "Gesellschaft" definiert. Es ist im wesentlichen die Gestaltung des Protagonisten und die Art seiner Interaktion mit der Gesellschaft, die entscheiden, ob wir von einem pikaresken oder von einem neopikaresken Roman sprechen dürfen.

"Im pikaresken Roman wird der Hauptgegenstand, die negative Gesellschaft, vom Picaro angegriffen; sie wird überdies vom Standpunkt des Angreifers gesehen. Unter diesen Umständen spricht man von Satire."[19] In diesem Rahmen muß noch einmal auf einen bereits erwähnten Unterschied zwischen traditionellem und modernem Pikaro hingewiesen werden: Die Schlechtigkeit oder vorübergehende Schlechtigkeit des traditionellen Pikaro, dessen Angriffe eben nicht nur auf die verbale Attacke begrenzt sind, sondern der aktiv ins Geschehen eingreift. Hier scheiden sich übrigens auch die Wege Felix Krulls und Oskar Matzeraths von denen des Vigoleis, da jene in dieser Hinsicht ganz eindeutig dem traditionellen Typ nahe stehen. Ganz anders ist die Rolle

---

17. Die folgenden Ausführungen sind von Schleussner beeinflußt, der sich in dem bereits zitierten Werk dem modernen englischen Schelmenroman widmet. Es hat unter Germanisten naturgemäß nicht die Beachtung gefunden, die es verdient. Eine Ausnahme bildet Walter Seiferts Aufsatz: "Die pikareske Tradition im deutschen Roman der Gegenwart". In: Manfred Durzak, *Die deutsche Literatur der Gegenwart* (Stuttgart, 1971). Völlig unverständlich ist jedoch, wie Schleussner (S. 183) sich zu der Behauptung versteigen kann, daß in der *Insel* das Schicksal des Pikaro Vigoleis hinter der Zeitkritik zurückträte.

18. Wolfgang Kayser, *Das sprachliche Kunstwerk* (6. Aufl.; Bern, 1960), S. 360.

19. Schleussner, S. 169.

des Protagonisten im neopikaresken Roman. "Im neopikaresken Roman wird der Hauptgegenstand, der vorwiegend positive Protagonist, von der Gesellschaft bedrängt und angegriffen; er wird direkt und durch die personale oder Ich-Erzählung von innen, vom Standpunkt des Opfers aus gesehen."[20]

Es besteht kein Zweifel, daß die *Insel des zweiten Gesichts* von dieser Erzählhaltung geprägt ist und daß Vigoleis als "vorwiegend positiver Protagonist" eigentlich kaum jemals aus der Situation des Opfers hinausgelangt. Wenn auch im älteren wie im modernen Pikaroroman die Gesellschaft dem Individuum in gleichem Maße feindlich gegenübertritt, so sind die Gründe vom Standpunkt des Erzählers aus doch recht verschieden. Der ältere Pikaro sah sich als Teil eines (göttlichen) Plans und konnte versuchen, seine Rolle in der Gesellschaft von daher zu bestimmen. Daß er bei diesem Versuch häufig scheitert, liegt einmal an der Korruptheit seiner spezifischen gesellschaftlichen Umgebung, zum anderen aber auch an seiner eigenen Sündhaftigkeit.

Im Gegensatz dazu sind die "Sünden" des Vigoleis fast ausschließlich in seiner Unbürgerlichkeit begründet. Selbst wenn er gelegentlich anderen ein wenig arg mitspielt, etwa dem unglücklichen Studenten seiner "Einstuhlmethode" oder besonders dem jüdischen Pornographie-Liebhaber, so bestätigt die Tatsache, daß er die Erpressung Silbersterns nur dazu benutzt, anderen Juden zur Flucht vor dem Naziterror zu helfen (639), im Grunde nur seine fundamentale Humanität und seine Rolle als "reiner Tor". Wir sehen die perfekte Gestaltung des Grundkonzepts des neopikaresken Romans vor uns: den Protagonisten als von der Gesellschaft bedrohtes Individuum, welches, wenn diese Gesellschaft zum Feind anderer wird, diesen zu Hilfe eilt.

Wenn im traditionellen Pikaroroman die Krise einer Gesellschaft das Thema ist, wie in seiner spanischen Urform die Krise der christlichen Gesellschaft im 15. und 16. Jahrhundert, so begegnen wir bei Thelen einem anderen Sachverhalt: "Die im neopikaresken Roman ausgestaltete Bedrohung des Individuums durch die Gesellschaft und die damit zusammenhängende ungleich größere Labilität des Antihelden legt nun die Bezeichnung dieses Sachverhaltens als die Darstellung des Individuums in der Krise nahe."[21]

Der moderne Pikaro, Vigoleis, fühlt sich von der Gesellschaft in seiner Individualität bedroht. Selbst wenn jene nach allgemeinen moralischen Begriffen perfekt wäre, hätte Vigoleis Schwierigkeiten mit der Integration, weil selbst moralische Perfektion nicht notwendigerweise Freiraum für Exzentriker schafft. Im Gegensatz dazu würde die

---

20. Ebd.
21. Schleussner, S. 170.

156

moralische Perfektionierung der Gesellschaft den "alten" Pikaro ganz
auf das Dilemma seiner Sündhaftigkeit zurückwerfen, da er das Ideal
einer Gesellschaft, die er nur in ihrer Korrumpiertheit satirisiert, ja
implizite akzeptiert.

Während im traditionellen Pikaroroman die dichterische Intention -
also das, was Kayser die "gestaltgebende Idee" nennt -[22] auf die
Ausformung des Themas vom Protagonisten, der mit einer korrupt und
unmoralisch gewordenen Welt konfrontiert wird, abzielt, hat beim
neopikaresken Roman also eine Akzentverlagerung stattgefunden. "Das
Gewicht liegt auf dem Protagonisten, der sich von der Gesellschaft
angegriffen wähnt und dessen Flucht vor ihr dargestellt wird. Die
'gestaltgebende Idee' dieser Romane wäre danach der Konflikt eines
jungen Mannes mit der Gesellschaft, wobei alle Vorteile auf seiten der
Gesellschaft liegen."[23]

Diese Akzentverlagerung bedeutet, daß jener Bereich wesentlich
detaillierter ausgeführt wird und oft über die Gestaltung der
gesellschaftlichen Umwelt, des epischen Raums also, die Oberhand
gewinnt. Dargestellt wird eine gesellschaftlich-politische Situation und
ihre Wirkung auf den Protagonisten. Obwohl Vigoleis satirische Mittel
wie Invektive und Parodien benutzt, kann man von einem Zurücktreten
der Satire sprechen, wenn man die *Insel* mit traditionelleren
Pikaroromanen vergleicht. Das hat seine Ursache darin, daß der
Gesamtroman von einem humoristischen Ton getragen wird, der auch
vor der Verspottung des Protagonisten nicht haltmacht, ja jede Ironie des
Romans wird fast sogleich auch zur Selbstironie. Da das erzählende Ich
das erzählte Ich ja nicht haßt, bleibt der Erzähler im allgemeinen im Ton
des milden Spottes und verfällt nur selten in die beißende Satire, nämlich
in seinen Angriffen auf die Nationalsozialisten und die Kirche, weswegen
Thelen in der Kritik gelegentlich auch der Vorwurf der reinen Polemik
gemacht wurde.[24]

Da bei der Gestaltung komischer Situationen eigentlich kein
Unterschied gemacht wird zwischen jenen, die sich auf die Vertreter der
Gesellschaft beziehen und solchen, die den Protagonisten selbst betreffen,
muß etwas Zusätzliches mitschwingen, was diese beiden Objekte
gegeneinander absetzt. Es ist dies das Element der Tragikomik, welches
der Leser beim Anblick der Hilflosigkeit des Protagonisten verspürt. Das
reduziert die Wirksamkeit der Satire als Mittel der Gesellschaftskritik, da

22. Kayser, S. 226.
23. Schleussner, S. 105.
24. So etwa von Werner Welzig, *Der deutsche Roman im 20. Jahrhundert.* (Stuttgart,
1967), S. 108 und Heinrich Meyer, "Albert Vigoleis Thelen." In: *Books Abroad*, 30
(1956), S. 167.

nur Komik, die auf Zerstörung gerichtet ist, satirisch effektiv sein kann.[25] Die *Insel* ist also in diesem Sinne kein traditioneller Pikaroroman; und bei einer Untersuchung der Gestaltungsmittel stellt sich auch die Frage, ob der Roman noch zum neopikaresken Genre gehört.

Während Schleussner für die von ihm untersuchten englischen Romane eine personale Erzählhaltung konstatiert, bei welcher der Autor völlig hinter seinen Personen zurücktritt, ist die Lage bei Thelen wesentlich komplexer. Für den Pikaroroman mit der traditionellen Ich-Erzählung läge die Annahme einer personalen Erzählhaltung nahe, dem ist aber nicht so, weil, wie bereits gezeigt wurde, der Ich-Erzähler Vigoleis weitgehend mit seinem Autor Thelen verschmilzt. Diese verschwimmenden Konturen bedingen dann einige weitere Veränderungen, weswegen sich die Definition des neopikaresken Romans auf Thelens Werk letztlich auch nicht mehr uneingeschränkt anwenden läßt.

Die Auswirkungen auf die Perspektive bleiben gering - sie ist die Perspektive des personalen Erzählers -, jedoch gewinnt der Erzähler in der Zeitbehandlung die bereits erwähnte Freiheit. Er kann Vorgriffe und Nachträge so frei in seine Erzählung aufnehmen, wie es sonst nur dem auktorialen Erzähler möglich ist.[26] Daß Thelen auch sonst öfters aus der Rolle des personalen Erzählers fällt, machen seine häufigen Leseransprachen deutlich (z.B. 120, 167). Auch sie scheinen die bereits angedeutete Geistesverwandtschaft mit Jean Paul zu bestätigen:

> Drei Sternchen, lieber Leser, trennen uns von unserem schlafenden Heldenpaar, und das ist eine gediegenere Isolierschicht als eine dreifach beworfene Bleichwand. Wir brauchen uns deshalb nicht aufs Flüstern zu verlegen, wenn wir noch ein Weilchen beisammen bleiben, um nachzukarten und vorsichtig einen Blick in die Zukunft zu werfen (120).

Wir hatten uns die Frage gestellt, ob die *Insel des zweiten Gesichts* in die Kategorie des pikaresken Romans gehört. Bei der näheren Beschäftigung mit dem Werk mußten wir feststellen, daß die Antwort auf diese Frage, sofern sie so naiv formuliert wird, nur negativ ausfallen kann. Allzu auffallend sind die Abweichungen vom traditionellen Modell, wobei die "Säkularisierung" des Genres eine wichtige Rolle spielt. Andererseits sind die verbleibenden Ähnlichkeiten mit den Modellen des Pikaroromans noch immer so vielfältig, daß eine differenziertere Fragestellung angebracht erschien. Angesichts des erfolgreichen Versuchs Schleussners, mit dem Modell eines "neopikaresken Romans" gewisse Phänomene der modernen englischsprachigen Epik zu erfassen, schien dieser Ansatz auch bei Thelen geboten. Dabei stellte sich heraus, daß die *Insel des zweiten Gesichts* in der Tat Züge trägt, die sie als neopikaresken Roman

---

25. Vergl. Kayser, S. 381.
26. Schleussner, S. 92.

erscheinen lassen. Es zeigte sich aber auch, daß der Roman ein viel zu komplexes Gebilde ist, als daß er sich leicht einer solchen literarischen Kategorisierung anbequemte.

Im Grunde sind es ja gerade die bedeutenden literarischen Produkte, die sich einem solchen "Schubladendenken" entziehen. Bei Thelen sind es vor allem seine ausschweifende Phantasie und seine überschäumende Fabulierkunst, die es ihm schlechterdings umöglich machen, einem relativ strikten und damit zugleich restriktiven Muster zu folgen. Selbst seine Assimilierung der überlieferten Form des Pikaroromans ist noch so frei, daß sie sich auch nicht völlig mit dem Begriff des Neopikaresken erfassen läßt. Eine ähnlich wuchernde Erzählweise findet sich nach der *Insel* allenfalls in der *Blechtrommel*, vor ihr höchstens bei Jean Paul und noch früher bei Grimmelshausen. Da trotz aller Einwände der Eindruck bleibt, daß die *Insel des zweiten Gesichts* von allen Prosaformen dem Pikaroroman am nächsten steht, so sei noch einmal zusammengefaßt, worauf diese "Affinität"[27] vor allem beruht: da ist ganz zu Anfang die Figur des Protagonisten zu nennen, darauf die reihende Erzählform und die Anlage als fiktive Autobiographie. Weitere Indizien, die aufs Pikarische verweisen, sind: die starke Neigung zur Gesellschaftskritik und implizierten Moralsatire, aber auch der humorvolle Grundton, den wir besonders in modernen Versionen des Genres finden. Von der im "alten" Pikaroroman üblichen, an transzendente Mächte gerichteten Klage über die Schlechtigkeit der Welt, ist allerdings nur noch der Appell an die Menschlichkeit und der höhnisch-verzweifelte Fingerzeig auf die Perversion der Humanität im modernen Zeitalter übriggeblieben.

27. Jacobs, S. 111.

Erhard Friedrichsmeyer

DIE UTOPISCHEN SCHELME HEINRICH BÖLLS

Einen Schelmenroman traditioneller Prägung, wie es etwa noch Manns *Felix Krull* (1954), Grass' *Die Blechtrommel* (1959), Bielers *Bonifaz oder Der Matrose in der Flasche* (1963) und Zwerenz' *Casanova oder der Kleine Herr in Krieg und Frieden* (1966) sind, hat Böll nicht verfaßt. Nicht daß man die Kategorie nicht auch für ihn herangezogen hätte. So rechnet Wilperts *Sachwörterbuch der Literatur* Bölls *Ansichten eines Clowns* (1963) dazu.[1] Die Verwandtschaft von Clown und Schelm legt die Zuordnung nahe. Jedoch ist der Berufsclown Schnier dem ersten Anschein entgegen nicht dem Typus des Schelms, sondern dem des Helden zugehörig. Im Privatleben ist Schnier alles andere als ein Spaßmacher oder ein Pikaro.[2] Schelmen fehlen aber darum nicht bei Böll, wie eine kurze Typologie seiner Hauptfiguren zeigt: in den frühesten Erzählungen ist das bevorzugte Konzept noch ein sehr ernstes; es ist das des leidenden oder leidensbereiten Heiligen oder Märtyrers. Die Szene, in der er sich bewegt, ist der Krieg oder die unmittelbare Nachkriegszeit. Sein Leiden ist stellvertretende Buße für die Unmenschlichkeiten der Zeit. In den frühen fünfziger Jahren verweltlicht sich der Heilige zum Helden, in einer Periode somit, als in Westdeutschland zumindesten für Leute vom Schlage Bölls Hoffnungen auf einen grundlegenden gesellschaftlichen Neubeginn bestand.[3] Der Bewerksteller des Neuen ist der Held.

---

1. Gero v. Wilpert, *Sachwörterbuch der Literatur*, 5. Aufl. (Stuttgart: Kröner, 1969), S. 684. Siehe auch Norbert Schöll, "Der pikarische Held. Wiederaufleben einer literarischen Tradition seit 1945." In: *Tendenzen der deutschen Literatur seit 1945*, hrsg. von Tomas Koebner, (Stuttgart: Kröner, 1971), S. 302-322. Nach Schöll nähert sich Böll außer in *Ansichten eines Clowns* auch in *Ende einer Dienstfahrt* "der pikarischen Tradition", S. 303.
2. Siehe Leah Ireland-Kunze, "Two Clowns. New Dimensions of the Picaresque." *Colloquia Germanica*, 14 (1981), 343: "The clown is personally neither real rogue nor martyr-hero." Das letztere ist ebenfalls insofern zutreffend, als Schnier wie alle satirischen Protagonisten Bölls als Versager abtritt.
3. Hans Werner Richter, als 'Gründer' der "Gruppe 47" zentrale Figur unter den Schriftstellern der Nachkriegszeit und vielfach deren Wortführer, formuliert 1946: "...aus der Gewalt der Erlebnisse, die der jungen Generation zuteil wurden und die sie erschütterten, erscheint ihr heute die einzige Ausgangsmöglichkeit einer geistigen

Böll mißt am Heldenmaß, obwohl man ihn, was schon beinahe zu einem Klischee der Böll-Kritik geworden ist, zum Dichter der "kleinen Leute" erklärt hat. Bölls Personal erscheint zwar nicht in heroischer Dimension, aber es ist, in Siegfried Lenz' Worten: "klein in einem außerordentlich protesthaften Sinn."[4] Böll stellt hohe Anforderungen an seine zentralen Figuren, er verlangt den vorbehaltlosen Einsatz ihrer moralischen Persönlichkeit. Werden sie diesen Erwartungen nicht gerecht, so verzeichnet sie Böll klipp und klar, wie etwa die Figur des jungen Murke in *Doktor Murkes gesammeltes Schweigen*. Murke versagt als Erneuerer, akzeptiert die Herrschaftsmechanismen seiner Welt.[5]

Hans Schnier gehört in diese Reihe der Helden, die versagen.[6] Am Ende seiner Laufbahn ist er nicht mehr Wahrheitsverkünder, sondern Bettelsänger. Messen wir ihn an dem geläufigen Kriterien des Schelmenromans, so erfüllt Schnier zwar einige Bedingungen desselben - Schnier ist Außenseiter und ideologiefeindlich -, aber was er ist, ist er absolut, wie der Held; er zeigt nicht die ständige Kompromißbereitschaft des Schelms. Es fehlt in *Ansichten eines Clowns* die Abenteuerstruktur mit auf- und niedergehender Erfolgskurve des Schelmenromans. Schniers Erfolgslinie läuft geradenwegs bergab. Er tut dabei sehr wenig. Von der Rührigkeit des Schelms ist wenig an ihm. Seine Reaktion zur Welt ist Sammeltätigkeit. Sie ist aber nicht eine Kollektion von Erfahrungen, die einen Schelm gewitzter und überlebensfähiger machen würden, sondern das Sammeln von Augenblicken (W, IV, 261). Schnier registriert epiphanische Illuminationen der Menschlichkeit bzw. Unmenschlichkeit. Er besitzt das absolute Urteils- und Unterscheidungsvermögen des Helden.

Schnier ist auf Jahre die letzte und wohl rigoroseste Vorstellung dieses an hohen Normen gemessenen Typus bei Böll. Der Schelm löst ihn darauf bis in die späten siebziger Jahre als der vornehmlichste Typus unter den zentralen Figuren im Werke Bölls ab. Als Projektion großer Hoffnungen scheiterte das Heldenkonzept an den politischen und gesellschaftlichen Gegebenheiten der Bundesrepublik in der sechziger

---

Wiedergeburt in dem absoluten und radikalen Beginn von vorn zu liegen". H.W. Richter, "Warum schweigt die junge Generation?" *Der Ruf* 1.9.1946.

4. Siegfried Lenz, "Sein Personal." In: *In Sachen Böll*, hrsg. von Marcel Reich-Ranicki, 3. Aufl. (Köln: Kiepenheuer und Witsch, 1970), S. 39.

5. Murke zwingt seine Freundin zum Besprechen eines Tonbandes, was sie als einen unmoralischen Akt empfindet. Heinrich Böll, *Werke: Romane und Erzählungen*, hrsg. von Bernd Balzer, 5 Bde. (Köln: Kiepenheuer und Witsch, 1977), III, 191-92. [Hiernach im Text zitiert: W].

6. Siehe hierzu Erhard Friedrichsmeyer, *Die satirische Kurzprosa Heinrich Bölls* (Chapel Hill: The University of North Carolina Press, 1981), Kapitel II und VIII.

Jahren. Die Tendenzen der Ära waren für Böll durchaus reaktionär.[7] Gegen die sich immer weitgehender verfestigende Bürgerlichkeit setzt Böll darauf die kleinen Hoffnungen, die seine Konzeption des Schelms spiegeln. Sie ist die des Unterwanderers, der im Erlaubten immer um einige Schritte zu weit geht und damit "zersetzt", die Dinge in Fluß zu bringen versucht.[8] Er steht nicht mehr, wie Figuren vom Schlage Murkes, in Entscheidungssituationen eines großen Entweder-Oder der integren Menschlichkeit, sondern bewegt sich in Erfahrungsserien, in denen seine Menschlichkeit zwar schwanken mag, aber nie hinfällig wird. Was Böll von ihm sozial verlangt, hält er. Er hinterfragt das System, er zollt ihm keinen Respekt, er rückt alles Verfestigte und Kategorische ins Licht des Lächerlichen.

Indem Böll den Helden als Versager mit Schnier verabschiedet, führt er uns schon im folgenden Jahr, 1964, in *Entfernung von der Truppe,* den Schelm vor. Daß es Böll auch mit diesem Typus ernst ist, liest man schon daran ab, daß er ihn mit der Rolle des Autors beauftragt. Selbst im Formalen ist die Erzählung ein Schelmenstück. Schmölder, der Erzähler, erklärt es zwar nicht expressis verbis dafür, aber er bezeichnet es in publikumsfängerischer Spielerei als Gebilde etwa gleich den Kindermalheften, in denen man Punkte miteinander verbinden muß. Er rühmt die Freiheit, die das Publikum beim Ausschattieren der umzogenen Flächen habe und die eine beliebige Anzahl von Verständnismöglichkeiten erlaube (W, IV, 275-76). Da jedoch auch Verwirrtheit entstehen kann, verspricht er dem Leser fürs Mithalten am Ende des Erzählwerks ... eine fix und fertige Moral ... auch eine Interpretation, die allen Interpreten vom Obertertianer bis zum Meisterinterpreten im Oberseminar Seufzen und Nachdenken ersparen wird. Sie wird so abgefaßt sein, daß auch der einfache, unbefangene Leser sie "mit nach Hause nehmen kann" (W, IV, 282).
Die Moral macht der Erzähler auch wie versprochen deutlich, die Interpretation jedoch klärt so gut wie nichts. Er schließt sie und damit seinen Text ab mit dem Satz: "Der Erzähler verbirgt etwas. Was?" (W,

---

7. Böll äußert sich rückblickend 1975, "...es hat sich letzten Endes eben gezeigt, daß das, was wir Restauration nennen ... die alten Formen fast zwanghaft wieder kreiert hat: wieder Familienegoismus, wieder Besitzstreben, wieder Bürgerlichkeit." H.B., *Werke: Interviews*, hrsg. von Bernd Balzer (Köln: Kiepenheuer und Witsch, 1978), S. 394.
8. Zersetzen ist für Böll ein lebensfördernder Prozeß. In seinem Gespräch mit Christian Linder, 1975, sagt er: "Daß das, was wir jetzt destruktiv nennen und wahrscheinlich objektiv auch destruktiv ist, der Wunsch ist, Leben zu erhalten, oder Leben in die Bude zu bringen, eben auch durch Infragestellung des Überbaus. Und Leben kann ja nur durch Zersetzung entstehen, allein auch schon biologisch..." *Werke: Interviews*, S. 408.

IV, 322). Dieses verrätselnde Versteckspielen zeigt die Haltung des Schelms, sei er Schnier oder Böll. Mit der ihm eigenen Insolenz macht er sich mit Vorliebe lustig über alle, die die Macht in Händen haben. Hier in diesem Kontext wendet sich Böll gegen das Publikum, das den Star-Autor zu diesem Zeitpunkt schon weitgehend vereinnahmend rezipiert hatte, und darüberhinaus gegen den Literaturbetrieb, der den Böll der frühen Jahre nicht ohne Herablassung zu applaudieren pflegte. Bislang nur an offene Karten bei Böll gewöhnt, muß sich die Kritikergarde gefallen lassen, verwirrt zu sein und sich sagen lassen, daß der einfache Leser, jedes Kind sozusagen, mehr verstehe. Das alles aber knüpft Bande zu einem Leserkreis im deutschen Sprachraum, den die Geschichte der deutschen Literatur allerdings nicht verwöhnt hat. Es ist dies der Kreis der für Humor Empfänglichen, die auch im Versteckspielen etwas zu finden vermögen.[9]

Den humorlosen Bürger hingegen brüskiert der Erzähler ohne Vorbehalt: der Schelm umgibt sich im wortwörtlichen Sinn mit einer Fäkalienaura. Er ist "Scheiße-Träger" bei der Wehrmacht, ist Außenseiter, den seine Arbeit zwar physisch anwidert, dem durch sie aber der Adel der Menschwerdung verliehen wird (W, IV, 283). Wenn Vorgesetzte sich ihm nähern, um "menschlich zu werden", schafft er sich eine Freizone, indem er Jauche um sich verschüttet und seine "menschlich" werdenden Bedrücker mit Spritzern bekleckert (W, IV, 273). Höchster Wunsch dieses Schelms, und hier liegt die Moral des Werkes, ist es, jedweder Truppe zu entkommen. Inbegriffen ist auch die literarische. So legt der Erzähler dem nach gängigen Kategorien fahndenden Interpreten mit Vorliebe red herrings in den Weg und hofft "zuversichtlich ... mißverstanden [zu] werden und Mißtrauen [zu] erwecken" (W, IV, 271).

Zunächst ist es Schölders Bestreben, sich dem Militär zu entziehen. Sogar den Verrückten ist er willens zu spielen. Der Schelm hat schon seit altersher die Fähigkeit besessen, dasjenige als unsinnig zu betrachten, was dem Überleben nicht förderlich ist. Er ist der geborene Deserteur, oder zumindest der Drückeberger, wie etwa noch Schweijk, Krull oder Oskar Matzerath. Die Anfälligkeit Schmölders fürs Desertieren verweist auf den Kern der Schelmenmentalität, die Mißachtung oder Geringschätzung der Macht. Wo der traditionelle Schelm jedoch in einem Vorstellungsraum steht, wo Macht, Erfolg und Ordnung zumindest noch ideologisch einen positiven Komplex bilden, und er sich darum nicht scheut, selber Macht

---

9. Böll setzt sich in seinen *Frankfurter Vorlesungen* (1964), mit dem deutschen Humorverständnis auseinander. Es liegt ihm im argen. H.B., *Werke: Essayistische Schriften und Reden*, hrsg. von Bernd Balzer, 3. Bde. (Köln: Kiepenheuer und Witsch, 1978), II, 44; 87ff.

auszuüben, verachtet Schmölder das Prinzip Macht an sich. Er schlägt einen Vorgesetzten zwar mit dem Spaten in die Kniekehlen, aber nicht um Macht auszuüben, sondern aus einer Art Notwehr: der Spatenstreich ist von einer "himmlischen Vernunft getrieben" (W, IV, 283). Die folgenden mannigfaltigen Erniedrigungen, wie das Fäkalientragen und der "Schneckensegen" (W, IV, 286) - ein mit Gesang zu begleitendes Auf-dem-Bauch-Kriechen -, sind eigentlich Erhöhungen. Die "himmlische Vernunft" ermöglicht es ihm, die Verbannung in die "fäkalischen Gefilde", um dort "ein Mensch zu werden", wie man ihm sagt (W, IV, 272), in der Nachfolge Eulenspiegels wortwörtlich zu nehmen. Wenn das Militär das Wort Mensch zur Bedeutung Truppenbestandteil pervertiert, lernt Schmölder nun, was es heißt, Mensch zu sein. Menschsein meint bei Böll hier vornehmlich ohne Macht zu leben. Ohnmächtig, dies sei betont, ist Schmölder jedoch nicht. Das zeigt nicht nur seine Fähigkeit, die Erniedrigungen zu neutralisieren und diese zu überleben, sondern auch sein unterschiedliches Vorgehen gegenüber Vorgesetzten und Gleichge-stellten. Wortbegabt, wie er ist, schreibt er für einen Mitsoldaten stellvertretend "glühende Briefe" an dessen Mädchen (W, IV, 281), nicht jedoch, um sich Vorteile zu verschaffen, sondern um forthin nicht mehr bestohlen zu werden. Da das Stehlen nun einmal zum Schelm gehört, fehlt es auch bei Schmölder nicht, aber es ist hier nicht im geringsten verwerflich: Schmölder stiehlt von der Truppe Kohle, um sie in ein französisches Nonnenkloster abzuführen, wo sie dringend benötigt wird. Dabei gibt er als Galant der sehr sympathischen Oberin überdies noch drei gestohlene "Offizierstaschentücher" (W, IV, 284).

Im Gegensatz zum Schelm gewohnter Prägung ist Schmölder kein Aufsteiger. Sein Außerachtlassen des Hierarchischen ist folgerichtiges Verneinen des Prinzips Macht in seiner organisierten Form. Nicht der Ehrgeiz, gesellschaftliche Höhen zu erklimmen oder zumindest die Vorteile einer Elite gelegentlich zu erhaschen, treibt ihn, sondern der Wunsch, sich auf der Ebene des Menschlichen zu bewegen. Das Bestreben führt ihn zu einem Glück, das ihn nicht, wie beim alten Schelm, aus Fortunas Hand zufällt, sondern durch die ihn bewegende und mehrmals dankend bedachte "himmlische Vernunft" verdient ist. In den "fäkalischen Gefilden" begegnet er Engelbert, einem nicht überlebenden Unschuldslamm, der ihn auf Anhieb auffordert, seine Schwester zu heiraten. Schmölder kommt der Aufforderung nach und wird Teil der außerordentlichen Familie Bechthold. Sie eignet sich hervorragend als Heimstätte des Schelms. Man entscheidet mit dem Würfel, welcher der Söhne der SA beizutreten habe, da von diesem Schritt geschäftliche Aufträge abhängig sind. Obwohl die Würfel Engelbert günstig sind, ist es dieser, der sich der verhaßten Orgnisation anschließt; Schmölder tut dasselbe, weil er Engel "dort nicht allein lassen wollte" (W, IV, 301).

Eine Mutter Courage im eigentlichsten Sinne ist Frau Bechthold. Als einer ihrer Söhne fahnenflüchtig wird, wirft sie einen Fahnder eigenhändig die Treppe hinunter und erntet Zuchthaus (W, IV, 293; 311). Eine Weile ist sie Zellenleiterin der KP, ist dabei "Instinktkatholikin" (W, IV, 293), die Differenzen zwischen sich und dem Papst mit den Worten beilegt, "dann hat sich eben der Papst geirrt" (W, IV, 293). Die Enkel des einen kirchentreuen Sohnes "impft sie mit Renitenz und Aufruhr", die des anderen - er ist ein "erklärter Atheist und vollkommen linker Bruder" - bringt sie zum Rosenkranzbeten (W, IV, 294). Schmölder schlägt für sie die Wörter "zwielichtig" und "skandalös" vor und erklärt: "Wenn der Leser jetzt gar 'nicht mehr weiß, was er von ihr halten soll', so habe ich mein Ziel erreicht" (W, IV, 293). Mutter Bechthold hat sich kategorisch von der Truppe entfernt und befürwortet das auch für andere (W, IV, 317). Zwar meint das, literarisch gesehen, einen Wegweiser zur Kategorie des Schelmischen, existentiell ist die "Entfernung von der Truppe", also die Flucht aus den Kategorien, Lösung zur Menschwerdung. Mensch sein und Schelm sein sind demnach so gut wie identisch, insbesondere als Böll in der herkömmlichen Kategorie des Schelms "zu weit geht", sie transzendiert.

Schon indem Böll seinen truppenentfernten Schelm den Rahmen einer Familie wählen läßt, in der eine Persönlichkeit vom Schlage Frau Bechtholds wirkt, verleiht er Schmölder eine Matrix, in der sich das Konzept Schelm im positiven Sinne sozial erweitert. In dieser höchst unkonventionellen Familie, in der Schmölder "eine Wiedergeburt" erlebt (W, IV, 270), sind hauptsächlich während des Krieges die Dinge im rechten Fluß. Es herrscht nicht der Rhythmus des Genormten, sondern es existiert eine Form von Anarchie, also Herrschaftslosigkeit. Jeder tut, was er will. Wenn eine Norm zu erkennen ist, dann ist es eine eher literarische; sie erscheint im Ritus des hier geradezu ausschweifenden Kaffeetrinkens. Es ist dies als eine Erweiterung des Brotbrechens zu verstehen, das Böll in den *Frankfurter Vorlesungen* als Teil seiner Ästhetik des Humanen abhandelt (W, II, 83). Aber auch das Kaffeetrinken wird nicht kategorisch betrieben, Schmölder selber trinkt keinen Kaffee. Die Flüssigkeitsmetapher des Kaffeetrinkens, verbindender Bestandteil der Familie, hat ihre Parallele in der Metaphorik der Jauche - sie ist nichts Verbindendes, sondern an sich schon Zersetztes -, die als Norm der Zersetzung an das Militär gelegt wird. Mit Fäkalien bespritzte Vorgesetzte sind bildlich als "Truppe" erledigt. Im konkreten Sinne sind die Bemühungen Schmölders um Dienstuntauglichkeit, seine Urlaubsüberziehungen, der Schuß in den eigenen Fuß, Unterwanderungen der Truppe.

Sowohl dem Schelm Schmölder, der, konfessional ein "unbeschriebenes Blatt", sich gern als "kommender Christ" bezeichnet (W, IV, 275), wie auch der Familie Bechthold haftet unverkennbar ein sozialutopisches Moment an. So betont Schmölder, daß sein Erzählwerk eine "reine Idylle" werden soll. (W, IV, 297). Ist der Hang zum Idyllischen an sich nichts Neues beim Schelm,[10] so liegt der Akzent hier nicht, wie gewohnt, auf der Idee des Refugiums. Das Idyllische ist hier im Kern schon realisiertes Gegenbild. Das von der Truppe entfernte Leben ist das bewegte, das rechte Leben, wie es die Familie Bechthold zur Kriegszeit veranschaulicht. Nicht still-harmonisches Händehalten oder die Effizienz der festgefügten Hierarchie charakterisiert es, sondern mannigfache Reibungen, Kontroversen, rege Antipathien und Sympathien.

Beziehen wir diesen anarchisch-utopischen Kern auf die Begriffe Schelm und Schelmenroman in ihrer gewohnten Bedeutung, so läßt sich Bölls Dehnung des ersteren, die Entleerung des letzteren nicht übersehen: agiert der herkömmliche Schelm letztlich im Einvernehmen mit hierarchischen Ordnungen, selbst wenn er sie immer wieder bricht, so der Bölls in energischer Befürwortung des Prinzips der Herrschaftslosigkeit. Die Strukturingredienzen des Schelmenromans sind darum in *Entfernung von der Truppe* Versatzstücke, die das Schema pro forma aufrechterhalten, um dem evolutionären Schelm Bölls im Sinne literarischer Traditionen generisch ein Zuhause zu bieten. Die Reiseabenteuer, mittels derer sich der alte Schelm profiliert, sind hier leeres Nennen einer Kette französischer Städte, in die Schmölder von einem Militärarzt geschickt wird, um Chopin-Partituren einzuhandeln. Das Nämliche gilt für die Verwandlungsfreudigkeit des Schelms. Bei Schmölder erscheint dieses Phänomen herabliterarisiert zu einem Verweis auf Rollen und Erzählebenen, über die jedes Kind schon im siebten Schuljahr Bescheid wisse:

Man sieht mich hier als Einundzwanzigjährigen, als Dreiundzwanzigjährigen, wird mich als Fünfundzwanzigjährigen sehen, dann erst wieder als Fünfzigjährigen. Man sieht mich als Bräutigam, als Ehemann, ... Witwer und Großvater" (W, IV, 299).

Die Unsicherheit des traditionellen Schelms über seine Herkunft oder seinen Vater macht Böll zur Verwirrtheit Schmölders über die Konfession seiner mischehelichen Eltern. Schmölder nennt diese Unsicherheit - wer ist nun katholisch, wer evangelisch? - "fast einen Geburtsfehler" (W, IV, 274). Wie der Schelm gewohnter Prägung, aber auf ungewohnte Weise, biegt er das Manko um in einen Gewinn: er ist nicht etwas Besseres im

10. Siehe hierzu Willy Schumann, "Die Wiederkehr der Schelme," *PMLA*, 81 (1966), 470.

hierarchischen Sinne - der alte Schelm sah sich bekanntlich gern als von Adel -, sondern im utopisch-sozialen: er bezeichnet sich, wie gesagt, als "kommenden Christen" (W, IV, 275).

Was an Schmölder vom alten Schelm übrig bleibt, sind seine kleinen Streiche, ein paar - geradezu sympathische - Diebereien, sowie eine - zu befürwortende - Urkundenfälschung und seine Fahnenflucht. Das Desertieren ist jedoch so gut wie absolut. Schmölder betont, die verhaßte Uniform der SA nie getragen zu haben (W, IV, 297). In dieser übergreifenden Verneinung macht- und zwangausübender Körperschaften wie auch in seiner sozialen Bindungsfreudigkeit innerhalb eines modellhaft empfohlenen Kollektivs liegt das Eigen- und Neuartige dieses Schelms. Homologisch zu dieser Erhöhung des Schelms steht die weitgehende Entleerung der Kategorie des Schelmenromans. Als Epitheton für diesen untraditionellen Schelm Bölls soll hier darum der Terminus "utopisch" vorgeschlagen werden. In seiner anziehenden Menschlichkeit hat der Schelm Bölls zweifellos etwas Vorbildliches, dies jedoch in einem sehr offenen Sinn. Da die Losung "Entfernung von der Truppe" sehr viel Quixotisch-Freiheitliches enthält, ist das Vorbildliche nicht fixiert und präskriptiv, sondern exhortativ. Die Gefahr seiner Festlegung und Institutionalisierung in der Erfahrungswelt ist jedoch nicht ausgeschlossen.

Es verflüchtigt sich beispielsweise die lebendige Solidarität der Familie Bechthold weitgehend nach dem Krieg. Nur Schmölder und Mutter Bechthold bleiben weiter diversen Truppen fern. Was das Reaktionäre der Zeit in etwa verschleiert, ist die Mannigfaltigkeit der Truppe in der pluralistischen Gesellschaft. Das Herrschaftsprinzip äußert sich zweifellos unvergleichlich weniger odiös als früher - der Schneckensegen, betont Schmölder, ist ihm nicht wieder in der Nachkriegszeit erteilt worden (W, IV, 319) -, aber trotz aller Toleranz für Exzentriker wie Schmölder ist die Freiheit, nach der sich ein "kommender Christ" sehnt, nicht vorhanden. Schmölder spricht darum von "Resignation" (W, IV, 319), die sich jedoch nicht auf seine Funktion als Erzähler erstreckt. Diese entwickelt sich zwar in einer Zeit vielfach falschen Lebens, begibt sich jedoch nicht der Schliche, hinter die zu kommen uns der gute Schelm auffordert.

Wie wichtig in dieser Zeit das Utopische im kollektiven Sinne für Böll ist, demonstriert sein nächstes größeres Erzählwerk, *Ende einer Dienstfahrt* (1966). Versuche, darin eine Satire zu sehen, dürften abwegig sein. Das Städtchen Birglar, Ort des Geschehens, kann, wie Rainer Nägele sagt, nicht kleine gute Welt und "gleichzeitig Spiegelung und Antithese der großen bösen Welt" sein.[11] Es fehlt die aggressive Subjekt-

11. Rainer Nägele, *Heinrich Böll: Einführung in das Werk und in die Forschung* (Frankfurt: Athenäum Fischer, 1976), S. 147.

Objektspaltung der sozialen Größen, die der Satire unerläßlich ist. In Birglar geht es zwar höchst lebendig zu, aber die Konfrontationen sind keine Antagonismen von Gut und Böse. Das Personal zeichnet sich samt und sonders aus durch eine im Grunde intakte Menschlichkeit. Im Zentrum der Handlung steht eine Gerichtsverhandlung, aber selbst hier einigen sich Richter, Ankläger und Verteidiger nicht etwa als Komplizen einer raffiniert sinistren Gesetzlichkeit, sondern als Zeugen eines zwar gesetzlich strafbaren Vorfalls, der, übergesetzlich begriffen, einer Exorzismusrite institutioneller Unsinnigkeit gleichkommt und darum annerkennenswert ist: Vater und Sohn Gruhl haben einen Bundeswehr-Jeep in Brand gesetzt und zwar im Rahmen einer ausgedehnten Leerfahrt, auf die man den jungen Gruhl geschickt hat, damit er ein vorgeschriebenes Plansoll im Kilometerstand des Fahrzeugs erziele. Obwohl man allerseits erkennt, daß die Tat eine Art Protest gegen das Militär und darum den Staat ist, verschließt man sich nicht der Art und Weise der Brandstiftung, um dem gesunden Menschenverstand als deren Ursprung gerecht zu werden. Die Gruhls erklären ihre Feuertat als Happening, das den Akt zum ästhetischen mache, die Zerstörung - laut Gutachten eines Sachverständigen in Kunstdingen - zur Rite trans-poniere. Das Verbrennen begleitet das Gerassel von explodierenden Bonbons, das der junge Gruhl als Begleiterscheinung der Verbrennung für unerläßlich hält, wie auch rhythmisches Pfeifenanstoßen und Litaneisingen der beiden rauchenden Kunsttäter. Die Brandstiftung an einem, technisch gesehen, gestohlenen Jeep zu einem Kunstwerk zu erklären, ist offensichtlich ein Schelmenstreich erster Ordnung, für den man sich in Birglar die Sympathie nicht versagen kann. Hinzu kommt, daß die beiden Gruhl höfliche, allgemein beliebte Menschen sind. Als echte Schelme sind sie allerdings keineswegs Engel. Sie haben Anteil an den Streitigkeiten, die man gewöhnlich im Leben hat, ausgesprochene Feinde haben sie jedoch nicht. Tiefe Antagonismen fehlen im ganzen Ort. Wohl hören wir von Gegnerschaften, Kontroversen, Konfrontationen, Gerüchten, aber nicht von Blutsfeindschaften oder Haß.

Dieses Faktum ist so unverkennbar, daß sich dem Leser fast zwangsläufig Termini wie Idylle und Utopie aufdrängen, die ihn jedoch insofern nicht überfordern, als er vor allem Birglar als Fiktionsphänomen annimmt, als ein Gebilde der literarischen Imagination. Der Streuungsradius des von den Schelmen Gruhl veranstalteten Happenings ist so groß, daß er sowohl ganz Birglar einschließt wie auch die Rezeptionsperspektive des Lesers bestimmt. Der Leser schließt sich dem Personal des Werkes an, das sich ausweist als aus ähnlichem Holz geschnitzt wie die beiden Gruhl. Birglar liegt im Rheinischen, wo bekanntlich der Humor in besonderer Blüte steht. Birglar ist ein Nest von Spaßvögeln, Narren, Exzentrikern und Schelmen. Eine begüterte alte

Dame übernimmt beispielsweise die Strafkosten der Gruhls und legt eine
Stiftung für die alljährliche Wiederholung des Happenings an. Die
Geistesverwandtschaft der Birglarer unterbaut Böll, indem er fast jeden
mit jedem blutsverwandt sein läßt. Auch das akzeptiert der Leser im
Sinne der utopischen Intentionen Bölls, die sich überdies aufs deutlichste
darin äußern, daß der Idylle von außen keine Gefahr zu drohen scheint.
Das Militär, der Staat, die überregionale Presse, die als Antagonisten in
Frage kämen, sind derart zurückhaltend in ihrer Machtausübung, daß
sich der Leser in einer Wunschwelt wähnt, die aber durchaus nicht als
leeres Gespinst wirkt, weil sie mit viel und genauem, quasi journalistisch
berichtetem Detail dargestellt ist.

Zwar ließe sich argumentieren, daß in der Toleranz des Staates ein
Aufsaugen des Widerspruchs, somit doch anstößige, wenn schon subtile
Machstrategie liege. Aber die These hat schon darum keinen Boden in
Ende einer Dienstfahrt, da die entsprechende Verzeichnung der
Staatsvertreter fehlt. Wenn Macht spürbar ist, dann die utopische des
Schelmentums. Besonders, wenn dieses genial ist und kollektiv gestützt in
Erscheinung tritt, dürfte man in ihm ein Menschenbild mit Zukunft
sehen. Die machtzersetzende Stärke des Schelms, wie ihn Böll vorstellt,
liegt in ihrem Anarchismus, ihrer Selbstbefreiung vom "Dienst" und
ihrem Verweis auf eine herrschaftslose Welt.

Bölls bekannte Tendenzen zum Anarchistischen finden in seinen
Schelmenfiguren ihren überzeugendsten Niederschlag. Es ist mit
Schmölder statthaft, den utopischen Schelm als "kommenden Christen"
zu bezeichnen. Seine Welt offenbart die "Realität der Ur-Beziehungen ...
das Wehen des Geistes", wie Carl Amery in seinen Überlegungen zum
Anarchistischen bei Böll formuliert.[12] Oder auch läßt sich Bölls Schelm
verstehen als homo ludens, also zugehörig einer Gattung, die in einem
psychiatrischen Gerichtsgutachten den Gruhls zuerkannt wird (W, IV,
386). Jedoch muß hinzugefügt werden, daß dieser neue homo ludens
nicht bindungs- und verantwortungslos lebt, wie etwa Schnitzlers und
Hofmannsthals Figuren dieses Schlages. In der utopisch-anarchistischen
Gesellschaft wäre der Schelm spielender Aufzeiger von Unsinnigkeiten.
Befreit vom Stigma des Parasitären, frei von existenzgefährdenden
Bedrohungen durch die Macht - die in *Ende einer Dienstfahrt* noch in den
Gruhl als Handwerker ruinierenden Steuergesetzen lebendig ist - stünde
die List des Schelms als Taktik der Vernunft im Dienste der
gesellschaftlichen Bewußtmachung. Utopisch legitimiert, verschmölze
der Schelm letzlich mit dem Künstler. Ist er in der gegenwärtigen Welt
noch Zersetzer und Unterwanderer, so wäre er zukünftig etwa lachender
Techniker in der Führung des freien Lebensflusses.

---

12. Carl Amery, "Eine christliche Position." In: *In Sachen Böll*, S. 124.

Ähnlich wie in *Entfernung von der Truppe* manipuliert Böll in *Ende einer Dienstfahrt* herkömmliche Vorstellungen des Pikaresken. Zwar sind Vater und Sohn Gruhl im Auge des Gesetzes kriminell als Brandstifter und Steuerhinterzieher, aber Böll erlaubt dem unvoreingenommenen Leser nicht, diese Dinge ambivalent oder gar eindeutig als Makel zu werten. Wie Böll detailliert darstellt, ist Steuerhinterziehung in Gruhls Fall keine Verantwortungslosigkeit, sondern Notwehr gegen den Staat. Darum fehlt diesen Schelmen das Apologetische. Sie haben keine Schuld. Das gilt z.b. auch für die Bankräuberin in *Höflichkeit bei verschiedenen unvermeidlichen Gesetzesübertretungen*, einer Kurzgeschichte von 1977. Auch die bankräuberische alte Frau handelt aus Notwehr und ist überdies gewillt, alles Genommene zurückzuerstatten. Diese Verantwortlichkeit fehlt dem traditionellen Schelm weitgehend. Er trachtet lediglich danach, sich nicht erwischen zu lassen. Ein weiterer Unterschied tritt in Liebesangelegenheiten zutage. Im Gegensatz zu ihren Vorgängern sind Bölls Schelme geradezu bindungsfreudig. Der junge Gruhl gewinnt und schwängert das schönste Mädchen Birglars während der Untersuchungshaft. Daß er heiraten will, steht außer Frage. Auch die sprichwörtliche Berufsscheu des herkömmlichen Schelms fehlt. Der alte Gruhl ist passionierter Kunstschreiner, der junge wird Künstler. Das für den Schelmenroman zentrale Motiv des Reisens ist hier, wie in *Entfernung von der Truppe*, lediglich Versatzstück. Gruhls Dienstfahrt zum Zwecke der Kilometerfresserei ist alles andere als eine Kette von Abenteuern. Das Reisemotiv erweist sich schon als entleert dadurch, daß der junge Gruhl, ehe man auf die Idee des Happenings kommt, das Fahrzeug zum Leerlauf aufbockt, um die Zeit bei der Arbeit mit seinem Vater zu verbringen.

Das von R.W.B. Lewis entworfene und von Wilfried van der Will auf die deutsche Literatur übertragene Bild des modernen Schelms als "picaresque saint"[13] bietet sich auch für Böll an. Wenn v.d. Will sogar Manns Felix Krull, Döblins Franz Biberkopf und Grass' Oskar Matzerath zu den "weltlichen Heiligen" rechnen kann, so träfe die Bezeichnung auf Bölls Schelme, die v.d. Will erstaunlicherweise übergeht, mit eigentlich viel größerem Recht zu. Ihnen haftet eine fast renitente Unschuld an, die über das von v.d. Will an Integrität Geforderte hinausgeht.[14] Auch in ihrem Unvermögen, andere als Mittel zum Zweck zu mißbrauchen, kommen sie dem Konzept des Heiligen näher als ihre oben angeführten Brüder. Trotzdem sind gegen die Nomenklatur Vorbehalte am Platze, wenn wir sie auf Böll beziehen.[15] Der Heilige oder

---

13. R.W.B. Lewis, *The Picaresque Saint* (New York: Lippincott, 1959); Wilfried van der Will, *Pikaro heute* (Stuttgart, Kohlhammer, 1967).

14. v.d. Will, S. 34-35.

15. Für Jürgen Jacobs - *Der deutsche Schelmenroman* (München: Artemis, 1983), S.

Märtyrer ist das archetypische Menschenbild, von dem sich Böll in den fünfziger Jahren löst. Er thematisiert die Abkehr sogar in dem Gedicht "Der Engel", dessen transzendente Herkunft abgebrochen wird und als Menschenbild wiedererersteht.[16] Engelbert Bechthold in *Entfernung von der Truppe* wird zwar Engel genannt ist, eine strahlende Erscheinung, aber wie der Text sagt, "kein Symbol für einen Engel", "obwohl er so heißt" (W, IV, 322). Er ist ein der Kunst abgeschauter Engel, ein "Lochnerengel" (W, IV, 285), literarische Ikonographie, mit deren Hilfe Böll sich vom Mythischen, das vielen seiner früheren Gestalten den Boden gab, trennt.[17] Böll wendet sich überdies zur selben Zeit von der sein Frühwerk durchziehenden Idee der Leidenswilligkeit ab. Von seinen Heiligen bleibt nur die Vorstellung der Unversehrbarkeit des Menschlichen, die aber keineswegs transzendente Aura ist. Noch überzeugender spricht gegen den Terminus Heiliger bei Schmölder und den Gruhls, daß sie nicht in die Kategorie des Einzigartigen fallen. Es zeichnet sich um sie ein Schelmenkollektiv ab. Als Vorstellung des Kommenden sind sie nicht allein.

Auch in den Kurzgeschichten der sechziger und siebziger Jahre stellt Böll seinen Schelmentypus vor, in *Veränderungen in Staech* (1969) sogar ausdrücklich als kollektives Phänomen. Die Mönche eines Klosters zersetzen die Strukturen von Kirche und Staat, indem sie bei jeder Gelegenheit in die Welt reisen. Ihr Zu-weit-gehen macht dem Schelm alle Ehre. Ein Mönch eilt in die Ferne, um den Übertritt einer wissenschaftlichen Kapazität zum Katholizismus zu vereiteln. Einige Brüder nehmen teil an einer Literaturtagung, deren Thema die "Darstellungen des Orgasmus in der deutschen Literatur" ist (W, IV, 518).

Ein besonders raffinierter Schelm ist Sohlweg in *Erwünschte Reportage* (1975). Arbeiter bei einem Grafen Kleroth, lehnt er eine Lohnerhöhung mit der Begründung ab,

> Der Graf ... sei nun einmal sein Herr, der Besitz seines Herrn sei ihm heilig, und jeder Groschen, den die Roten seinem Herrn abknöpften, sei eine Verminderung des Herrentums, dem er sich freiwillig, fröhlich unterwerfe (W, IV, 503).

Da Sohlweg alles andere als ein Duckmäuser ist, kann seine Unterwerfungsgeste nur scheinbar sein. Sie ist wieder ein Zu-weit-gehen, diesmal ins Mittelalter, zurück zur Reinform des Herrschaftsprinzips, um

---

109 -, ist der Begriff "weltlicher Heiliger" als Etikett für den modernen Schelm generell fragwürdig, weil den Gestalten, auf die er bezogen wird, oft "all jene Züge [fehlen], die herkömmlicherweise dem Pikaro beigelegt wurden."

16. H.B., *Werke: Hörspiele, Theaterstücke, Drehbücher, Gedichte*, hrsg. von Bernd Balzer (Köln: Kiepenheuer und Witsch, 1978), S. 22.

17. Siehe hierzu Friedrichsmeyer, S. 53.

dem für Schelmenstreiche aufnahmefähigen Zeigenossen zu demonstrieren, was im Arbeitgeber-Gewerkschafts-Verhältnis in der Gegenwart nicht stimmt: solange das Herrschaft*prinzip* nicht auch von den Gewerkschaften als das eigentlich zu Überwindende erkannt wird, stehen Löhne und Lohnerhöhungen auf falscher Basis. Sie sind Ausdruck von Machtausübung: Arbeitgeber wie Arbeitnehmer wollen die 'Herren' sein.[18] Zu-weit-gehen will auch ein Sowjetbürger in *Geständnis eines Flugzeugentführers* (1977), nämlich nach Kopenhagen. Mit einer Holzpistole ausgerüstet, will er ein sowjetisches Flugzeug entführen. Als sein Ansinnen fehlschlägt, legt er ein Geständnis ab, das sich durch grenzenlose Lobhudelei seines Staates auszeichnet. Selbst die sowjetische Schuhkrem, mit der er seine Pistole schwärzte, preist er als "unvergleichlich". Das geht dem Ankläger zu weit, der hier einhakt, um den Geständigen als Lügner zu entlarven, der nicht habe Urlaub machen, sondern flüchten wollen. Jedermann wisse, daß die sowjetische Schuhkrem "nicht gerade schlecht, so doch nicht so gut sei, wie der Angeklagt vorgebracht habe."[19] In diesem Satz entblößt der Staat sich selber. Sein Perfektionsanspruch, aufgrund dessen er seine Bürger zu ihrem angeblich eigenen Guten davon abhält, das Paradies zu verlassen, ist Lüge. Der Schelmenstreich ist übrigens begrenzt erfolgreich. Man beantragt nicht die Höchststrafe.

Wie eng sich Schelmentum und Utopie bei Böll verbinden, offenbaren seine *Deutsche Utopien I und II* (1978-79). Es handelt sich hier um eine Reihe von Vignetten, die nichts so sehr wie die skurrile Schelmenphantasie Bölls kundtun. In einer Skizze sind Grass und Dutschke bei der Familie Strauß zum Kaffee geladen. Die Söhne des Hauses rufen:

'Der Sozialismus hat gesiegt'. Dutschke korrigiert: 'Nicht *der*, sondern *ein* Sozialismus hat gesiegt'. Umarmungen finden statt, Tränen fließen, Kaffee strömt, Innigkeit breitet sich aus (GE, II, 440).

Wo der Kaffee und die Tränen derart strömen, ist der Fluß des Lebens

18. K. E. Kuhn-Osius, "Continuity and Change in Heinrich Bölls Work: 'Die Waage der Baleks' and 'Erwünschte Reportage,'" *The University of Dayton Review*, 17, 2 (1985), 45-62, erkennt zwar, daß Sohlwegs Extravaganzen die Satiretechnik Bölls, einen Grundgedanken konsequent zu übertreiben, illustriert (S. 65), jedoch nicht, daß sie Beispiel der satirischen Strategie *der reductio ad absurdum* sind (e.g. *Lob der Narrheit, A Modest Proposal*), also verlangen, gegen den Strich gelesen zu werden. Um sich als Schelm auszuweisen, muß Sohlweg allerdings bewußter Autor dieser Strategie sein. Die Wahrscheinlichkeit spricht dafür, da Sohlweg nicht "duckmäuserisch" sondern "fröhlich" ist (W,IV,502; 503). Augenscheinlich liegt also keine pathologische Gegenwartsentfremdung vor, die Sohlwegs absurde Bemerkungen erklären könnte. So "überzeugt" (W,IV,500) er klingt, so ist sein Gerede doch wohl Eulenspiegelei, nicht Ausdruck echt feudalistischen Denkens, wie Kuhn-Osius wähnt (S. 52).
19. Heinrich Böll, *Gesammelte Erzählungen*, 2 Bde. (Köln: Kiepenheuer und Witsch; Bornheim-Merten: Lamuv, 1981), II, 427-28. [Hiernach im Text zitiert: GE].

höchst bewegt, Bölls anarchistische Norm offensichtlich. Wo Grass anwesend ist, der in seiner *Blechtrommel* unter Beweis gestellt hat, wie nahe er dem Schelmischen steht, muß das Schelmentum bei so viel Kaffee und Tränen von einem zum anderen fließen. So ist sogar die Familie Strauß dem Schelmenkollektiv einverleibt. Die Variante des Sozialismus, der gesiegt hat, ist die unideologische, sie ist ein Schelmensozialismus.

Zeigt sich Böll hier als hyperbolisch-verschmitzter Utopist, so ist er darum jedoch nicht hartnäckiger Idylliker. Die Vignette bleibt lachender Widerspruch auch des Schelms zu sich selbst. Die Vorstellung des Kaffeekränzchens ist ein extravagantes Zu-weit-gehen des Autors in der Utopie. Der Fluß des Lebens schlägt bei so viel Verströmen von Flüssigkeit geradezu erdrückende Wellen der Innigkeit, nach denen es keinen gelüsten sollte. Bleibt diese Position des lachenden Widerspruchs des sich utopisch zum homo ludens mausernden Schelms, so läßt sich wenig gegen einen Schelmensozialismus sagen. Solange er nicht in die reine Idylle absänke - was wohl nur die Literatur erlauben würde -, wo wäre er in der Wirklichkeit ein Beitrag zur Herstellung nicht der schlechtesten aller möglichen Welten. Sicherlich wäre er angebracht nicht nur in den Bereichen des Kapitalismus, sondern zweifellos auch in den Ländern, deren Sozialismus man den "real existierenden" zu nennen pflegt.

So unbestreitbar Bölls Figuren oft Schelme sind, so klar ist auch, daß sie nur sehr begrenzt innerhalb der herkömmlichen Strukturen des Schelmenromans agieren. Böll, so läßt sich abschließend sagen, dehnt das Konzept des Schelmischen, so daß es den Rahmen dessen sprengt, was in einem traditionellen Schelmenroman zu erwarten wäre. So leistet Böll keinen Beitrag zur Entwicklung des Romantypus. Seine Handhabung des Reisemotives als nur Versatzstück zeigt beispielsweise, daß Böll der Schelmenroman kein verbindliches Zuhause für den Schelm ist. Das erhebliche Quantum an menschlicher Vorbildlichkeit, das Bölls Schelmen anhaftet, ist schon dazu angetan, diese aus dem traditionellen Boden des Schelmenromans zu lösen. Sie sollen überdies nicht als fixierter literarischer Typus, sondern als wirklichkeitsmöglich begriffen werden, und sie verdienen es darum, in jedwedem Genre zuhause zu sein.

Ferdinand van Ingen

DER PIKARO ALS APOSTEL DER LUST

ZU GERHARD ZWERENZ' *CASANOVA ODER DER KLEINE HERR IN KRIEG UND FRIEDEN*

Im *Seltzamen Springinsfeld* (1670), dem zweiten Werk von Grimmelshausens simplicianischen Schriften, drückt der Autor sein Bedauern darüber aus, daß er im *Simplicissimus* "so viel lächerlich Ding hinein gesetzt; weil er sehe/daß es mehr gebraucht werde/an statt des Eylnspiegels die Zeit dardurch zuverderben/als etwas guts daraus zulernen." Gleichsam als Fortsetzung des Gedankens ist die Vorrede zum letzten Werk des Autors, dem 2. Teil des *Wunderbarlichen Vogelnests* (1675), zu betrachten:

> Dieser Autor hat zwar in dieser ernstlichen Sach seinen gewöhnlichen lustigen Stylum gebraucht/und viel lächerliche Schwänck mit eingebracht/wie er in deß Abentheuerlichen Simplicissimi Lebens=Beschreibung auch gethan/so/daß unter 17. Lesern kaum einer ist/der da findet/was er ihn unterrichten will/sondern die mehriste glauben/er hab ihnen seine Schriften nur zur Zeit=Verkürtzung verfertigt/aber das läst er sich nicht irren/immerhin im angefangenen Glaiß fortzufahren; Verständige Leut/denen es gedeyet/werden den Kern schon zu finden/und ihnen zu Nutz machen wissen.[1]

Die Stellen sind mit Bezug auf den *Simplicissimus* als Lektüreanweisung post festum anzusehen, aber sie enthalten darüber hinaus einen Hinweis auf den Begriff der pikaresken Lebensbeschreibung: es ist eine jedenfalls kurzweilige Geschichte. Die unterhaltsamen Episoden sind für die Gattung des Pikaroromans seit ihren Anfängen im spanischen 16. Jahrhundert ebenso konstitutiv wie die Ich-Perspektive und die (eventuell zeitweilige) soziale Randposition des Protagonisten. Sie können bestehen aus einer spannenden Abenteuerfolge, vermischt mit lustigen Stücklein (wie bei Grimmelshausen), oder auch aus einer bunten Folge von Schelmereien, Diebstählen, Betrügereien und dgl. ohne vordergründigen Humor (wie etwa bei Defoes *Moll Flanders*) und werden immer

---

1. Grimmelshausen, *Der seltzame Springinsfeld*, hrsg. von F.G. Sieveke (Tübingen, 1969), S. 22. *Das wunderbarliche Vogel-Nest*, hrsg. von R. Tarot (Tübingen, 1970), S. 149.

zusammengehalten von einer Außenseiterfigur, die sich gegen eine feindliche Welt mit List und Geschick behauptet, dann rückblickend (meist auf der Hälfte des Lebens) ihren Gang durch die Welt in Form der Autobiographie beschreibt.

Es muß nicht überraschen, daß Zitate zum berühmtesten (deutschen) Pikaroroman vorausgeschickt werden, wenn im folgenden die Rede sein wird von einem Roman, der erstmals 1966 erschienen ist.[2] Dieser wird zwar allgemein im Zusammenhang mit dem modernen Schelmenroman in Deutschland gesehen, der mit Grass' *Die Blechtrommel* rasches wissenschaftliches Interesse fand, aber über die Bestimmung des Pikaresken in der Moderne herrscht trotz mancher Versuche der Begriffsklärung keine Einstimmigkeit. So hebt Walter Seifert den Pikaroroman vom Schelmenroman ab: "Wir unterscheiden den pikaresken Roman, wozu die *Blechtrommel* gehört, vom Schelmen-roman," und zwar aufgrund einer verschiedenen Erzählfigur, ein erklärender Zusatz stiftet jedoch wiederum Unklarheit: "Der pikareske Roman erhält seine besondere Struktur dadurch, daß der Erzähler sein früheres Handeln und das Verhalten der Welt einer kritischen, satirischen, aber auch schuldgequälten Abrechnung unterwirft",[3] - was für Oskar Matzerath (und für Zwerenz' Helden) in dieser Form nicht zutrifft. Die angelsächsische Literaturwissenschaft hat früher als die deutsche versucht, den "neuen Pikaro" dingfest zu machen.[4] Ähnlich wie Lewis[5] arbeitet Wilfried van der Will mit dem Begriff des "weltlichen Heiligen", er sieht in der deutschen Literatur nach 1945 das Schelmische darin, daß die Protagonisten gegen die "Phänomene der Entpersön-lichung und der Entindividualisierung durch die technisierte Welt" die "Unzerstörbarkeit ihrer Identität" zu retten wüßten, - wobei neben vielen

2. Bern-München-Wien: Scherz Verlag, 1966. Taschenbuchausgaben: Knauer Tb. 186 (1969. Moewig Tb. 2126 (1981). Zitiert wird nach der Ausgabe des Scherz Verlags, fünfte Auflage 1967. Im laufenden Text beziehen sich die Nachweise in Klammern auf diese Ausgabe.

3. Seifert, Walter, "Die pikareske Tradition im deutschen Roman der Gegenwart". In: *Die deutsche Literatur der Gegenwart. Aspekte und Tendenzen*. Hrsg. von Manfred Durzak (Stuttgart, 1971), S. 192-210, Zitat S. 192.

4. Folgende Literatur wurde herangezogen: Alter, Robert, *Rogue's Progress: Studies in the Picaresque Novel* (Cambridge, Mass., 1964); Schumann, Willy: "Wiederkehr der Schelme". In: *PMLA* 81 (1966), S. 467-474; Schleussner, Bruno: *Der neopikarische Roman: pikareske Elemente in der Struktur moderner englischer Romane 1950-1960*. Abh. z. Kunst-, Musik- und Literaturwiss., Bd. 61 (Bonn, 1969); Elgin, Donald Deane, *The Rogue Reappears: A Study of the Development of the Picaresque in the Modern American Novel*. Diss. Vanderbilt University 1973. (Ann Arbor Univ. Microfilms, 1977)

5. Lewis, R.W.B., *The Picaresque Saint* (London, 1960). Das Buch wird bei van der Will nicht erwähnt.

anderen auch Döblin und Brecht als Zeugen für den wiederauflebenden Pikaro fungieren.[6] Schließlich will Norbert Schöll den gesamten deutschen Roman der Nachkriegszeit von pikarischen Helden bevölkert sehen: Bölls *Ansichten eines Clowns*, *Ende einer Dienstfahrt*, Siegfried Lenz' *Deutschstunde*, Martin Walsers *Halbzeit* etc.[7] Sicherlich soll man den vielfachen Mutationen einer Gattung Rechnung tragen, aber es ist Jürgen Jacobs beizupflichten, wenn er angesichts einer so extensiven Fassung des Begriffs davor warnt, daß überhaupt kein Zusammenhang mit den die Gattung begründenden Beispielen, dem *Lazarillo*, dem *Guzmán* und dem *Buscón*, mehr auszumachen ist.[8] Er plädiert dennoch für einen relativ offenen Gattungsbegriff (und wendet ihn auch auf Romane der letzten vierzig Jahre an), hält jedoch für den Erzähler eine die Vergangenheit kritisch bewertende Position offenbar für unumgänglich. Es ist aber nicht auszuschließen, daß für einen modernen Pikaro an die Stelle der Sorge ums Überleben eher die Bewahrung oder auch die Suche der Identität tritt und daß eine solche Funktionsänderung dominante Charakteristika wie den Romanausgang tangiert. So hat man z.B. für den neueren amerikanischen Roman nachgewiesen, daß bei der Schlußlösung der pikaresken Lebensgeschichte zu differenzieren ist;[9] aber auch dort lassen die historischen Ausprägungen der Gattung - wenn man wenigstens die "Bekehrung" nicht als obligaten Bestandteil, sondern als Variante ansieht - genügend Spielraum. Zur Bestimmung des Pikaresken wäre vielleicht daran festzuhalten, daß die Referenzen (als typische Elemente verstanden) eine derartige Dichte aufweisen müssen und die abwechslungsreichen Episoden die Randzonen der Gesellschaft so unterhaltsam ausleuchten, daß in ihnen die pikarischen Vorbilder wiedererkannt werden können. Anders formuliert: Wenn die Schemata pikarischen Erzählens sich als generelle Norm anbieten, ist der Spielraum der innovatorischen Abwandlung jeweils neu zu bestimmen, um die Normdurchbrechung als mögliche Variante einer relativ einheitlichen Gattungsvorstellung zur Diskussion zu stellen. Nur dann hat es einen einsehbaren Sinn, von pikaresken oder neopikaresken Erzählwerken und ihrer Tradition zu sprechen.

6. Van der Will, Wilfried, *Pikaro heute. Metamorphosen des Schelms bei Thomas Mann, Döblin, Brecht, Grass.* (Stuttgart-Berlin-Mainz-Köln, 1967); Zitat S. 7.

7. Schöll, Norbert, "Der pikarische Held. Wiederaufleben einer literarischen Tradition seit 1945." In: *Tendenzen der deutschen Literatur seit 1945*, hrsg. von Thomas Koebner (Stuttgart, 1971), S. 302-321.

8. Jacobs, Jürgen, *Der deutsche Schelmenroman. Eine Einführung* (München und Zürich, 1983), S. 25-38 ("Theoretischer Exkurs: Probleme einer Gattungsdefinition des Schelmenromans").

9. Rosenthal, Regine, *Die Erben des Lazarillo. Identitätsfrage und Schlußlösung im pikarischen Roman.* Neue Studien zur Anglistik und Amerikanistik, Bd. 27 (Frankfurt und Bern, 1983).

Gerhard Zwerenz' *Casanova* ist wohl ein exemplarisches Beispiel für Möglichkeiten und Grenzen des pikaresken Erzählens in der Moderne. Es wird ein breit angelegtes Weltpanorama vorgeführt; der Protagonist kommt als Soldat der deutschen Wehrmacht nach Polen und Rußland, dann nach Leipzig und Ostberlin, im Frieden wird noch Frankreich einbezogen; Casanova, aus Sachsen gebürtig, erlebt die DDR in ihrer dogmatischen Aufbauzeit und die Bundesrepublik mit ihrem Wirtschaftswunder. Seine Urteile über die Zustände der Welt prätendieren mit einigem Recht auf Welt-Erfahrenheit. Auch als er in Köln vorläufig seßhaft geworden ist, umgreift sein kritischer Blick ganz Westdeutschland, so daß er mit dem Gebrauchtwagenkönig Kwiatowski sagen kann: "...im Umkreis von Köln -:"

> Umkreis, das heißt: München, Berlin, Hamburg sind nur Vororte der Rheinmetropole, deuten die Richtungen an: München die südliche, Berlin die östliche, Hamburg die nördliche; halt, fehlt noch die westliche Vorstadt Kölns, das ist, selbstverständlich, und wer wollte daran zweifeln, Paris! (157).

Es ist eine Perspektive, die man von Grimmelshausens Pikaro kennt und aus der schließlich von einem Punkt aus die ganze Welt betrachtet werden kann, die der Held ohnehin kennengelernt hat; Casanova erweitert seine Erfahrungen außerdem durch Spritztouren.

Es wird auf zwei Ebenen erzählt; die Gegenwartsebene (Casanova in Köln) wird immer wieder verlassen für Einschübe unterschiedlicher Länge, die das Geschehen der Vergangenheit nachholen - "Köln ist [...] die Königin der Fantasie. Die Fantasie ist die kostbarste Tatsache. Aus den Schluchten der Erinnerung steigen verschwiegene Gestalten" (11). Die Vergangenheit wird in der Regel kontinuierlich erzählt (insbesondere in den ersten zwei der insgesamt drei Bücher), sie setzt mit der Jugendzeit im ärmlichen Dageran ein (oder vielmehr mit deren Vorgeschichte, der Geschichte des Vaters) und kontrastiert schon dadurch mit der Erzählgegenwart - "Ich wohne jetzt in Köln mit k wie klerikal und katholisch." [...] "am Fuße des Doms weht ein mindestens zweitausend Jahre alter Wind" (26). So werden zu Beginn Welthaltigkeit und Erlebnisfülle angedeutet und die Notwendigkeit literarischer Formung damit in Zusammenhang gebracht: "Die riesige Wirklichkeit und Unwirklichkeit durch das Nadelöhr der Form treiben" (11). Durch die Verschränkung der Zeitebenen wird der Eindruck der Distanz vom Ich-Erzähler durch exakte Angaben suggestiv gesteigert: Geboren am 13. Juni 1924 (55), zog Michel Casanova als Siebzehnjähriger in den Krieg (191), die letzten Aufzeichnungen macht er im Kölner Klingelpütz, "nunmehr im vierzigsten Lebensjahr stehend" (528). Die Attitüde eines Weltweisen ist diesem Pikaro nicht angemessen, aber eingestreute kurze Reflexionen haben doch in etwa die Funktion von Lebensregeln eines durch Erfahrung gewitzigten Erzählers. Sie beziehen sich nicht von ungefähr häufig auf das Fortkommen in der Welt, das ironisch kommentiert wird: "Dies ist überhaupt ein Grundgesetz modernen Lebens: Wer nicht vorwärts kommt, der bleibt zurück. Wer nicht aufsteigt, der fällt. Wer keinen Erfolg hat, braucht für den Bankrott nicht zu sorgen" (23). Mit gleicher Ironie wird Deutschlands Zukunft in einer phantastischen Unterweltwanderung vorgeführt. Die toten Nazis "leben" in exakter Nachbildung der überirdischen Wirklichkeit bis zum Tag X: "Das Unbeschreibliche - hier wirds Ereignis. Der Rückschritt kommt in Siebenmeilenstiefeln voran" (498).

In diesem Zusammenhang erhält der Name des Protagonisten besondere Bedeutung. In "Michel" wird unverkennbar auf den "deutschen Michel" angespielt, eine Formel, die seit dem 16. Jahrhundert geläufig ist und von den Satirikern der Aufklärung für den Deutschen schlechthin benutzt wurde. Der Name "Casanova" braucht keine Erläuterung; aber der Untertitel des Romans verbindet den galanten Liebeshelden nachdrücklich mit dem männlichen Geschlechtsorgan, das am Ende des Buches zu zweifelhafter Herrschaft gelangt und auch Gefängnismauern durchstößt. Die Phallokratie, in der sich die Lebenserfahrung des alternden Pikaro sammelt - und außerhalb der Welt des Romans in Zwerenz' Betätigung als Pornoschriftsteller ihre Entsprechung findet -, ist nicht nur eine Steigerung von Pikaros (vor)väterlichem Erbe, sondern soll auch als gesellschaftlich-politische Potenz im Deutschland der endsechziger Jahre verstanden werden.

Erzählform und Außenseiter-Position, das panoramatisch entfaltete Bild der Welt, eine ironische Sichtweise und ein sich immer mehr verfinsterndes Bild von Zustand und Zukunft des Menschen, nicht zuletzt die spannenden, lustig-unbekümmerten und frechen Episoden sind unübersehbare Anzeichen für die Nähe zur pikarischen Erzähltradition. Eine Analyse einzelner Merkmale soll die Frage der Tragfähigkeit und Sinnzuweisung herkömmlicher pikaresker Elemente in einem modernen Roman untersuchen.

Der pikarische Held gerät meist durch Herkunft und familiäre Verhältnisse in die Außenseiter-Position, die seinen weiteren Lebensgang bestimmt. In der Regel genügen einige wenige Andeutungen, seltener ist schon ein eigenes, ganz den Eltern gewidmetes Einleitungskapitel, wie in Quevedos Schelmenroman, wo Buscón daraus das sarkastische Fazit zieht: Ich "dankte Gott auf den Knien, daß er mich zum Sohne zweier so geschickter wie auch liebreich um mein fürderes Wohlergehen besorgter Eltern gemacht hatte."[10] - Zu Michel Casanovas blühender Phantasie

---

10. Quevedo, Francisco de, *Der abenteuerliche Buscón*. Übersetzung H.C. Artmann, Nachwort F. Schalk (Frankfurt am Main, 1963), S. 10.

paßt eine breit aufgefächerte Schilderung seines Herkommens, die bereits Vater und Mutter einen Platz in jener zwielichtigen Zone am Rande der gesellschaftlichen Norm zuweist. Der Vater ist ein Gewohnheitssäufer und Schürzenjäger, der junge Michel muß ihn wiederholt gegen Anschuldigungen und Angriffe von außen in Schutz nehmen, auch wider besseres Wissen. An einer alternativen väterlichen Beispielfigur fehlt es auch, denn Michel wächst in einer Ziegelei am Ortsende des sächsischen Fleckchens Dageran auf. Es ist ein Ort der Verlassenheit und der Armut, fast ein typischer locus terribilis:

> Hier gab es von altersher sechs Ziegeleien. Zwei waren inzwischen von den Besitzern aufgegeben worden und verfielen. In ihren Ofenruinen schliefen Landstreicher und Bettler; manchmal wohnten durchreisende Zigeuner dort. [...] Auch sonst waren die Ruinen Orte der Gewalttätigkeit (62).

An einem ähnlichen einsamen Ort, in einer Mühle in der Nähe von Salamanca an dem Fluß Tormes gelegen, war schon der 'Lazarillo' zur Welt gekommen ("Ich bin ... in dem Fluß Tormes geboren worden"), als Sohn kaum vorbildlicher Eltern: der Vater hat sich kleinere Betrügereien zuschulden kommen lassen, die Mutter sank nach seinem Tod sittlich ab. Der 'Guzmán' stammte ebenfalls aus zweifelhaften Verhältnissen. Francisco Quevedos schelmischer 'Buscón' übertrifft in der Hinsicht aber alle: sein Vater ist Barbier, er hat eine geschickte Art "einen zu balbieren" ("ich weiß aber nicht, ob er einen Bart oder einen Beutel meinte"), die Mutter versucht sich als Hexe. Es ist eine wahre pikareske Verwandschaft, die am Lebensanfang der abenteuerlichen Helden steht. Auch Michel Casanova verweist immer wieder auf sie. Seine listig-vage formulierte Erkenntnis "Es gab wohl so Dinge im Leben, die einen unschuldig schuldig werden ließen" (140) erinnert nicht von ungefähr an die der *Pícara Justina*: "Armut und Gaunerei kommen aus demselben Steinbruch."[11]

Aber anders als seine Vorgänger aus alter Zeit holt Michel Casanova weiter aus, wohl der Worte Oskar Matzeraths eingedenk: "Ich beginne weit vor mir: denn niemand sollte sein Leben beschreiben, der nicht die Geduld aufbringt, vor dem Datieren der eigenen Existenz wenigstens der Hälfte seiner Großeltern zu gedenken."[12] So beginnt er quasi beiläufig die "Datierung" seiner Existenz mit folgenden Angaben:

> Es geschah am 13. Juni 1924 zu Ende des Mittelalters am sächsischen Flecken Dageran an der Pleiße, dem wichtigsten Fluß Deutschlands, und ich bitte der Umstände wegen um Verzeihung. Die Sache spielte sich im Hause der Eltern meiner lieben Mutter ab, denn meine Erzeuger schufen sich erst später ein eigenes

11. Zit. bei Jacobs (Anm. 8), S. 29.
12. Günter Grass, *Die Blechtrommel*, Sonderausgabe, mit einem Nachwort von Hans Mayer (Darmstadt und Neuwied, 1984), S. 12.

Heim, so daß die Aufregungen und das Getuschel ihren Ausgang nahmen von der Wohnstatt meiner Großeltern mütterlicherseits (55).

Das Getuschel bezieht sich auf die Umstände der Geburt, von der noch die Rede sein wird. Der Blick wird aber zuvor, wie sich's gehört, im ersten Kapitel des ersten Buches auf den Vater gelenkt. Wiederum scheint Oskar mit seiner Geschichte Pate gestanden zu haben, in der mehrere Versionen von der abenteuerlichen Reise des Großvaters nach Amerika erzählt werden - die letzte will wissen, daß Koljaiczek durch die Mottlau zur Schichauwerft geschwommen sei und als blinder Passagier "auf einem der berühmt berüchtigten griechischen Tanker" die Überfahrt gemacht habe -, um dann zusammenzufassen: "Ein Mann ließ alles zurück, fuhr über das große Wasser, kam nach Amerika und wurde reich."[13] In ironischer Verkehrung erzählt Michel Casanova - und zwar zur Erklärung dafür, daß ihm der Wandertrieb im Blut liegt - im ersten, 'Die Reise nach Amerika' überschriebenen Kapitel über seinen Vater, den das Verlangen nach Amerika gepackt hatte, der aber die Reise nicht schaffte. Aus Böhmen gelangte er zu Fuß nach Hamburg, ging als blinder Passagier an Bord eines Ozeandampfers, wurde kurz nach dem Auslaufen entdeckt, erreichte schwimmend wieder die Küste und legte die ganze Wegstrecke in umgekehrter Richtung zurück; er geriet dann in den Ersten Weltkrieg hinein und blieb nach dem Zusammenbruch der k. und k. Donaumonarchie im Sächsischen hängen.

"Sie haben mich gezeugt irgendwo am Ortsrand zwischen Farnen und Moos," - so unbürgerlich setzt das Kapitel über die Mutter ('Die Herrscherin') ein. Der Ort der Empfängnis ist bedeutungsträchtig, nicht im Sinne einer Idylle, sondern vielmehr im Hinblick auf den Beginn einer Existenz am Rande der Menschengemeinschaft, eines Lebens im Zeichen der Wanderschaft und des Unbehaustseins. - So wie der Pikaro genötigt ist, immer wieder das Schicksal in die eigene Hand zu nehmen, so hat er auch bei der eigenen Geburt gern selber die Hand im Spiel und stellt die eigene Aktivität und Entscheidungskraft heraus oder nutzt diese Gelegenheit, der Welt schon früh ein Schnippchen zu schlagen. Vom eigensinnigen Embryo Oskar zurück zum barocken Schelmuffsky ist es nur scheinbar weit, die Ähnlichkeiten lassen sich genau verfolgen. Schelmuffsky erzählt, wie der Tumult beim Erscheinen einer großen Ratte ihn, ganze vier Monate zu früh, auf die Welt neugierig gemacht haben:

Ich/der ich dazumal die Welt noch niemals geschauet/ und nach Adam Riesens Rechen=Buche 4. gantzer Monat noch im Verborgenen hätte pausieren sollen/war dermassen auch auf die sappermentsche Ratte so thöricht/daß ich mich aus Ungedult nicht länger zu bergen vermochte/sondern sahe/wo der Zimmermann

13. Ebd., S. 76.

das Loch gelassen hatte/und kam auf allen vieren sporenstreichs in die Welt gekrochen.[14]

Der Verlauf dieser Geschichte ist hier von einigem Interesse. Der bemerkenswert frühreife Säugling versucht mit einem vollendeten Satz seine vor Schreck erstarrte Mutter, die glaubt, die Ratte sei ihr zwischen die Beine gekrochen, zu beruhigen und auf ihr Neugeborenes aufmerksam zu machen. Die herbeigerufenen Nachbarn "wusten nicht was sie aus mir machen solten weil ich schon so artig schwatzen kunte." Einer meinte

ich wäre gar von den bösen Geiste besessen/denn sonst könte es unmöglich von rechten Dingen mit mir zugehen/und er wolte denselben bald von mir austreiben. Lieff hierauf eiligst in seine Studier=Stube/und brachte ein groß Buch unter den Arme geschleppt/damit wolte er den bösen Geist nun von mir treiben.[15]

Die Geburtsstunde des Pikaro als eine Sternstunde (Oskar Matzerath verzeichnet gewissenhaft die Planetenkonstellationen), Lärm und Unruhe bei den Nachbarn, wunderbare Begebenheiten und Zeichen von erstaunlicher Frühreife beim jungen Helden, — diese Dinge sind nicht konstitutiv für den Schelm und seine Lebensgeschichte, aber sie charakterisieren den Pikaro und lassen erkennen, wie er schon seinen Eintritt in die Welt ins Licht des von der Durchschnittsnorm Abweichenden und Übernatürlichen stellt (das in der Darstellung selbstverständlich grotesk-phantastische Züge annimmt), um der Wahrheit über sein eigenes, bizarres Leben auf die Spur zu kommen. Vor diesem Hintergrund ist Michel Casanovas Geburtsgeschichte als pikareskes Geschehnis zu verstehen. Die Geburt verzögerte sich, als "Kopf, Hals und Brust des Frischlings bereits im Licht der Welt lagen, die Partien vom Nabel abwärts aber nicht nachkommen wollten" (56). Die Ursache der Verzögerung war eine "biologische Erstaunlichkeit"; diese eben bewog die Hebamme zu jenem Schrei, der die Schustersleute "aus den Betten trieb" (57). Die Hebamme reagiert konsterniert, der Vater jedoch mit einem witzigen Bonmot auf die Sache:

Nein, gab die erboste Hebamme, in ihrer Berufsehre gekränkt, dem hinzutretenden Vater zu verstehen, das sei nicht normal und habe die Geburt in ihrem Ablauf unterbrochen und gefährlich gemacht, der armen Mutter muß sowas ja zusetzen, man könne, ja müsse von einer Entbindung mit Hindernissen sprechen, sie sei jedenfalls, wenn nicht sprachlos, so doch platt, ja, weiß Gott, einfach platt, wenn sie auch versichern könne, daß von ihr aus jedenfalls kein Wort in die Außenwelt dringen würde, [...] denn, schließlich, sickere erst durch, was hier geschehen, werde

14. Reuter, Christian, *Schelmuffsky*, Zweite, verbesserte Auflage. Abdruck der Erstausgaben (1696-1697) im Parallel-Druck. Neudrucke deutscher Literaturwerke des XVI. und XVII. Jahrhunderts, Nr. 57/59, hrsg. von Wolfgang Hecht (Halle/S., 1956); S. 7.
15. A.a.O., 8.

sich an das Neugeborene [...] ein Makel heften, weshalb ... sie eiferte noch lange, beredete den Mann, der die Sache beguckte und fachmännisch betastete, versonnen zuhörte, endlich, als eine Pause ihm zu antworten gestattete, rundheraus erklärte: Nun, nun - der Junge ist eben etwas frühreif, ich kanns schon verstehen, bedenken wir, liebe Frau, welche Pforte der Bengel durchwandert hat; um ehrlich zu sein, mir gehts, befind ich mich an *der* Stelle, ebenso... (57).

Was als Ursache galt, hat der hinzugezogene Arzt erklärt; er "redete von einer möglichen Blutstauung, was schon in Ausnahmefällen einmal zu jenem vorübergehenden Phänomen der Frühreife führen könne" (57/58). Und so sei, beeilt sich der Ich-Erzähler zu kommentieren, alles Gerede und Getuschel - "etwa, daß der Frischgeborene schon zeugungsfähig gewesen sei und über einen abnorm vergrößerten Beweis seiner Zeugungskraft verfügt habe" (56) - nichts anderes gewesen als Mißverständnis und Mißgunst. Das Geschehnis, nunmehr medizinisch geklärt und abgesichert, erfüllt seine Funktion in der pikarischen Autobiographie zunächst als wunderbare Begebenheit, aber auch, trotz der rationalen Erklärung, die ihm das Unglaubwürdige und Unwahrscheinliche nehmen soll, als charakterliche Prädisponierung. So sinniert der Vater:

Mein lieber Junge, das Leben geht auf doppelte Weise voran. Der Mensch wirft einen Schatten, doch auch die Seele hat einen, und der Schatten der Seele ist - du ahnst es nicht - was (58).

Dasjenige, was er unter dem Schatten der Seele begreift, hat der Lebensgeschichte zum Untertitel verholfen:

Der kleine Herr, mein Junge, als das nach außen Gewandte eines Inneren, führt zu Ärger, Verfolgung, Verwechslung, wohin du dich auch wendest, stets wird er bei dir sein, Schatten deiner Psyche, ans Vergängliche dich ebenso gemahnend wie ans Unvergängliche (59).

Für den sein Leben erzählenden Helden erhält diese Deutung des Sachverhalts die eigentliche, innere Wahrheit, die auch der getreueste Geschichtenerzähler bei der Darstellung der Wirklichkeit verfehlen muß, -

Wer eine Begebenheit erzählt, mag die beste Absicht haben, seine Erzählung entfernt sich dennoch von der ursprünglichen Wirklichkeit und Wahrheit, um sich ganz anderen Wahrheiten anzunähern (60).

Eine solche Reflexion des Ich-Erzählers, im Kontext der handgreiflichen Realistik des Romans immerhin bemerkenswert, zeigt an, daß ein anderes mitgemeint, eine andere Bedeutungsebene angesteuert wird, wenn es nach gut pikarischer Tradition abenteuerlich zugeht. Die autobiographische Perspektive fördert selbstverständlich auch hier die Illusion der Realitätsnähe, aber ausdrücklich ohne in dieser völlig aufgehen zu wollen.

In diesem Zeichen erfolgt denn auch die Erzählung der Initiation, wie sie für den Pikaroroman charakteristisch ist. Die Begegnung mit der "falschen" Welt, dem feindlichen Draußen, geschieht für Michel Casanova schockartig und schmerzhaft. Eine Gruppe Jugendlicher sammelt "interessante" Informationen über die Erwachsenen, Michel wird dazu gepreßt, seinem Vater nachzuspionieren. Dabei entdeckt er, daß der bewunderte, bärenstarke Vater ("der Bär" wird er genannt) den Frauen nachstellt -

> Solche Dinge [...] kamen schon mal vor, nur war der Bär nicht daran beteiligt. Jetzt aber war alles anders, und der Bär ließ sich auf so eine Sache ein und stand in der Sandgrube mit der Trauergekleideten am Hals (79).

Der junge Michel versucht sich mit Lügen herauszuwinden ("Hatte der eine Ahnung, zu welchen Lügen ich fähig war, ging es um den Bär", 77), aber in einem Gespräch unter vier Augen weiß der Anführer ihm schließlich das Geheimnis zu entlocken:

> Kreß, sagte ich, mein Alter geht mal hierhin und mal dorthin, er hat eine ganze Menge Weiber. Und wenn er sie seit einiger Zeit nicht mehr aufsucht, so aus ganz bestimmten Gründen.
> Ich hielt inne. Einesteils, um die Neugier des Zuhörenden zu reizen, andernteils, weil es mir vorkam, als verrate ich etwas, das ich lieber geheimhalten sollte. Aber Kreß wußte wohl auch darüber schon Bescheid (81).

Nicht nur die Degradierung der väterlichen Vorbildfigur, sondern in gleichem Maße das Versagen des Kindes beim Versuch, den Vater zumindest nach außen hin zu schützen, bedeuten das Zerbrechen der naiven Welt des Kindes, dem bald weitere Enttäuschungen folgen. - Die schreckliche Wahrheit über die Elternteile löst beim jungen Buscón einen ähnlichen Schock aus. "Huren- und Hexensohn" geschimpft, sucht er Trost bei der Mutter, die lediglich erwidert, diese Dinge, "wenn sie auch der Wahrheit entsprechen, braucht keiner öffentlich zu sagen." Damit steht Buscóns Entschluß fest: "Über diese Worte meiner Mutter blieb ich wie tot und nahm mir vor, in wenigen Tagen mein Bündel zu packen und aus dem Haus meines Vaters zu verreisen."[16] Die brutale Wahrheit der mitleidlosen und grausamen Welt bewirkt im Pikaroroman ein Zu-sich-selbst-Kommen und Erwachen -"dünkte mich wie ich gleichsam geschlafen hatte", heißt es in *Lazarillo de Tormes*.[17] Der Initiationsvorgang findet sich im Pikaroroman in vielen Variationen, deren Konstante ein solches Schlüsselerlebnis bildet, das den Helden schon früh mit der Heimtücke der Mitmenschen konfrontiert. Illusionslos erblickt er fortan das Wesen einer skrupellosen Welt, findet sich hart auf sich selbst gestellt und entdeckt das Gesetz rücksichtsloser Selbstbehauptung und Selbsterhaltung.

---

16. *Buscón*, S. 12.
17. *Leben und Wandel Lazaril von Tormes*. Verdeutscht 1614, hrsg. von Manfred Sestendrup (Stuttgart, 1979), S. 14.

Michel Casanova hält es zu Hause nicht lange ("Einen Herumtreiber
habe ich geboren," lamentiert die Mutter, 178); es kommt die Hitler-Zeit
mit ihren Gefahren für den Vater, der über die Grenze ins Böhmische
fliehen muß; die Ziegelei wird verkauft - es setzen die Wanderjahre ein:
"Zwischen Schild und Messer" (Zweites Buch). Liebesabenteuer
wechseln mit Kriegsereignissen ("Also gehen wir Krieg machen!"). Die
Illusionslosigkeit, zu der Casanova in jungen Jahren eingeübt worden
war, läßt ihn das Grauen und Entsetzen des Krieges mit einer Ironie
beschreiben, die auffällig an die von Grimmelshausens *Simplicissimus*
erinnert. Sie äußert sich in quasi-witzigen Vergleichen -"Die Granaten
sausen herbei, fallen von den Bäumen, wie Äpfel, wenn du den Stamm
schüttelst" (233) - ebenso wie in lakonischen Berichten, die im
scheinbaren Unbeteiligtsein auf die Absurdität des Geschehens ein grelles
Licht werfen:

> Fünf tote Landser liegen eng beieinander. Bredow hängt einem jungen Offizier das
> Ritterkreuz um den Hals. So verteilt er seine Orden. Am Ende stoßen wir die fünf
> in den Fluß. Sie wenden ihre Gesichter himmelwärts, die Orden funkeln in der
> Sonne (232).

> ...hei, wie lustig stachen wir zu, bald fand das Bajonett von allein seinen Weg, ein
> Zivilist hat keine Ahnung, wie weich die Bäuche von Menschen sind; wann hätte
> ein Zivilist schon Gelegenheit, das zu erproben? (242).

Zum ironischen Lakonismus gesellt sich folgerichtig ein beißender
Sarkasmus (hier im Wortsinne ein ins Fleisch schneidender Spott),
Ausdruck einer illusionslosen Weltanschauung, die der Koppelinschrift
"Gott mit uns" Hohn spricht. So wie Grimmelshausens junger Held sich
den Kriegsgott als einen Europa beschattenden Baum vorstellt ("auff
dessen Gipfel sasse der KriegsGott *Mars*, und bedeckte mit deß Baums
Aesten gantz *Europam*[18]"), so ist es auch für Casanova "der sich selbst
lesende Kriegsgott hoch droben über uns" (233), der das absurde
Geschehen lenkt und der - im Gegensatz zum barocken Vorgänger
schlechterdings mit dem Gott gleichgesetzt wird, in dessen Namen der
Soldat in die Schlacht zieht:

> Es war ein wunderbarer, von Gott erschaffener Krieg, ein Herrgottskrieg, wir
> gegen die gottlosen Russen, die Russen gegen die gottlosen Deutschen; diese
> verruchten Bolschewiken hatten tatsächlich nur ganz wenige Kirchen stehen lassen
> in ihrem verdammten gottlosen Rußland, und die zündeten wir eilends an, weil es
> eben die letzten gottverlassenen Kirchen der gottlosen Russen waren; es war der
> herrlichste Krieg meiner Jugend und vielleicht der herrlichste Krieg meines Lebens;
> wie schön, wenn man so was in der frühen Morgenfrische seiner Männlichkeit
> erfahren darf, wenn die Ereignisse von den Sinnen jäh erfaßt werden und die

---

18. Grimmelshausen, *Der Abentheuerliche Simplicissimus Teutsch und Continuatio
des abentheuerlichen Simplicissimi*, hrsg. von R. Tarot (Tübingen, 1967), S. 51.

184

emotionale Bereitschaft noch nicht abgestumpft ist. Immer, wenn ich sah, wie es einen der Unsrigen traf, spürte ich aus voller Seele, wie der Getroffene gern und jauchzend sein Leben hingab, es in strahlendster Laune verschenkte, weil er wußte, er weihte es einem würdigen Zweck (247).

Derlei ist nur verständlich als bittere Reaktion auf die falsche Erziehung einer Jugend durch verblendete Pädagogen, deren Idiom sich der deutsche Pikaro im Krieg denn auch höhnisch bedient. Nirgends deutlicher erweist sich Zwerenz' Roman als Parodie des deutschen Bildungsromans, jener Gattung also, die durch ihren vorbildhaften Charakter dem Bürgertum der Vorkriegsgeneration noch weitgehend als literarische Richtschnur und moralisches Muster gedient hatte. An anderen Stellen wird solcher Bezug dadurch unterstrichen, daß (inmitten des Kriegsgetümmels!) der "Chef" dem etwas verdutzten Casanova einen gelehrten Vortrag über "die Hierarchie der Regenbögen" hält und daraus philosophisch auf den Sinn des Lebensweges schließt ("Jawoll! schrie ich, der Sinn des Lebensweges überhaupt!", 239), Casanova seinerseits mit einem noch gelehrteren Referat aus Konrad Lorenz' Tierpsychologie unter Anwendung auf das individuelle Leben kontert, weiterhin einem General in Warschau einen exakten Schlachtplan erörtert ("Das wurde ein Kolleg - à la bonne heure!" 270), und nach dem Krieg selber versuchsweise in die Rolle eines "Pädagogen" schlüpft, und zwar als Leiter eines erfolgreichen Kurses über "Erotik in Sprache und Literatur" (unter Berücksichtigung von Flaubert, Baudelaire, Maupassant, D.H. Lawrence, Henry Miller) - "Die Kurse liefen am Ende auf nichts Geringeres als die Korrektur dessen hinaus, was zweitausend Jahre lang als christliche Lebens- und Leibesauffassung verkündet oder verschwiegen worden war" (279). Es ist die Parodie der Parodie ("Die Kursanten erregten sich über die Maßen, Frauen und Mädchen fielen reihenweise von den Stühlen", 279), und so liegt eine parodistische Verkehrung jeder Möglichkeit von Lebensbewältigung mit Hilfe traditioneller und vorgeprägter pädagogischer Formen bzw. zur Pädagogik verniedlichter Literatur auf der Hand. Zwerenz' Schelmenroman ist auch ein dezidierter Anti-Bildungsroman. Buchtitel wie *Ärgernisse. Von der Maas bis an die Memel* (Essays, 1961) und *Heldengedenktag* (Prosa, 1964) legen diese Variante des Schelmenromans aus dem Jahr 1966 nahe, nicht zuletzt die Vorkriegs- und Kriegserfahrungen des Autors, die zum Teil in den Roman eingegangen sind. Die Schule als zentrale Vermittlerinstanz der nationalistischen und nationalsozialistischen Parolen war schon in Grass' *Katz und Maus*, dem zweiten Teil der sog. Danziger Trilogie, der Mittelpunkt eines tragischen Irrwegs gewesen. Zwerenz setzt das Thema durch die Verbindung mit dem Schelmenroman nachdrücklicher zum Bildungsroman in Beziehung und führt mit der Leugnung von dessen Basis die heiter-parodistische

Tendenz von Thomas Manns *Felix Krull*[19] unter betont pessimistischem Vorzeichen fort. Das Seneca-Wort "Non scholae sed vitae discimus" findet im Krieg seine zynische Widerlegung: diese Lehrschule bestätigt nur Michels frühe Erfahrung, daß der Mensch dem Menschen ein Wolf ist, oder mit dem Titelkommentar zum ersten Buch des Romans ("Unter dem Bussardflug"): "es riecht nach Herbst, über uns zieht der Bussard ruhig seine Kreise, sieht alles, lebt in ewigem Hunger, stürzt nieder, packt das Opfer und steigt wieder auf. Junge Junge. Wir leben unter dem Flug des Bussards, so blödsinnig ist das eingerichtet" (185). Im Krieg enthüllt sich dem jugendlichen Helden die Welt erst in ihrer wahren Gestalt und hier lernt er dauernd dazu, so etwa, wenn er einen gefallenen Kameraden zudecken soll ("Decken Sie unverzüglich diese Sauerei zu"!) -

und entdeckte Albert, den Dauerfurzer, der das bis zu zwanzigmal hintereinander zuwege brachte, gebracht hatte, denn jetzt lag er auf dem Rücken und beguckte sich den hohen ungestirnten Himmel. Ich ging zu Albert, der keinen Ton mehr von sich gab, wüst aussah, von einem halben Schock Granatsplitter in die Brust getroffen; Fleisch, Eisen und Knochen, mit den Resten der Uniformjacke vermengt, das war geblieben von Alberts Brust. Auch im Gesicht hatte es ihn erwischt, und nur der Unterleib mit den Beinen war gänzlich erhalten, was einer der vor uns Vorüberflanierenden ebenfalls bemerkt haben mußte, denn er hatte Albert die unversehrten Hosen ausgezogen und mitgenommen (248).

Die Sauerei, die Michel zudecken soll, hat er in seiner Einfalt falsch eingeschätzt, denn der Chef legt nun selber Hand an ("So sollten Sies machen, Sie Riesenroß!"):

Ich starrte verblüfft auf den Toten. Die Hand unsres Anführers hatte gewaltet. Die Blöße des Toten war bedeckt, die Zeltbahn lag über seinen Beinen und dem Leib. Da sie jedoch nicht zureichte, kam oben die aufgerissene Brust wieder zum Vorschein (249).

Der Kommentar des Ich-Erzählers ist entsprechend:

Nun begann ich mich wirklich zu schämen, weil ich das nicht gleich begriffen hatte. Das offene Fleisch störte keinen, egal, ob wir hierblieben oder die Russen kamen, Blut und Fleisch gehörten zum Alltag, ein nackter und dazu noch heiler Unterleib aber mußte direkt unsittlich wirken [...]. Kopfschüttelnd über meine eigene Dummheit stürzte ich mich aufs neue in den Kampf (249/50).

So zieht der tumbe Tor belehrt von dannen. Die Stellen wurden deshalb ausführlich zitiert, weil sie für die Tonart der Kriegsschilderungen typisch sind. Sie zeigen, daß der Pikaro in keiner Weise innere Betroffenheit verrät und sich innerlich distanziert, um überleben zu können. Das ist von jeher eines der hervorstechendsten Wesensmerkmale des pikaresken Helden gewesen. Zwar steht der Pikaro außerhalb der Gemeinschaft "der anderen", insofern als er bei klarem Kopf sich nicht von Ideologien

---

19. Vgl. Jacobs (Anm. 8), S. 97ff.

mitreißen läßt und den kritisch-nüchternen Blick für das Handeln (das eigene mit einbegriffen) im unsteten Lauf der Welt immer behält; aber er wird unweigerlich in das Handeln der Mitmenschen und in ihre Schicksale involviert. Das ist angesichts solcher Auffassungen aufrecht- zuhalten, die dahin tendieren, den modernen Pikaro als "weltlichen Heiligen" zu definieren, wie es z.b. Wilfried van der Will unternommen hat: Figuren, die "als standhafte Heilige, als Kinder einer zweiten Unschuld, als verirrte Söhne eines allen Antagonismus fernen Paradieses" zu gelten hätten.[20] Das trifft schon nicht auf den alten Pikaro zu, auch der neuere und neueste paßt nicht in dieses Konzept. Und was Michel Casanova angeht, einen ohne jeden Zweifel neuzeitlichen pikaresken Helden, gilt vielmehr eine Mitschuld, die um kaum etwas geringer ist als die der anderen und die sich auch nicht mit dem Hinweis auf Menschlich-Allzumenschliches beiseite schieben läßt (für Michels Beteiligung am "Bauchaufschlitzen" lese man die betreffende Passage auf S. 248!). Aber dank seiner Schlitzohrigkeit schlägt er sich durch, wobei er die anderen geschickt auszunutzen weiß - nicht anders als alle seine Vorgänger. Auch von ihm gilt, was Jürgen Jacobs allgemein zum Verhältnis des Pikaro zur Gesellschaft anmerkt: "Er kann sich gar nicht von der Gesellschaft lösen wollen, da er in einer parasitären Existenzform die Chance des Überlebens sucht und weil der Parasit ja auf den Wirt nicht verzichten kann."[21]

Wenn man Casanovas Verhalten im Krieg an der pikaresken Lebensform mißt, die in der Findigkeit besteht, immer Oberwasser zu behalten und relativ ungeschoren aus dem Kampf ums Daseins hervorzugehen, so läßt sich eine durchgehende Linie von der Jugendzeit an verfolgen. Casanova läßt sich nicht treiben, sondern paßt sich den wechselnden Verhältnissen listig an, lernt aus Erfahrungen und beherzigt offenbar den wohlgemeinten Rat seines Vaters. Wo in der Geschichte des Pikaroromans dem jungen Helden Lebensregeln mit auf den Weg gegeben werden, erweisen diese sich als nützlich und klug, wie etwa die des Einsiedlers für Simplicissimus ("Diese drey Stück/sich selbst erkennen/böse Gesellschaft meiden/und beständig verbleiben"),[22] wenn auch im nachhinein und bei Beendigung der pikaresken Lebensreise, die der religiösen Lebensanschauung gemäß Exempelcharakter hat. Die Lebensweisheiten, die "der Bär" kurz vor der Flucht seinem Sohn zuruft, sind praktischer Art und seinem eigenen Lebensstil angemessen: "Immer feste in die Fresse, wenn sie dir den Lehm aus der Grube klauen - und sonst: Nicht um die andern Tiere in der Manege kümmern!" (184).

---

20. Van der Will (Anm. 6), S. 10.
21. Jacobs (Anm. 8), S. 29.
22. Grimmelshausen, *Simplicissimus* (Anm. 18), S. 35.

Michel befolgt nicht nur diese handfeste Weisung, er baut sie selbständig weiter aus und entwickelt auf der Grundlage der Tierverhaltungsforschung - schon das ist vielsagend - so etwas wie eine Lebensphilosophie des Pikaro:

> Was das Leben anbetrifft, so ist dies eine Frage von Fressen und Gefressenwerden. Man kann das Verhalten der Menschen nirgendwo so gut studieren wie bei den Fischen im Meer. Die Friedfische, deren Bestimmung es ist, aufgefressen zu werden, setzen sich durch allerhand Listen zur Wehr (243).
> Wenn man einem Fisch Teile des Vorderhirns ausschaltet - was seine Lebensfähigkeit, seinen Appetit usw. in keiner Weise herabsetzt - so kümmert er sich nicht mehr darum, ob seine Genossen mitschwimmen oder nicht, er schwimmt stur und entschlossen seine eigene Bahn, wendet, wenn er will, tut, was er will und wird zum sozialen Außenseiter (245).

Die Bewahrung gelingt vollauf. Michel meistert alle Schwierigkeiten und Gefahren, der Krieg hat seine Einstellung nur gefestigt. So kann er, immer auf Außenseiterposition, auch in der schweren Nachkriegszeit Erfolge einheimsen, die Geburtsstunde als eine besondere Sternstunde erstreckt sich offensichtlich auf den gesamten Lebenslauf: "Nie standen meine Sterne günstiger. Die Götter hatten offenkundig ihre Vorliebe für mich entdeckt. Es ging mir einfach schamlos gut." (276).

Die Voraussetzung für Casanovas Durchkommen in allen Lebenslagen ist die Treue zu sich selbst, zu der eigenen Seele, deren Schatten ja "der kleine Herr" ist, ohne sich je binden und für eine Sache gebrauchen zu lassen; mit Hilfe des kleinen Herrn bricht er sogar aus dem Kölner Gefängnis aus. Der moderne Pikaro geht unbekümmert seinen Weg, tut, was ihm gefällt, und bringt es fertig, auch in der Welt des Kapitals und des Klerus (dafür steht Köln) als Nonkonformist zu reüssieren. Der Erzähler, wohl der "Herausgeber dieses Buches" (530), sagt dazu: "Befragt, wer den Typ des absolut unangepaßten Menschen repräsentiere, hätte ich [...] unverzüglich geantwortet: Michel Casanova" (405). Es heißt von ihm, wortspielerisch aber wahr, er "liebte so dahin" (405). Unangepaßt, aber gut verdienend und berühmt als Schriftsteller und Hörspieltexter, erscheint Casanova bereits auf den ersten Seiten des Romans, wo er ein flüchtiges Liebesabenteuer ("einundfünfzig Minuten, die Zeit vergeht, es eilt") hinter sich bringt und, scheinbar unbegründet, in eine Tirade ausbricht, die einer Vergewisserung des Selbst gleichkommt:

> ...ich sehe nichts mehr. Oder ich sehe doch, sehe ihr Gesicht aufleuchten, und ehe ich hineintauche, verstehe ich, daß es ihr Gesicht ist und das meine, meines und ihres und unseres, Gesichter im Spiegel, Spiegelgesichter, gespiegelte Gesichter, Gesichterspiegel - nein, ihr Hunde, mich sollt ihr nicht betrügen, nicht um ein einziges Gran, nicht um eine Sekunde. Ich werde mir meine Lust aus dem Feuer reißen, aus dem Safe schweißen, aus der Tiefe graben, vom Himmel holen! Ich werde mich an kein System halten, an keine Schranke, ich laß mir von euch

188

Duckmäusern keinen Zwang auferlegen, ich spucke in eure Katechismen und pfeif
auf eure Einbahnstraßen (15/6).

Der Verweigerungsmechanismus funktioniert ebenso reibungslos gegenüber Systemen und Ideologien wie gegenüber den Mitmenschen. Wie
sagte der Bär? - "Nicht um die andern Tiere in der Manege kümmern!"
Der Pikaro als Nonkonformist - und als Egoist: hier wird schon in
Andeutungen die problematische Doppelbödigkeit der Figur sichtbar.

Zwerenz hat die Hauptelemente der pikaresken Erzähltradition
wirksam genutzt. Sein Pikaro wurzelt im gleichen Boden wie seine
historischen Vorgänger, sogar die Begleitumstände der Geburt finden bei
ihnen unverkennbare Parallelen, desgleichen die schockhafte erste
Begegnung mit der feindlichen Welt. Die autobiographische Perspektive,
der Held als ein aufs Überleben ausgerichteter Outcast, dessen asoziales
Einzelgängertum von ihm selber zur Lebensphilosophie erhoben wird,
die pikareske Vergnügungssucht, Gaunereien und Betrug bis an die
Grenze des Verbrecherischen (hier in bester Tradition mit Gerichtsverfahren und Gefangennahme endend), das zur Natur gewordene
Vagabundieren (wobei Betteln und Nassauern zu geübter Selbstverständ-
lichkeit geworden sind), der bevorzugte Umgang mit zweifelhaften
Figuren und Randpersönlichkeiten, - es sind die bekannten Ingredienzen,
aus der eine überschäumende Phantasie eine spannende Abenteuerfolge
voll von Witz und Spritzigkeit macht. Daß Zwerenz reichlich aus den
Quellen eigener Erfahrung und Phantasie geschöpft hat, ist ebenso
deutlich wie daß er wichtige Anregungen aus der älteren und neueren
Geschichte des Schelmenromans erhielt; sie wurden schon verschiedent-
lich nachgewiesen. Ergänzend kann noch auf den Zusammenhang der
Beau-Alman-Episode des *Simplicissimus* (IV. Buch) mit Casanovas
erzwungenem Aufenthalt in einer Luxusvilla am Rhein (sieben Tage und
sieben Nächte im Doppelbett einer mannstollen jungen Dame)
hingewiesen werden (Beau Alman brachte es aber auf "acht Täg und so
viel Nächt..."). Dann sei auch nicht vergessen, daß Simplicissimus wegen
eines Schatzes nach Köln geht (III. Buch, 23. Kap.: "Simplicissimus
kompt in eine Statt/die er zwar nur pro forma Cöln nennt/seinen Schatz
abzuholen") und Casanova den gleichen Weg einschlägt, weil ihm
geträumt hat, "oberhalb der zerstörten Brücke von Remagen, auf der
Erpeler Seite, sei ein Schatz versteckt" (417); im übrigen gelangen sie
beide nicht in den Besitz des Schatzes, aber Casanova wird in Köln, dank
seiner Schriftstellerei und dem WDR, wohlhabend ("Dem WDR hat es
gefallen, Casanovas Engel in den Stand der Unausweislichkeit zu heben",
406). An solchen Anlage und Komposition des Buches in typischer Weise
präzisierenden Einzelheiten wird ersichtlich, daß der Verfasser seinen
Roman ausdrücklich der Gattung des Schelmenromans zuordnen will
und dem Leser deshalb bewußt eine Anzahl Orientierungshilfen an die

Hand gibt, die Lektüre und Verständnis in diese Richtung lenken sollen. Freilich wird es nicht bei inhaltlichen Aspekten belassen, der ganze Spielraum pikaresken Erzählens wird voll genutzt. So trägt auch der funkelnde konzeptistische Sprachwitz deutlich pikareske Züge -

Meine Tante war bunt und appetitlich wie ein Eisbecher mit Früchten. Sie hatte grelle Lippen, lustige braune Augen, einen schwergewichtigen Busen, von dem man die verschiedensten Partien zu sehen bekam, weil sie sich immerzu bewegte, sich vorbeugte, einen ans Herz drückte, Küsse austeilte, sich an den Waden kratzte, beim Erzählen zu hüpfen begann oder mit spitzen Fingern den Stoff ihres luftigen Kleides packte, ihn abhob und ausrief: O wöh, üch bün dück geworden, really! Sie gestikulierte wie ein Affe, zog Grimassen wie ein Zirkusclown und schwatzte wie ein Eisenbahnwaggon voll junger Mädchen. Ich verstand sie überhaupt nicht und zog mein Taschentuch, denn Tante Hildes Küsse waren feucht (91).

Man könnte zahlreiche Parellelstellen aus der Pikaroliteratur neben diese halten, um festzustellen, daß die Freude an einer extravaganten Beschreibungskunst voller kapriziöser Einfälle sicher eines der attraktivsten Elemente der Gattung bildet. Der Pikaro übertreibt gern und gibt sich clownesk; er will ja auch unterhalten und seinen Leser mit Humor für sich gewinnen. Dazu dienen gleichfalls unwahrscheinliche, groteske Geschichten, wie sie zum festen Bestand von Pikaros Aufschneidereien und Lügengeschichten gehören und wie sie auch Casanova zum besten gibt -

In den Dolomiten hat der Hauptmann auf dem Berg gestanden und in die Luft geguckt. Da ist ein Leutnant an ihn herangetreten, und unten aus dem Tal hat ein Italiener auf ihn geschossen. Die Kugel ging dem Leutnant zum Hinterkopf rein und zum Auge raus, und von hier ging die Kugel dem Hauptmann, der in die Luft guckte und den Kopf in den Nacken gelegt hatte, ins rechte Nasenloch und blieb da stecken. Da hat er den Kopf gleich gesenkt und die Kugel aus dem Nasenloch rausgeniest. Aber dann hat er eine Woche lang nicht richtig Atem holen können und ist zum Arzt gegangen, und da hat ihm der Arzt mit der Pinzette das Auge von dem Leutnant aus der Nase geholt. Mein Alter hat dabeigestanden, als es passierte, und wenn er in Laune ist, erzählt er die Geschichte (80).

Wenn der Pikaro auch ein gezwungener Lebenskünstler ist - hier liegen oberflächliche Berührungen mit dem Eichendorffschen *Taugenichts* und seinen Verwandten vor -, so ist er auf alle Fälle ein Unterhaltungskünstler, denn die Clownerie und zirkushafte Artistik beim Geschichtenerzählen sind seine sichersten Waffen, um sich durch die Welt zu schlagen, wenn der Geldbeutel leer und die Not am Mann ist. Das Schelmische am Pikaro erlaubt ihm auch "Kunstgriffe", die verwandte Figuren ins Spiel bringen. Auf diese Weise kann der Autor Beziehungen stiften - und diese eventuell durch halbrichtige Information wieder verwirren:

Eine Zeitlang, erinnert sich Stankewitsch, hatte ich einen ganz verrückten Kunden, das war son kleiner Bubi mit dunklem Haar, auffallendem Schnauzer und knallig hervorspringendem Kehlkopf, das Kerlchen, es hieß Oscar, glaub ich, kam immerzu angelaufen, ließ sich ein Ritterkreuz zeigen und spuckte drauf! Na, mir wärs eigentlich egal gewesen, sollen sie drauf spucken oder drauf scheißen, wenn sie nur zahlen; aber der Bursche war auch noch knickrig und wollte die Gebühren runterhandeln. Da kam er an den Richtigen! (216).

Es erstaunt denn auch nicht, daß Casanova eines Tages die Bekanntschaft eines Schriftstellers namens Gawrilowitsch Zwerenz aus Sachsen macht. Das ist also ein Landsmann und (zu dem Zeitpunkt) Kollege - "was er schrieb, waren, soweit es sich um Brotarbeiten handelte, ziemlich abwegige politische Artikel oder, was das Literarische anlangt, ruppige Geschichten, die alle Kenner für wertlos hielten" (400). Auch das gehört zum traditionellen Verwirrspiel, das die eigene Position des Verfassers sowohl ironisch verfremdet wie relativierend ironisiert. Grimmelshausen läßt schon Romanfiguren in anderen Büchern (*Courasche, Springinsfeld*) über den Ich-Erzähler des *Simplicissimus* schimpfen, im *Simplicissimus* läßt er den Helden einen Pfarrer besuchen, der im (vorher erschienenen) Joseph-Roman (*Der keusche Joseph*) des *Simplicissimus*-Autors liest - "als er eben in meinem Joseph lase/welche ihm mein Wirth ohne mein Wissen geliehen hatte" - und gleich die Lektüre kommentieren:

> Er machte mich zu ihm sitzen/und lobte zwar meine *Invention*, schalte aber/daß ich mich so lang in der Seliche (die Potiphars Leib gewesen) Liebes=Händeln hätte auffgehalten: Wessen das Hertz voll ist/gehet der Mund über/sagte er ferners/wenn der Herr nicht selbsten wüste wie einem Buler umbs Hertz ist/so hätte er dieses Weibs *Passiones* nicht so wol außführen/oder vor Augen stellen können...[23]

So verspielt macht es der barocke Autor, mit feinem Gespür für die Möglichkeiten der Gattung. Sein moderner Nachfolger steht ihm in nichts nach, wenn er durch die Einführung eines Gawrilowitsch Zwerenz den "Herausgeber dieses Buches" von dem Schriftsteller Gerhard Zwerenz unterscheidet und schließlich Casanova einen Bericht über den "Fall" Michel Casanovas (der sich an der Leipziger Universität zugetragen hat bzw. haben soll) lesen und wiedergeben läßt (*Die Casanoviten*), in die Elemente eingearbeitet sind, die sich eindeutig mit Zwerenz' Vita decken.

Zwerenz' *Casanova*-Roman ist so angelegt, daß er die Lesererwartung bis ins Detail erfüllt, die Freizügigkeit in der Darstellung erotischer Abenteuer eingeschlossen. Dann muß aber auch von Weltbegriff und Weltdeutung dieses Pikaro die Rede sein. Denn was den Schelmenroman in der langen Nachfolge des *Lazarillo*, *Guzmán* und *Buscón* von den Schelmiaden vom Schlage des *Eulenspiegel* unterscheidet, ist die pessimistische Weltsicht und die Desillusionierung. - Seine Außenseiterposition erlaubt Michel Casanova einen kritisch distanzierten Blick auf

---

23. Grimmelshausen, *Simplicissimus*, S. 265.

Welt und Umwelt. Er kommt wiederholt mit Menschen in Berührung, deren Weltbild zutiefst pessimistisch bestimmt ist. Da ist der Pole Mikor, der meint, man könne sich kaum etwas denken, "was noch schlechter wäre als das, was an der Welt schon schlecht ist" (114); ein komischer Alter führt Casanova an den Rhein und zeigt ihm, was in den Kölner Abwässern alles an Leichen und Kadavern mitschwimmt. Casanova wird selber oft an Selbstmörder und Ermordete erinnert, in seiner Umgebung oder in der Literatur, ihm kommt ab und zu sogar der Gedanke, den Weg etwas abzukürzen. Aber er tut den Schritt dennoch nicht, kann ihn auch nicht tun: "Wer erst davon überzeugt ist, daß er zu den wertvollen Menschen gehört, bringt sich nicht mehr um" (87). Gegen den Tod findet er den "besten und triftigsten Grund, den es geben kann: Er ist mein Feind, mein Todfeind" (409). Man möge einwenden, das sei gewiß kein ausgesprochen pikaresker Schluß oder vielmehr: man brauche keinen Schelm namens Casanova durch Raum und Zeit zu jagen, um ihn solch eine Feststellung feierlich vortragen zu lassen, schließlich müsse gerade einem Casanova der Tod als Todfeind erscheinen. Das hieße aber an der Funktion dieses Pikaro vorbeisehen. Dieser entfaltet nur das Weltpanorama, er ist eine Demonstrationsfigur, die zwar Gedanken der Vergänglichkeit anwandeln können bzw. der sie traditionsgemäß zu Bewußtsein kommen müssen - aber Casanova hält den Kurs, verliert auch hier nicht die Distanz zu den Dingen und bleibt sich innerlich treu. Sein Wert (und Selbstwert) besteht gerade darin, die mitten im Rausch des Lebens und der Lust sich einstellenden Gedanken der Vergänglichkeit anklingen zu lassen, ohne ihnen jedoch länger nachzuhängen: die nächste Abenteuerfolge verscheucht sie. Dieser Pikaro heißt nicht umsonst Casanova, und hier liegt der wesentliche Unterschied im Vergleich zu Pikaros barockem Urahn, daß er sich von dem berühmten Giacomo herleitet. Ein reumütiger - oder angepaßter - Casanova wäre wenig glaubwürdig und entspräche auch nicht der Konzeption der Figur:

Man weiß heute, [...] daß der Mensch aus zwei Ichs besteht. Der Mensch will seiner Zeit ein Schnippchen schlagen und mit heiler Haut davonkommen [...]. Der Mensch, sagte ich, besteht aus zwei Ichs: der Liebe zum Leben und der Liebe zur Liebe (192 und 193).

Dennoch beherrschen den alternden Casanova die altvertrauten Stimmungen, die einer gewandelten Einsicht in das Wesen der Dinge entspringen und die frühere Zeiten mit Vanitas und Contemptus mundi bezeichnet hatten. Selbstverständlich bleibt auch ein Casanova nicht ewig jung, der Jungbrunnen ("...bin gealtert über Tag und Nacht und hab mich verjüngt über Nacht und Tag", 483) verliert einmal seine magische Kraft. Dann greift die Desillusionierung um sich, die Erinnerung an die jungen Jahre läßt nach ("Die Märchen der Kindheit vergangen.[...] Nie wiederkehrende Einfachheit. Nie wiederkehrende Gültigkeit. Vergangen vergängliche Fabeln", 518), der Gegenwart lassen sich keine neuen Reize mehr abgewinnen. Das "Adjeu Welt" gestaltet sich als ein Zurückverlangen nach den Anfängen, der Ziegelei der Kindheit, jenem "Traumwesen" (518), wo die ersten Wahrnehmungen noch echt gewesen waren und eine lebensvolle Spannung erzeugt hatten: "Lust und Angst und Angst und Lust" (ebd.). Die Welt hatte ihm damals noch offengestanden, mit ihren Versprechungen und Verlockungen, sie erscheint dem ernüchterten Pikaro nunmehr klein, immer und überall von dem gleichen Zeichen der Vergeblichkeit geprägt -"ja, sag ich, wie klein ist die Welt, und keine Unendlichkeit steht bereit, nur wir stehen bereit, nur wir fahren, nur wir fahren und fahren und fahren im Kreise, und der Radius des Kreises heißt Ekel" (483). Man erkennt in diesen Worten unschwer die Enttäuschung über das Leben, die auf den Begriff der Desengaño zu bringen ist. Das Gleichgewicht zwischen der Erfahrung der Vergänglichkeit und dem Streben nach Erneuerung und Genuß hat sich verschoben. Dem alten Pikaro ist die Welt zum Gleichnis der Flüchtigkeit der menschlichen Dinge und der Zeit geworden. Die uralte Erkenntnis dessen, was der Mensch als vergängliches Geschöpf ist, steht auch am Ende dieses (abgebrochenen) Lebensberichts und erhält durch nachdrückliche Wiederholung ihr volles Gewicht: "Ich bin ein Mensch. Mein Beruf ist altern. Wie schwer das ist. Wie schwer." (483).

Der Lebensekel wird recht drastisch zum Weltekel erweitert. Die Stadt Köln mit ihrer Hohen Straße, ihrem Flittergold und mächtigen Dom erscheint dem von innerer Hohlheit und karnevalesken Maskeraden angewiderten Pikaro jetzt als Sinnbild einer zutiefst verderbten Welt:

> Man kann nach Mitternacht ein Taxi nehmen und durch die Stadt fahren und sich die Lichtreklame wegdenken, und was dann bleibt, ist nichts als ein riesiger Misthaufen. Es riecht so, sieht so aus und ist auch so. Ohne Lichtreklame und bei Nacht betrachtet, ist das Abendland nichts als ein einziger Scheißhaufen. Darauf kann man Wetten abschließen und gewinnen. Wär ich Architekt, ich formte eine Kathedrale aus nichts als Exkrementen. In den Turm käm als Glocke die Bombe. Als Geistlicher lurchte ein arm- und beinloses Wesen einher, ein exemplarischer Contergan-Mensch (472).

Es ist die Weltsicht Mikors und des komischen Alten mit dem "Basiliskenblick", es ist die Perspektive einer heillosen Welt. Daraus hatte der barocke Pikaro, dem damaligen Weltverständnis entsprechend, den naheliegenden Schluß der Weltentsagung gezogen und hatte in religiöser Kontemplation seine Zuflucht gesucht. Solche Möglichkeit ist Casanova jedoch verwehrt, denn Gott ist tot:

> Doch man verschweigt die Umstände. Gott beging Selbstmord, als er der Menschen Geschichte innewurde. Ich weiß nur nicht, war es ein Suicid aus Enttäuschung über den erschaffenen Menschen, oder war es, weil Gott sein Werk nicht verantworten wollte (470).

Wo auch Gott über seine Weltschöpfung verzweifelt, bleibt der trotz allem erlösungsbedürftige Mensch mit sich allein. Er könnte versuchen, die Erde wieder bewohnbar zu machen, aber auch der Glaube daran ist Casanova abhanden gekommen: "Ich verlor [...] in jenen Monaten den Glauben an die Fähigkeit des Menschengeschlechts, sich zu veredeln, und schließlich was mir einfach schnurzpiepe, in welchem Zustand sich die Menschheit befände" (510). Der letzte Teil des Satzes ist aufschlußreich, weil eine solche Einstellung sich nicht mit der herkömmlichen Schreibhaltung des auf sein Leben zurückblickenden Pikaro verträgt.

Es gibt keine Erzählerinstanz, die aus der dargebotenen Lebensgeschichte mit pessimistischem Einschlag den (üblichen) moralischen Schluß ziehen könnte; das Erzähler-Ich, das nicht mit dem Ich-Erzähler identisch ist (es tritt vor allem gegen Ende häufiger in die Geschichte ein), liefert ebensowenig Kommentar wie der Herausgeber, dem die letzten drei Seiten des Buches für ein "Nachwort" eingeräumt werden. Somit muß die Darstellungsabsicht direkt aus der Form der Selbstdarstellung hervorgehen. Zur Schreibhaltung im älteren Pikaroroman ist festzustellen, daß der Appell an den Leser nicht immer in gleicher Form erfolgt. Während Lazarillo und Buscón dem Leser durch den ironischen Grundton ihrer Lebensgeschichte ausreichende interpretatorische Hinweise verschaffen, ihm im übrigen lediglich die verlogene Maskerade der Welt vorführen und bei deren negativen Wertmaßstäben beharren (Lazarillo arrangiert sich mit der Welt, Pablo bleibt ein Schelm), bewirkt die Welterkenntnis in *Guzmán* und *Simplicissimus* eine Umkehr und Abwendung von der Welt, der eine düstere Weltbetrachtung vorangeht; bei Grimmelshausen nimmt bekanntlich die Variationskette des Adjeu-Welt-Motivs ein ganzes Kapitel ein (V. Buch, 24. Kap.). Die Darstellungsabsicht ist damit gegenüber den früheren Schelmenromanen verdeutlicht. Das autobiographische Muster soll die Erfahrung des Pikaro im Sinne einer moralischen Didaxe für den Leser nutzbar machen. Es ist klar ersichtlich, daß Casanovas breit angelegte Weltkritik mitsamt ihrer religiösen Komponente den barocken Vorbildern folgt; seine negative Weltsicht nimmt mitunter die Ausmaßen eines surrealistischen Horrors an (*Totenkarneval*, 473). Aber nicht weniger deutlich ist es, daß Casanova sich jeder moralischen Einsicht entzieht und sich um die Moralität der Menschen nicht im geringsten kümmert.

Schon der zynische Ton der Weltklage hebt diesen Pikaro von seinen barocken Vorgängern ab. Er spricht auch aus einer ganz anderen sozialen Situation: Casanova ist wohlhabend geworden, ein berühmter Mann ("Die Wahrheit zu sagen: Ich zählte inzwischen zur Prominenz", 510). Wo Casanova zu Ruhm und Geld gekommen ist, hört er im Grunde auf ein Pikaro zu sein; er hat sich, zunächst allerdings widerwillig, in die Gesellschaft integriert, wenn diese auch nach wie vor negativ besetzt ist.

Hier hätte das Buch enden können, wie der *Lazarillo* etwa: Der Held wäre verabschiedet worden, desillusioniert, aber mit relativ gutem Auskommen, jederzeit eines jähen Glückswechsels gewärtig. Nach dem Willen des Autors wird die Lebensgeschichte jedoch weitergeführt. Casanova ist - auf den ersten Blick - nunmehr ein korrumpierter Pikaro. Nur insofern bleibt er der traditionellen Pikaroexistenz verhaftet, als dem äußeren Aufstieg kein innerer entspricht; Casanova widersetzt sich innerlich der Anpassung ("Verstand ich nicht mit dem Ruhm zu leben, da ich nicht mitreden mochte, mitglänzen wollte im Blickfang der Wohnungen auf den Vierecken aus Glas?" 519), und lehnt die Wohlstandsgesellschaft, in der er lebt, ab. Es wird zusehends deutlicher, weshalb Casanova nicht einfach wie ein Pikaro von der Bildfläche verschwinden darf, desillusioniert oder angepaßt: er soll zum Schluß noch so etwas wie eine Weltanschauung an den Mann bringen, beileibe keinen christlichen, sondern einen, der auf der Befriedigung der eigenen Lust begründet ist:

> Ich fürchte, dem Recht des Fleisches ist erst dann Genüge getan, wenn die unendlichen Schlachtfelder mit derselben Sperma getränkt sind, wie sie schon Blut haben trinken müssen. Die Menschen haben viel mehr Abscheu vor dem Samen als vor Blut; deshalb behandeln sie den Tod auch mit größerer Gelassenheit als die Zeugung. Die Menschen sind immer dem Mord näher als dem Eros. Das trifft auch die Kirchen. Nehmen wir nur die römische. Die Menschheit wäre dem ewigen Frieden um ein beträchtliches Stück nähergerückt, widmete die katholische Kirche nur ein Zehntel der Energie, die sie auf die Verteufelung des Fleisches verwandte, der Erhaltung des Friedens (517).

Das Ergebnis ist eine bewußte Parodie der Weltanschauung des barocken Pikaro: "Zweitausend Jahre lang haben sie dem Eros eine Nadel durch den Leib gestochen..." (469) - das steht quer zur Jenseitigkeit, in die dessen Geschichte mündete. Das letzte Buch des Romans setzt denn auch mit der Schilderung des oben erwähnten "Falles Michel Casanovas" ein: "Die Casanoviten". Zitiert wird aus der skandalösen Dissertation, die, in der Ich-Form verfaßt, Michels Stammesgeschichte beschreibt und seine Relegation von der Karl-Marx-Universität in Leipzig nach sich zog. Zur Zeit der Veröffentlichung jenes Falles lebt Casanova längst in Köln. Die Casanoviten, so erfahren wir, lebten bis 1945 in völliger Abgeschiedenheit im Flecken St. Wenzel in den böhmischen Wäldern, und zwar in paradiesischer Unschuld: Sie "pflegten der Liebe, und man hielt dabei nicht auf gegenseitiges Leibeigentum, die Partner wechselten ganz nach der Lust, denn es stammten aller Leiber lustige Listen doch von dem einen ab: von Casanovas wirklichem und sicherlich letztem Sohn" (435). Dieser seiner Abstammung eingedenk, ist Casanova immer auf den Schutz seiner Geschlechtsorgane bedacht gewesen, das erfüllt ihn gegen Ende seiner pikarischen Existenz mit fast missionarischem Eifer und mit merkantilischem Fleiß. Er betreibt eine "Werkstatt zum Schutze männlicher Kunst" (525). Es geschieht also aus tiefster Überzeugung,

wenn er dagegen aufbegehrt, daß im *Taschenbuch für Wehrpflichtige*
Anweisung gegeben werde, im Nahkampf die Geschlechtsteile des
Gegners zu verstümmeln. Es schließt sich ein Gerichtsverfahren an, in
dem (ebenso wie in der DDR) die "erotische Zersetzungsarbeit"
Casanovas nicht akzeptiert wird.

Es wird Casanova hier wie dort nicht erlaubt, seine "Erotik"
anzupreisen. Der Kommentar auf den Schuldspruch macht noch einmal
sichtbar, wie das parodistische Verfahren hier gehandhabt wird: "Ich
hatte das Sakrament der einen und den Zuspruch der anderen Kirche
verschmäht" (526).

Es erhebt sich die Frage, ob der Pikaro eine solche Schwerpunktver-
schiebung erträgt, ob sie ihm nicht zuviel der Eigenart nimmt. Die
Beantwortung ist davon abhängig, ob man, im Anschluß an das
Begriffspaar Figur und Charakter, womit Günther Rohrbach den
Simplicissimus vom Bildungsroman abgehoben hat,[24] und somit trotz
aller archaisierenden Elemente, die ein Rückgriff auf die Gattungstypik
mit sich bringt, von einem "pikaresken Charakter" zu sprechen bereit ist.
Die eingangs erwähnten Anregungen aus der anglo-amerikanischen
Literaturwissenschaft sprechen dafür. Die Voraussetzung wäre im
vorliegenden Fall, daß die Idee der "Erotik", um deren Anerkennung
Casanova zum Schluß vergebens kämpft, sich schon zu Anfang als Teil
seines Wesens bestimmen läßt und sich mit dem Pikaresken verbindet, so
daß von einer Charakterkontinuität gesprochen werden kann. Erotische
Abenteuer gehören freilich zur pikaresken Erzählsubstanz, von daher
stand einer Namensübertragung des berühmten erotischen Memoiren-
schreibers auf einen modernen Pikaro nichts im Wege, auch die
Einbeziehung des legendären Erotikers in dessen Ahnenreihe ließ sich
mühelos durchführen. Zum anderen konnten Giacomos Liebesabenteuer
als bekannt vorausgesetzt werden und die Lesererwartung steuern. Eine
wirkliche Verbindung wird jedoch erst zustande gebracht, als der Pikaro
in die Bahn des Casanova einschwenkt und sich in der Abenteuerfolge
das bewährt, was Michel später so formuliert: "... [hatte ich] meinen
Lebensunterhalt mit Betteln, Pumpen oder kleinen entschuldigungs-
würdigen Betrügereien verdient. Auch steckten mir die Frauen manchen
Schein zu" (510/11). Da der Pikaro als Soldat in den Krieg ziehen muß,
ist seine Hauptsorge nicht nur, wie er lebend davonkommt, sondern
ebensosehr, wie er den "Kleinen Herrn" schützt. In typisch pikaresker
Manier wird die Schwierigkeit gelöst: ein Lendenpanzer, Geschenk einer
Kriegswitwe, deren bei Cambrai gefallener "lustiger und listiger" Mann
ihn hatte anfertigen lassen, behebt Michel Casanova dieses Teils der

---

24. Rohrbach, Günther, *Figur und Charakter. Strukturuntersuchungen an Grimmelshausens Simplicissimus* (Bonn, 1959).

Sorge. Der komische Einfall ist insofern eine pikareske Variante des "Nosce te ipsum", als Casanova die "Abnormität" erwägt, mit der er zur Welt gekommen ist und die sein Vater als "Schatten der Seele" gedeutet hatte. Aus dem Krieg heimgekehrt und nach Köln verschlagen, verdichten sich die Erinnerungen und Erfahrungen zur Maxime: "Du sollst deinen Kleinen Herrn nicht verleugnen!" (510). Damit ist die Akzentverlagerung eingeleitet, die von da an, wo das Überleben gesichert ist, den Entfaltungsmöglichkeiten des Erotischen dient. Die Umschaltung wird als Konsequenz des bisherigen Lebens gesehen. In der Treue zur eigenen Individuälität und im Bewußtsein des Bei-sich-Seins (..."dein Inneres ist unverletzlich!", 510) ist der Pikaro gegen die Verlockungen des Ruhms gefeit. Die Ebenen des Pikaro und des Erotikapostels sind von Anfang an miteinander verwoben, und zwar derart, daß die Namensgebung schon als auslösendes Moment für den pikaresken Initiations-Schock genutzt wird (S. 81).

Allerdings scheint insbesondere auf den letzten Teil des Romans Lothar Köhns Feststellung zuzutreffen, der moderne Pikaro sei "etwas qualitativ anderes" als der alte, "er ist, pointiert gesprochen, ganz wesentlich der desillusionierte Held des Bildungsromans, der die Flucht in die Innerlichkeit ebenso wie die Integration in eine erstarrte Gesellschaft meidet."[25] Dazu trägt der Reformeifer, mit dem Zwerenz seinen Helden ausgestattet hat, entschieden bei.[26] Aber ein Pikaro ist nie ein Reformator; darin liegt wohl eine kompositorische Schwäche des Buches. Zu Casanovas Auftreten als Apostel der Lust ist noch anzumerken, daß die einer Pikarofigur innewohnenden Eigenschaften wie Selbstsucht und Eigenliebe schließlich bis ins fast unerträglich Egoistische gesteigert werden:

> Nicht daß es mir um Höheres gegangen wäre. Nichts von Erhaltung der Innerlichkeit. Pfeif drauf. Nicht daß ich klagen wollte über Sittenverfall, Sinnverfall, Zeitverderbnis. Ach Leute, diese Mißverständnisse. Was schert mich das. Was mich allein anging, war der "Verlust der Lust" (519).

Dem entspricht die Einschätzung seiner Mitmenschen. Der Vorstellung von der Stadt Köln als Zirkus ("Eine Stadt wie Köln ist ein riesiger Zirkus, man hat die Wahl, als Zirkusdirektor, Zuschauer, Clown, Löwe, Luftmensch, Dompteur aufzutreten", 214) korrespondiert die Halluzina-

---

25. Köhn, Lothar, "Entwicklungs- und Bildungsroman. Ein Forschungsbericht". Referate aus der *Deutschen Vierteljahrsschrift für Literaturwissenschaft und Geistesgeschichte*. (Stuttgart, 1969), S. 46f.

26. Vgl. dazu Schwenger, Hannes, Artikel "Gerhard Zwerenz", in: *Kritisches Lexikon der deutschsprachigen Gegenwartsliteratur*, 12. Nlg., S. 4, wo im Zusammenhang mit den "sexualpolitischen Illusionen der Studentenbewegung" Zwerenz' "These von der emanzipatorischen Potenz des Themas Sexualität bis zur blinden Einseitigkeit" erwähnt wird.

tion des jungen Michel, der sich bei einer Zirkusvorstellung an die Stelle des Dompteurs sieht:

> Da am Ende des Dressurakts der Dompteur Applaus erhielt, erhob ich mich unwillkürlich, ihn entgegenzunehmen, und man mußte mich gewaltsam in den Sitz zurückdrücken... (451).

Hier streift der Pikaro die Grenzen seiner Möglichkeiten. Bei allen seinen Streichen, Schrullen und Untugenden, witzig dargeboten, kann der Pikaro mit der Gunst des Lesers rechnen: man sieht dem Schelm einiges nach. Ein Casanova jedoch, der sich derart in der Rolle eines opportunistischen Egoisten gefällt, daß er in seiner Eigenliebe die Mitmenschen nur wie "Tiere in der Manege" (184) bzw. "Raubkatzen" im Darbietungsraum des Zirkus sehen kann, fiele aus der Rolle, die die Gattung des Schelmenromans dem Pikaro üblicherweise zuteilt. Bei genauerem Hinsehen erweist sich der herausgestrichene Eigennutz aber als Attrappe, hinter der sich ein tiefes Mitleid mit der vernachlässigten "Colonia Jungfrau" (446ff.) versteckt. Komplementär zum Egoismus am Ende der Lebensbeschreibung verhält sich die Sorge um den Mitmenschen zu Anfang:

> Ah, sind diese vielen Leute nicht schon gestorben, obwohl sie noch herumlaufen in ihrem furchtbaren Geruch? Ist nicht schon jetzt nur ihr Schatten dasjenige von ihnen, das wirklich ist? Machen wir uns nichts vor, sie trinken ihr Bier, benutzen Taschentücher und Klopapier und möchten gern an die Unsterblichkeit ihrer kleinen Seele denken, wär das nur nicht so kompliziert. Man könnte zugleich einen großen Zorn auf sie und eine leidenschaftliche Liebe für sie fühlen (23/24).

Es ist an die Ironie zu erinnern, die den Stil der Lebensgeschichte prägt und Selbstironie mit einschließt. "Wenn man Casanova heißt, denken alle, sie müssen gleich einen scharfen Witz drüber machen" (511), winkt der als unverfälschte Casanova lebende Held entrüstet ab. Unter diesem Aspekt wird - um noch das extremste Beispiel anzuführen - der "Höllenspaziergang" zum vergnüglichen Lustwandeln - "Wie vielfältig ist der deutsche Erfindergeist! [...] Und wie lustig diese zweite Welt dort lebt" (497). Der Erzähler schlüpft in die Rolle des Satirikers, dessen Geschäft es ist, höhnisch und spottend der Welt einen Spiegel vorzuhalten und, zum Widerspruch herausfordernd, die Wahrheit an den Tag zu bringen. Nach dem Muster der "Verkehrten Welt" — in Wirklichkeit sei unsere Zeit über das Stadium schon hinaus: "Man kann diese Welt nicht auf den Kopf stellen. Sie hat keinen mehr" (469) — ist die Einsicht des Pikaro nur in Form der "konstruktiven Ironie" mitzuteilen. Der Hegemonieanspruch des Priapischen ist ein gewagtes Satyrspiel, mit dem der Pikaro sich verabschiedet.

Nancy Lukens

SCHELM IM GHETTO - JUREK BECKERS ROMAN

JAKOB DER LÜGNER

Die neuere Forschung zur pikaresken Tradition, insbesondere zur Entwicklung des deutschen Schelmenromans vom Barock bis zur Gegenwart, läßt vermuten, daß die Anwendung dieses Begriffes bei der Analyse jüngster deutscher Literatur selbst bei einer noch so flexiblen Gattungsbestimmung problematisch bleibt.[1] Sowohl historische wie auch formalistische Untersuchungen der klassischen Schelmenliteratur haben immerhin viel zu einem differenzierten Verständnis dieser Gattung beigetragen. Einig ist man sich, daß der Schelm - ob er sich in einer

---

1. Jürgen Jacobs (*Der deutsche Schelmenroman.* München/Zürich, 1983) gelingt es, bei einer überzeugenden Definition des Schelmentypus dennoch dessen historischen Funktionswandel und die damit verbundene Verwandlung formaler Aspekte nicht zu vernachlässigen. Auch Alexander Blackburn besteht auf der Gleichzeitigkeit von Kontinuität eines Typus und steter Verwandlung von dessen Erscheinungsformen (*The Myth of the Picaro: Continuity and Transformation of the Picaresque Novel 1554-1954.* Chapel Hill, 1979). Dieter Arendt betont ebenfalls die "Wandelbarkeit eines konstanten Typs" im Wandel sozialer Strukturen in seiner literatursoziologisch angelegten Darstellung (*Der Schelm als Widerspruch und Selbstkritik des Bürgertums.* Stuttgart, 1974, siehe auch ders., "Die pikaresken Helden des Notstands oder 'Eigentum ist Diebstahl'", in *Kürbiskern,* 1982). Bruno Schleussner nimmt die Strukturelemente pikaresken Erzählens zum Ausgangspunkt seiner Betrachtung (*Der neopikareske Roman: Pikareske Elemente in der Struktur moderner englischer Romane.* Bonn, 1969), stellt aber mit Interesse fest, daß das Aufleben des "Antihelden" als Muster der Schelmenfigur im neuen englischen Roman eher in die pikareske Tradition hineinpaßt als die wenigen Beispiele neuerer deutscher Romane, die er zum Schluß heranzieht (Thelen, Grass, Walser). Stuart Miller spekuliert im Nachwort zu seiner Studie (*The Picaresque Novel.* Cleveland, 1967) darüber, was es mit der Renaissance des Schelmenromans in unserem Jahrhundert auf sich hat, ob sie etwa mit dem zunehmenden Verlust eines Sinnes für ein geordnetes Universum zu tun habe. Aber Millers "Postscriptum" stellt erst den Ansatz zu einer differenzierteren Analyse der modernen Schelmenromane dar, und er bezieht sich auf keine deutschen Textbeispiele. Dagegen prüft Robert Alter (*Rogue's Progress. Studies in the Picaresque Novel.* Cambridge, MA., 1964) unter anderem Manns *Felix Krull* (1954) gegen den Hintergrund seiner induktiv angelegten Gattungsstudie und stellt dabei fest, daß es wohl Erben einer Tradition und Variationen des Pikaresken gibt, nicht aber das Pikareske schlechthin.

barock verstandenen Welt oder in der Gründerzeit bewegt - ein Außenseiter ist, "der um soziale Anerkennung und die Möglichkeit des Überlebens kämpft"[2]. Klar ist ebenfalls, daß bestimmte formale Elemente trotz verwandelter historischer Konstellation mehr oder weniger konstant bleiben. Man spricht auch angesichts der veränderten sozialen, politischen und literarischen Wirklichkeit unseres Jahrhunderts von einem Aufleben des Pikaresken.[3] Was aber bis jetzt weitgehend fehlte, waren eingehende Untersuchungen einzelner Werke jüngster deutschsprachiger Autoren auf die Frage, in welchem Verhältnis deren pikaresk anmutende Figuren und Erzählstrukturen zu jener Tradition stehen. Abgesehen von ausgezeichneten Interpretationen von *Felix Krull*[4] und der *Blechtrommel*[5] unter dem Aspekt des Pikaresken und dem Hinweis etwa auf weitere deutsche Romane, die nach der *Blechtrommel* erschienen sind,[6] gibt es kaum Einzeluntersuchungen.

Jurek Beckers Roman *Jakob der Lügner* (Berlin/DDR: Aufbau, 1969; Berlin/West: Luchterhand, 1970) lädt geradezu dazu ein, ihn auf pikareske Züge hin zu untersuchen. Erstens folgt Becker in der Darstellung eines jüdischen Ghettos unter NS-Herrschaft insofern der pikaresken Tradition, als er eine so geschlossene Gesellschaft darstellt,[7] wie sie es kaum anderswo gibt oder gegeben hat. Die "Ordnung", die bei

2. Jacobs, S. 35.

3. Miller, S. 113 ff.; W. van der Will, *Picaro heute. Metamorphosen des Schelms bei Thomas Mann, Döblin, Brecht und Grass* (Stuttgart, 1967), S.16 f.; Willy Schumann, "Wiederkehr der Schelme", *PMLA*, 81 (1966), 467-474; Albrecht Schöne, *Der Hochstapler und der Blechtrommler. Die Wiederkehr der Schelme im deutschen Roman.* Wuppertal, 1974.

4. Arendt, *Der Schelm als Widerspruch*, S. 55 f., S. 83 ff., S. 108 f. *et passim*; Blackburn, *The Myth of the Picaro*, S. 192 ff.; Alter, *Rogue's Progress*, S. 126 f.; Robert Heilman, "Variationen über das Pikareske (Felix Krull, 1958)." In: *Pikarische Welt: Schriften zum europäischen Schelmenroman.* Hrsg. Helmut Heidenreich (Darmstadt, 1969), S. 278 f. Siehe auch insbes. Schöne, Anm. 3.

5. Etwa Arendt, Blackburn, Jacobs, *passim*.

6. W. van der Will (*Picaro heute*) nennt z.B. Manfred Bielers *Bonifaz oder der Matrose in der Flasche*, Gerhard Zwerenz' *Casanova oder der kleine Herr in Krieg und Frieden* u.a.m. Aber selbst eine umfassende Darstellung wie Richard Bjornsons *The Picaresque Hero in European Fiction* (Madison, 1977) beschränkt sich auf die Zeitspanne von den spanischen Anfängen bis zum 18. Jahrhundert. Auch Heidenreichs unentbehrliche Anthologie von Aufsätzen zum europäischen Schelmenroman (vgl. Anm. 4) enthält keine Analyse von Werken später als Manns *Felix Krull*.

7. Van der Will sieht eine Verbindung zwischen Blütezeiten der pikarischen Romane und den Zeiten geschlossener, bzw. absoluter Machtstrukturen, da nur diese sich satirisch vom Schelm angreifen lassen (S. 16 f.). Vgl. dazu Arendt, S. 14 f. über *Felix Krull* als ironische Spiegelung der Gründerzeit des "glorreichen" Deutschen Reiches und über Thelens *Insel des Zweiten Gesichts* als Angriff auf den national-religiösen Fanatismus des "Dritten Reiches".

Becker pikaresk erlebt und geschildert wird, ist die im doppelten Sinn pervertierte: jene der unter SS-Aufsicht stehenden Juden im Ghetto einerseits und der Ordnung der Deutschen andererseits. Auch hier gilt die Erzählperspektive "von unten", bzw. "aus dem Schlüsselloch".[8] Zweitens lädt schon der biblische Name der Titelfigur "Jakob" (hebräisch: "Betrug") zur Frage ein, ob Becker nicht bewußt aus der Schelmentradition geschöpft hat.[9] Ehe man aber allzu eilig annimmt, daß die Vergehen des klassischen Schelms (Lügen, Dieberei usw.) auch hier begangen werden, muß gleich anfangs klargestellt werden, daß der Betrug, auf dem die ganze Romanhandlung basiert, kein Schelmenstreich darstellt, sondern nur die erste in einer Kette von Notlügen, die diesen "Betrüger" in immer größere Not bringen. Wenn Becker also bewußt an die pikareske Tradition angeknüpft hat, so scheint er von vornherein manches daran in Frage stellen zu wollen.

Drittens finde ich Beckers Ghettoroman besonders verlockend im Hinblick auf eine Frage, die Dieter Arendt 1974 - also fünf Jahre nach Erscheinen von Beckers Erstlingsroman in seiner literatursoziologischen Studie der Schelmentradition stellte: "Gibt es Schelme in der sozialistischen Gesellschaft?"[10] Arendt geht es offenbar um die Frage, was aus den "an den gedeckten Tischen der reichen Gesellschaft" sattgewordenen Schelmen nach der bürgerlichen Revolution wird.[11] Ich möchte Arendts Frage anders herum stellen, da wir es mit einer sozialistischen Gesellschaft zu tun haben, also auch mit der Darstellung nichtsozialistischer, historischer Wirklichkeit durch sozialistische Autoren. Meine Frage lautet: Gibt es Schelmenromane sozialistischer Autoren, bei denen das Pikareske eine Umfunktionierung erfährt, die man als spezifisch sozialistisch bezeichnen kann?

Jakob der Lügner - eine tragische Geschichte aus einem Ghetto unter nazistischer Herrschaft am Ausgang des Krieges - als Schelmenroman? So unvereinbar die Holocaust-Thematik mit dem derben Witz des traditionellen Schelms zu sein scheint, gerade diese unerhörte

---

8. Arendt, S. 49 ff. Die "Schlüssellochperspektive" wird in *Jakob der Lügner* mindestens zweimal benutzt, einmal bei der genannten Revier-Episode, wo Jakob nur von außen Zugang hat zu dem Zimmer, in dem das Radio spielt, und zweitens bei einer Szene auf dem Güterbahnhof, in der Jakob in das nur für deutsche Posten bestimmte Außenklo schleicht und von dort aus durch ein Loch in der Tür die Situation verfolgt.

9. Meines Wissens hat sich Becker noch nie dazu geäußert. Während viele der frühen Rezensenten des Romans auf Beckers enge Verwandtschaft mit dem jiddischen Erzähler Scholem Alejchem hinweisen, bezieht sich nur ein einziger, nämlich Hans-Dietrich Sander ("Geklöppelte Totentänze", *Deutschland-Archiv*, H. 6 (1973), 640-643), auf die Pikaro-Tradition, und das nur im Nebensatz.

10. Arendt, *Schelm als Widerspruch*, S. 21.

11. Arendt, S. 20. Sämtliche hier zitierten Wendungen stammen von Arendt.

Kombination ist es, die eine so starke Wirkung hat. Der Grundeinfall, auf dem die Handlung beruht, läßt an das pikareske Walten der "Fortuna" denken: der Jude Jakob Heym, ehemaliger Kneipenwirt und Erfinder eines besonderen Kartoffelpufferrezepts, nunmehr seit Jahren Ghettobewohner und Zwangsarbeiter auf dem Güterbahnhof, wird eines Abends von einem Wachtposten schikaniert und wegen angeblicher Verletzung der Ausgangssperre aufs Polizeirevier geschickt, um "eine gerechte Bestrafung" zu bekommen. Da noch kein Jude lebendig dem Revier entkommen ist, rechnet Jakob mit dem Tod. Dennoch entläßt ihn der schläfrige Posten. Durch einen Zufall kommt Jakob aber während des kurzen Aufenthalts auf verbotenem deutschen Boden eine sonst nur für privilegierte deutsche Ohren bestimmte Radiomeldung von der russischen Front zu Ohren: die Russen sind kurz vor Bezanika. Das heißt, aus der Perspektive "von unten", daß mit baldiger Befreiung gerechnet werden kann.

Sofort ergibt sich aber die heikle Frage: wie soll Jakob diese hoffnungspendende Nachricht seinen Leidensgenossen nur glaubwürdig machen? Wird man ihn nicht für einen Spion der Deutschen halten? Die erste Lüge Jakobs fängt also ganz klein und unschuldig an: sein junger Kumpel Mischa ist drauf und dran, sein Leben zu riskieren, indem er aus einem Güterwaggon Kartoffeln stiehlt. Da hilft nur noch eine Lüge, um Mischa das über Nacht veränderte Verhältnis von Risiko und Gewinn klarzumachen. Daher also das eilig hingeworfene Geständnis, um seiner Bezanika-Nachricht - die Mischa als gutgemeinten Blödsinn aufgefaßt hat - Gewicht zu verleihen: "Ich habe ein Radio"[12]. Die Wirkung auf Mischa ist eindeutig: "Plötzlich ist morgen auch noch ein Tag", er darf wieder ans Heiraten denken. Jakob selbst aber trifft fast der Schlag vor Wut über sein Schicksal, das ihn nun gezwungen hat, "verant-wortungslose Behauptungen in die Welt zu setzen" (S. 32).

Und da "gute Nachrichten dazu da [sind], weitergegeben zu werden", entsteht bald für Jakob der Zwang, jeden, der ihm begegnet und auch noch so unschuldig und diskret nach Neuigkeiten fragt, mit immer neuen Berichten über den Forschritt der heranrückenden Befreier zu versorgen. Nur so kann man ihnen den Mut zum Überleben verschaffen. Wie Jakob zur eigenen Überraschung feststellt, seit der Bezanika-Nachricht hat es im Ghetto keinen einzigen Selbstmord mehr gegeben. So wird dem Protagonisten Jakob, sicher kein geborener, geschwätziger Schelm wie seine Vorgänger, die Rolle des Lügners "aus Barmherzigkeit", wie ihn ein

12. Jurek Becker, *Jakob der Lügner* (Frankfurt/Main: Surkamp, 1982), S. 32. Im folgenden wird durchgehend nach dieser Textausgabe zitiert. Die Seitenangabe steht jeweils in Klammern nach der zitierten Stelle.

Kritiker nannte,[13] durch die entsetzlichsten Umstände aufgezwungen -
eine Rolle, die dem an sich schüchternen und bescheidenen Polen zutiefst
zuwider ist.

Will man die traditionelle Position des Schelms als Außenseiter der
"normierten" Gesellschaftsordnung so sehen, daß er gleichsam von
Natur aus dazu ist, stellvertretend für alle diese Normen in Frage zu
stellen, so ist Jakob der Schelm, dem die Aufgabe zufällt, gegen die
vollkommene Pervertierung der Werte in der bestehenden NS-Ordnung
zu kämpfen. Die "kleine", schikanöse Lüge des deutschen Wachtpostens
symbolisiert die große, alles andere bestimmende Lüge der NS-Ideologie,
nämlich daß es "lebensunwertes Leben" und "Untermenschen" gibt.
Beckers Erzähler erinnert die nachgeborenen Leser daran, wie
systematisch den Juden durch die NS-"Ordnung" der Zugang zu allem
verwehrt wurde, was sonst zum "Leben in Fülle" gehört: wie
Uhrentragen und Nachrichtenhören war auch das Anpflanzen von
Bäumen verboten, d.h. alles war untersagt, was einen mit lebenspenden-
der Natur verband oder einen teilhaben ließ am Leben anderer in der
Welt. Indem Jacob die Bezanika-Nachricht erzählt, erzählt er die
Wahrheit. Daß er dann lügen muß, liegt an der Verzwicktheit der Lage
der todgeweihten Juden, denen es Hoffnung zu machen gilt.[14]

Der Einfall Beckers besteht darin, die überlieferte Heldengeschichte
vom versteckten Radio in eine schelmische, antiheldische zu verwandeln,
in der der Schelm gezwungen ist, weil es kein Radio (und daher keine
Lebenshoffnung) gibt, gegen seinen eigenen Willen eins zu "erfinden,"
wobei die Voltaire'sche Variante dieses Diktums ironisch mitschwingt.[15]
Daß der schelmische Hoffnungsbote nicht trotzdem zum falschen Helden
wird, dafür sorgt der tragische, wahrheitsgemäße Ausgang der Handlung.
Die illusionsbedürftigen Ghettobewohner haben zwar Hoffnung
geschöpft und keinen Selbstmord mehr begangen, aber Hoffnung, so ist
dem Protagonisten und dem Erzähler schmerzhaft bewußt, ist noch lange
keine Rettung. Zum Schluß bleiben die Befreier doch noch zu lange aus,

13. Wolfgang Joho, "Lüge aus Barmherzigkeit". In: *Neue deutsche Literatur* 17, 12
(1969), 151-153.

14. Insofern, als Jakob stellvertretend den "Todeswürdigen" spielt vor den
deutschen Wachtposten und auf der anderen Seite das Leben aller Juden riskiert bei dem
Versuch, ihnen zum Überleben zu verhelfen, könnte man ihn tatsächlich nach dem
ursprünglichen Sinn des althochdeutschen skelmo ("Todeswürdiger") den ironischen
Schelm schlechthin nennen. Vgl. dazu Anm. 16 zur Einleitung des 1. Sammelbandes.

15. Voltaires satirisches Wort: "Wenn es keinen Gott gäbe, so müßte man ihn
erfinden" läßt Beckers erfundenes Radio als Ersatzgott noch abgründiger erscheinen,
da dieser "Gott" nur die Illusion der Erlösung schafft. Marcel Reich-Ranickis
Besprechung des Romans in der *Zeit* (25. Jg., Nr. 47, 20.11.1970, S. 36) heißt "Das
Prinzip Radio", offenbar eine Anspielung auf Ernst Blochs "Prinzip Hoffnung".

die Deportation ins Vernichtungslager erfolgt, und nur der Erzähler überlebt, Jakob selbst dagegen nicht, wie wir vom Erzähler erfahren, dem Jakob während des Abtransports das Wichtigste seiner Geschichte mitgeteilt hat. *Jakob der Lügner* dürfte also ein Schelmenroman sein mit Holocaust-bedingter Erzählstruktur und mit entsprechender Umfunktionierung der Schelmenfigur.

I.

Wie steht es mit der Feststellung, daß der Schelm ein Repräsentant der "unteren Schichten" sei, darum bemüht, auf der "sozialen Leiter" höherzukommen?[16] Ohne Zweifel geht es Becker nicht in erster Linie um die soziale Herkunft seines Protagonisten Jakob Heym, wenngleich die Rückblenden zu Heyms Kartoffelpuffer-und Eisdiele-Vergangenheit die Funktion haben, diese zu verdeutlichen. Vielmehr geht es ihm um die Unterdrückung der jüdischen Bevölkerung durch die Nazis, wobei freilich die frühere soziale Stellung des ehemaligen Schauspielers Frankfurter, des Arztes Professor Kirschbaum, des Rechtsassessors Leonard Schmidt - den man hinter seinem Rücken "Assimilinksi" getauft hat (S. 127 ff) -, des Friseurs Kowalski und seines Kameraden Jakob Heym angesichts der "Endlösung" irrelevant wird. Die soziale "Ordnung", die hier gilt, ist die des NS-Terrors gegen Juden, und das einzige, was in dieser "Ordnung" "oben" und "unten" verbindet, ist die Macht des Unrechtsstaates über seine Opfer.

Will man die soziale Ordnung des Becker'schen Ghettoromans als Mikrokosmos der "Schelmenwelt" betrachten, so kann man feststellen:

1) Das "Dienertum", das den traditionellen Schelm in die Sphäre der Privilegierten bzw. "Großen" bringt, gibt ihm in der Regel einen "Spielraum", eine Bewegungs- und Narrenfreiheit, die seinesgleichen sonst nicht kennt. Er darf unbestraft das Territorium der "Großen" betreten und Regeln verletzen, die sonst strikt eingehalten werden müssen. Jakobs Heyms Schelmenfunktion beginnt aber nicht mit seinem "Dienertum" als Zwangsarbeiter am Güterbahnhof - dies teilt er mit vielen anderen Juden - sondern erst mit einem eher zufälligen Zwischenfall, wenngleich dieser durch seine soziale Stellung als Jude zustandekommt. Daß Jakob Heym unvermutet und ohne Wissen derjenigen "da oben" - in diesem Fall der Wachtposten im Revier - die Grenze nach "oben" verletzt, indem er die Radionachricht empfängt, ist paradox. Denn auf diese Weise sind es gerade "die da oben", die versehentlich dem ganzen Ghetto die unerträglich gewordenen Horizonte

16. Frank W. Chandler, "The Type Defined". In: *The Literature of Roguery*. London, New York, 1967. Deutsche Fassung bei Heidenreich, Hrsg., *Pikarische Welt*, S. 1.

erweitern. Indem sie Jakob Heym wegen angeblicher Verletzung einer ihrer "Spielregeln" [d.h. der Ausgangssperre] schikanieren, ihn aber um eine kostbare Nachricht bereichert wieder gehen lassen, schaffen sie der in der Enge zu Tode gedrückten Hoffnung der Juden einen Freiraum. Mit der Hilfe von Jakobs in der Not des Augenblicks geborenen schelmischen Fantasie bekommt auch ihre Vorstellungskraft wieder räumliche und zeitliche Dimensionen: es gibt einen Winston Churchill im Westen und die Russen im Osten, man ist doch nicht so isoliert, und "plötzlich ist morgen auch noch ein Tag", man kann sich ein Danach vorstellen.

Aber nicht der Schelm profitiert vom gewonnenen Freiraum. Eine Bewegung "nach oben" ist in dieser Ghettosituation ebenso undenkbar wie ein horizontales Schweifen durch die Welt, was man vom traditionellen Schelm erwartet. Im Gegenteil: wenn jemand an dem schelmisch gewonnenen "Spielraum" leidet, so ist es Jakob Heym selber. Wenn sich seine soziale Stellung verbessert, dann ist das nur in der unerwünschten Beförderung zum "Allwissenden" in den Augen der illusionsbedürftigen Juden.

Jakobs weitere Verstöße gegen die territorialen Grenzen "nach oben", etwa wo er es wagt, auf dem Güterbahnhof das nur für deutsche Soldaten bestimmte Außenklo zu betreten (S. 104 ff.), gelten eher seiner verzweifelten Suche nach Brocken, die den unersättlichen Hoffnungshunger der Juden stillen könnten, als dem typisch pikaresken individualistischen Abenteuerdrang.

2) Eins der häufigsten Motive der Schelmenliteratur ist das Motiv der heimlichen Beobachtung der "Großen" durch das Schlüsselloch - "der Schelm als Voyeur".[17] Dies spielt zunächst bei Jakobs Aufenthalt im Revier eine Rolle, wo er durch die geschlossene Tür eines Beamten das Radio hört. Aber in der erwähnten Klo-Szene, in der die Komik des Romans (und des Films)[18] ihren Höhepunkt erreicht, hat das Schlüsselloch-Motiv einen besonderen Symbolwert. In dieser Szene wird das Verhältnis von "oben" und "unten" - Deutschen und Juden - vollkommen auf den Kopf gestellt, ohne daß der Schelm überhaupt eine solche Absicht gehabt hätte. Jakob riskiert sein eigenes und Kowalskis Leben, um ins Soldatenklo zu schleichen und ein paar Fetzen deutsche Zeitungen nach Neuigkeiten durchzuforschen. Durch das herzförmige Klofensterchen sieht er hinaus auf den Bahnhof, ob jemand etwas gemerkt hat: "Der Bahnhof mitten durch ein Herz, die Dinge gehen ihren Gang", denkt er (S. 104). Bald aber öffnet ein in peinlicher Not befindlicher deutscher Soldat die Klotür. Da dieser Durchfall hat, sieht er erst einmal nur die eilig ausgebreitete Zeitung, nicht aber die

---

17. Arendt, *Schelm als Widerspruch*, S. 49-52.
18. "Jakob der Lügner", 1974. Regie: Frank Beyer (DDR).

ausgetragenen jüdischen Schuhe; nicht nur ist Jakob für den Augenblick gerettet, sondern der Soldat entschuldigt sich noch. Zum zweiten Mal findet sich Jakob aber auf wundersame Weise gefangen in seinem Glück, teilzuhaben an den Privilegien der "Großen". Er schaut durch das Schlüsselloch, aber nicht als Außenseiter von draußen hinein, sondern von innen heraus: "Durch das Herzchen geht der Graue hin und her" (S. 106).

Was Jakob ein paar Sekunden lang da zu hören bekommt, genügt dem Leser, um die fadenscheinige "Größe" der befürchteten deutschen Soldaten bloßzustellen. Nicht ahnend, daß er einen Juden anspricht, lenkt sich der an Durchfall leidende Soldat ab, indem er durch das "Herzchen" losschimpft über die Tatsache, daß "Marotzke wieder Heimaturlaub kriegt", der müsse wohl "irgendwelche Leute ganz oben kennen" - während "unsereins wartet und wartet und muß egalweg bei diesen Knoblauchfressern bleiben" (S. 106). Aus der "Schlüsselloch-Perspektive" Jakobs bekommen wir also Einblick in die wiederum in "oben" und "unten" geordnete Welt der im NS-System gefangenen deutschen Soldaten. Trotz des Humors, den Jakob in der Verwechslung findet, bleibt ihm die Todesgefahr, in der er sich befindet, bewußt. Der Erzähler redet die auf jüdischen Widerstand wartenden Leser gleichsam stellvertretend für Jakob an: "auf heldenhaftes Aufbäumen könnt ihr lange warten, seins ist erledigt" (S. 106). Es ist bezeichnend, daß das "Wunder", das ihn aus dieser Klemme rettet, diesmal durch keinen Zufall passiert, den man der über das Schicksal pikaresker Helden waltenden "Fortuna" verdanken könnte, sondern Jakobs Rettung geschieht durch ein listiges Ablenkungsmanöver seines mürrischen Freundes Kowalski, der beim Kistenstapeln das Drama aus der Ferne beobachtet hatte. Also doch eine Heldentat, aus Solidarität mit dem Schelm, trotz dessen verrückter Verwegenheit, auf verbotenes Territorium zu treten. (Freilich weiß Kowalski nicht, in welcher Nachrichtennot Jakob steht.) Wiederum bezeichnend sind Motivation und Ergebnis dieses "Fehltritts". Jakob vergleicht seine Tat mit Mischas früherem Versuch, Kartoffeln zu stehlen, indem er meint, Mischa habe aus rein materiellen Gründen gehandelt, während er sich opfere, um seinen Genossen "eine Tonne Hoffnung" zu besorgen (S. 105). Das Ergebnis? - Nur Todesanzeigen gefallener deutscher Soldaten, nichts von der heranrückenden Front, also geht er doch leer aus.

II.

Ein weiteres Merkmal des pikaresken Helden ist bekanntlich seine Proteus-Natur.[19] Dies soll nicht nur für den pikarischen Typus selbst,

19. Siehe u.a. Miller, S. 70 ff.

sondern vor allem auch für die Struktur der Schelmenromane bestimmend sein. Stuart Miller (*The Picaresque Novel*, 1967) weist auf eine Verbindung hin zwischen einer chaotischen Welt, die in immer neuen Episoden auf den pikarischen Helden einschlägt, und einem ständigen Personen- und Kulissenwechsel im Handlungsverlauf, der verhindert, daß der Pikaro je zu anderen Menschen in fester Beziehung stehen könnte.[20] In dieser chaotischen Welt müsse er jede Form annehmen, die sie ihm aufzwinge, so daß seine eigene Identität manchmal ganz hinter einer Maske verschwinde.[21] Das Chaos der Welt verlange stets neue Masken von ihm, es lasse ihn nie zur Ruhe kommen.[22]

Auch hier erweist sich *Jakob der Lügner* als schwierig, bzw. die Definition der Gattung und des Schelmentyps nach Beispielen etwa aus der Barockzeit bereitet Schwierigkeiten im Hinblick auf moderne Exemplare des Schelms. Was wohl auf Jakob zutrifft, ist Millers Feststellung, daß der Schelm nie ausruhen darf, sondern vom Zufall und von den Umständen gezwungen wird, immer neue Masken aufzusetzen. Daß es bei Jakobs Masken wie denen seiner pikarischen Vorgänger ums nackte Überleben geht, dürfte klar sein. Während aber die klassischen Schelmenfiguren die äußere chaotische Welt jahrzehntelang durchschreiten und je nach Umständen mit List und Lust mehrmals Ort und Beruf wechseln, verschiedene Seiten ihres bunten Wesens zeigen, bleibt der Ghetto-Schelm Jakob im verschlossenen Raum des Ghettos eben ein Gefangener seiner einmal in Not aufgesetzten Maske, der des Radiobesitzers, d.h. des Boten guter Nachrichten und der Hoffnung auf Überlebensmöglichkeit für alle.

Im Gegensatz zu Millers Behauptung über die Unmöglichkeit fester Beziehungen zu anderen Menschen muß man feststellen, daß Jakob nichts anderes übrig bleibt, als sich täglich umgeben zu sehen von denen, die an die Existenz des Radios glauben. Jakobs Proteus-Natur besteht darin, den Neugierigen, die ihn täglich um Neuigkeiten quälen, ständig neue, fantasievoll erfundene Geschichten oder aber gute Ausreden bieten zu müssen, warum das Radio gerade nicht funktioniert. Einmal ist es eben kaputt, da kann man nichts ändern. Als die findigen Hoffnungskunden ihm einen Kumpel vorstellen, der Elektriker ist und der - bei Lebensgefahr versteht sich - bereit ist, je nach Ghettomöglichkeiten das Radio zu reparieren, befindet sich Jakob wieder in der Klemme und wünscht sich wohl, das Solidaritäts- und Kommunikationsnetz im Ghetto wäre nicht so eng geknüpft. Er murmelt etwas von einem Draht, an dem er gefummelt habe, das Ding sei wieder in

---

20. Miller, S. 12.
21. Miller, S. 70.
22. Miller, S. 71.

Ordnung, danke. Bemerkenswerterweise ist es ein anderes Mal ausgerechnet ein Stromausfall, der ihn rettet, man möchte fast sagen die Kehrseite der "Fortuna". Vor lauter Erleichterung muß Jakob sich anstrengen, eine Maske des Entsetzens herbeizuzaubern, um glaubhaft zu sein.

Da es Becker im ganzen aber gerade um die existentielle Frage geht, wo Wahrheit und Lüge einander begegnen und darum, ob in einer Welt, in der die Ausrottung eines ganzes Volkes systematisch durchgeführt wird, überhaupt noch von Wahrheit oder Menschlichkeit gesprochen werden kann, bleibt uns nichts anderes übrig, als diesem "Lügner"-Schelm hinter die Maske zu sehen auf die Frage hin, was Wahrheit und Lüge mit Überleben zu tun haben. Denn an einer bezeichnenden Stelle redet Jakob ohne Maske vor sich hin, er beichtet gleichsam den anderen Ghettojuden, muß das Geständnis aber um ihretwillen für sich behalten. Er kann nämlich die Fassade kaum noch aufrechterhalten, seine Fantasie ist erschöpft, er ist leer. Da aber die Konsequenz seines Versagens nicht nur der eigene Gesichtsverlust wäre, sondern der Verlust der Hoffnung des ganzen Ghettos, muß er weitermachen. Dieser Schelm ist also nicht nur Repräsentant der unteren Schichten, sondern er kann trotz des trügerischen Scheins der Überlegenheit ohne sie nicht überleben. Folgendes Geständnis Jakobs erfolgt gerade in dem Augenblick, wo er sich zu dem kühn-verzweifelten Sprung zum deutschen Klo entschließt:

> Hätte mich meine Mutter mit einem klügeren Kopf geboren, phantasiebegabt wie Scholem Alejchem, was rede ich, die Hälfte würde schon genügen, dann hätte ich solchen Mundraub nicht nötig, ich könnte mir zehnmal mehr und Besseres aus den Fingern saugen, als die in ihren Zeitungen schreiben können. Aber ich kann es nicht, ich kann es nicht, ich bin leer, daß es mich schon erschrickt, ich werde es für euch tun, für euch und für mich, ich tue es auch für mich, denn es steht fest, daß ich als einziger nicht überleben kann, nur zusammen mit euch. So sieht ein Lügner von hinten aus... (S. 102 ff.)

Die Seele des Lügners hat also auch eine dunkle Seite. Der unerschöpflich scheinende, unangreifbare Witz des Pikaro, der alle Grenzen des Zumutbaren verletzt, wird selbst als verletzlich gezeigt. Während man als eingeweihter Leser das Gesicht des Schelms hinter der Maske kennt, die ihm die Freiheit erlaubt, ab und zu ein "unschuldiges Spielchen" mit den zuweilen unwachsamen Wachtposten auszudenken (S. 36), kann das Spielchen bei ausgetrockneter Fantasiequelle nicht mehr so "unschuldig" bleiben, er kann nicht einfach weglaufen zum nächsten Abenteuer. Er ist durch diejenigen, die ihn ernstnehmen, dazu verurteilt, in dieser Pose zu verbleiben, denn das ganze Ghetto hängt daran.

Man kann also keineswegs Jakob Heym den Egoismus des klassischen Schelms zuschreiben, der ein fester Bestandteil seiner Proteus-Natur zu sein scheint. Dies ist ein Schelm, der weiß, wie er "von hinten" aussieht.

Einmal heißt es, "Ein König hat gewissermaßen abgedankt" (S. 251) in Anspielung auf das Märchen, das Jakob in seiner Funktion als "Märchenonkel im Radio" der kranken Lina erzählt, um auch ihr Hoffnung zu machen. In einer der rührendsten Szenen des Romans - übrigens einer mit besonders filmischen Qualitäten, die sich im Film auch realisieren - gelingt es Lina, dem neugierigen Waisenkind, das längst eingeweiht ist in das Geheimnis von Jakobs Radio, Onkel Jakob dazuzubringen, ihr etwas im Radio vorzuspielen. Jakob führt sie in den Keller und setzt sie hinter einen Vorhang, wo sie schwören muß, daß sie nicht hervorschauen werde. Nach einigen kürzeren Sendepartien - einem Interview mit Sir Winston Churchill und ein paar Takten Blaskapelle - kommt gerade "Das Märchen von der kranken Prinzessin", in dem ein König verzweifelt, weil alle seine Versuche, seine geliebte Tochter wieder gesund zu kriegen, bisher gescheitert sind. Die Parallele zur Haupthandlung des Romans ist deutlich, auch für die Juden ist Jakob der Märchenonkel bzw. König, dem es um die Gesundung seiner kranken "Kinder" geht. Wie die Prinzessin im Märchen werden die Juden im Ghetto, wie z.B. die kranke Lina, in Wirklichkeit durch Glauben an ein aus reinster Schelmenfantasie gesponnenes Heilmittel "gesund". Es ergibt sich aber eine paradoxe Situation mit der in Wirklickeit kranken Lina: einerseits geht sie völlig auf in dem, was sie im "Radio" hört, gleichzeitig aber kann sie ihre Neugier über diese wundersame Maschine, die hinter dem Vorhang von Onkel Jakob "bedient" wird, nicht dämpfen und schleicht doch unbemerkt vom Märchenonkel um die Ecke, schaut verwundert zu, wie dieser - jetzt ohne Maske - unter großer aber hingebungsvoller Anstrengung Radio-ähnliche Geräusche produziert. Das Paradoxe ist, daß Lina durch die Entdeckung, daß der Märchenonkel "nur" Onkel Jakob ist, nicht im geringsten enttäuscht wird. Diesmal wird der König nackt gesehen, aber das Kind stört sich nicht daran, daß er doch gar keine Kleider hat. Erst später, wo Jakob seinem Freund Kowalski gesteht, daß es wirklich kein Radio gibt und seine Quellen der Hoffnung nun ganz erschöpft sind, daß er selbst gar nicht weiter kann, heißt es: "Ein König hat gewissermaßen abgedankt" - und in derselben Nacht erhängt sich Kowalski.

Der Schelm demaskiert sich also mehrmals im Roman, er entlarvt sich gleichsam als unzuverlässiger Lügner. Damit sind wir um so mehr auf den Erzähler angewiesen. Wie steht es mit der Erzählerfigur und der Erzählhaltung?

III.

Die Frage nach der Glaubwürdigkeit des Erzählers berührt im Fall von *Jakob der Lügner* in der Tat die zentrale Thematik des Romans.

Gleichzeitig führt sie zu der Feststellung, daß dieser Roman - sofern wir ihn als Schelmenroman bezeichnen wollen - in mindestens einem wesentlichen formalen Punkt vom Typus abweicht. Unumstritten ist, daß der pikarische Held identisch ist mit seinem Ich-Erzähler, der aus der reflektierenden Retrospektive sein buntes Leben erzählt, und zwar *ab ovo*, mit Stammbaum, über die Geburt bis ins hohe Alter.[23] Dem formalen Aspekt des Ich-Erzählers entspricht freilich der inhaltliche, nämlich der fiktiv-autobiographische Zug, den u.a. Claudio Guillén als gattungstypisch festlegte.[24] Becker dagegen schreibt nur über einen kurzen Zeitabschnitt gegen Ende des Zweiten Weltkrieges, nicht über eine ganze Lebensspanne. Wichtiger noch für unsere Untersuchung ist, daß Beckers Ich-Erzähler nicht der Protagonist selbst ist, sondern ein Überlebender des Ghettos, der gleichsam als Zeuge Jakobs Geschichte überliefert.

Kann man also mit Arendt von einem "Dichter in der Maske des Schelms" sprechen?[25] Was das Autobiographische betrifft, hat Jurek Becker, 1937 in Lodz (Polen) geboren, einen Teil seiner Kindheit im Lodzer Ghetto verbracht;[26] die Romanhandlung beruht laut seiner Aussage auf einer von seinem Vater überlieferten wahren Geschichte aus diesem Ghetto von einem verborgen gehaltenen Radio, das den Juden tatsächlich Hoffnung und damit Überlebenswillen gegeben haben soll.[27] Insofern kann man sowohl von autobiographischen Reminiszensen sprechen als auch topographische Details erkennen, die für Arendt bestimmend sind.[28] Andererseits aber schildert Becker eine Zeit, in der er selbst erst sieben bis acht Jahre alt war, und die Romanhandlung konzentriert sich auf diese Zeitspanne.

Meines Erachtens geht es Becker nicht in erster Linie um Autobiographisches, sondern vor allem um das Groteske an der kollektiven Biographie der mit Hunger, Demütigung, Verschleppung und Tod lebenden Juden unter der NS-Herrschaft. In dieser Beziehung gebe ich Arendt recht, wenn er betont, daß die Tatsache einer autobiographischen Übereinstimmung allein wenig zur Interpretation der pikaresken Romanhandlung zu sagen hat, denn: Das pikareske Leben

23. Arendt, S. 33, sowie Gerhart Hoffmeister in der Einleitung zu Band I, wie Anmerkung 14.
24. Claudio Guillén. "Toward a Definition of the Picaresque". In: *Actes du 3ième Congrès de l'Association Internationale de Littérature Comparée.* Utrecht, 1961, S. 252-266. Zitiert nach der deutschen Fassung in *Pikarische Welt* (vgl. Anm. 4), S. 385.
25. Arendt, S. 22.
26. Manfred Brauneck, Hrsg. *Autorenlexikon deutschsprachiger Literatur des 20. Jahrhunderts.* Hamburg, 1984, S. 48.
27. Jurek Becker in der Diskussion nach einer Aufführung des Films "Jakob der Lügner" in der Volkshochschule Berlin-Neukölln, 24.9.1979.
28. Arendt, S. 25.

verläuft in Zeiten, in denen zwischen den Fassaden pompöser Geschichte die nackten Tatsachen, tatsächlich dargestellt, ohnehin wie eine satirische Verzerrung sich ausnehmen; eine ironisch-satirische Phantasie hat wenig Mühe, im Scheinwerfer der Dichtung die Gestalten eher als Karikaturen und das Geschehen als Groteske erscheinen zu lassen.[29]

Das Groteske des Holocaust-Geschehens aus der Perspektive "von unten" ist es, was Becker vermitteln will. Daß seine Karikaturen, sowohl der Juden als auch der ebenso entmenschten deutschen Aufseher, mit Liebe und Humor gezeichnet sind, macht den Roman zu einer einmaligen Darstellung der jüngsten deutschen Vergangenheit.

Wenn Erzähler und Protagonist in diesem Fall aber nicht identisch sind, wie verhalten sie sich dann zueinander? Beckers Erzähler ist ein Zeuge des Geschehens, der neben dem Protagonisten her auf dem Güterbahnhof Kisten geschleppt und die Geschichte mit dem Radio mitbekommen hat, ohne Jakob nahe gestanden zu haben. Erst hinterher, nachdem Jakob ihm während des Transports im Viehwagen zum Vernichtungslager seine Geschichte erzählt hat, forscht er nach, sowohl unter den wenigen überlebenden Juden als auch unter den inzwischen "entnazifizierten" Deutschen, um die Zusammenhänge herauszubekommen. Wir erfahren (S. 25), daß er 1921 geboren ist, zur Zeit der Romanhandlung also 23-24 war, und mit 46 Jahren es unternimmt, "diese verfluchte Geschichte loszuwerden" (S. 9), also kann man die Erzählzeit auf 1967 fixieren und den Abstand zwischen der erzählten Zeit und der Erzählgegenwart auf 22-23 Jahre schätzen. Obwohl Jakob Heyms Alter nicht angegeben wird, muß man annehmen, daß er wesentlich älter ist als der Erzähler, und Becker selbst 16 Jahre jünger. Es kann also keineswegs von generationsmäßiger Identifikation des Autors mit dem Erzähler die Rede sein, geschweige denn mit dem Protagonisten.

Wenn es aber Beckers Intention war, vom Thema her einen "unzuverlässigen Lügner" oder Schelmentyp als Protagonisten zu schaffen, um ironisch nach der Möglichkeit von Hoffnung in einer verlogenen, entmenschten Welt zu fragen, wie steht es mit der Glaubwürdigkeit des Erzählers und Beckers Verhältnis zu ihm? Eindeutig ist, daß Becker hier wie Thomas Mann im *Felix Krull* und Grass in der *Blechtrommel* einen selbständigen Erzähler geschaffen hat, mit dem Unterschied, daß hier Erzähler und Protagonist zwei Personen sind. *Jakob der Lügner* beginnt mit einem selbstbewußten "Ich" des Erzählers. So schafft er bereits auf den ersten Seiten Distanz zwischen sich und dem Protagonisten und bringt andererseits einen Dialog mit dem imaginären, angriffslustigen Leser in Gang. Diesem offenbar in der

29. Ebd., S. 25.

Erzählgegenwart nach dem Verhalten der Juden im Ghetto fragenden Leser gesteht der Erzähler gleich anfangs, daß er eine sentimentale Präokkupation mit Bäumen hat. Wir erfahren dann einiges über seine eigene Biographie, was dies verstehen hilft: u.a. daß seine Frau Chana unter einem Baum erschossen worden war. Er selbst habe für alle unmenschlichen Verordnungen im Ghetto sogar Verständnis, nur nicht für das Verbot von Bäumen, die doch Leben bedeuten. Der Protagonist wird erst auf diesem Hintergrund gesehen, und dann betont im Gegensatz zu allem Heroischen, was man mit Bäumen verbindet:

> Jakob ist viel kleiner, er geht dem Kerl wie ein Baum höchstens bis zur Schulter. Er hat Angst wie wir alle, er unterscheidet sich durch nichts von Kirschbaum oder von Frankfurter oder von mir oder von Kowalski. Das einzige, was ihn von uns allen unterscheidet, ist, daß ohne ihn diese gottverdammte Geschichte nicht hätte passieren können. Aber sogar da kann man geteilter Meinung sein (S. 9).

Bereits hier läßt der Erzähler den Protagonisten als einen von vielen auftreten, um die es im Roman kollektiv geht. Es wird außerdem mit dem letzten Satz der zitierten Stelle klar, daß der Erzähler sich zu einem Kreis rechnet, der mit dem damaligen Geschehen fertig zu werden hat und daß dieser Prozeß nicht abgeschlossen ist. Jakobs Rolle im Ganzen scheint vom Erzähler selbst fast schelmisch in Frage gestellt zu werden. Der Erzähler ist mit den anderen ein Betroffener. Daher verwundert es nicht, wenn er manchmal in der dritten Person von Jakob spricht, ihn manchmal mit "Du" anredet, als hätte man gemeinsam eine glaubwürdige Geschichte zu erfinden, häufig aber auch in der ersten Person Plural erzählt, etwa: nur die Deutschen wissen, wieviel Uhr es ist, "wir haben keine Uhren" (S. 10). Ähnlich zeigt sich der Erzähler als Beteiligter, als der Schauspieler Felix Frankfurter das sich wie Lauffeuer verbreitende Gerücht vom Radio hört und aus Angst vor Zimmerdurchsuchungen durch die Gestapo entsetzt sein eigenes, wirklich verstecktes Radio zerstört: "Er nimmt das Radio auseinander, Teil für Teil, wahrscheinlich das einzige Radio, das sich in unserer Hand befindet..." (S. 60). In der bereits geschilderten Klo-Szene wird ebenfalls nach einer Einführung in der dritten Person die "Wir"-form gebraucht, um Jakobs "Rettungsmission" ironisch zum Gemeinschaftsereignis des ganzen Ghettos zu machen, etwa nach Art der Ärzte mit Kindern und Gebrechlichen:

> Jakob stopft sich die Blättchen [Zeitungspapier] unter das Hemd. ...Wir wollen aber nicht gemächlich werden, als wären wir auf unserem eigenen Klosett, wir wollen nicht gefährlich Zeit verstreichen lassen, wir wollen wieder an die Arbeit und sie ungeduldig hinter uns bringen, dann gehen wir in unser unbeobachtetes Zimmer, machen uns den Rücken frei und sauber und lassen unser neues Radio spielen (S.104).

Wenn der Erzähler Jakobs Märchenonkel-Pose humorvoll satirisiert,

so erweckt er dabei doch auch durch das "Wir" trotz Selbstironie den
Eindruck, daß alles Entscheidende unter den Juden gemeinsam erlebt
wurde, in ausdrücklicher Abgrenzung von "denen", die sie unterdrückten.
Ein anderes Beispiel demonstriert, daß es dem Schelm mit seiner
ursprünglichen Lüge sogar gelungen ist, das "Wir"-Bewußtsein und den
Mut zum Überleben über das Ghetto hinaus weiterzugeben, jedoch mit
tragischen Folgen. Die Haltung des Erzählers dabei ist bestimmend. Der
orthodoxe Jude Herschel Stamm hat in einem abgestellten Güterwaggon
menschliche Stimmen gehört, Jakob und er können sich denken, wohin
sie transportiert werden. Bei verdächtigen Blicken der Posten wagt es
Herschel Stamm, sein Ohr an die Waggonwand zu drücken und dann die
gute Nachricht von der nahenden Front hineinzuflüstern. Aus dem
Waggon kommt die logische Frage, woher er das wisse, und darauf
schwört Herschel auf die Schelmenlüge, die ihm Wahrheit ist: "Ihr könnt
mir glauben. Wir halten ein Radio versteckt" (S. 137 f.). Um das
Solidarische an dieser Aussage zu betonen, hätte der Erzähler dann
dramatisch berichten können, wie Herschel Stamm zum Märtyrer wurde.
Statt dessen hören wir von dem Versagen der anderen - zu denen der
Erzähler ja gehörte - die tatenlos zusahen, wie ein einzelner Schuß
Herschel umlegte:

...hirnverbrannt wie wir sind, stehen wir da und gaffen, anstatt weiterzuarbeiten...
Vielleicht wäre ihnen Herschel auch so nicht entkommen, wer will das hinterher
wissen, jedenfalls tun wir nichts, was sie von ihm ablenken könnte (S 13).

Einerseits sehen wir also das Geschehen aus der Perspektive des
Erzählers als eines damals Beteiligten, der das neugewonnene
Lebensgefühl der Juden teilte, dank der mühevoll herbeigezauberten
Arzneien des Schelms. Andererseits ist er sich seiner Mitschuld an vielem
bewußt. Der anfangs begonnene Dialog mit dem Leser bzw. mit seinem
eigenen Gewissen wird immer wieder aufgenommen. An solchen Stellen
wird man an die eingelegten reflektierenden Partien der Schelmenromane
erinnert, wobei hier nicht der Schelm als zurückschauender Individualist
beichtet, sondern sein Zeuge, ein Teil des größeren "Wir", das nachlebt:

Und der Widerstand, wird man fragen, wo bleibt der Widerstand? ... Verurteilt sie,
immer verurteilt uns, es hat nur solche Hände gegeben [die genau das tun, was
(Obersturmbannführer) Hardtloff und seine Posten von ihnen verlangen](S. 98).

An solchen Stellen, wo der Erzähler aus dem eigenen Gewissen redet,
könnte man vergessen, daß der Roman einen "Schelm" zum
Protagonisten hat und daß ihm ein pikaresk-spielerischer Einfall
zugrundeliegt. Was Schelm und Erzähler aber verbindet, ist ein gestörtes
Verhältnis zum Heldentum. Hier entblößt der Erzähler selbst seine Seele,
und dieses Geständnis über seine Reaktion, als er vom Warschauer
Ghettoaufstand hört, wirft etwas Licht auf seine Beziehung zu Jakob:

Ich sage, mit Ehrfurcht habe ich inzwischen von Warschau und Buchenwald gelesen, eine andere Welt, doch vergleichbar. Ich habe viel über Heldentum gelesen, wahrscheinlich zuviel, der sinnlose Neid hat mich gepackt, aber das braucht mir keiner zu glauben. Jedenfalls haben wir bis zur letzten Sekunde stillgehalten, und ich kann nichts mehr daran ändern. Mir ist nicht unbekannt, daß ein unterdrücktes Volk nur dann wirklich frei werden kann, wenn es Beihilfe zu seiner Befreiung leistet, wenn es dem Messias wenigstens ein Stückchen des Weges entgegengeht... Wahrscheinlich werde ich nie damit fertig, ich habe es nicht besser verdient, mein ganzer privater Kram mit den Bäumen hat sicher damit zu tun und meine schlimme Rührseligkeit und die Freigebigkeit meiner Tränensäcke. Es hat dort, wo ich war, keinen Widerstand gegeben (S. 99).

An diesem Punkt spätestens merkt man, wie sehr der Erzähler innerlich beschäftigt ist mit dieser "gottverdammten Geschichte" (S. 9). Aber wir hätten ihn verkannt, wenn wir nur den damals Mitbetroffenen, heute Nachforschenden und mit seiner Mitschuld nicht Fertigwerdenden sähen. Denn schließlich hat er mit dem Schelm den Beruf gemeinsam. Beide sind dazu da, eine glaubwürdige Geschichte zu erzählen. Es gibt dementsprechend auch eine viel nähere Beziehung zwischen den beiden, als es zunächst den Anschein hat.

Schon dadurch, daß der Erzähler ein Mitspieler war in Jakobs "Spielchen" und erst recht dadurch, daß er später Jakobs Maske durchschauen und das Spiel mit dem menschlichen Täuschungsbedürfnis rekonstruieren darf, wird der Erzähler immer mehr in die Denkweise des Schelms eingeweiht. Wie viele Schelmenvorgänger muß sich dieser Erzähler erst legitimieren. Aber während andere auf den wahren Sachverhalt der erzählten Vorgänge schwören, muß dieser - schon von der historischen Situation her - dem Leser klarmachen, daß man aus lauter Mangel an Überlebenden, vielleicht auch aus Bescheidenheit angesichts zunehmend unverständlicher menschlicher Verhaltensweisen, nie werde eindeutig sagen können, wie es sich im einzelnen zugetragen hat und aus welcher Motivation Juden und Deutsche so gehandelt haben, wie sie es taten. Aus diesem Grund, d.h. gerade aus dem Bewußtsein, sich nie "legitimieren" zu können, scheint der Erzähler allmählich Spaß zu haben an Jakobs Schelmenfantasien. Er lernt von ihm - soweit die Tragik des Ausgangs das zuläßt - den Spielraum kennen, den er selbst beim Ausdenken möglicher Versionen von Gesprächen ersinnt und von denen nur er das Endergebnis weiß.

Eine Textstelle illustriert besonders auffallend die Technik, deren Becker sich bedient, um diese kollegiale Beziehung zwischen Schelm und Erzähler zu suggerieren. Jakob macht an einem Punkt, wo er zwar noch als "König" thront, aber schon mehrmals arg dran war mit Erzählvorrat, eine wichtige Entdeckung. Es geht ihm auf einmal auf, warum ihm die Neuigkeiten "mühsam und zuletzt fast gar nicht mehr gelangen. Er war zu bescheiden, argwöhnte er..." (S. 150). Bis jetzt und noch etwas weiter informiert uns der Erzähler in der dritten Person über die Vorgänge einer

Nacht in Jakobs Nachrichtenfabrik, die er von Jakob mitgeteilt
bekommen hatte. Auf einmal wechselt er übergangslos zum "Du"
hinüber. Der Schelm berät sich selber, bzw. redet sich schelmischen Mut
zu, und der Erzähler scheint seinem Protagonisten besonders
nahezustehen, wenn es um Grundsätzliches in der "Branche" geht:

Bei jeder Neuigkeit hat ihm Befangenheit im Wege gestanden, irgendein schlechtes
Gewissen, die Lügen kamen holprig und widerwillig von seinen Lippen, als suchten
sie ein Versteck, um sich in aller Eile zu verkriechen., bevor sie jemand näher
betrachtete. Aber dieses Vorgehen war von Grund auf falsch, so wurde letzte Nacht
errechnet, ein Lügner mit Gewissensbissen wird sein Leben lang ein Stümper
bleiben. In dieser Branche sind Zurückhaltung und falsche Scham nicht
angebracht, du mußt da aus dem vollen schöpfen, die Überzeugung muß dir im
Gesicht geschrieben stehen... (S. 150 f.)

Die erfundene Schlacht an der Rudna (bei deren Schilderung Jakob
dann wie ein richtiger Pikaro lustvoll mit Zahlen, Namen und Daten um
sich wirft) wird, wie der Erzähler mit selbstironischer Nostalgie meint,
"nie in die Geschichte eingehen, aber in unserer Geschichte erhält sie
einen Ehrenplatz" (S. 151). Das "Wir" wird jetzt mit einigem Stolz
ausgesprochen, der Erzähler scheint sich angesteckt zu haben. Ab jetzt ist
weniger von seiner Unsicherheit die Rede, wie es sich tatsächlich
zugetragen haben mag. Allmählich bewegt er sich immer mehr in den
Spielraum hinaus, den er sich doch ruhig gönnen dürfe, um uns alle
denkbaren Versionen der tragischen Vorgänge vor Augen zu führen. Je
häufiger Todesfälle und Abtransporte vorkommen, desto mehr
Freiheiten gönnt sich der inzwischen immer schelmischere Erzähler bei
der Rekonstruktion der Ereignisse und Gedanken der Beteiligten. Einmal
zum Beispiel beobachtet eine Gruppe von Juden in Jakobs Hausflur zwei
uniformierte Deutsche, die vermutlich "den mit dem Radio" abholen
kommen. Sie hasten über die Straße, wo ihnen die Tür aufgemacht wird
und von wo aus sie - wieder aus der "Schlüssellochperspektive" der
kleinen Leute - dem Geschehen folgen. Hier greift der Erzähler souverän
ein: "Gönnen wir uns eine freiere Sicht, begeben wir uns auf die Straße,
die abgeführte Frau ist Elisa Kirschbaum..." (S. 242 f.).
Noch etwas später, als Jakob als Märchenonkel "abgedankt" hat und
ihn der unmittelbar auf sein Versagen zurückführende Selbstmord
Kowalskis belastet, übernimmt der Erzähler gleichsam Jakobs melancholische Märchenonkel-Rolle, indem er dem Leser zwei Versionen des
Romanschlusses anbietet, zuerst seine eigene, erfundene. In seiner
"Märchenauffassung" verzichtet Jakob auf das Geständnis gegenüber
Kowalski, daß das Radio reine Erfindung war, dieser "darf Auferstehung
feiern" (S. 258). In dieser Version darf der Erzähler seine Fantasie frei
walten lassen, "weil meiner Willkür keine Grenzen gesetzt sind" (S. 268).
Da läßt er Jakob seinen Schelmenvorgängern viel ähnlicher werden und
einen Fluchtversuch machen, um sein nacktes Leben zu retten. Er läßt

ihn bis zum Stacheldraht gelangen, wo er erschossen wird. Der Erzähler bemerkt lakonisch: "Ich sagte gleich, dieses mein Ende geht ein wenig auf Kosten Jakobs" (S. 170). Doch der Ausgleich folgt gleich und zeigt, wie sehr der Erzähler - wie die Juden im Ghetto, und seine Leser wohl auch - an der Vorstellung einer poetischen Gerechtigkeit hängt, die ein "Happy End" garantiert: "Denn dies ist nach meinem Willen die kühle und sternenklare Nacht, in der die Russen kommen" (S. 270). Ähnlich wie die Schlußszenen der *Mutter Courage* wirkt dieses erfundene Ende, wo sofort nach der Salve, die Jakob galt, das betäubende Donnern der russischen Geschütze anfängt und man lauter flüchtende Deutsche sieht. Nur: dieses Ende ist im Konjunktiv, bildet eine Beichte: "Lieber Gott, wäre das eine Nacht gewesen" (S. 270). Dann folgt "das blaßwangige und verdrießliche, das wirkliche und einfallslose Ende" (S. 272), als am Tag nach Kowalskis Selbstmord Jakob zur Arbeit kommt und die Bekanntmachung liest, daß alle sich Punkt dreizehn Uhr auf dem Platz vor dem Revier einzufinden haben, fünf Kilo Gepäck pro Person...

An diesem Ende, dem wirklichen, bleibt dem Erzähler nichts anderes übrig, als dem Schelm mit bitterer Ironie ins Gesicht zu sagen: "Und jetzt geh und gib ihnen weiter Trost, woher du ihn nimmst, ist deine Sache, mach ihnen weis, daß alles nur ein schlechter Scherz ist, daß es in Wirklichkeit eine Fahrt ins Blaue wird mit vielen netten Über-raschungen" (S. 274). Aber der Erzähler ist gleichzeitig ein Teil des noch an Jakob glaubenden "Wir": "Warum steht er so lange, fragen wir uns stumm und Böses ahnend..." (S. 274). Jakob steht da vor seinem Publikum "wie ein Spaßmacher, der im entscheidenden Moment seinen Text vergessen hat" (S. 275).

Paradoxerweise ist es gerade der über Jakobs gescheitertes Täu-schungsmanöver enttäuschte Erzähler, dem Jakob seinen Schelmen-auftrag weitergibt, nicht nur, indem Becker ihn als "König" und Spaßmacher abdanken läßt und es dem Erzähler überläßt, einen Ausgang der Geschichte zu erfinden, sondern vor allem auch dadurch, daß Jakob sein Pflegekind Lina ebenfalls dem Erzähler überläßt. Lina verkörpert mit ihrer Krankheit, ihrem Bedürfnis, an einen Wunschtraum zu glauben und vor allem ihren eindringlichen Fragen nach dem Leben "draußen" gleichzeitig Jakobs "kranke Kinder" im Ghetto, deren Zukunft jetzt ebenfalls unsicher ist. Im Laufe des Romans hatten wir in einem Nebensatz erfahren, daß Lina das KZ überlebt hat und beim Erzähler blieb; in der Schlußszene (der wirklichen) im Transportwaggon erfahren wir erst, wie es dazu gekommen war.

Der Erzähler hatte zugehört, wie Lina Jakob nach dem "Märchen von der kranken Prinzessin" fragt, ob es denn wahr sei, und wie Jakob ihr den "Witz" erklären muß, daß die Heilung der Prinzessin auf einem Irrtum beruhte, nämlich ihrer Annahme, daß Wolken aus Watte seien. Der

Ezähler hatte beobachtet, wie Jakob Lina an die kleine Luke unter dem Waggondach hob, damit sie die vorbeiziehenden Wolken sehen konnte, und wie sie ihm allmählich zu schwer wurde - wie die Rolle als "Vater der Lügen" überhaupt zur unerträglichen Last geworden war. Jetzt hält der Erzähler seine "Stunde für gekommen" (S. 281), er nimmt das Kind zu sich und erklärt, woraus Wolken in Wirklichkeit sind. Darauf der abgedankte Schelm: "Du weißt nicht, worauf du dich da einläßt... Weil du keine Ahnung hast, was für Fragen dieses Kind stellen kann" (S. 282).

Damit wird der Erzähler von Jakob ausersehen, dessen "noch verrücktere Geschichte" zu hören, obwohl niemand ja vorher wissen konnte, wer das Lager überlebt. Das Ende der Ghettojuden im Vernichtunglager wird uns erspart, weil wir es ja schon kennen. Indem der Erzähler mit Linas Fragen fertigwerden muß, die sicher lange noch nicht zu Ende sind, bleibt die Romanhandlung doch offen, wie es sich im Schelmenroman gehört.

Zusammenfassend kann man wohl nicht umhin, *Jakob der Lügner* als Schelmenroman des Holocaust zu bezeichnen, so unwahrscheinlich das klingen mag. Gerade die ironische Umkehrung der pikaresken Weitschweifigkeit und Unbescheidenheit sowie manches weiteren Schelmenmotivs demonstriert die groteske Wirklichkeit, die "nackten Tatsachen" sowohl des NS-Terrors - der hier vor allem durch understatement auffällt - als auch der Gläubigkeit und Passivität der Juden angesichts der zur Norm gewordenen Unmenschlichkeit.

Um auf Arendts Frage nach dem Schelm in der sozialistischen Gesellschaft, bzw. um auf meine Frage nach dem Schelm in der sozialistischen Literatur zurückzukommen: Beckers Schilderung der Verhältnisse im polnischen Ghetto aus der Perspektive der Opfer, vor allem die "Wir"-Haltung des Erzählers und die nicht egoistische, sondern auf das kollektive Wohl ausgerichtete Handlungsweise des Schelm-Protagonisten, lassen zumindest vermuten, daß Becker über die historische Thematik hinaus etwas aussagen wollte, was durchaus mit einem sozialistischen Weltbild übereinstimmt, gleichzeitig aber Zeitkritisches enthält. Wenn sein Erzähler die bereits zitierte Äußerung macht: "Mir ist nicht unbekannt, daß ein unterdrücktes Volk nur dann wirklich frei werden kann, wenn es Beihilfe zu seiner Befreiung leistet..." (S. 99), so kommt sicher Becker selbst zu Wort, sowohl als Jude, der damals in der DDR lebte und zu den dortigen Bemühigen, die deutsche Vergangenheit zu bewältigen, seinen Beitrag leisten wollte, wie auch als zeitkritischer DDR-Schriftsteller, der etwas von der Fähigkeit der Deutschen versteht, sich an normalisierte Unmenschlichkeit zu gewöhnen.

Daß eine durch illusionäre Hoffnung auf Befreiung von außen ermutigte Geselschaft nicht darauf kommt, selbst gegen normalisiertes Unrecht zu kämpfen, ist aber kein vereinzeltes Phänomen. Becker geht es meiner Ansicht nach weder nur um Vergangenheitsbewältigung, noch ausschließlich um eine Problematik des Sozialismus. Er schreibt 1969 als Sozialist, Europäer und Bewohner eines bedrohten Planeten über die universelle Frage nach dem Verhältnis zwischen Hoffnung und Zukunftschancen, zwischen dem Glauben an Gerechtigkeit und dem Willen, dafür etwas zu tun. Es spricht für das Bemühen der DDR-Literatur, dieses Kapitel deutscher Vergangenheit von allen Seiten zu beleuchten, daß Becker mit diesem Roman nach dem ausbleibenden Widerstand der Juden fragt. Daß er dabei sich der Ironie der Schelme bedient, läßt mich zumindest vermuten, daß die Selbstkritik des Erzählers über die blinde Resignation, mit der man damals systematisches Unrecht schluckte, nicht nur der Vergangenheit gilt.

Daß Becker sich nur der Schelmentradition bedient, möchte ich allerdings nicht behaupten. Zweimal im Roman beruft sich Jakob auf den Meister jiddischer Erzählkunst, Scholem Alejchem,[30] dessen Gesellschaftskritik ebenfalls eher auf understatement und liebevoller Selbstironie basiert als auf der Aggressivität mancher Schelme. Melvin Kornfeld weist im Vorwort zur amerikanischen Ausgabe des Romans[31] darauf hin, daß es bei Becker wie bei Scholem Alejchem um die Spannung geht zwischen dem jüdischen Glauben an den Triumph der göttlichen Gerechtigkeit und der Erkenntnis der kindlichen Naivität, in der solcher Glaube manchmal befangen bleibt.

Bruno Schleussner stellt fest, daß es viele englische Romane neupikaresker Prägung gibt, aber kaum deutsche.[32] Er erklärt sich dieses Phänomen damit, daß es sich bei der Bewältigung der jüngsten deutschen Vergangenheit "um einen nicht humoristisch darzustellenden Fragenkreis handelt", und daß neupikareske Strukturen deshalb im deutschen Sprachraum ausfallen.[33] Schleussners Logik beruht auf der wohl richtigen Annahme, daß die einzige Erzählperspektive, die eine komische Gestaltung der Holocaust-Thematik erlaube, die des Opfers selbst sei. Wenn er allerdings weiter meint: "Von einem Opfer des Nazismus, entweder als Autor oder als Antiheld eines literarischen Kunstwerks, wird man aber nicht die zur Komik gehörige Distanz erwarten",[34] so wird diese These durch Beckers Roman widerlegt.

30. Vgl. Textzitat oben S. 208, sowie *Jakob der Lügner*, S. 167f., wo Jakob mitten in der für Lina inszenierte Radiosendung im Keller ein ironisches caveat an den Leser hineinschiebt: "Ein bißchen mager das Interview, denkt er, und auch ein bißchen über Linas Kopf hinweg, aber man ist, das ändert sich leider nie, kein Scholem Alejchem an Erfindungsgabe, verlangt nicht zuviel von einem geplagten Mann, für heute wird es hoffentlich reichen.

31. Jurek Becker, *Jakob the Liar*. New York: Harcourt Brace Jovanovich, Inc., 1975, S. v.

32. Bruno Schleussner, *Der neopikareske Roman* (vgl. Anm. 1), S. 181.

33. Ebd., S. 184.

34. Ebd., S. 184.

Frederick Alfred Lubich

BERNWARD VESPERS *DIE REISE* - DER UNTERGANG DES MODERNEN PIKARO

Jürgen Jacobs resümiert in seinem Buch *Der deutsche Schelmenroman* die Gründe, die im bürgerlichen Zeitalter zu einem Zurücktreten des Schelmenromans und zu einer Herausbildung des Bildungsromans führten. Er schreibt:

> Als Romanthema sind nicht mehr die Nöte des Ausgeschlossenen, sondern die Schwierigkeiten der Anpassung interessant. Denn im Zeichen des Abbaus der alten Ständegesellschaft und der damit wachsenden sozialen Mobilität hegte das Bürgertum den optimistischen Glauben, daß sich dem Tüchtigen die Chance bietet, Schmied seines eigenen Glückes zu werden.[1]

Der Bildungsroman, den Jacobs als "eine Art Nachfolger oder Stellvertreter des Schelmenromans"[2] definiert, ist das literarische Reflexionsmedium dieses bürgerlichen Integrations- und Emanzipationsprozesses.[3] Für das zwanzigste Jahrhundert kommt Jacobs zu der zwingenden Schlußfolgerung:

> Wenn es zutrifft, daß unter dem Eindruck der bürgerlichen Weltdeutung der pikareske Roman verschwindet, dann müßte umgekehrt zu erwarten sein, daß diese Gattung wieder hervortritt und als literarische Gattungsmöglichkeit wieder in den Blick kommt, wenn jene optimistische, Ich und Welt aussöhnende Weltanschauung zerfällt, die den Bildungsroman getragen hatte.[4]

Thomas Manns *Felix Krull* ist bekanntlich *das* Werk, in welchem das Ethos des Bildungsbürgertums mit der Amoralität pikaresken Außenseitertums zu einer ironisch gebrochenen Synthese verschmilzt. In Bernward Vespers autobiographischem "Romanessay" *Die Reise* vollzieht sich, wie

1. Jürgen Jacobs, *Der deutsche Schelmenroman* (München — Zürich: Artemis, 1983), S. 89.

2. Ebd., S.89.

3. Der Wandel vom Schelmenroman zum Bildungsroman kündigt sich für Robert Alter bereits in der 1724 erschienenen Fortsetzung des *Gil Blas* an. Robert Alter, "Die Unkorrumpierbarkeit des pikaresken Helden", in *Pikarische Welt, Schriften zum Europäischen Schelmenroman*, hrsg. von Helmut Heidenreich (Darmstadt: Wissenschaftliche Buchgesellschaft, 1969), S. 455-477, dort S. 475.

4. Jürgen Jacobs, a.a.O., S. 90.

im folgenden zu zeigen sein wird, die systematische Desintegration dieser beiden Welten.[5]

Bernward Vesper ist der Sohn des Schriftstellers und Literaturhistorikers Will Vesper, der in der Zeit des Nationalsozialismus als Propagandist völkischer Kulturpolitik Karriere gemacht und zum Vertrauten Hitlers aufgestiegen war. Diese Vereinigung von Geist und Macht repräsentiert paradigmatisch die bildungsbürgerliche Emanzipation, wie sie im Bildungsroman zur Gestaltung gelangte - und reflektiert gleichzeitig ihre geschichtliche Pervertierung. In der geistigen Entwicklungsgeschichte des Sohnes bricht dieser verhängnisvolle Wirkungszusammenhang von deutscher Ideen- und Ideologiegeschichte konfliktreich auseinander. Sein Roman ist die Darstellung eines Drogenerlebnisses, welches in geradezu epischer Breite den Selbstfindungsprozeß des Autors veranschaulicht. Dies geschieht, formalästhetisch gesehen, in der Konzeption eines Bildungsromans, dessen bürgerliche Wert- und Weltvorstellungen jedoch im Rahmen des Drogenexperiments systematisch zerstört werden. Im Verlauf dieser Zerstörung treten die dem Bildungsroman zugrundeliegenden Strukturen pikaresker Existenzformen erneut und in verschärftem Maß zu Tage. Vespers psychodelische Reise in seine eigene Innenwelt hat die symbolische Bedeutung eines ihm die Augen öffnenden Schlüsselerlebnisses, das ihn die bildungsbürgerliche Welt des Vaters als politisches Blendwerk erkennen läßt. Und so heißt es denn auch bezeichnenderweise gleich zu Beginn des Romans über das Elternhaus am Rande der Lüneburger Heide: "Hinter diesen Wäldern kann man nur 'schwarz' aufwachsen und als Simplizius und blind" (21). Inwieweit die von Vesper heraufbeschworene Wahlverwandtschaft mit Simplicissimus, dem Erz-Schelm der deutschen Literatur, sich im Roman selbst begründen und legitimieren läßt, soll in der folgenden Textanalyse untersucht werden, wobei ästhetisch-formale wie sozialpsychologisch-inhaltliche Aspekte der pikaresken Tradition als Folie dienen sollen.

Als konstitutives Element aller Schelmenromane gilt die Erzählperspektive der Autobiographie, in welcher der Erzähler von seinem turbulenten Lebenswandel Rechenschaft abgibt. Vespers "Romanessay" stellt in der Tat eine überaus persönliche Aufarbeitung und Verarbeitung

---

5. Geschrieben wurde dieser Roman in den Jahren 1969-1971, veröffentlicht wurde er jedoch erst 1977. Zitiert wird nach der Originalausgabe *Die Reise, Romanessay* (Frankfurt am Main: Zweitausendeins, 1977) sowie aus *Ergänzungen zu 'Die Reise', Romanessay* (aus der Ausgabe letzter Hand, Ergänzungen, Varianten und Materialien) (Frankfurt am Main: Zweitausendeins, 1979), wobei der Ergänzungsband mit E gekennzeichnet wird. Im Ergänzungsband werden die Seiten 11-23 vom Herausgeber als Vorspann, die Seiten 24-132 als Ergänzungsmaterial zur Originalausgabe erklärt. Einige Eintragungen sind in Kleinschreibung gehalten.

seiner individuellen Entwicklungsgeschichte dar. Die für den traditionellen Schelmenroman typische Teilidentität von Autor und Protagonist erscheint vervollständigt,[6] wobei - wie zu zeigen sein wird - die Lebensbeschreibung im Zuge der pikaresken Selbstinszenierung gattungsspezifische Stilisierungen erfährt. Die Problematik der Selbsterkenntnis, welche eng mit dem Thema der Welterfahrung verknüpft ist, findet in den zahlreichen Konflikten des Schelmes mit seiner sozialen Umwelt seine episodenreiche Ausgestaltung. Das "Nosce te ipsum", welches der Eremit dem im weltlichen Treiben verstrickten Simplicissimus als Lebenslehre mit auf den Weg gibt, figuriert denn auch als Leitmotiv, unter dem Vesper seine Reise antritt. "WER BIN ICH" lautet die Überschrift seines dreizehnten Kapitels (E,23) und immer wieder umkreisen die Überlegungen zum Beginn des Romans die Frage der Selbstfindung: "Ich selbst muß herausfinden, wer ich bin, was ich will, wo ich meine Kräfte einsetzen kann." (E,19).

Dieser Prozeß der Selbsterfahrung spielt sich im Roman auf drei Ebenen ab. Dabei wird die von Lothar Schmidt beobachtete doppelte Erzählperspektive eines "erzählten Ich" und eines "erzählenden Ich", welches die Welt "teils von innen und teils von außen"[7] schildert, bis zu ihrer absoluten Desintegration vorangetrieben. Die erste Ebene stellt die Erfahrung des LSD-Trips dar, wodurch sich der Autor eine Sprengung gesellschaftlich konditionierter Denk- und Verhaltensmuster und eine kreative Entfaltung seines Bewußtseins verspricht. Verwoben in diesen psychodelischen Erzählstrom der ersten Ebene ist die zweite Ebene der Kindheitserinnerungen, die ausführlich geschildert werden. Mit diesen beiden Ebenen korrespondiert die dritte Ebene, welche die aktuellen persönlichen und politischen Lebenserfahrungen des Autors vergegenwärtigt und kritisch reflektiert.[8] Der "Mangel an Integration", den Oskar

6. Zur Frage der (partiellen) Identität von Autor und Protagonist vgl. u.a. Chr. Whitbourn, *Knaves and Swindlers, Essays on the Picaresque Novel in Europe* (London: Oxford University Press, 1974), und Robert Alter, a.a.O., wo es heißt, "daß Lesage selbst als Erzähler mit in die Figur eines Protagonisten eingeht" (S. 456). Über die Beziehungen zwischen Thomas Manns künstlerischem Selbstverständnis und Felix Krulls pikaresker Lebensform vgl. Dieter Arendt, *Der Schelm als Widerspruch und Selbstkritik des Bürgers, Vorarbeiten zu einer literatur-soziologischen Analyse der Schelmenliteratur* (Stuttgart: Klett, 1974), S. 24. Zu den biographischen Parallelen zwischen Günter Grass und Oskar Matzerath siehe Wilfried van der Will, *Picaro Heute, Metamorphosen des Schelms bei Thomas Mann, Döblin, Brecht, Grass* (Stuttgart: Kohlhammer, 1967), S. 68.
7. Lothar Schmidt, "Das Ich im 'Simplicissimus'" (1969) in *Pikarische Welt*, a.a.O., S. 350-360, dort S. 351.
8. Zu Vespers eigener Einstufung seiner Erzählebenen vgl. seinen Brief an den März-Verlag vom 11.9.69, S. 546-549. Zur ersten literaturkritischen Auseinandersetzung mit Vespers Erzählstruktur siehe Georg Guntermann, "Tagebuch einer Reise

Seidlin allgemein am Schelmenroman beobachtet,[9] und der sich für Jürgen Jacobs in *Die Blechtrommel* zu einem Gebilde "chaotische[r] Weltausschnitte"[10] entwickelt hatte, erreicht in den dreifach, mosaikartig ineinandergefügten Erzählebenen Vespers seinen formalen Höhepunkt.[11] "Es interessiert mich nicht, ob sich jemand durchfindet" (26), so lautet Vespers lapidare Antwort auf mögliche Leseschwierigkeiten.

Der Autor erhebt vielmehr die von Oskar Seidlin registrierte "Blitzlicht-Technik des pikaresken Romans"[12],welche die Fülle der Erscheinungen nur auf Augenblicke aufleuchten läßt, geradezu zum ästhetischen Gestaltungsprinzip seines Romans. Unter dem Einfluß der Droge und der dadurch hervorgerufenen Visionen verwandelt sich das Sehorgan des Berauschten in eine lebendige Kamera. "Der wichtigste Körperteil war das mechanisch gleichmäßig arbeitende Genick, waren die Halswirbel, die alle Dinge in großen Schwenks vor DAS AUGE (das starr in seiner Höhle saß) heranholten." (91). So entstehen Bilder, die in ihrer Eigendynamik eine höchst wirkungsvolle, surrealistische Kinematographie entwickeln: "Am Abend der Vollmond wie ein Weltmeisterschaftsfußball, der auf mich herabsaust, ich allein im riesigen Tor der Straße, unfähig, ihn zu halten... REPLAY... und weiter: LIVE, ein Leben lang: LIVE. Ein spannendes Spiel." (179). Hier hat die konzeptistische Kunst der überraschenden Vergleiche und Sprachspiele, als deren Meisterwerk der Pikaroroman *Buscón* des Spaniers Francisco Quevedo gilt, gleichsam ihr visuelles Äquivalent gefunden.[13] Obgleich von einem direkten Einfluß des *Buscón* natürlich nicht die Rede sein kann, drängt dennoch in beiden Romanen die der pikaresken Gattung eigentümliche Gestaltungskraft auf nahezu gleiche Weise zum Ausdruck. Die ins Groteske verwildernde Phantasie des Spaniers erwacht wieder wie eine Hydra im Hirn Vespers und blickt mit "tausend Polypenaugen meines dschungelhaften Bewußtseins" (188) um sich. Oskar Seidlin, der aus der "flüchtigen" und "unstabilen" Existenz des barocken Pikaro eine "phantasmagorische Welt" entsteigen sieht, an deren Anblick "wir uns in

---

in das Innere des Autors", in *Zeitschrift für deutsche Philologie*, 100, (2), 1981, S. 232-253.

9. Oskar Seidlin, "Pikareske Züge im Werke Thomas Manns", in O.S., *Von Goethe bis Thomas Mann* (Göttingen: Vandenhoeck & Ruprecht, 1963), S. 169.

10. Jürgen Jacobs, a.a.O., S. 120.

11. Für Werner Welzig, *Beispielhafte Figuren: Tor, Abenteurer und Einsiedler bei Grimmelshausen* (Graz-Köln: Böhlau, 1963) ist es das "Mosaikartige, das die Form der pikaresken Romane bestimmt." (S. 110).

12. Oskar Seidlin, a.a.O., S. 169.

13. Das wohl gelungenste Beispiel Vesperscher Wortspielerei ist die Verkreuzung eines barocken Mottos mit einem politischen Slogan in "carpe diem, cut down the regime of the bloody Diem" (256).

einem Kaleidoskop erfreuen"[14] können, erfaßt damit auch genau die
halluzinatorische Wirkungsdynamik von Vespers *Reise*, in der es zum
Beispiel heißt: "Ich akzeptierte die Fläche, die jetzt erschien, als Wiese,
obwohl sie blau war wie ein Tarngeflecht eines Marc'schen Bundeswehr-
Pionierbataillons, die gebogene Cinemascope-Screen des Himmels"
(202). Diese im Drogenrausch entwickelte kinematographische Vorstel-
lungswelt wirkt so intensiv nach, daß es auch noch auf der dritten
Erzählebene von der politischen Entwicklung der Zeit heißen kann:
"Unterdessen läuft der Film weiter" (411). Und auf der letzten Seite des
Romans setzt ein "Klick.Ende" (542) den vorläufigen Schlußpunkt hinter
die Erinnerungen an die Jugendzeit.

So wie sich dem barocken Lebensgefühl "sub specie aeternitatis" das
Weltgeschehen als ein Schauspiel nichtiger Illusionen offenbarte, so löst
sich nun auch unter der Drogeneinwirkung die Wirklichkeit immer
wieder in Scheingebilde auf: "...die Welt bekam wieder doppelten Boden,
wirkte kulissenhaft, selbst Sonnenaufgänge und Kampenwand hatten den
dumpfen Klang von Pappmaschee und: Tannhäuser, Lohengrin,
Parzival, Tristan und Isolde." (271) Die Welt erscheint als Gesamtkunstwerk der Illusionen und verwandelt somit auch den Menschen zu einem
gaukelnden Schau-Spieler: "Ich spürte, wie ich plötzlich zu einem
hinreißenden Schauspieler wurde, einem Tragöden, und der Lorbeer-
kranz blinkte schwarz im Mondlicht um mein Haupt" (18). Im
Mysterienspiel zerebraler Bewußtseinsreflexe scheint sich von neuem der
pneumatische Sinn des barocken Weltgeheimnisses zu offenbaren: "'Ich
bin auf dem Trip' - eine Formel, die alle Türen öffnete, ein magisches
Wort [...] der Mensch auf dem Trip, wie der Wahnsinnige, der heilig ist"
(138). Die Droge bedeutet Verzauberung und Entzauberung der Welt,
Vision und Ikonoklasmus zugleich, alles ist "Schau" im doppelten Sinne
des Wortes, und so entpuppt sich denn auch ein Totenengel im
Handumdrehen als ein "im christlichen Kleinhirntheater unentbehrlicher
Kulissenschieber der Ewigkeit" (173). Hier schlägt die barocke
Demaskierung der trügerischen Wirklichkeit um in die moderne
Desillusionierung ihrer christlichen Transzendenz.[15]

Eng verbunden mit dem barocken Topos von der Scheinhaftigkeit der
Welt ist die Erfahrung von ihrer Unbeständigkeit, ein Sinnzusammen-
hang, der in der Allegorie vom Rad der Fortuna sein gültiges Sinnbild
gefunden hat. Der wechselvolle Lebenswandel des Schelms ist unlösbar

---

14. Oskar Seidlin, a.a.O., S. 169.

15. Der von Wilfried van der Will beobachtete Trend "Der moderne Picaro ist ein
Ikonoklast, der alle religiösen und politischen Überzeugungen in Frage stellt" (a.a.O.,
S. 66) findet in der Ausgeburt der Vesperschen Halluzinationen seine bildliche
Vergegenständlichung.

mit diesem symbolischen Rad verflochten. So wie dieser sein Leben als eine Reihe schwindelerregender Aufstiege und Niedergänge erlebt, so dreht sich nun auch Vesper in einem delirischen circulus vitiosus von Selbsterhöhung und Selbsterniedrigung. Seine magische Reise in die eigene Innenwelt berauscht ihn zu mythischen Identifikationen mit Orestes (222) und Christus (204), ja ermöglicht ihm auf dem Höhepunkt seines Rausches die unio mystica mit dem Auge Gottes (93) und stürzt ihn im nächsten Augenblick bereits wieder in die tiefsten Niederungen menschlicher Verkommenheit: "Ich wußte genau, daß ich Hitler war, bis zum Gürtel, daß ich da nicht herauskommen würde, daß es ein Kampf auf Leben und Tod ist, der mein Leben verseucht, seine gottverdammte Existenz hat sich an meine geklebt wie Napalm." (94). Aus dieser psychodelischen Himmel- und Höllenfahrt, bzw. dem psychologischen Zwang zur Selbsterlösung und Selbstverdammung, wird sich Vesper bis zum Schluß des Romans nicht befreien können.

Die Verlockung, welche der trügerische Schein einer barocken Welt auf den Schelm ausübt, entfaltet in der *Reise* ihre ganze mythische Verführungskraft: "Der Trip hat mir von seinen Zinnen herab die Schätze der Welt gezeigt" (156). Was hier so bildstark und bibelfest in Erscheinung tritt, ist der Teufel selbst. Die Droge, das ist für Vesper in seinem Mythenrausch die verbotene Teufelsfrucht, von der er sich die Erkenntnis der Welt verspricht. In seinen Aufzeichnungen heißt es: "die schlange ('versuchung', 'das böse') durch das flötenspiel zum tanz bringen (spiel, musik, barock, indische magie)" (E, 75). Der Teufel hatte es seit jeher verstanden, mit seinen Zauber- und Verführungskünsten den Schelm in seinen Bahn zu schlagen. Zwei wesentliche Charakterzüge des Pikaro, die listige Verschlagenheit und die Lust zur Verkleidung, die Manfred Kremer als "Symbol für die Instabilität seines Daseins"[16] gedeutet hat, finden in der in vielerlei Gestalt auftretenden Teufelsfigur ihre mythische Verkörperung. So erscheint Simplicissimus als Mädchen verkleidet, bietet sich im Gewand des christlichen Narren dem Gespött der Menge und läßt sich durch luziferische Magie von Hanau ins Magdeburgische Feldlager tragen - von seiner Verzauberung in ein Kalb ganz zu schweigen. Auch Felix Krull, der "Teufelsbub", schlüpft bereits als Kind in allerlei Rollen, erschwindelt sich später mit seinem "Kostümkopf" die Gunst der feinen Gesellschaft, und Oskar Mazerath produziert sich im Fronttheater als "Oskarnella Raguna" und macht Furore als "Teufel mit dem Kokosläufer". Dieser schelmische Narrentanz und Mummenschanz gipfelt in Vespers Drogenrausch, welcher ihn in einen "Chamäleon-Mensch[en]" (245) verwandelt, so daß

---

16. Manfred Kremer, "Günter Grass, 'Die Blechtrommel' und die pikarische Tradition", in *German Quarterly*, 46, (1973), S. 381-392, dort S. 382.

er sich sogar noch als Isabella von Granada (64) zu erkennen glaubt. Vom Wahn dieser Selbsttäuschungen erhofft sich Vesper - und es ist, wie sich zeigen wird, eine Hoffnung auf Teufel komm raus - nichts weniger als das Wunder der Selbstbefreiung und Selbstverwirklichung: "Ich werde mir die Freiheit nehmen, die man mir vorenthalten hat, ich werde mich verwandeln, bis ich alle Stadien durchlaufen habe" (220). So läßt er sich von der Droge zu einer visionären Reise beflügeln, welche ihn von den Weissagungen des Alten Testaments - "das Buch der Könige - bist Du nicht im tiefsten Innern davon überzeugt, es zu erleben?" (146) - bis in die demimonde des fin de siècle trägt: "eine sich über ihren eigenen Untergang hinwegspielende, lachende, witzelnde Klasse" (E,112). Im "kleinen Weltraumtheater" (E,128) in seinem Kopf - das ironische Wortspiel spricht Bände - passieren Glanz und Elend des Abendlandes noch einmal Revue. Vespers psychodelischer Rollentausch mit zahllosen Repräsentationsfiguren der Kulturgeschichte - Orpheus (175), Homer (175), Hölderlin (138), Raskolnikov (81) und Kafka, um nur wenige zu nennen - verwandelt seine Reise - *mutatis mutandis* - in eine Bildungsreise und seinen Schelmenroman zugleich in einen Bildungsroman. Auf hunderten von Seiten liefert Vesper das bizarre Schauspiel bildungsbürgerlicher Vergangenheitsbewältigung, hin- und hergerissen zwischen "Humanistischem Zwangskotzen" (278) und ästhetischer Selbstberauschung: "Ich ging aber durch die Gefilde der Teppiche [...] wie über ein renoirsches Feld" (89).[17] Bildung ist jedoch nur eine Zwischenstation auf Vespers Irrfahrt zu sich selbst. In seiner psychodelischen Überäugigkeit erscheint sie ihm letztlich als ein eitles Spiegelbild bürgerlicher Selbsttäuschung: "George, hofmannsthal - rilke war mir zu wenig" (E,75). Ein "traum von großer magie" (E,74) hält nicht, was er verspricht, doch die Sehnsucht nach Glückserfüllung bleibt bestehen - "Rätsel der Sphinx. Ihre Augen scheinen jahrtausendealt - und sind es auch. Diese warten auf die Erlösung, auf das Erscheinen des Ödipus, des neuen Menschen" (302) - und so steigert sich die Bildungsreise zur utopischen Heilssuche.

Das leitmotivisch immer wieder auftauchende Joseph Conrad-Motto "Dem Traum folgen - usque ad finem" (509) bezeichnet jene dem Vesperschen Roman eigene utopische Dynamik, welche den Rahmen des Bildungsromans schließlich sprengt, so daß dessen ursprüngliche pikareske Grundstruktur erneut in Erscheinung tritt. Denn während der

---

17. Zu dieser bildungsbürgerlichen Vergangenheitsbewältigung gehört auch der pubertäre "Gräber-Tick" (505) Vespers. Er drängte einst den Halbwüchsigen zu regelrechten Wallfahrten an die Grabstätten Hölderlins, Kleists, Thomas Manns, Hegels, Brechts, Schopenhauers, Valerys, van Goghs, Börnes, Heines, Chopins, García Lorcas et. al. (505).

klassische Bildungsroman in der gesellschaftlichen Integration des Protagonisten seinen Abschluß findet, ist der deutsche Schelmenroman des Barock von einer offenen, heilsgeschichtlichen Dimension gekennzeichnet, welche sich in keiner weltlichen Ordnung realisieren läßt. In Vespers *Reise* gewinnt diese religiöse Heilssuche auf einer säkularisierten Ebene erneut an Bedeutung und bestätigt damit auf frappante Weise die Beobachtung, die Wilfried van der Will am modernen Pikaro gemacht hat: "...der Picaro [ist] ein Utopist, ein ständig zu neuen Fernen aufbrechender Wanderer, der die Hoffnung auf das Paradies, auf ein besseres Leben hier und jetzt nicht aufgeben kann."[18] In Vespers Drogenreise nimmt diese Suche nach einer besseren Welt kosmische Dimensionen an:

> Angenommen, die Widersprüche wären gelöst, die Weltrevolution siegreich, der Hunger abgeschafft, die Isolation des Individuums aufgehoben, die Bedürfnisse der Milliarden erfüllt, ihre Kreativität hergestellt, die Freude, die Liebe verwirklicht, das Reich der Freiheit rings um den Erdball und weit in den Weltraum dann besiedelter Sterne errichtet... (220f).[19]

Gattungsgeschichtlich betrachtet spiegelt Vespers *Reise* die drei Entwicklungsstufen vom barocken Schelmenroman über den klassischen Bildungsroman zum romantischen Erlösungsroman vielfach gebrochen wider. Letzterer fand in der magischen Selbstergründung von Novalis' *Heinrich von Ofterdingen* seine exemplarische Ausgestaltung, und es ist dieser Roman, auf den Vesper in seiner Reise in den Weltinnenraum anspielt: "Nach innen führt der geheimnisvolle Weg, aber er führt auch wieder heraus" (237). In Novalis' *Ofterdingen* hat die Verinnerlichungstendenz des Bildungsromans jenen Höhepunkt erreicht, auf dem sich der Traum zur Welt und die Welt zum Traum verwandelt, ein Prozeß, der nur vergleichbar ist mit der *Reise* Vespers, "in der Innen- und Außenwelt zu einem unbeherrschbaren Ganzen verschmolzen" (238) sind. Novalis' Poetisierung der Welt drängt jedoch bei Vesper zur politischen Utopie:

> Kehre aus den Räumen und Zeiten zurück [...] Höre auf, Drogen zu benutzen. Setze deine Hände und deinen Kopf dafür ein, eine menschliche Gesellschaft zu errichten, die euren gemeinsamen Erfahrungen, Kenntnissen und eurem Bedürfnis nach Freiheit, Liebe und Solidarität entspricht. (481)

Der visionäre Träumer verwandelt sich zum revolutionären Weltverbesserer, und der bildungsbürgerliche Poet der Halluzinationen entpuppt sich als antibürgerlicher Pikaro. Dies führt uns von der formalen Ebene, auf der sich die pikarische Welt als phantasmagorisches Welttheater zu

---

18. Wilfried van der Will, a.a.O., S. 30.
19. Zum utopischen Gehalt von Simplicissimus' Reise ins Zentrum der Erde vgl. u.a. Walter Müller-Seidel, "Die Allegorie des Paradieses", in *Medium Aevum Vivum*, Festschrift für W. Bulst (Heidelberg: Winter, 1960), S. 253-278.

erkennen gab, zur inhaltlichen Ebene, auf der sich der Pikaro im Rahmen seiner sozialpsychologischen Eigengesetzlichkeit zu verwirklichen sucht. Bereits im Titel des Romans kündigt sich unüberhörbar eines der zentralen Wesensmerkmale pikaresker Existenz an, das Unterwegssein in einer ruhelosen Welt. Während Thomas Manns Felix Krull die ewige Wanderschaft des Schelmen in der Form einer erotischen Abenteuer- und ironischen Bildungsreise parodiert, kehrt Vesper wieder zur realen Grunderfahrung eines mittellosen Vagantenlebens zurück: "Der Mensch ist von Natur aus ein Wanderer, nur die ökonomische Notwendigkeit hat ihn seßhaft gemacht. Heute gibt es diese Notwendigkeit nicht mehr, aber er hockt an seinem Platz für Generationen und rührt sich nicht. Es ist unfaßlich." (58).[20] Der Roman selbst beginnt mit der Schilderung einer ziellosen Autofahrt irgendwo zwischen Dubrovnik, Rijeka und Venedig. "Ich raste seit drei Wochen wie ein Verrückter durch Europa, auf der Flucht vor irgendwas, auf der Suche nach was." (E,21) Im Münchner Hofgarten wirft Vesper den LSD-Trip ein. Eine nächtliche Autotour, welche von München nach Ulm und über verschlafene Albdörfer bis nach Tübingen führt, bildet die Rahmenhandlung der äußeren Reise. Die Kopie einer Tübinger Hotelrechnung dokumentiert Vespers tatsächliche Übernachtung in dieser Stadt (241). Im Rahmen dieser äußeren Reise entfaltet sich, ungehindert von Raum und Zeit, Vespers innere Reise, deren Darstellung sich im Text selbst nach vorwärts und rückwärts ausbreitet. Die Rückblenden auf Vespers frühere Aufenthaltsorte und Reisestationen wie Rom (20), Berlin, Reise über den Gotthard (28), Kloster Wienhausen (150), Zürcher See (270), das Tessin (272), Toledo (189) etc. vermischen sich dabei mit Phantasiereisen nach Formentera (451), Marokko (51) und Kalifornien, den neuen Traumländern zivilisationsflüchtiger Drop-Outs: "Die Hippies, die nackt durch die Wüste von Kalifornien zogen, um einen Ort zu finden, der nur ihnen gehörte, wo sie sich der Magie der Sonne aussetzen und nachts auf Raub ausziehen konnten" (118).[21] Mit dem Abklingen des Drogenrausches gewinnen die politischen Reflexionen an Raum, die unter anderem ihren Niederschlag in eingeblendeten Lageberichten von der kommunistischen

---

20. Vespers *Reise* ist selbst, wie aus der Korrespondenz des Autors mit seinem Verlag hervorgeht, auf Reisen entstanden. Triangel in der Lüneburger Heide, Zürich, München und Hamburg sind Wegstationen in der fast zweijährigen Entstehungszeit des Romans. Immer wieder muß der Verlag Gelder vorstrecken, um Vespers Schreib- und Reisepläne zu finanzieren. Einen für den Verlag geschriebenen Lebensabriß beschließt Vesper mit dem Satz "Lebt mit seinem Sohn Felix (1967) auf Reisen" (550).

21. Ernst Jünger vermutete bereits 1966 über die ersten, in Korsika lebenden Hippies: "Verbindet sich Mittellosigkeit mit konsequentem Nichtstun, dann stellen sich bald Motive für den Schelmenroman ein. Das läßt sich im Süden leichter durchhalten." Zitiert nach Jürgen Jacobs, a.a.O., S. 126.

italienischen Arbeiterbewegung (279-283), dem spanischen Widerstand gegen das Franco-Regime (340-346) und der Guerilla-Ausbildung der Palästinenser (412-417) finden. So entsteht eine geographisch und politisch beziehungsreiche Landschaft von erinnerten Wegstationen, utopischen Zufluchtsorten und revolutionären Brennpunkten.

Zentrale Bedeutung gewinnt jedoch die im Text sich immer mehr ausweitende Reise in die eigene Vergangenheit. Dies steht in der besten Tradition des Pikaroromans, in welchem der Lebenslauf des Helden "recht oft im wörtlichen Sinne *ab ovo* erzählt wird."[22] Auf den ersten Blick scheint Vespers 'gutbürgerliches' Elternhaus nicht recht in die Welt des Schelms zu passen, der in der Regel aus ärmlichen Verhältnissen stammt, wenn er nicht gar als Waisenkind aufwächst. Der Schein trügt jedoch. In den *Ergänzungen* zur *Reise* skizziert Vesper den Lebenslauf seines Vaters, welcher alle Züge einer nach gesellschaftlicher Integration strebenden Schelmenfigur trägt:

> ...und vor ihm (dem Vater) eröffnen sich die laufbahnen [des sportlers] als gauner in der kleinlotterie, des verbrechers oder des showkünstlers. das sind die klassischen aufstiegsberufe des proletariats und des proletarisierten kleinbürgertums. (E,100) - [...] ich sehe die entwicklung dieses hin und her schwankenden kleinbürger[lichen intellektuellen], der vor 1944 zwar sozialdemokratisch wählte, zugleich aber stolz darauf war, als schmarotzer an den tischen der großbourgeoisie und der fürsten zugelassen zu werden." (E,102f.) [eckige Klammer von Vesper].

Diese gesellschaftlich wurzellose Parasiten- und Opportunistenexistenz, mit Hilfe derer der Vater im Dritten Reich Karriere macht, gibt sich in den Erinnerungen des Sohnes als einziges Lügengebäude zu erkennen.[23] Vesper erfährt bereits in der "heilen Welt" seiner bürgerlichen Kinderstube den Desengaño einer trügerischen und bösen Welt: "...die Eltern schenken uns nur das Leben, aber ihre erziehung nimmt es uns scheibchenweise wieder weg" (E,97). Das fürsorgliche Elternhaus entpuppt sich als drangsalierendes Waisenhaus: "im körbchen, draußen, 'rabeneltern', kälte, geburt pp." (E,130) - "alles, was die eltern nicht billigen, verteufeln, angst vor hunger erzeugen (im märchen; von daheim weg, ohne eltern, war das reine elend)" (E,67). So steht auch am Anfang von Vespers Entwicklung die Erfahrung der Obdachlosigkeit, nur hat sich bei ihm dieses Schlüsselerlebnis zahlreicher Schelmenfiguren verlagert vom sozialen auf den psychischen Bereich. Dieter Arendt schreibt über die Sozialisation des Pikaro: "die treibenden Kräfte aber für die Taten des verschlagenen Sonderlings sind nicht

---

22. Manfred Kremer, a.a.O., S. 386.

23. Es ist wohl kein Zufall, daß Will Vesper im Jahre 1944, also kurz vor dem Zusammenbruch des Reiches, Schelmuffskys *Wahrhaftige, kuriose und sehr gefährliche Reisebeschreibung zu Wasser und Lande* neu herausgibt.

literarhistorische Motive, sondern die ihn schlagende Gesellschaft."[24] Bei Vesper heißt es über seine Erziehung: "Die blauen Flecken der Schläge vergehen. Aber die Verheerungen, die sie dadurch anrichteten, daß sie die Bedürfnisse nach Freiheit, Liebe und Kreativität zerbrachen, sind nie mehr rückgängig zu machen" (321). Vespers Beschreibung seiner Kindheit, in der er sich aus Furcht, "verletzt oder gedemütigt zu werden," schließlich "wie eine Auster eingekapselt" (406) hat, läßt bereits jene "erschreckende Einsamkeit des Helden"[25] erahnen, die Oskar Seidlin in allen Schelmenromanen beobachtete.

Während die Kindheit überaus wirklichkeitsgetreu und psychologisch differenziert vergegenwärtigt wird, steht die Schilderung der Lehr- und Wanderjahre bereits ganz im Zeichen der pikaresken Abenteuer- und Gauklermär:

> MIT ZWÖLF HOLTEN [sic] mich die Franzosen als Geisel in den Steinbruch. Mit vierzehn steckte mich mein Vater nach Stuttgart in die Lehre, die Stadt war ein einziges Trümmerfeld [...] Schon damals fing ich an, Geld zu machen. Ich feilte Schlüssel für die anderen Lehrlinge, 1.- Mark das Stück. Was blieb anderes übrig, als kriminell zu werden. (215)

Die kriminelle Halbwelt gehört bekanntlich zur Grundausbildung eines jeden, der es in der Welt als Pikaro zu etwas bringen will. Und auch als schelmischer Hochstapler läßt sich Vesper nicht lumpen, wenn er behauptet: "Dann bin ich acht Jahre zur See gefahren. Außer Asien kenne ich alle Erdteile" (215f). Vergleicht man diese Aussage mit der zweiunddreißigjährigen Lebensbilanz (214) des Autors, die für jedes Jahr eine genaue Rechenschaft abgibt, so entpuppt sich die achtjährige Seereise als eine reine Lügengeschichte. Das Aufschneiden im Leben wie im Erzählen ist das pikareske Gestaltungsprinzip schlechthin, und entsprechend beginnt denn auch Vesper seine Aufzeichnungn mit dem *caveat*:

> ...ich war nie in Amerika, obwohl ich das oft behauptet habe [...] auf jeden Fall wollte ich endlich mal auspacken, abrechnen, es den Leuten zeigen 'Schonungslose Autobiographie'. Ich erinnere mich auch genau, daß ich 'einflechten' wollte, ich wäre ein 'notorischer Lügner'. (14)

Glaubwürdig sind jedoch die zahlreichen jugendlichen Trampfahrten Vespers durch die nördlichen Länder Europas, auf denen er zum ersten Mal die Ungebundenheit des Unterwegsseins als befreiend empfindet und die flüchtigen Bekanntschaften mit Gleichgesinnten als eine "internationale Tippelbrüderschaft" (503) erfährt. In den wahren und mehr noch in den erschwindelten Begebenheiten seiner Jugendzeit kommt die

---

24. Dieter Arendt, a.a.O., S. 12.
25. Oskar Seidlin, a.a.O., S. 170.

Sehnsucht des Autors nach einer pikaresken Lebensweise unüberhörbar zum Ausdruck.

Jedoch erst gegen Ende der sechziger Jahre - und wir kehren somit zur eigentlichen Handlungs- und Entstehungszeit des Romans zurück - sollte mit dem Anbruch der jugendlichen Subkultur und dem Ausbruch der Studentenrevolte die Zeit reif werden für Vespers Träume eines pikaresken Lebenswandels. Zeiten, in denen sich der "Zerfall einer herrschenden Ordnung"[26] abzeichnet, waren seit jeher der Nährboden, aus dem das pikareske Wesen und Unwesen immer wieder neue Blüten treibt. Vesper, der nun auszieht mit dem Vorsatz: "bring die Welt durcheinander, wo Du hinkommst" (253), sucht und findet jetzt überall Gelegenheiten, der bürgerlichen Ordnung einen Streich zu spielen: "...ein Vegetable [Vespers spöttisches Lieblingswort für den Bürger] zahlt 5000 Lire für Benzin, nimmt die Bons in Empfang. Das Geld liegt noch auf dem Tresen, ich lege 500 Lire darauf und schiebe es über den Tisch. 'Für 5500 Benzin', sage ich" (17). Dieses Gaunerstück ist bezeichnend für die Art und Weise, wie Vesper sich nun durchs Leben zu schlagen gedenkt. "Mit ein paar krummen Touren komme ich weiter" (155). Mit Hilfe der Droge - welche sich auf einer mythopoetischen Ebene als Teufelswerk zu erkennen gab - glaubt Vesper nun auch die scheinheile Wirklichkeit aus den Angeln heben zu können. "Weiß der Teufel, ich bin einfach davon überzeugt, daß ich mich austoben muß, wenns niemand sonst Spaß macht" (256). In dieser rebellischen Auf- und Ausbruchstimmung von Vespers *Reise* spiegeln sich die diffusen Sehnsüchte einer ganzen Generation wider, welche der Konsum- und Wohlstandsgesellschaft überdrüssig geworden ist.[27] Vesper verkündet: "Dialektik: sich verändern, das Sein verändern, auf einen Trip gehn [...], abfahren, ankommen, starten, landen, flippen, tiefstapeln, tralala!" (253). Das ist das pikareske Manifest der gesellschaftlichen Aussteiger, ein rhetorisches Feuerwerk - vielleicht auch nur ein rhetorisches Strohfeuer - deren Funken jedoch einer in ihrer Saturiertheit morsch gewordenen bürgerlichen Welt noch das Fürchten lehren sollten.

Um einen tieferen Einblick in die psychologische Eigengesetzlichkeit des Pikaro zu gewinnen, muß die Entwicklungsgeschichte der Schelmentradition aber noch etwas weiter aufgerollt werden. Was zahlreiche Pikarofiguren in ihrer Auseinandersetzung mit der gesellschaftlichen Wirklichkeit teilen, ist, daß sie sich weigern, im Sinne der bürgerlichen Welt erwachsen zu werden. Bei Felix Krull, Oskar Matzerath und dem Ich-Erzähler in der *Reise* kommt diese Verhaltens-

---

26. Ebd., S. 179.
27. Auch die ungeheure Resonanz, welche das Buch nach Erscheinen fand, bestätigt dies.

weise in einer übersteigerten Sehnsucht zurück in den Mutterschoß zum Ausdruck.[28] Während Felix Krull seine Kindheitsphantasien in sein Erwachsensein hinüberrettet, weigert sich Oskar Matzerath von Anbeginn, körperlich aufzuwachsen. Hinter dieser pikaresken Strategie steckt der Gedanke, sich in der Gesellschaft, welche *per definitionem* eine Welt der Erwachsenen darstellt, die Narrenfreiheit eines Kindes zu bewahren, um dieser Gesellschaft als *enfant terrible* wohl oder übel mitspielen zu können.[29] Und so lautet es denn auch bei Vesper geradezu programmatisch:"unsere botschaft heißt: wachst nicht heran. heranwachsen heißt, seine traüme aufgeben." (E,74) Es sei an der Zeit, "die unbewußte Sehnsucht nach den nie gespielten spielen zu stillen" (E,61). Diese "niegespielten Spiele" sind die unausgelebten Phantasien des Kindes, welche ihm in seinem auf Disziplin versessenen Elternhaus systematisch ausgetrieben worden waren.[30] Der durch den Drogentrip geschaffene Assoziationsspielraum suggeriert die Narrenfreiheit, in der sich das im Erwachsenen steckengebliebene Kind mit all seinen verschluckten Sehnsüchten und Aggressionen auszuleben versucht: "Achtung! Aufruf. Vermisse seit 1. Juni meine kleine Trompete" (236). Oskar Matzeraths groteske Eskapaden, sein Rattenfängergebaren finden in der infantilen Regression von Vespers Phantasien frappante Parallelen: "...bis Du sicher, daß hinter Deinem drohenden Trommeln, hinter Deiner furchteinflößenden Fratze nur ein harmloses, verschrecktes Äffchen sitzt? - Ich kann schrecklich zuschlagen! Oh, ich kann ganz gefährlich zuschlagen!" (156).

Der in dieser kindlichen Drohgebärde sich ankündigende Zerstörungstrieb, welchen Oskar Matzerath bereits zur hohen Schelmenkunst

---

28. So spricht etwa Felix Krull von seiner "Unlust, das Dunkel des Mutterschoßes mit dem hellen Tage zu vertauschen", in Thomas Mann, *Gesammelte Werke* (Frankfurt am Main: Fischer 1960) Band VII, S. 270. - Oskar Matzerath empfindet bereits bei seiner Geburt den "Wunsch nach Rückkehr in meine embryonale Kopflage", in Günter Grass, *Die Blechtrommel* (Darmstadt: Luchterhand, 1959) S. 52. - Und auch Vesper erlebt im Drogenrausch von neuem seine Geburt und den Schmerz des Ausgestoßenwerdens aus der embryonalen Geborgenheit. "Ich wurde geboren, ich sprengte die Haut [...] an der Brust meiner Mutter trank ich, trank ich und war glücklich [...] Aber dann: Sie entfernte sich [...] Ich blieb allein [...] Ich weinte. Ich werde nicht zurückkehren" (96). Zur weiteren Bedeutung dieser Regression in den Mutterschoß vgl. Manfred Kremer: "Der Wunsch, Abstand zur Wirklichkeit zu wahren, ist eines der Grundmotive des pikarischen Helden. Symbolisch für den Wunsch nach Distanz sind die prekären Umstände bei der Geburt des Schelmen, der sich gleichsam weigert, in die Welt der Realitäten einzutreten." A.a.O., S. 386.
29. Dieter Arendt schreibt über den Pikaro: "er ist ein Kind, ein Kind im wörtlichen und übertragenen Sinn, ein Kind, das aufwächst in einer ihn früh verderbenden [...] erwachsenen Gesellschaft [...] ein kindlicher Utopier..." A.a.O., S. 116.
30. Bernhard Vesper: "er selbst hatte als kind nicht gespielt, sondern 'hart gearbeitet' pp. es hatte ihm nichts geschadet" (E,66).

des Gläserzersingens entwickelt hatte, steht in engem Zusammenhang mit der von der Literaturkritik immer wieder hervorgehobenen pikaresken Erfahrung einer "aus den Fugen geratenen Welt".[31] Der Schelm, der durch die Desintegration verbindlicher Wertsysteme an Bewegungsfreiheit gewinnt, versucht nun seinerseits die schwankende Ordnung weiter zu unterwandern. Es nimmt daher nicht Wunder, daß er sich, wie Oskar Seidlin schreibt, zu Gruppen hingezogen fühlt, "die sich gelöst haben von der organischen Ganzheit der Gesellschaft, zu Außenseitern und Ausgestoßenen, deren Lebensform anarchisch ist."[32] Während Oskar Seidlin mit den Außenseitern der Gesellschaft vor allem die Zigeuner, Piraten, fahrenden Schauspieler, Taschendiebe und Zuhälter meint, die im traditionellen Schelmenroman die Weggefährten des Protagonisten darstellen, eröffnet sich für Vesper in der sich rasch entfaltenden politischen Subkultur der sechziger Jahre eine neue Identifikations- und Solidaritätsgemeinschaft. In den Kreisen der außerparlamentarischen Opposition, in der bunten Halbwelt linksradikaler Intellektueller, verrücktspielender Anarcho-Freaks und zukünftiger Terroristen findet Vesper seine neuen Weg- und Gesinnungsgenossen. So verkehrt er in Berlin und München mit Fritz Teufel und Rainer Langhans, den Polit-Clowns der berühmt-berüchtigten Kommune I, taucht zusammen mit Daniel Cohn-Bendit, dem Studentenführer der Pariser Mairevolte, auf einer wilden Naujahrsfête auf (444), und mit Gudrun Ensslin, die wenige Jahre später als Schlüsselfigur der Terrorszene Geschichte machen sollte, verbindet ihn ein chaotisches Liebesverhältnis.[33]

Das Milieu in den Berliner und Münchner Kommunardenkreisen entpuppt sich bei genauem Hinsehen als ein pikareskes Milieu par excellence. Rainer Langhans' und Fritz Teufels Struwwelpeter-Posen und Revoluzzer-Possen, von denen sich das brave Bürgertum in dieser Zeit so gern erschrecken läßt, sind Streiche in der besten Schelmentradition. In ihnen verwirklicht sich jener Schelm, den Dieter Arendt die "personifizierte Ironie" genannt hatte, und dessen Aggressivität "gegenüber den Strukturen der Herrschaft" sich in den Formen "absoluter Verspieltheit"[34] entlädt. In dieser Ironie kommt der noch unverbildete kindliche Spieltrieb zum Ausdruck, welcher einer neid- und vorwurfsvoll dreinblickenden Erwachsenenwelt abhanden gekommen ist.

---

31. Manfred Kremer, a.a.O., S. 390.

32. Oskar Seidlin, a.a.O., S. 170.

33. Ihr gemeinsamer Sohn Felix, dem der Roman gewidmet ist, sollte in den folgenden Jahren seines ruhelosen Wanderlebens für Vesper zum einzigen emotionalen Beziehungspunkt werden.

34. Dieter Arendt, a.a.O., S. 118.

So sind die politischen Eulenspiegeleien der Berliner Kommune (vgl. das 1980 erschienene Buch von Fritz Teufel und Robert Jarowoy *Märchen aus der Spaßgerilja*) gelungene Proben auf jenes Exempel, von dem Arendt schreibt: "Der Versuch aber, mit Phantasie und Kunst sich kritisierend einzurichten in einer gebrechlichen Gesellschaft - das eben ist Schelmerei."[35] Schon Felix Krull schlüpfte mit viel Phantasie in die Scheinrollen einer innerlich ausgehöhlten großbürgerlichen Welt, worin er diese zum Narren hält, sich selbst jedoch zum besten gibt, und auch Oskar Matzerath verstand es, zum Hofnarren des Dritten Reiches aufzusteigen, um sich ihm als grotesker Zerrspiegel selbst vorzuhalten. Die Verhältnisse zum Tanzen zu bringen, ihnen die Masken herunterzureißen, indem man sie sich selbst aufsetzt, das waren schon immer die gelungensten Gesellenstückchen pikaresker Lebensmeisterung.

Zwar findet sich auch bei Vesper die Erkenntnis einer notwendigen dialektischen Vermittlung von Kunst und Leben, "Schreiben, tanzen, schreiben, tanzen" (154), doch er scheitert letztlich daran, beides auf die Art eines Pikaro zu einer kritischen und kreativen Lebenskunst zu verbinden. Sein Roman – "Es wäre das erstemal, daß ein Mann von der APO die Röcke hochhebt" (231), – ist vielmehr die Selbstenthüllung eines Pikaro, dem es unter der selbst aufgesetzten Narrenkappe alles andere als schelmisch zumute ist. Eine unscheinbar anmutende Begebenheit mag dies illustrieren. Vesper beobachtet - unter Drogeneinfluß - in einer Gaststätte die Szene einer Auseinandersetzung zwischen einer Servierfrau und ihrem Gast, "ein[em] fette[n], geschminkte[n] Weib [...] die frustrierte Frau aus dem Mittelstand" (228). Als die Servierfrau die ausfällig werdende Kundin schließlich ignoriert und sich mit acht Tellern auf dem Arm in "einem akrobatischen Tanz" (228) durchs Lokal bewegt, löst diese Situationskomik in Vesper einen jener blitzartigen Erkenntnis- und Selbsterkenntnisprozesse aus, die für sein Drogenbewußtsein so symptomatisch sind:

> Das war ein kellnerisches Meisterstück, mit Trotz und Selbstbewußtsein ausgeführt, eine schallende Ohrfeige in das dickgeschminkte Gesicht und ich hielt einen Augenblick die Hände hoch, um Beifall zu klatschen (klatschte aber nicht. Immer diese Barrieren in letzter Minute, die man in der Erinnerung überspringt und sich lügnerisch zum Helden und Tausendsassa aufwirft). (229)

Das "kellnerische Meisterstück" der Servierin erscheint Vesper als ein Paradebeispiel subtiler Rache am saturierten Wohlstandsbürger. Die Kellnerin besitzt nämlich genau jenes schelmische Talent komödianti- scher Selbstbehauptung, welche sich auf Kosten des andern ungehemmt zu amüsieren versteht. In dieser Kellnerszene erkennt Vesper sein

35. Ebd., S. 119.

besseres Schelmen-Ich, doch schon die spontane Begeisterung dafür erstickt an seinen inneren Widerständen. Und anstatt als schelmischer Gaukler der Welt zu trotzen, betrügt er nur sich selbst mit seinem eigenen Wunschbild.

Dem Protagonisten der *Reise* sitzt kein Schalk im Nacken, ihn reitet vielmehr ein Dämon der Zerstörung. Oder, um es ganz in der bildlichen Symbolsprache seines Drogenbewußtseins auszudrücken: Aus ihm spricht der Geist, der stets verneint. Vesper steht nicht nur im Widerspruch zur Gesellschaft, von dem Arendt schreibt: "der schelmische Widerspruch spiegelt nicht nur die sozial-diskrepante Geschichte, sondern ihren Prozeß, in dem er zugleich als eine der treibenden Kräfte eingespannt ist. Der Widerspruch treibt schließlich in die Revolution."[36] Vesper steht auch im Widerspruch zu sich selbst, und so ist sein berauschter Aufruf zur Revolution auch ein verzweifelter Aufschrei über seinen eigenen inneren Widerstreit:

> wenn du nicht dich und deine wünsche, träume und bedürfnisse unterdrücken willst, wie deine herren es von dir verlangen, damit du ihr braver underdog bleibst, dann sieh zu, daß du einen kurzen und gerechten kampf gegen diese schweine führst, ein kampf, der sich nur abkürzen läßt, wenn du ihn gut und nicht alleine führst, there is no other way out! sanctus! gloria! unio mystica! sexus! revolution! (E,65)[37]

Die Verwandlung des Bürgersohns in einen Bürgerschreck - die sich mit dem mystagogischen Hokuspokus eines Scharlatans vollzieht - ist gleichzeitig auch die Selbstentblößung des Pikaro als Psychopath. Vespers Zerbrechen an der eigenen, ihm wohl nur halbbewußt vorschwebenden Identifikationsfigur wird vor allem an der Stelle deutlich, an der die pikareske Veranlagung zur Hochstapelei umschlägt in ihr Gegenteil. Bei Simplicissimus äußerte sich der Hang zur maßlosen Selbstüberhebung als sündige "Hoffart", bei Felix Krull als narzißtische Selbstvergötterung und bei Oskar Matzerath als ein ins Groteske gesteigerter sexueller und religiöser Größenwahn. Solch hochstaplerische Ambitionen hat auch Vesper, wenn er sich fragt: "Bist Du ein Übermensch, ein Messias, Agitator der Massen, ein Genie, das die ganze Welt auf die Zehenspitzen treibt?" (174). An die Stelle der pikaresken Hochstapelei tritt jedoch bei Vesper die pikareske Tiefstapelei, die masochistische Demaskierung seiner individuellen und gesellschaftlichen Wertlosigkeit: "Nein, ich bin ein mittelmäßiger, ausgeflippter, unpolitischer, kleinbürgerlicher, sentimentaler Schieber, ein weinerlicher

---

36. Ebd., S. 18. Fußnote 29.
37. Zur Verwandtschaft des Pikaro mit dem Rebellen vgl. auch Wilfried van der Will: "mit ihm teilt der Picaro die Aufsässigkeit gegenüber Autoritäten, den Zug zur Flucht in partisanhafte Obskurität, die Solidarität mit den Bedrängten." A.a.O., S. 26.

Leutebescheißer, Gammler, Angeber, ein autoritätsfixierter, religiöser, leichtgläubiger Faulpelz." (174). Das ist die sardonische Selbstkarikatur eines Schelms, der an seinem eigenen Talent zweifelt und letztlich verzweifelt.

Bei Vesper kehrt sich das listenreiche Überleben, ja mitunter (be)trügerische gesellschaftliche Aufsteigen traditioneller Schelmenfiguren um zu einem radikalen Absteigen und Aussteigen aus der Gesellschaft. Aus dem Erben des gesellschaftlich einflußreichen Bürgertums ist ein Partisan der gesellschaftlich Entrechteten und aus dem Bildungsbürger ein Boheme der "Lumpenintelligenz" (234) geworden. Noch ist Vespers Gratwanderung zwischen aggressiver Gesellschaftskritik und destruktivem Anarchismus ein ruheloses Vagieren zwischen antibürgerlicher Subkultur und politischem Untergrund.[38] Das Überspringen des Funkens vom Drogen- zum Bombenexperiment scheint bei ihm jedoch nur noch eine Frage der Zeit zu sein, zieht man in Betracht, welches bedenkliche Stadium der gesellschaftliche, psychische und moralische Desintegrationsprozeß Vespers bereits erreicht hat. Sein "langer Marsch durch die Illusionen" (E,33) endet nicht, wie im traditionellen Schelmenroman, mit der ernüchternden Erkenntnis einer trügerischen Welt. Aus dem blinden Simplizius zu Eingang der Lebensbeschreibung ist vielmehr ein Hazardeur geworden, der sich - ungeachtet der simplizianischen Einsicht, daß "der Wahn betreügt" - gerade in seiner Blindwütigkeit für sehend hält: "unser haß ist tückisch und bösartig, aber ist nicht länger blind" (E,62). Vesper bringt diese Perversion der schelmischen List zur gemeingefährlichen Tücke auf die Gleichung: "E = Erfahrung · Hass². Das ist unsere Einsteinsche Formel [...] Die Formel unserer Krankheit und Exzentrität. Sie wird Zerstörungen zur Folge haben, gegen die Nagasaki und Hiroshima lächerlich erscheinen." (E,17f)

Die Heraufbeschwörung dieser apokalyptischen Weltzerstörung ist die andere Seite von Vespers utopischer Welterlösung: "unsere rache ist umstrahlt vom glanz der hoffnung, daß künftigen menschen die zerstörung erspart bleibt und sie ein freundlicheres leben führen können". (E,62). Vespers geradezu kosmischer Größenwahn steht im

---

38. Vespers Bekanntenkreis ist ein nahezu komplettes *Who's Who* der Zentralfiguren in der APO und der RAF. Der Roman berichtet vom "ersten Besuch bei Rudi [Dutschke] nach dem Attentat" (173), erwähnt politische Diskussionen "in Ulrike Meinhofs Wohnung" (232), mit der er höchstwahrscheinlich auch einmal im Urlaub war ("Rom mit Ulrike") (37) und schildert Gespräche über politisches Bewußtsein "mit Andreas am Zürich-See" (270). Es ist wohl derselbe Andreas, der ihm seine Geliebte 'ausspannt' und von dessen Befreiung aus dem Gefängnis es in einem Erinnerungsfetzen heißt: "Und ins Auto und weg, und der Coup 'gelungen' und Baader 'frei'" (143).

kläglichen Mißverhältnis zur komischen Figur, die er dabei macht. "Ja, ich Strichmännchen, abgefuckt, abgerissen, dreckig, ein Obdachloser, den man der späten Stunde wegen nicht von der Tür weisen wollte" (248). Der hier eine Herberge sucht, ist nicht mehr der pikareske Vagabund, sondern eine zerrüttete Existenz auf der Flucht vor sich selbst.[39] Mit dieser Existenz läßt sich kaum noch ironisch Staat machen, allenfalls verzweifelt Revolution. Vesper wird damit zum Ausgestoßenen in der pikaresken Runde gesellschaftlicher Außenseiter. Er trägt alle Zeichen ihrer Zunft und gehört doch nicht mehr zu ihnen. Was vom Vesperschen Pikaro nach all seinen Maskeraden übrigbleibt, ist das Bild eines armen Teufels, von allen guten und bösen Geistern verlassen. Und so verspielt der, der ausgezogen war, einer üblen Welt übel mitzuspielen, am Ende nur seine eigene Existenz. Während der gewitzte Pikaro den Spieß, den eine "böse Welt" auf ihn richtet, herumdreht, richtet ihn der gescheiterte Pikaro schließlich auf sich selbst.[40]

Die über sechshundertseitige Aufarbeitung der Lebensgeschichte Vespers blieb Fragment. Die Editions-Chronologie im Anhang des Romans berichtet, daß Vesper im Februar 1971 in einem Wahnzustand das Haus seiner Münchner Freunde demoliert hatte und daraufhin in die Psychiatrische Universitätsklinik Hamburg-Eppendorf eingeliefert worden war. Und so bestätigt sich - post scriptum - noch einmal in Vespers Schicksal die Gesetzlichkeit der pikaresken Lebensform. Die meisten seiner schelmischen Vorfahren beschlossen ihr weltverfallenes, hochstaplerisches und stückereißendes Leben in weltferner Einsamkeit. Guzmán bereut zum Schluß sein kriminelles Gaunerdasein und widmet sich ganz seinem künftigen Seelenheil, Simplicissimus beendet sein abenteuerliches

---

39. Das Gefühl des Ausgestoßenseins ist das Schlüsselerlebnis seines Lebens. Es beginnt mit der Geburt, prägt seine Kindheit im Elternhaus und seine Lehrlingszeit (537), wiederholt sich in der Szene, in der er nach einem eintägigen Herumirren im Drogenrausch in einer Kommune Schutz sucht: "'Das geht alles nicht', schreit sie, 'jeden Tag neue Leute, wir sind doch keine Absteige'" - und prägt auch noch seine intensivsten zwischenmenschlichen Beziehungen: "...und Gudruns Tür war verschlossen: Andreas!" (244). Diese "Suche nach einer Zuflucht [...], die Hetze eines Ausgestoßenen" (240) charakterisiert die ganze Auswegslosigkeit von Vespers Entwicklung.

40. Diesen pikaresken Zug zur Selbstzerstörung hat M. Molho bereits am Lazarillo beobachtet: "'La Vie de Lazare' se présente dès lors comme un jeu d'esprit, cocasse et cruel, qui détruit toute chose et, dans un sourire, se détruit lui-même". M.M, *Romans picaresque espagnols* (Paris: Gallimard, 1968), S. XL. Diese Art rücksichtsloser Selbstzerstörung ist jedoch nicht typisch für den Schelm. Für ihn gilt vielmehr die Charakterisierung, die Wilfried van der Will für den modernen Pikaro gefunden hat. Dieser erscheint ihm als "ein Individuum, das, fest in sich verankert, die verschiedensten Verkleidungen anlegen und eine Vielfalt von Rollen spielen kann, ohne seine Identität zu verlieren." A.a.O., S. 70.

Leben in der Einsiedelei einer Insel, Felix Krull schreibt seine Memoiren im Gefängnis und Oskar Matzerath blickt aus einer Heilanstalt auf sein buntes Treiben zurück. Vesper antizipiert auch diese letzten Fluchtpunkte pikaresken Lebenswandels bereits im Anfangsstadium seiner autobiographischen Aufzeichnungen, als er sich der Werke von Cervantes und Genet erinnert: "Gefängnisbücher: wie auch dieser Raum, wenn ich mich hinsetze um zu schreiben, Gefängnis wird..." (125). Im Vergleich zur Isolationshaft, in die einige von Vespers Weggefährten geraten werden, scheint sein tatsächlicher Aufenthalt in einer Psychiatrischen Klinik noch der weitaus angenehmere Besinnungsort. Doch der Schein trügt auch hier. Der freiwillige bzw. unfreiwillige Rückzug der Schelme in die Abgeschiedenheit, das melancholische "Adieu Welt" eines Simplicissimus findet bei Vesper seine radikalste Konsequenz. Am 15. Mai 1971 nimmt er sich das Leben.

BIBLIOGRAPHIE

I. Der spanische und europäische Pikaroroman -- bis ca. 1800

Alborg, Juan Luis: *Historia de la literatura española*. II, Madrid 1967.
Alewyn, Richard: "Der Roman des Barock". In: *Formkräfte der dt. Dichtung vom Barock bis zur Gegenwart*. Hrsg. H. Steffen. Göttingen 1963, ²1967, S. 21-34.
Alfaro, Gustav A.: "El despertar del pícaro". In: *Romanische Forschungen*, 80(1968),44f.
"El cuento intercalado en la novela picaresca", *Hispanófila*, 40 (1970), 1-8.
Alonso, Amado: "Lo picaresco de la picaresca", *Verbum*, 22 (1929), 321-38; übersetzt in H. Heidenreich, Hrsg.: *Pikarische Welt. Schriften zum europäischen Schelmenroman* (Wege der Forschung 163); Darmstadt 1969, S. 79-100, zit.: Heid.
Alter, Robert: *Rogue's Progress. Studies in the Picaresque Novel*. Cambridge, Mass. 1964.
"Die Unkorrumpierbarkeit des pikaresken Helden". In: *Pikarische Welt, Schriften zum europäischen Schelmenroman*. Hrsg. Helmut Heidenreich. Darmstadt 1969, S. 455-477.
Alvarez, Guzmán E.: *La thème de la femme dans la picaresque espagnole*. Groningen 1955.
El amor en la novela picaresca. Den Haag 1958.
Assaf, Francis B.: "Lesage et le picaresque". *Diss. Abstracts International*, 41 (1981), 3128 A.
Atkinson, William: "Studies in Literary Decadence, 1. The Picaresque Novel", *Bulletin of Spanish Studies*, 4 (1927), 19-27.
Baader, Horst: "Noch einmal zur Ich-Form im Lazarillo de Tormes", *Romanische Forschungen*, 76 (1964), S. 437 ff.
"Das Pikareske als Formproblem bei Cervantes". In: *Das literarische Werk von M. de Cervantes. Beiträge zur roman. Philologie*. Sonderheft 1967, S. 35-40.
"Lazarillos Weg zur Eindeutigkeit oder Juan de Luna als Leser und Interpret des anonymen 'Lazarillo de Tormes'". In: *Interpretation und Vergleich*, Fs. f. W. Pabst. Hrsg. E. Leube und L. Schrader. Berlin 1972, S. 11-33.
Bataillon, Marcel: *Le roman picaresque*. Paris 1931.
El sentido del Lazarillo de Tormes. Paris 1954.
"La picaresca. A propos de La Pícara Justina". In: *Wort und Text*, Fs. f. Fritz Schalk, Frankfurt 1963, S. 233-250; übers. Heid. S. 412 f.
"Les nouveaux chrétiens dans l'essor du roman picaresque", *Neophilologus*, 48 (1964), 283-98.
Pícaros y picaresca. Madrid 1969.
Bělič, Oldřich: "Cervantes y la novela picaresca", *Philol. Pragensia*, 6 (1963), 113-123.
Benítez Claros, Rafael: *Existencialismo y picaresca*. Madrid 1958.
Best, Otto F.: "Para la etimología de pícaro", *Nueva Revista de Filol. Hisp.* 17 (1963/64), 352-57; deutsch in *Neuere Sprachen,* NF (1966), 197-203.
Bjornson, Richard: *The Picaresque Hero in European Fiction*. Madison 1977.
"The Picaresque Novel in France, England and Germany"; *Comparative Literature,* 29 (1977), 124-47.

Blackburn, Alexander: *The Myth of the Picaro; Continuity and Transformation of the Picaresque Novel.* Chapel Hill 1979.

Bonilla y San Martín, A.: "Etimología de pícaro", *Revista de Archivos, Bibliotecas y Museos,* 5 (1901), 374-78.

"Los pícaros cervantinos". In: *Cervantes y su obra.* Madrid. 1916, S. 142-161.

Brancaforte, Benito: "Guzmán de Alfarache: Juezpenitente." In: *Aspetti e problemi delle letterature iberiche: Studi offerti a Franco Meregalli.* Hrsg. G. Billini. Rom 1981, S. 61-78.

Brun, Felix: *Strukturwandlungen des Schelmenromans. Lesage und seine span. Vorgänger.* Diss. Zürich 1962.

Buedel, Barbara Foley: "The Integration of Autobiography and Satire in the Origins of the Picaresque Novel: Lazarillo and Guzmán." *Diss. Abstr. Intern.,* 42 (Nov. 1982), 2152A-2153A.

Burón, Antonio L.: "In Search of an Exact Evaluation of What is Understood by Picaresque Literature". Diss. Minnesota 1972.

Cameron, Wallace J.: "The Theme of Hunger in the Spanish Picaresque Novel". Diss. Iowa 1956.

Castro, Américo: "Perspectiva de la novela picaresca", *Revista de la Biblioteca, Archivo y Museo del Ayuntamiento de Madrid,* 12 (1935), 123-143; übers. Heid., S. 199 f. *La realidad histórica de España.* México ²1962.

Chandler, Frank W.: *Romances of Roguery: an Episode in the History of the Novel: I. The Picaresque Novel in Spain.* New York 1899, Rpt. N.Y. 1961; span. Übers. M. Robles, Madrid 1913.

The Literature of Roguery. Boston-New York 1907, Rpt. N.Y. 1958.

Childers, J. Wesley: *Tales from Spanish Picaresque Novels: A Motif-Index.* Albany N.Y. 1977.

Corominas, J.: *Diccionario crítico etimológico de la lengua castellana.* III, Bern 1956, 768-71; übers. Heid. S. 255 f.

Cros, Edmund: *Protée et les gueux, Recherches sur les origines et la nature du recit picaresque dans Guzmán de Alfarache.* Paris 1967.

Cros, Edmund et al., Hrsg.: *Picaresque européenne. Actes du Colloque International du C.E.R.S.* Montpellier 1976.

Crutchfield, Richard Dale: "Characterization in the Spanish Picaresque Novel in the Light of Changing Moral Values in the Seventeenth Century." *Diss. Abstracts Intern.,* 39 (1978) 2315A.

Dédéyan, Charles: *Lesage et Gil Blas.* Paris 1965.

Donovan, Robert Alan: *The Shaping Vision. Imagination in the English Novel from Defoe to Dickens.* Ithaca N.Y. 1966.

Dunn, Peter N.: *The Spanish Picaresque Novel.* Boston 1979.

"Problems of a Model for the Picaresque and the Case of Quevedo's Buscón", *Bulletin of Hispanic Studies* (April 1982), 95-102.

Eisenberg, Daniel: "Does the Picaresque Novel Exist?", *Kentucky Romance Quarterly,* 26 (1979), 203-19.

Faletti, Heidi: "The Picaresque Fortunes of the Erotic." In: *Human Sexuality in the Middle Ages and the Renaissance.* Hrsg. D. Radcliffe-Umstead. Pittsburgh 1978, S. 167-82.

Feldman, Joel I.: "First-Person Narrative Technique in the Picaresque Novel." In: *Studies in Hispanic History and Literature.* Hrsg. B. Jozef. Jerusalem 1974, S. 160-173.

Frohock, W. M.: "The Idea of the Picaresque", *Yearbook of Comparative and General Lit.,* 16 (1967), 43-52.

Frutos Gómez de las Cortinas, José: "El anti-héroe y su actitud vital (sentido de la novela picaresca)", *Cuadernos de Literatura,* 7 (1950), 97-143.

Geulen, Hans: "Der Picaroroman". In: *Erzählkunst der frühen Neuzeit. Zur Geschichte epischer Darbietungsweisen und Formen im Roman der Renaissance und des Barock.* Tübingen 1975, S. 189-293.

Gili y Gaya, Samuel: "La novela picaresca en el siglo XVI. Apogeo y desintegración de la novela picaresca". In: *Historia general de las literaturas hispánicas.* Hrsg. G. Díaz-Plaja. III, Barcelona 1953, 79-103.

Goetsch, Paul: "Defoes 'Moll Flanders' und der Leser", *GRM* NF, 30 (1980), 271-88.

Gorp, Hendrik van: "Traductions et evolution d'un genre littéraire: Le Roman picaresque en Europe aux 17ème et 18ème siècles", *Poetics Today,* 2 (1981), 209-19.

Guillén, Claudio: "The Anatomies of Roguery". Diss. Harvard 1953.

"Toward a Definition of the Picaresque". In: *Actes du 3. Congrés de l'*Association Internat. de Litt. Comparée. Den Haag 1962, S. 252-266; Rpt. in *Literature as System.* Princeton 1971, S. 71-106; übersetzt als "Zur Frage der Begriffsbestimmung des Pikarischen." In: *Pikarische Welt: Schriften zum europäischen Schelmenroman.* Hrsg. H. Heidenreich Darmstadt, 1969, S. 375-396.

"Genre and Countergenre: The Discovery of the Picaresque". In: *Literature as System,* S. 135 ff.

Haan, F. de: "Pícaros y ganapanes". In: *Homenáje a Menéndez Pelayo.* II (1889), 149-190.

Outline of the History of the Novela Picaresca in Spain. New York 1903.

Hackelsberger-Liang: *Die Frauengestalten im span. Schelmenroman.* München 1959.

Hanrahan, Thomas: *La mujer en la novela picaresca española.* Madrid 1967.

Heidenreich, Helmut, Hrsg.: *Pikarische Welt. Schriften zum europ. Schelmenroman.* Wege der Forsch. 163. Darmstadt 1969 (zit. Heid.).

Herrero García, M.: "Nueva interpretación de la novela picaresca", *Revista de Filologia Española,* 24 (1937), 343-62.

Hübner, Klaus: "Schelmenroman". In: *Metzler Literatur-Lexikon. Stichwörter zur Weltliteratur.* Stuttgart 1984, S. 411f.

Jolles, André: "Die literarischen Travestien. Ritter-Hirt-Schelm". Deutsch von Otto Görner. In: *Blätter für Dt. Philosophie,* 6 (1932-33), 281-291, in Heid., S. 101-118.

Kukoyi, Ade: "The Traditional Picaresque or Artist in Search of Identity," *Jour. Nigerian Eng. Stud. Assoc.,* 7, I-II (1975), 20-29.

Kuppelholz, Heinz: "Le Roman picaresque espagnol: Evolution et characteristiques du genre", *Les Lettres Romanes,* 33 (1979), 127-61.

Kurscheidt, Georg: "Der Schelmenroman". In: *Formen der Literatur in Einzeldarstellungen.* Hrsg. O. Knörrich. Stuttgart 1981, S. 347-359.

Laurenti, Joseph L.: *Estudios sobre la novela picaresca española. Revista de la Literatura.* Anejo 29. Madrid 1968/1972.

Ensayo de una bibliografía de la novela picaresca española, años 1554-1964. Cuadernos bibliográficos, 23. Madrid 1968.

Los prólogos en las novelas picarescas. Madrid 1970.

Bibliographía de la literatura picaresca: Desde sus orígines hasta el presente / A Bibliography of Picaresque Literature: From Its Origins to the Present. New Jersey 1973.

Lázaro Carreter, Fernando: "Para una revisión del concepto novela picaresca". In: *Actas del Tercer Congreso Internacional de Hispanistas.* México 1970, S. 27-45.

Lewis, Richard W. B.: *The Picaresque Saint.* Philadelphia-New York 1959. London 1960.

Lope Blanch, Juan M.: *La novela picaresca. Introducción, selección y notas.* México 1958.

Loretelli, Rosamaria: *Da picaro a picaro, le transformazioni di un genere letterario dalla Spagna all'Inghilterra.* Rom 1984.

Maldonado de Guevara, F.: "La teoría de los géneros literarios y la constitución de la novela moderna". In: *Estudios dedicados a Menéndez Pidal.* III, Madrid 1952, 299-320.

Marshall, David: "From Readers to Spectators. Theatricality in Eighteenth-Century Narrative." Diss. Johns Hopkins University 1979.

Menéndez Pidal, R.: "Sufijos átonos en el español". In: *Bausteine zur roman. Philol.,* Fs. f. A. Mussafia. Halle 1905, S. 388 f.

Miller, Stuart: *The Picaresque Novel.* Cleveland 1967.

Moldenhauer, G.: "Span. Zensur und Schelmenromane". In: *Homenaje a A. Bonilla y San Martín.* I, Madrid 1927, 223 f.

Molho, M. u. J. F. Reille: *Romans picaresques espagnols.* Paris 1968.

Monte, Alberto del: *Tinerario del romanzo picaresco spagnolo.* Florenz 1957. *Narratori picareschi spagnoli del cinque- e seicento.* Mailand 1965.

Morris, C.B.: The Unity and Structure of Quevedo's *El Buscón, Occasional Papers in Modern Languages,* Univ. of Hull, I. 1965.

Neufeld, Evelyn: "The Historical Progression from the Picaresque Novel to the Bildungsroman as Shown in 'El Buscon', 'Gil Blas', 'Tom Jones' and 'Wilhelm Meisters Lehrjahre'." *Diss. Abstr. Intern.,* 31 (1971), 3414A-15A.

Nolting-Hauf, Ilse: *Vision, Satire und Pointe in Quevedos Sueños.* Beih. z. Poetica 3. München 1968.

Norval, M.N.: "Original Sin and the 'Conversion' in the Guzman de Alfarache", *Bulletin of Hispanic Studies,* 51 (1974), 346-364.

Nykl, Alois, R.: "Pícaro", *Revue Hisp.,* 77 (1929), 172-186.

Oakley, R. J.: "The Problematic Unity of Guzman de Alfarache". In: *Hispanic Studies in Honour of Joseph Manson.* Hrsg. D. M. Atkinson and A. H. Clarke. Oxford 1972, S. 185-206.

Ortega y Gasset, José: "La picardía original de la novela picaresca". In: *Obras completas.* II, Madrid ²1950, 121-51; übers. Heid., S. 8-14.

Parker, Alexander A.: *Literature and the Delinquent. The Picaresque Novel in Spain and in Europe 1599-1753.* Edinburgh 1967.
"Der pikaréske Roman." In: *Renaissance und Barock. Propyläengeschichte der Literatur III.* Berlin 1984, S. 528-542.

Petriconi, H.: "Zur Chronologie u. Verbreitung des span. Schelmenromans", *Volkstum und Kultur der Romanen,* 1 (1928), 3 (1930); abgedruckt in Heid., S. 61 f.

Pfandl, Ludwig: "Der Ritter als Schelm". In: *Gesch. der span. Nationallit. in ihrer Blütezeit.* 1927, Freiburg ²1929, S. 262-89.

Praag, Jonas A.van: "Problemen van de Spaanse Schelmenroman", Vortrag. Utrecht 1958.

Raina, B. N.: "Lazarillo de Tormes and the Picaresque Sensibility", *Punjab Univ. Research, Bulletin (Arts).* 13 (1982), 25-34.

Reed, Helen Hutchins: "The Reader in the Spanish Picaresque Novel." *Diss. Abstr. Intern.,* 43 (1982), 4470A.

Reed, Walter L.: *An Exemplary History of the Novel. The Quixotic versus the Picaresque.* Chicago 1981.

Ricapito, Joseph: "Toward a Definition of the Picaresque". Diss. UCLA 1966.
Bibliografía razonada y anotada de las obras maestras de la novela picaresca española. Madrid 1976; ²1980.

Richards, Stephen Edward: "Towards a Theory of the Picaresque Novel." *Diss. Abstr. Intern.,* 40 (1979), 3284A.

Rico, Francisco: *La Novela picaresca y el punto de vista.* Barcelona 1970; englische Fassung: *The Spanish Picaresque Novel and the Point of View.* Cambridge 1984.

Riggan, William: *Pícaros, Madmen, Naifs, & Clowns. The Unreliable First-Person Narrator.* Norman, Oklahoma 1981.

Rodríquez-Luis, Julio: "Pícaras: The Model Approach to the Picaresque." *Comparative Literature* 31 (1979), 32-46.

Rodríquez-Luis, Julio u. Gustavo Pellón, Hrsg.: *Upstarts, Wanderers or Swindlers. Anatomy of the Picaro. A Critical Anthology.* Amsterdam 1986.

Ronquillo, Pablo J.: "Hacia una definición de la pícara del siglo 17 en España". Diss. Louisiana State 1969.
Retrato de la pícara. La protagonista de la picaresca española del XVII. Madrid 1980.

Rothe, Arnold: "Quevedo und seine Quellen", *Roman. Forsch.,* 77 (1965), 332-50.

Salinas, Pedro: "El héroe literario y la novela española: semántica e historia literaria", *Revista de la Univ. de Buenos Aires,* 4 (1946), 75-86; übers. Heid., S. 192 f.

Sanvisenti, B.: "Alcune osservazioni sulla parola pícaro", *Bull. Hisp.,* 18, (1916), 237-46.

Scobie, Alexander: *Aspects of the Ancient Romance and Its Heritage: Essays on Apuleius, Petronius, and the Greek Romances.* Meisenheim am Glan 1969.

Shipley, George A.: "The Critic as Witness for the Prosecution: Making the Case against Lázaro de Tormes", *PMLA,* 97 (1982), 179-94.

Sieber, Harry: *The Picaresque.* London, 1977.

Souiller, Didier: *Le roman picaresque.* Paris 1980.

Spadaccini, Nicholas: "Daniel Defoe and the Spanish Picaresque Tradition: The Case of Moll Flanders", *Ideologies and Literature: A Journal of Hispanic and Luso-Brazilian Studies,* 2, VI (1978), 10-26.

Spitzer, Leo: "Pícaro", *Revista de Filol. Española,* 17 (1930), 181 f.

Stackelberg, Jürgen v.: *Von Rabelais bis Voltaire. Zur Geschichte des französischen Romans.* München 1970.

Stoll, Andreas: *Scarron als Übersetzer Quevedos. Studien zur Rezeption des pikaresken Romans 'El Buscón' in Frankreich.* Frankfurt 1970.
"Wege zu einer Soziologie des pikaresken Romans". In: H. Baader und E. Loos, Hrsg.: *Spanische Literatur im Goldenen Zeitalter.* Festschrift für Fritz Schalk zum 70. Geburtstag. Frankfurt 1973, S. 461, 518.

Talens, Jenaro: *Novela picaresca y práctica de la transgresión.* Madrid 1975.

Tarr, Frederick C.: "Literary and Artistic Unity in the 'Lazarillo de Tormes'", *PMLA,* 42 (1927), 404-21; übers. Heid., S. 15 f.

Taylor, S. Ortiz: "Episodic Structure and the Picaresque Novel," *Journal of Narrative Technique,* 7 (1977), 218-25.

Trice, Francis L.: "A Literary Study of La pícara Justina". Diss. Syracuse 1972.

Truman, R.W.: "Lazaro de Tormes and the Homo Novus Tradition". *Mod. Lang. Rev.,* 64 (1968), 62-67.

Val, Joaquín del: *Novela picaresca, textos escogidos.* (Estudios literarios 2). Madrid 1960.

Val, Manuel C. de, Hrsg.: *La picaresca: orígines, textos y estructuras. Actas del I Congreso Internacional sobre la Picaresca organizado por el Patronato "Archipreste de Hita".* Madrid 1919.

Valbuena Prat, Angel: "Estudio preliminar". In: *La novela picaresca española.* Madrid 1943, ⁴1966.

Historia de la lit. española y hispano-americana. II. Barcelona 1968, Kap. 35-37.

Vles, Joseph: *Le roman picaresque hollandais des XVIIe et XVIIIe siècles et ses modèles espagnols et francais.* S'Gravenhage 1926.

Whitbourn, Christine J., Hrsg.: *Knaves and Swindlers. Essays on the Picaresque Novel in Europe.* London 1974.

Zamora Vicente, Alonso: *Qué es la novela picaresca?* Buenos Aires 1962.

II. Der alte deutsche Pikaroroman -- bis ca. 1800

Alewyn, Richard: "Realismus und Naturalismus". In: *Deutsche Barockforschung,* Hrsg. R. Alewyn. Köln-Berlin 1965, S. 358-71.

Allentuck, Marcia: "Karl Philipp Moritz's 'Anton Reiser': Its Relations to the Picaresque and the Bildungsroman," *La Revue de l'Association des Humanités,* 28 (1977), 328-32.

Beck, Werner: *Die Anfänge des dt. Schelmenromans. Studien zur frühbarocken Erzählung.* Diss. Zürich 1957.

Berghaus, Peter & Günter Weydt, Hrsg.: *Simplicius Simplicissimus. Grimmelshausen und seine Zeit.* (Katalog) Münster 1976.

Brüggemann, Werner: *Cervantes u. die Figur des Don Quijote in Kunstanschauung u. Dichtung der dt. Romantik.* Münster 1968.

Dimler, G. Richard: "Alienation in 'Don Quixote' and 'Simplicius Simplicissimus'," *Thought,* 49 (1974), 72-80.

Ernst, Fritz: "Grimmelshausens Simplicissimus und seine span. Verwandten. Ein Beitrg. z. europ. Lit." In: *Aus Goethes Freundeskreis und andere Essays.* Berlin-Frankfurt 1955. S. 161-188.

Fechner, Jörg-Ulrich: "Schelmuffskys Masken und Metamorphosen: Neue Forschungsaspekte zu Christian Reuter," *Euphorion,* 76 (1982), 1-26.

Gaede, Friedrich: "Homo homini lupus est ludius est. Zu Grimmelshausens 'Der seltzame Springinsfeld'", *DVJ,* 57 (1983), 240-258.

García Blanco, Manuel: "M. Alemán y la novela picaresca alemana." Vortrag. Madrid 1928.

Gemert, Giel van: *Die Werke des Aegidius Albertinus (1560-1620): Ein Beitrag zur Erforschung des deutschsprachigen Schrifttums der katholischen Reformbewegung in Bayern um 1600 und seine Quellen.* Amsterdam 1970.

Geulen, Hans: "'Arkadische' Simpliciana. Zu einer Quelle Grimmelshausens und ihrer strukturellen Bedeutung für seinen Roman", *Euphor.,* 63 (1969), 427-37.

Erzählkunst der frühen Neuzeit. Zur Geschichte epischer Darbietungsweisen und Formen: Roman der Renaissance und des Barock. Tübingen 1975.

Gillespie, Gerald: "Estebanillo and Simplex. Two Baroque Views of the Role-Playing Rogue in War, Crime, and Art (with an Excursus on Krull's Forebears)", *Canadian Review of Comparative Literature,* 9 (1982), 157-171.

Hespelt, E. Herman: "The First German Translation of 'Lazarillo de Tormes'", *Hispanic Review,* 4 (1936), 170-175.

Hirsch, Arnold: *Bürgertum und Barock im deutschen Roman: Zur Entstehungsgeschichte des bürgerlichen Weltbildes.* Frankfurt 1934. Zweite Aufl. Hrsg. Herbert Singer. Köln-Graz 1957, ³1979.

Hoffmeister, Gerhart: *Spanien und Deutschland. Geschichte und Dokumentation der literarischen Beziehungen.* Berlin 1976: spanische Ausgabe: *España y Alemania.* Madrid 1980.

"Grimmelshausens Simplicissimus und der spanisch-deutsche Schelmenroman. Beobachtungen zum Forschungsstand", *Daphnis,* 4 (1976), 275-294.

"The European Novel in Seventeenth-Century Germany: A Decade of Research (1970-80)". In: *German Baroque Literature: The European Perspective.* Hrsg. G. Hoffmeister. New York 1983, S. 295-315.

Nachwort zu Niclas Ulenhart: *Historia von Isaac Winckelfelder vnd Jobst von der Schneid.* Literatur-Kabinett 1, München 1983; S. 256-285.

Holzinger, Walter: "Der abenteuerliche Simplicissimus and Sir Ph. Sidney's Arcadia", *Coll. Germanica,* 2 (1969), 184-98.

Jacobs, Jürgen: *Der deutsche Schelmenroman.* Artemis Einführungen 5. München-Zürich 1983.

Jütte, R.: "Vagantentum und Bettlerwesen bei Grimmelshausen", *Daphnis,* 9 (1980), 122-131.

Koschlig, Manfred: "Das Lob des 'Francion' bei Grimmelshausen", *Jahrb. d. Dt. Schiller-Ges.,* 1 (1957), 30-73.

"Der 'Frantzösische Kriegs-Simplicissimus' oder: Die 'Schreiberey' des Ulmer Bibliotheksadjunkten Johann Georg Schielen (1633-1684)", *Jahrbuch der Dt. Schiller-Gesellschaft,* 18 (1974), 148-220.

Leighton, Joseph: "Courasche and Moll Flanders. Roguery and Morality". In: *Barocker Lust-Spiegel. Studien zur Literatur des Barock.* Festschrift für Blake Lee Spahr. Hrsg. Martin Bircher, Jörg-Ulrich Fechner und Gerd Hillen. Amsterdam 1984. S. 295-310.

Mähl, Hans-Joachim: "Narr und Picaro: Zum Wandel der Narrenmotivik im Roman des 17. Jh." In: *Studien zur dt. Lit.* Festschrift Adolf Beck. Hrsg. Ulrich Fülleborn, Johannes Krogoll. Heidelberg 1979, S. 18-40.

Mayer, Jürgen: *Mischformen barocker Erzählkunst. Zwischen pikareskem und höfisch-historischem Roman im letzten Drittel des 17. Jh.* München 1970.

Meid, Volker: *Grimmelshausen. Epoche - Werk - Wirkung.* München 1984.

Miles, David H.: "The Picaro's Journey to the Confessional: The Changing Image of the Hero in the German Bildungsroman", *Publications of the Modern Language Association,* 89 (1974), 980 ff.

Müller-Seidel, Walter: "Die Allegorie des Paradieses". In: *Medium Aevum Vivum,* Heidelberg 1960, S. 253-278.

Navarro de Adriaensens, José M.: "La continuación del 'Lazarillo' de Luna y la aventura del Lago Mummel en el 'Simplicissimus'". *Roman. Jahrb.,* 12 (1961), 242-47.

Peters, Judith G.: "The Spanish Picaresque Novel and the Simplician Novels of H.J. Chr. v. Grimmelshausen". Diss. Colorado 1968.

Pfister, Franz Josef: "Die Entwicklung des deutschen Schelmenromans: Motivuntersuchungen." Diss. University of Washington 1966.

Psaar, Werner: "Ein deutscher 'Gil Blas'? Literaturdidaktische Erwägungen zu den Memoiren von Unten aus der Zeit der Spätaufklärung." In: *Festgabe für Alexander Beinlich.* Emsdetten 1981.

Rausse, Hubert: *Zur Gesch. des span. Schelmenromans i. Dtld.* Münstersche Beitr. z. neueren Litgsch. 8. Münster 1908.

Reichardt, Dieter: *Von Quevedos 'Buscón' zum dt. Avanturier.* Bonn 1970.

Reinhardstöttner, Carl v.: "A. Albertinus, der Vater des dt. Schelmenromans". *Jahrb. f. Münchener Gesch.,* 2, (1888), 13-86.

Rodney, John J.: "The Guzmán of Mateo Alemán and Grimmelshausen's Simplicissimus". Diss. Catholic University of America 1980.

Rötzer, Hans Gerd: *Picaro - Landtstörtzer - Simplicius. Stud. zum niederen Roman in Spanien u. Dtld.* Impulse der Forsch. 4. Darmstadt 1972.

Der Roman des Barock 1600-1700. München 1972.

"'Novela picaresca' und 'Schelmenroman': Ein Vergleich," *AN* 2 (1980), 30-76.

"Die Metamorphosen des Pikaro: Einige Anmerkungen zur Wirkungsgeschichte des Buscón", *Daphnis* 10 (1981), 257-68.

"Der Schelmenroman und seine Nachfolger". In: *Handbuch des deutschen Romans.* Hrsg. Helmut Koopmann. Düsseldorf 1983, S. 131-150.

Sanchez Regueira, Manuela: "Guzmán de Alfarache en Alemania: Aegidius Albertinus, 'padre del Schelmenroman'." *AN,* 2 (1980), 527-35.

Sands, Donald B.: "Reynard the Fox and Reinaerts Historie as Picaresque Fiction", *Journal of Narrative Technique,* 1 (1971), 137-45.

Schade, Richard Erich: "The Courasche-Frontispiece: Gypsy, Mule and Acedia", *Simpliciana,* 3 (1981), 73-93.

Schmidt, Lothar: "Das Ich im 'Simplicissimus'". In: *Pikarische Welt,* Heid., S. 350-360.

Schramm, Edmund: "Die Einwirkung der span. Lit. auf die dt.", *Dt. Philol. im Aufriß.* III, Berlin ²1962, Sp. 147-200.

Schulze-van-Loon, Rainer: "Niclas Ulenharts 'Historia'. Beitr. z. dt. Rezeption der Novela picaresca". Diss. Hamburg 1955.

Schweitzer, Chr.: Spanien in der dt. Lit. des 17. Jh.. Diss. Yale 1954.

Stadler, Ulrich: "Parodistisches in der 'Justina Dietzin Pícara'. Über die Entstehungsbedingungen und zur Wirkungsgesch. von Übedas Schelmenroman in Dtld.". *Arcadia,* 7 (1972), 158-170.

Taino, Pier Giulio: "Il picaro di Christian Reuter," *Aevum, Rassegna di Scienze storiche linguistische filologiche,* 50 (1976), 549-564.

Tarot, Rolf: "Grimmelshausens Realismus". In: *Rezeption u. Produktion zwischen 1570 und 1730.* Fs. f. G. Weydt. Hrsg. W. Rasch et al.. Bern-München 1972, S. 233-65.

Tiemann, Hermann: *Das span. Schrifttum in Dtld. von der Renaiss. bis z. Romantik.* Hamburg 1936; Rpt. Hildesheim 1971.

Triefenbach, Peter: "Pikarischer und satirischer Roman". In: *Zwischen Gegenreformation u. Frühaufklärung. Späthumanismus. Barock 1572-1740.* Hrsg. Steinhage (=Dt. Lit. Eine Sozialgeschichte III.). Reinbek 1985. S. 338-55.

Wagener, Hans: *The German Baroque Novel.* TWAS 229. New York 1973.

Welzig, Werner: *Beispielhafte Figuren: Tor, Abenteurer und Einsiedler bei Grimmelshausen.* Graz-Köln 1963.

Weydt, Günther: "Der dt. Roman von der Renaiss. u. Reformation bis zu Goethes Tod", *Dt. Philol. im Aufriß.* II, Berlin ²1960, Sp. 1217-1356.

Hrsg.: *Der Simplicissimusdichter u. sein Werk.* Wege der Forsch. 153. Darmstadt 1969.

Nachahmung und Schöpfung im Barock. Studien um Grimmelshausen. Bern-München 1968.

III. Auswahlliteratur zum neueren Schelmenroman seit ca. 1800

Aldridge, A. Owen: "Fenimore Cooper and the Picaresque Tradition," *Nineteenth-Century Fiction,* 27 (1972), 283-92.

Alter, Robert: *Rogue's Progress. Studies in the Picaresque Novel.* Cambridge Mass. 1964.

Arendt, Dieter: *Der Schelm als Widerspruch und Selbstkritik des Bürgers, Vorarbeiten zu einer literatursoziologischen Analyse der Schelmenliteratur.* Stuttgart 1974.

Bernart, H.: "Der deutsche Schelmenroman im 20. Jahrhundert". Diss. Wien 1970.

Bjornson, Richard: *The Picaresque Hero in European Fiction.* Madison 1977.

Bormann, Alexander v.: "J.v. Eichendorff: 'Aus dem Leben eines Taugenichtes' (1826)". In: *Romane u. Erzählungen zwischen Romantik und Realismus: Neue Interpretationen.* Hrsg. P.M. Lützeler. Stuttgart 1983, S. 94-116.

Casas de Faunce, María: *La novela picaresca latino-americana.* Madrid: Planeta-Universidad de Puerto Rico, 1977.

Diederichs, R.: *Strukturen des Schelmischen im modernen deutschen Roman: eine Untersuchung an den Romanen von Thomas Mann 'Bekenntnisse des Hochstaplers Felix Krull' und Günther Grass 'Die Blechtrommel'.* Düsseldorf 1971.

Dimler, G. Richard: "Simplicius and Oskar Matzerath as Alienated Heroes: Comparison and Contrast." In: *Amsterdamer Beiträge zur neueren Germanistik,* 4. Hrsg. Gerd Labroisse. Amsterdam 1975.

Elgin, Donald D.: "The Rogue Reappears. A Study of the Development of the Picaresque in Modern American Fiction". Diss. Vanderbuilt Univ. 1973.

Freibert, Lucy M: "The Artist as Picaro: The Revelation of Margaret Atwood's Lady Oracle," *Canadian Literature* (Spring 1982), 23-33.

Heller, Erich: "Felix Krull oder die Romanze des Künstlers," *Wort und Wahrheit,* 11 (1956), 40-48.

Hermsdorf, Klaus: *Thomas Manns Schelme: Figuren und Strukturen des Komischen.* Berlin 1968.

Hiatt, L.R. und Chartham, R.: "The Picaresque Phallus," *Times Literary Suppl.* (Sept. 1, 1972), 1009-11.

Hiller, R.L.: "The Sutler's Cart and the Lump of Gold", *Germanic Review,* 39 (1964), 137-44.

Hoffmeister, Gerhart: "Die Renaissance des Pícaro-Romans". In: *Spanien und Deutschland. Geschichte und Dokumentation der literarischen Beziehungen.* Grundlagen der Romanistik, 9. Berlin 1976, S. 175-178.

Hollmann, W.: "Thomas Manns Felix Krull and Lazarillo", *Modern Language Notes,* 66 (1951), 445-51.

Ireland-Kunze, Leah: "Two Clowns: New Dimensions of the Picaresque," *Colloquia Germanica,* 14 (1982), 342-351.

Jacobs, Jürgen: *Der deutsche Schelmenroman.* Artemis-Einführungen, 5. München-Zürich 1983.

Jung, C.G.: "Zur Psychologie der Schelmenfigur". In: *Der göttliche Schelm: Ein indianischer Mythenzyklus.* Hrsg. Paul Radin, Karl Kerenyi & C.G. Jung. Zürich 1954. Heid. 245-254.

Klingmann, Ulrich: "'Bekenntnisse des Hochstaplers Felix Krull': Ein moderner Schelmenroman?", *Acta Germanica,* 2 (1968), 63-73.

Koopmann, Helmut: "Um was geht es eigentlich in Eichendorffs 'Taugenichts'? Zur Identifikation eines literarischen Textes" In: *Schriften der Philosophischen Fachbereiche der Univ. Augsburg,* Nr. 1: *Wissenschaft zwischen Forschung und Ausbildung.* München 1975, S. 179-191.

Kremer, Manfred: "Günter Grass, 'Die Blechtrommel' und die pikarische Tradition", *German Quarterly,* 46 (1973), 381-392.

Lenk, Elisabeth: "Der Schelm oder die anarchische Struktur des Unbewußten". In: *Die unbewußte Gesellschaft - Über die mimetische Grundstruktur in der Literatur und im Traum.* München 1983, Kapitel 1.

Lewis, Richard: *The Picaresque Saint.* Philadelphia-New York 1959; London 1960.

Marckwort, Ulf-H.: *Der deutsche Schelmenroman der Gegenwart: Betrachtungen zur sozialistischen Rezeption pikaresker Topoi und Motive.* Köln 1984.

Martini, Fritz: "Gerhart Hauptmanns 'Der Biberpelz'. Gedanken zum Bautypus einer naturalistischen Komödie". In: Renate von Heydebrand und Klaus Günter Just, Hrsg.: *Wissenschaft als Dialog. Studien zur Literatur und Kunst seit der Jahrhundertwende. Wolfdietrich Rasch zum 65. Geburtstag.* Stuttgart 1969, S. 83-111.

Mayer, Hans: "Felix Krull und Oskar Matzerath: Aspekte des Romans." In: *Das Geschehen und das Schweigen: Aspekte der Literatur.* Frankfurt a. M. 1969, S. 35-67.

Nerlich, Michael: *Kunst, Politik und Schelmerei.* Frankfurt-Bern 1969.

O'Nan, Martha: "Günther Grass's Oskar: The Rogue." In: *The Role of Mind in Hugo, Faulkner, Beckett and Grass.* New York 1969, S. 36-49.

Ormond, Jeanne D.: "The Knave with a Hundred Faces. The Guises of Hermes in Nashe, Fielding, Melville and Mann". Diss. Irvine 1974.

Petr, Pavel: *Haseks "Schwejk" in Deutschland.* Neue Beiträge zur Literaturwissenschaft, 19. Berlin 1963.

Reichert, Herbert W.: "Hauptmann's Frau Wolff und Brecht's Mutter Courage", *The German Quarterly*, 34 (1961), 439-448.

Rosenthal, E: "Metamorphosen des Pikaro: Thelen, Amado, Thomas Mann." In: *Das fragmentarische Universum.* München 1970.

Schleussner, Bruno: *Der neopikareske Roman: Pikareske Elemente in der Struktur moderner englischer Romane.* Bonn 1969.

Schneider, Karl L.: "Thomas Manns 'Felix Krull': Schelmenroman und Bildungsroman." In: *Benno von Wiese Festschrift.* Berlin 1973, S. 545-58.

"Der Künstler als Schelm: Zum Verhältnis von Bildungsroman und Schelmenroman in Thomas Manns 'Felix Krull'," *Philobiblon*, 20 (1976), 2-18.

Schöll, Norbert: "Der pikarische Held. Wiederaufleben einer literarischen Tradition seit 1945." In: *Tendenzen der deutschen Literatur seit 1945.* Hrsg. Thomas Koebner. Stuttgart 1971.

Schöne, Albrecht: *Der Hochstapler und der Blechtrommler. Die Wiederkehr der Schelme im deutschen Roman.* Wuppertal 1974.

Schumann, Willy: "Wiederkehr der Schelme", *PMLA*, 81 (1966), 467-474.

Seidlin, Oskar: "Pikareske Züge im Werke Thomas Manns." In: O.S., *Von Goethe bis Thomas Mann.* Göttingen 1963; [2]1969. (=Übersetzung der amerikan. Fassung "Picaresque Elements in Thomas Mann's Work," *Modern Language Quarterly*, 12 (1951), 183-200).

Seifert, Walter: "Die pikareske Tradition im deutschen Roman der Gegenwart". In: *Die deutsche Literatur der Gegenwart.* Hrsg. Manfred Durzak. Stuttgart 1971, S. 192-210.

Sprecher, Thomas: *Felix Krull und Goethe. Thomas Manns 'Bekenntnisse' als Parodie auf 'Dichtung und Wahrheit'.* Bern-Frankfurt 1985.

Stern, J.P.: "War and the Comic Muse: The Good Soldier Schweik and Catch-22", *Comparative Literature*, 20, 3 (1968), 193-216.

Striedter, Jurij: *Der Schelmenroman in Rußland. Ein Beitrag zur Geschichte des russischen Romans vor Gogol.* Veröffentlichungen der Abteilung für slavische Sprachen und Literaturen des Osteuropa-Instituts an der Freien Universität Berlin, Bd. 21 (1961), Auszug S. 276-285. In: Heid., S. 361-374.

Walker, William: "Satire and Societal Criticism in the GDR Picaresque Novel." In: *Studies in GDR Culture and Society.* Hrsg. Margy Gerber. Washington D.C. 1981, S. 155-166.

Wasmuth, H.W.: "La novela picaresca y de aventuras en la literatura alemana contemporánea", *Boletín de Estudios Germánicos*, 4 (1960), 74-84.

Welzig, Werner: *Der deutsche Roman im 20. Jahrhundert*. Stuttgart 1967.

Will, Wilfried van der: *Pikaro heute. Metamorphosen des Schelms bei Th. Mann, Döblin, Brecht und Grass*. Stuttgart 1967.

Wynn, Valerie Fletcher: "Time, Byron's 'Don Juan' and the Picaresque Tradition," *Diss. Abstr. Intern.* 38 (1978), 6715A-52A.

Zaraspe, Raquel Sims: "The Picaresque Tradition in Mark Twain," *Diliman Review*, 17 (1969), 218-43.

Namensregister

Abraham, N. 112
Adler 80
Adling, W. 66
Albertinus, A. 151
Alejchem, Sch. 201, 208, 218
Alemán, M. 11, 13, 14, 83, 110, 175, 178, 190, 193, 236
Alter, R. 11, 14, 16, 25, 174, 199, 219, 221
Antkowiak, A. 43
Anton Ulrich, Herzog von Braunschweig 53
Arendt, D. 41, 42, 44, 199, 200, 201, 205, 210, 217, 221, 228, 229, 231, 232, 233
Arnold, H. 1.

Baader, H. 235, 236
Barthes, R. 123, 124
Baudelaire 184
Bayerdörfer, H.-P. 81, 82
Becker, J. 8, 31, 199-218
Beheim-Schwarzbach, M. 75
Behler, E. 35
Bellow, S. 153
Benjamin, W. 77, 80, 81
Bergmann, R. 31
Beyer, M. 80, 104
Bieler, M. 159, 200
Bismarck 59
Bjornson, R. 16f., 17, 18, 78, 80, 84, 110, 130, 200
Blackburn, A. 110, 130, 199, 200
Bloch, E. 203
Böll, H. 5, 7, 76, 159-172, 175
Bräker, U. 29
Brauneck, M. 210
Brecht 53, 55, 60, 68-72, 75, 84, 164, 216
Brentano, Cl. 36f.
Brüggemann, W. 19, 35
Buber, M. 80
Büchner, G. 55

Camus 3
Cervantes 25, 33, 34, 65, 85, 237
Chamisso 38

Chandler, F.W. 204
Chopin 165
Churchill, W. 205, 209
Cohn-Bendit, D. 232
Conrad, J. 225
Cowen, R. 60

Dante 85
Defoe 4, 6, 19, 173
Deleuze, G. 115, 125
Demetz, P. 41, 43, 44
Derrida, J. 114
Diogenes 44
Döblin, A. 7, 77-108, 169, 175
Donleavy, J.P. 153
Dostojewski 85
Dürrenmatt, F. 76
Dutschke 171, 235

Eichendorff, J. von 31-34, 39, 57, 189
Elgin, D.D. 174
Engelsing-Malek 65, 66
Ensslin, G. 232, 236
Enzensberger, H.M. 109
Espinel 15

Flaubert 184
Fontane 23
Freud 114
Friedrichsmeyer, E. 7, 8, 159-172
Frisch, M. 76
Frutos Gómez 4

Gaede, F. 113
Gasche, R. 129f.
Genet 237
George, St. 225
Glauert, B. 66
Goerres 36
Goethe 3, 9-12, 13, 23, 28, 29, 30, 35, 37, 109, 110f., 113, 129f., 134f., 139, 141, 142
Grass, G. 1, 3-4, 6, 7, 26, 75, 76, 86, 109-

AMSTERDAMER BEITRÄGE ZUR
NEUEREN GERMANISTIK

herausgegeben von GERD LABROISSE

Band 1 — 1972   Hfl. 40,—
Horst Steinmetz: Aufklärung und Tragödie. Lessings Tragödien vor dem
Hintergrund des Trauerspielmodells der Aufklärung. **Ferdinand van
Ingen:** Tugend bei Lessing. Bemerkungen zu *Miss Sara Sampson.* **Gerd
Labroisse:** Zum Gestaltungsprinzip von Lessings *Miß Sara Sampson.*
Klaus F. Gille: Das astrologische Motiv in Schillers *Wallenstein.* **Luc
Lamberechts:** Zur Struktur von Büchners *Woyzeck.* Mit einer Darstellung
des dramaturgischen Verhältnisses Büchner — Brecht. **Alexander von
Bormann:** "Wohltönend, aber dumm"? Die Stimme der Kultur im
Widerstand. **Sjaak Onderdelinden:** Fiktion und Dokument. Zum Dokumen-
tarischen Drama. **Kees Houtman:** Notizen zu Horváths *Gebrauchsanwei-
sung.*

Band 2 — 1973   Hfl. 40,—
Manfred E. Keune: Das Amerikabild in Theodor Fontanes Romanwerk.
Joris Duytschaever: Eine Pionierleistung des Expressionismus: Alfred
Döblins Erzählung *Die Ermordung einer Butterblume.* **Walter Schönau:** In
medias res: Zur Aktualisierung des unvermittelten Anfangs moderner
Erzähltexte. **Ferdinand van Ingen:** Max Frischs *Homo faber* zwischen
Technik und Mythologie. **Harold D. Dickerson, Jr.:** Sixty-Six Voices from
Germany: A Thematic Approach. **Erwin Koller:** Beobachtungen eines
Zauberberg-Lesers zu Thomas Bernhards Roman *Frost.* **Dieter Hensing:**
Die Position von Peter Weiss in den Jahren 1947-1965 und der Prosatext
Der Schatten des Körpers des Kutschers. **Gerd Labroisse:** Bild und
Funktion Westdeutschlands in Anna Seghers' Romanen *Die Entscheidung*
und *Das Vertrauen.* **Ingeborg Goessl:** Der Engel und die Grenzsituation.
Studie zu einer Leitfigur H. E. Nossacks.

Band 3 — 1974: REZEPTION — INTERPRETATION. Beiträge zur
Methodendiskussion   Hfl. 40,—
Elrud Kunne-Ibsch: Rezeptionsforschung: Konstanten und Varianten
eines literaturwissenschaftlichen Konzepts in Theorie und Praxis. **Horst**

Steinmetz: Rezeption und Interpretation. Versuch einer Abgrenzung. **Ferdinand van Ingen:** Die Revolte des Lesers oder Rezeption versus Interpretation. Zu Fragen der Interpretation und der Rezeptionsästhetik. **Gerd Labroisse:** Überlegungen zu einem Interpretations-Modell. **Edmund Licher:** Kommunikationstheoretische Aspekte der Analyse einiger Gedichte Bertolt Brechts.

Band 4 — 1975   Hfl. 40,—

Roland Duhamel: Schnitzler und Nietzsche. **Marianne Burkhard:** Hofmannsthals *Reitergeschichte* — ein Gegenstück zum Chandosbrief. **Elke Emrich:** Heinrich Manns Roman *Lidice*: eine verschlüsselte Demaskierung faschistischer Strukturen. **G. Richard Dimler, S.J.:** Simplicius Simplicissimus and Oskar Matzerath as Alienated Heroes: Comparison and Contrast. **Carl O. Enderstein:** Zahnsymbolik und ihre Bedeutung in Günter Grass' Werken. **Gerd Labroisse:** Überlegungen zur Interpretationsproblematik von DDR-Literatur an Hand von Plenzdorfs *Die neuen Leiden des jungen W.* **Hans Ester:** 'Ah, les beaux esprits se rencontrent' —Zur Bedeutung eines Satzes in Fontanes *Irrungen, Wirrungen*.

Band 5 — 1976   Hfl. 60,—

Reinhard Hennig: Grabbes *Napoleon* und Venturinis *Chronik von 1815.* Ein Vergleich. **Leif Ludwig Albertsen:** Was Strittmatters *Katzgraben* will und nicht will. Bemerkungen zur Ästhetik des Dramas im sozialistischen Realismus. **Rainer Sell:** Kasper und Moritat: Form und Perspektive in den Dramen von Peter Weiss.

Texte und Textbehandlung in Bernd Alois Zimmermans Lingual *Requiem für einen jungen Dichter*: **Gerd Labroisse:** Einleitung. **Elisabeth J. Bik:** Zur Textbehandlung im Lingual. **Kees Mercks:** Die Majakowskij-Texte im *Requiem*. **Marinus von Hattum:** Der Pound-Text im *Requiem*. **Elisabeth J. Bik:** Die Textstruktur: I) Erläuterungen zur Textstruktur. II) Textstruktur **(Beilagebogen).**

Band 6 — 1977: ZUR DEUTSCHEN EXILLITERATUR IN DEN NIEDERLANDEN 1933-1940. Hrsg. von Hans Würzner   Vergriffen

Hans Würzner: Zur Exilforschung in den Niederlanden. **David Luschnat:** "Amsterdam, April 1933". **David Ruben:** Luschnats Erlebnis. **Elisabeth Augustin:** Eine Grenzüberschreitung und kein Heimweh. **Gerd Roloff:** Irmgard Keun — Vorläufiges zu Leben und Werk. **Joris Duytschaever:** Zur Asylpraxis in Holland und Belgien: Der Fall Hans Bendgens-Henner (1892-1942). **Ludwig Kunz:** Propheten, Philosophen, Parteigründer — eine Erinnerung an Richard Oehring und seinen Kreis. **Hans Keilson:** Gedichte. **Thomas A. Kamla:** Die Sprache der Verbannung. Bemerkungen

zu dem Exilschriftsteller Konrad Merz. **Konrad Merz über sich selbst.**
Konrad Merz: 'Kolonne Käse' (aus "Generation ohne Väter"). **Carlos**
Tindemans: Transit — Exiltheater und Rezeption in Antwerpen 1933-
1940. **Cor de Back:** Die Zeitschrift *Het Fundament* und die deutsche
Exilliteratur. **Hans Würzner:** Menno ter Braak als Kritiker der deutschen
Emigrantenliteratur. — *Kleine Beiträge.*

Band 7 — 1978: ZUR LITERATUR UND LITERATURWISSENSCHAFT
DER DDR. Hrsg. von Gerd Labroisse   Hfl. 60,—
   Gerd Labroisse: DDR-Literatur als literaturwissenschaftliches Problem.
Jos Hoogeveen: Prolegomena zu einer funktionsgerechten Betrachtung
von DDR-Literatur. **Adolf Endler:** DDR-Lyrik Mitte der Siebziger.
Fragment einer Rezension. **Gregor Laschen:** Das Gedicht als Wahrheit
der Geschichte. Überlegungen zum Verhältnis von Geschichte und
Gedicht im Werk Erich Arendts. **Ton Naaijkens:** Maskenmundiges Spre-
chen — Zu Erich Arendts Metaphern in *Ägäis.* **Sigfrid Hoefert:** Die Faust-
Problematik in Volker Brauns *Hinze und Kunze:* Zur Erbeaneignung in der
DDR. **Gerhard Kluge:** Plenzdorfs neuer Werther — ein Schelm? I.A. und
J.J. White: Wahrheit und Lüge in Jurek Beckers Roman *Jakob der Lügner.*
Werner Krogmann: Moralischer Realismus — ein Versuch über Christa
Wolf. **Johannes Maassen:** Der Preis der Macht. Zu Günter Kunerts
Fortsetzung von Georg Christoph Lichtenbergs *Ausführlicher Erklärung*
der Kupferstiche *Industry and Idleness* (*Fleiß und Faulheit*) von William
Hogarth. **Gregor Laschen:** Von der Richtung der Märchen. Zwei Notate
zum Werk Franz Fühmanns.

Band 8 — 1979: GRUNDFRAGEN DER TEXTWISSENSCHAFT. Linguistische und literaturwissenschaftliche Aspekte. Hrsg. von Wolfgang Frier
und Gerd Labroisse   Hfl. 60,—
   Wolfgang Frier: Linguistische Aspekte des Textsortenproblems. **Werner**
Kallmeyer: Kritische Momente. Zur Konversationsanalyse von Interak-
tionsstörungen. **Roland Harweg:** Inhaltsentwurf, Erzählung, Inhaltswie-
dergabe. **Werner Abraham:** Zur literarischen Analysediskussion. Kritisches und Konstruktives anhand dreier Kafka-Erzählungen. **Ursula**
Oomen: Modelle der linguistischen Poetik. **Jos Hoogeveen:** Text und
Kontext. Die Infragestellung eines problematischen Verhältnisses. **Jens F.**
Ihwe: Sprachphilosophie, Literaturwissenschaft und Ethik: Anregungen
zur Diskussion des Fiktionsbegriffs. **Elrud Ibsch:** Das Thema als ästhetische Kategorie. **Siegfried J. Schmidt:** "Bekämpfen Sie das häßliche Laster
der Interpretation!/ Bekämpfen Sie das noch häßlichere Laster der
richtigen Interpretation!" (Hans Magnus Enzensberger). **Gerd Labroisse:**
Interpretation als Entwurf.

Band 9 — 1979: ZUR LITERATUR DER DEUTSCHSPRACHIGEN SCHWEIZ. Hrsg. von Marianne Burkhard und Gerd Labroisse vergriffen **Ernst Halter:** Auf der Suche nach Solidarität: die Moderne. **Irmengard Rauch:** First-Language Syntax in the New High German of Swiss Authors. **Hans Poser:** *Spiegel, das Kätzchen* — Bürgerliche Welt im Spiegel des Märchens. **Wolfgang Wittkowski:** Erfüllung im Entsagen. Keller: *Der Landvogt vom Greifensee.* **Manfred R.** Jacobson: *Jürg Jenatsch:* The Narration of History. **Sjaak Onderdelinden:** "Er äußerte sich mit behutsamen Worten: '...'". Zur Erzähltechnik Conrad Ferdinand Meyers. **Marianne Burkhard:** Blick in die Tiefe: Spittelers Epos *Prometheus und Epimetheus.* **Madeleine Rietra:** Rezeption und Interpretation von Robert Walsers Roman *Der Gehülfe.* **Rolf Kieser:** Jakob Schaffner. **Cegienas de Groot:** Bildnis, Selbstbildnis und Identität in Max Frischs Romanen *Stiller, Homo faber* und *Mein Name sei Gantenbein.* Ein Vergleich. **Luc Lamberechts:** Das Groteske und das Absurde in Dürrenmatts Dramen. **Johannes Maassen:** Ein hoffnungsvoller Pessimist. Zur Kurz- und Kürzestprosa Heinrich Wiesners. **Rainer Sell:** Stagnation und Aufbruch in Bichsels *Milchmann-* und *Kindergeschichten.*

Band 10 — 1980: GESTALTET UND GESTALTEND. FRAUEN IN DER DEUTSCHEN LITERATUR. Hrsg. von Marianne Burkhard   Hfl. 70,— **Ruth B. Bottigheimer:** The Transformed Queen: A Search for the Origins of Negative Female Archetypes in Grimms' Fairy Tales. **Ruth P. Dawson:** The Feminist Manifesto of Theodor Gottlieb von Hippel (1741-96). **Susan L. Cocalis:** Der Vormund will Vormund sein: Zur Problematik der weiblichen Unmündigkeit im 18. Jahrhundert. **Lilian Hoverland:** Heinrich von Kleist and Luce Irigaray: Visions of the Feminine. **Elke Frederiksen:** Die Frau als Autorin zur Zeit der Romantik: Anfänge einer weiblichen literarischen Tradition.**Gertrud Bauer Pickar:** Annette von Droste-Hülshoff's "Reich der goldnen Phantasie". **Kay Goodman:** The Impact of Rahel Varnhagen on Women in the Nineteenth Century. **Dagmar C.G. Lorenz:** Weibliche Rollenmodelle bei Autoren des "Jungen Deutschland" und des "Biedermeier". **Cegienas de Groot:** Das Bild der Frau in Gottfried Kellers Prosa. **Alexander von Bormann:** Glücksanspruch und Glücksverzicht. Zu einigen Frauengestalten Fontanes. **Richard L. Johnson:** Men's Power over Women in Gabriele Reuter's *Aus guter Familie.* **Ruth-Ellen Boetcher Joeres:** The Ambiguous World of Hedwig Dohm. **Ritta Jo Horsley:** Ingeborg Bachmann's "Ein Schritt nach Gomorrha": A Feminist Appreciation and Critique. **Mona Knapp:** Zwischen den Fronten: Zur Entwicklung der Frauengestalten in Erzähltexten von Gabriele Wohmann. **Jeanette Clausen:** The Difficulty of Saying 'I' as Theme and Narrative Technique in the Works of Christa Wolf.

Band 11/12— 1981: DDR-ROMAN UND LITERATURGESELLSCHAFT.
Hrsg. von Jos Hoogeveen und Gerd Labroisse   Hfl. 100,—
Heinrich Küntzel: Von *Abschied* bis *Atemnot.* Über die Poetik des
Romans, insbesondere des Bildungs- und Entwicklungsromans, in der
DDR. **Karl-Heinz Hartmann:** Die Darstellung der antifaschistischen
Opposition in der frühen DDR-Prosa. **Jay Rosellini:** Zur Funktionsbe-
stimmung des historischen Romans in der DDR-Literatur. **Jochen Staadt:**
Zur Entwicklung des Schriftstellers Karl-Heinz Jakobs — am Beispiel der
Darstellung von Karrieren und Jugendlichen. **Horst Domdey:** Probleme
mit der Vergangenheitsbewältigung. Beobachtungen an zwei Romanen
von Karl-Heinz Jakobs, *Beschreibung eines Sommers* und *Wilhelmsburg.*
Marleen Parigger und **Stef Pinxt:** Zur Unterhaltungsfunktion von Literatur. Der Zusammenhang von ästhetischer Theoriebildung und ideologischen Prämissen. **Jos Hoogeveen:** Satire als Rezeptionskategorie. Hermann Kants *Aula* in der Diskussion zwischen Ost und West. **Patricia
Herminghouse:** Die Wiederentdeckung der Romantik: Zur Funktion der
Dichterfiguren in der neueren DDR-Literatur. **Bernhard Greiner:** "Sentimentaler Stoff und fantastische Form". Zur Erneuerung frühromanti-
scher Tradition im Roman der DDR (Christa Wolf, Fritz Rudolf Fries,
Johannes Bobrowski). **Margret Eifler:** Erik Neutsch: Die Rezeption
seines Romanwerkes. **Marieluise de Waijer-Wilke:** Günter Kunerts Roman *Im Namen der Hüte* — untersucht im Werk- und Kommunika-
tionszusammenhang. **Manfred Jäger:** Bemerkungen zu Brigitte Reimanns
Franziska Linkerhand. **Ingeborg Nordmann:** Die halbierte Geschichtsfä-
higkeit der Frau. Zu Irmtraud Morgners Roman *Leben und Abenteuer der
Trobadora Beatriz nach Zeugnissen ihrer Spielfrau Laura.* **Gerd Labroisse:**
Überlegungen zu Dieter Nolls Roman *Kippenberg.*

Band 13 — 1981: PRAGMATIK. THEORIE UND PRAXIS. Hrsg. von
Wolfgang Frier   Hfl. 100,—
Klaus-Peter Lange: Über Referenzzeichen (bisher bekannt unter den
Namen "Pronomen" und "Artikel"). **Gijsbertha F. Bos:** Kommunikation
und Syntax. **Wolfgang Frier:** Zur linguistischen Beschreibung von Frage-
Antwort-Zusammenhängen. **Stef Pinxt:** Zur Theorie des linguistischen
Interaktionismus. **Manfred Beetz:** Komplimentierverhalten im Barock.
Aspekte linguistischer Pragmatik an einem literaturhistorischen Gegen-
standsbereich. **Dietrich Boueke/Wolfgang Klein:** Alltagsgespräche von
Kindern als "Interaktionsspiele". **Hans Hannappel/Hartmut Melenk:**
Pragmatik der Wertbegriffe. **Paul-Ludwig Völzing:** Metakommunikation
und Argumentation. Oder: die Kunst, einen Drachen zu finden. **Werner
Holly:** Der doppelte Boden in Verhören. Sprachliche Strategien von
Verhörenden. **Werner Nothdurft:** "Ich komme nicht zu Wort". Austausch-

Eigenschaften als Ausschluß-Mechanismen des Patienten in Kranken-haus-Visiten. **Michael Giesecke/Kornelia Rappe:** Rekonstruktionen von Bedeutungszuschreibungen mithilfe der Normalformanalyse. **Konrad Ehlich:** Zur Analyse der Textart "Exzerpt". **Gerd Antos:** Formulieren als sprachliches Handeln. Ein Plädoyer für eine produktionsorientierte Textpragmatik. **Christoph Sauer/Ans van Berkel:** Diskursanalyse und die Fremdsprachenlehr/lernsituation. **Karl Sornig:** Pragmadidaktische Ansätze im Fremdsprachenunterricht. Oder: Threshold Levels Reconsidered.

Band 14 — 1982: STUDIEN ZUR ÖSTERREICHISCHEN ERZÄHLLI-TERATUR DER GEGENWART. Hrsg. von Herbert Zeman   Hfl. 60,—

Klaus Weissenberger: Sprache als Wirklichkeitsgestaltung. Franz Tumlers Transparenz der epischen Fiktion von *Ein Schloß in Österreich* bis *Pia Faller.* **Joseph P. Strelka:** Humorist des Absurden: Der Erzähler Peter Marginter. **Ferdinand van Ingen:** Denk-Übungen. Zum Prosawerk Thomas Bernhards. **Gudrun B. Mauch:** Thomas Bernhards Roman *Korrektur.* Zum autobiographisch fundierten Pessimismus Thomas Bernhards. **Peter Pütz:** Kontinuität und Wandlung in Peter Handkes Prosa. **Zsusza Széll:** Langsame Heimkehr — wohin? **Edda Zimmermann:** DER FERNE KLANG — Ein Klang der Ferne. Zu Gert Jonkes neueren Texten. **Alexander von Bormann:** "Es ist, als wenn etwas wäre." Überlegungen zu Peter Roseis Prosa. **Ingrid Cella:** 'Das Rätsel Weib' und die Literatur. Feminismus, feministische Ästhetik und die Neue Frauenliteratur in Österreich. **Waltraut Schwarz:** Barbara Frischmuth — Rebellion und Rückkehr. **Wolfgang Neuber:** Fremderfahrungen. Von den kleinen Herr-scherfiguren der Väter. **Werner M. Bauer:** Exempel und Realität. Überle-gungen zum biographischen Roman in der österreichischen Gegenwarts-literatur. **Hans Heinz Hahnl:** Als Autor in Österreich. **Peter Marginter:** Zur Situation des österreichischen Schriftstellers.

Band 15 — 1982: SCHWERPUNKTE DER LITERATURWISSENSCHAFT AUSSERHALB DES DEUTSCHEN SPRACHRAUMS. Hrsg. von Elrud Ibsch   Hfl. 70,—

Jonathan Culler: Issues in American Critical Debate. **Cairns Craig:** Critical Theory in Britain. **Mieke Bal:** Structuralism, History and the Semiotics of the Subject. Recent developments in French literary theory. **Pieter de Meijer:** Tradition and Innovation in Italien Literary Theory. **Holger Siegel:** Literatur, Ästhetik, Erkenntnis. Entwicklungsetappen der sowjetischen Literaturwissenschaft. **Henryk Markiewicz:** Traditionen und Gegenwart der polnischen Literaturwissenschaft. **Herta Schmid:** Die 'semantische Geste' als Schlüsselbegriff des Prager literaturwissenschaftlichen Strukturalismus. **Dmitri Segal:** Israeli Contributions to Literary Theory. **Ulla Musarra-Schrϕder:** Tendenzen und Methoden der skandinavischen Literaturwissenschaft. Ein Forschungsbericht. **Hendrik van Gorp:** Literaturwissenschaft in den Niederlanden und Flandern 1970-1980. **Elrud Ibsch:** Leserrollen, Bedeutungstypen und literarische Kommunikation.

Band 16 — 1983: STUDIEN ZUR DRAMATIK IN DER BUNDESREPU-
BLIK DEUTSCHLAND. Hrsg. von Gerhard Kluge   Hfl. 70,—
I. Das neue Drama im Licht der Tradition: **Bernd Anton:** Ein bayerischer Dichter — Zum Theater Martin Sperrs. **Hans-Peter Bayerdörfer:** Raumproportionen. Versuch einer gattungsgeschichtlichen Spurensicherung in der Dramatik von Botho Strauß. **Gerhard Kluge:** Werkimmanente Poetik in zwei Stücken von Tankred Dorst und Martin Walser oder Wie man das Spiel nach Brecht spielt. **Hans Poser:** Martin Sperr: *Bayrische Trilogie* — Die Bundesrepublik im Spiegel des Volksstücks. **Sabine Schroeder-Krassnow:** Hochhuths *Stellvertreter* und das klassische Drama. II. Einzeluntersuchungen: **Wolfgang Böth:** Anpassung und Widerstand. Zum Prozeß der Bewußtwerdung Alois Grübels in Martin Walsers *Eiche und Angora*. **Klaus Bohnen:** 'Raum-Höllen' der bürgerlichen Welt. "Gefühlsrealismus" in der Theater- und Filmproduktion Rainer Werner Fassbinders. **Anat Feinberg:** Erwin Sylvanus and the Theatre of the Holocaust. **Dieter Hensing:** Tankred Dorst: Von der geschlossenen zur offenen Figurenkonzeption. **Manfred Kux:** Peter Weiss' *Hölderlin* — ein dramatischer Versuch, Hölderlin politisch zu verstehen. **Sjaak Onderde-linden:** Die theatralische Wut des Rolf Hochhuth. Zur Dramaturgie von *Juristen* und *Ärztinnen*. **Jürgen H. Petersen:** Franz Xaver Kroetz: Von der Tragödie der Unfreiheit zum Lehrstück für Werktätige. **Therese Poser:** Siegfried Lenz: *Zeit der Schuldlosen* und *Das Gesicht*. Zur Problematik des Parabelstücks. **Ulrike Weinhold:** Die Absurdität Wolfgang Hildesheimers.

Band 17 — 1983: LITERATURPSYCHOLOGISCHE STUDIEN UND
ANALYSEN. Hrsg. von Walter Schönau   Hfl. 80,—
Studien: **Peter von Matt:** Die Herausforderung der Literaturwissenschaft durch die Psychoanalyse. Eine Skizze. **Wolf Wucherpfennig:** Dilettantisches Reduzieren? Für eine sozialpsychologische Literaturerklärung. **Walter Schönau:** Erdichtete Träume. Zu ihrer Produktion, Interpretation und Rezeption.
Analysen: **Rose Rosenkötter:** Kindheitskonflikte und Reifungserleben im Märchen. **Irmgard Roebling:** Liebe und Variationen. Zu einer biographischen Konstante in Storms Prosawerk. **Jan U. Terpstra:** Die Motivik des

Visionären und Märchenhaften in Storms Novelle *Ein Bekenntnis* als archetypischer Ausdruck des Unbewußten. **Johannes Cremerius:** Schuld und Sühne ohne Ende. Hermann Hesses psychotherapeutische Erfahrungen. **Peter Dettmering:** Aspekte der Spaltung in der Dichtung Kafkas. **Oskar Sahlberg:** Gottfried Benns Psychotherapie bei Hitler. **Frederick Wyatt:** Der frühe Werfel bleibt. Seine Beiträge zu der expressionistischen Gedichtsammlung *Der Kondor*. **Carl Pietzcker:** Brechts Verhältnis zur Psychoanalyse. **Bernhard Greiner:** 'Sujet barré' und Sprache des Begehrens: Die Autorschaft 'Anna Seghers'. — Auswahlbibliographie zur Literaturpsychologie..

Band 18 — 1984: AUFSÄTZE ZU LITERATUR UND KUNST DER JAHRHUNDERTWENDE. Hrsg. von Gerhard Kluge   Hfl. 90,—
Theo Meyer: Nietzsches Kunstauffassung. **Jürg Mathes:** Das Lied bei Nietzsche. **Lothar Köhn:** "Land, das ich ersehne". Hermann Hesse um die Jahrhundertwende. **Gerhard Kluge:** Die Gebärde als Formprinzip in der Lyrik des deutschen Jugendstils. Bemerkungen zu einigen Gedichten. **Willem-Jan Pantus:** Heinrich Vogelers Gedichtband *DIR* als Gesamtkunstwerk des Jugendstils. **Hans de Leeuwe:** Schauspielkunst um die Jahrhundertwende — ein Essayband von Alfred Kerr. **Ulrike Weinhold:** Die Renaissancefrau des Fin de siècle. Untersuchungen zum Frauenbild der Jahrhundertwende am Beispiel von R.M. Rilkes *Die weiße Fürstin* und H. v. Hofmannsthals *Die Frau im Fenster*. **Johanna Bossinade:** "Wenn es aber ... bei mir anders wäre". Die Frage der Geschlechterbeziehungen in Arthur Schnitzlers *Reigen*. **Helga Schiffer:** Experiment und Ethik in Arthur Schnitzlers *Paracelsus*. **Jaak De Vos:** Trakls *Romanze zur Nacht*. Struktur und Stil. **Hans Ester:** Das poetische Echo des Anglo-Burenkrieges 1899-1902.

Band 19 — 1984: LUTHER-BILDER IM 20. JAHRHUNDERT. Symposion an der Freien Universität Amsterdam. In Verbindung mit Cornelis Augustijn und Ulrich Gäbler hrsg. von Ferdinand van Ingen und Gerd Labroisse   Hfl. 60,—
Dieter Hensing: Der Bilder eigner Geist. Das schwierige Verhältnis der Lutherbilder zu ihrem Gegenstand. **Hartmut Laufhütte:** Martin Luther in der deutschen Literatur des 19. und 20. Jahrhunderts. **Alexander von Bormann:** Luther im Nationalsozialismus: Die Versöhnung von Wotan und Christus. **Elrud Ibsch:** Nietzsches Luther-Bild. **Ferdinand van Ingen:** Die Erasmus-Luther-Konstellation bei Stefan Zweig und Thomas Mann. **Gerhard Kluge:** Luther in Thomas Manns *Doktor Faustus*. **Johannes Maassen:** Dunkler Sohn. Luther im katholischen Schrifttum 1910-1960 (*Hochland*, Reinhold Schneider, Theodor Haecker, Elisabeth Langgäs-

ser). **Eberhard Mannack:** Luther — ein 'geistiger Ahnherr Hitlers'? **Ulrich Gäbler:** Drei Typen theologischer Lutherdeutung um 1920: Ernst Troeltsch, Reinhold Seeberg, Karl Holl. **Gottfried Maron**: Das katholische Lutherbild im Wandel. **Sjaak Onderdelinden:** Das Luther-Bild Dieter Fortes. Überlegungen zu *Martin Luther & Thomas Münzer oder Die Einführung der Buchhaltung.* **Cornelis Augustijn:** Das marxistische Luther-Bild 1983. **Gerd Labroisse:** Der neue Luther in der DDR. Luther-Gestaltungen bei Claus Hammel, Stefan Heym, Helga Schütz und Bernd Schremmer.